KB042471

CRM과 마케팅의 콜라보,

MEMBERSHIP STRATEGY

멤버십 전략

박대윤·김형수 지음

박영사

머리말 PREFACE

참으로 많은 변화가 생기고 있습니다. 지난 수십 년간 대부분의 경영 관련 서적이나 연구논문의 서두에서 '급변하는 경영환경…'이라는 문구는 항상 단골손님처럼 등장해 왔지만, 지금처럼 기업의 경영환경, 아니 고객이라는 키워드를 중심으로 이렇게 많은 부분이 송두리째 변하던 시기는 없었던 것 같습니다. 4차 산업혁명과 빅데이터 시대가 도래한 지금, 기업은 고객과의 모든 접점 채널에서 고객의 데이터를 수집하고 있고, 고객에 대한 단순한 이해와 대응을 넘어 한발 앞선 예측과 선도적인 제안을 제공해야 하는 시기입니다.

이런 점에서 CRM이나 마케팅에서 중요하게 다루어져 왔던 멤버십 프로그램의 역할도 변화하고 있고, 그 전략적 중요도가 새롭게 부각되고 있습니다. 과거에는 단순히 고객 구매에 대한 사은의 개념으로 고객에게 보상을 제공하는 제도였다면, 이제는 얼굴 없는 고객, 즉 비식별 고객의 비중을 줄이고, 식별고객에 대한 구매이력과 상호작용 데이터를 수집할 수 있는 일종의 고객경영을 위한 전략적 플랫폼으로 전환하고 있는 것입니다. 그래서 다양한 업종의 계열사를 아우르는 그룹사는 물론, 기업의 규모와 업종을 불문하고 제조부터 유통, 서비스업, 더 나아가 최근에는 주요 온라인 포털들까지 멤버십 프로그램을 도입하거나 운영 중인 프로그램의 개선과 혁신에 상당한 투자가 이루어지고 있습니다.

이 책을 출간하게 된 가장 큰 동기는 이렇게 국내 주요 기업들 대부분이 멤버십 프로그램을 운영하고 있고, 그 전략적 중요도가 커지고 있음에도 불구하고, 멤버십 전략과 관련된 지식을 체계적으로 습득할 수 있는 전문 교재나 교육이 부족한 실정이기 때문입니다. 멤버십 전략에 대한 전문성을 키울 기회가 적다 보니, 멤버십 프로그램을 운영하는 일선의 실무자들은 업무를 추진하는 절차와 방법, 성과에 대한 확신이 없는 상태로 기업 내부의 제한적인 경험과 지식에 의존하고 있으며, 타사의 운영 사례를 통해 멤버십 프로그램 전략에 대한 아이디어를 얻고 있는 상황입니다.

멤버십 전략을 연구하는 학자가 많음에도 불구하고, 실무자들에게 가이드가 될 수 있는 전문적인 교재가 부족한 이유는 멤버십 전략이 'CRM·마케팅'에 대한 이론은 물론 실질적인 운영에 필요한 시스템의 구축과 연동, 고객 데이터의 분석, 개인정보의 보호조치 방법, 포인트의 회계 및 세무처리 방법, 디지털마케팅 실행 기법 등 매우 다양한 영역에 대한 실무적인 전문지식을 필요로 하기 때문입니다.

이 책은 멤버십 전략을 이해하는 데 필요한 개념과 운영 원리를 비롯하여, 실질적으로 현업에 적용할 수 있는 멤버십 프로그램의 설계 방법론과 운영 실무를 구체적으로 다루는 '멤버십 전략' 지침서입니다. 저자들은 CRM 및 멤버십 전략을 전공한 전문가들로서, 국내 주요 기업들을 대상으로 CRM, 멤버십 프로그램, 디지털마케팅 영역의 전략 개발과 프로그램 설계, 데이터 분석 및 알고리즘 개발 등 다양한 프로젝트를 수행해 왔습니다. 감히 멤버십 전략을 본격적으로 다룬 국내의 첫 번째 책이라고 할 수 있는 이 책은 이러한 저자들의 이론적, 실무적 경험을 바탕으로 집필되었습니다.

모쪼록 CRM과 마케팅 관련 직무에 종사하는 임원 및 실무자, 관련 분야로 진출하고자 하는 학생, 그리고 멤버십 프로그램을 연구하는 연구자들에게 단비와 같은 좋은 책이 되기를 바랍니다. 이 책을 출간하도록 허락해주신 박영사 안상준 대표이사님과 좋은 책이 출간될 수 있도록 애써주신 편집 배근하 과장님, 디자인 박현정 님, 마케팅 오치웅 대리님께 감사를 전합니다.

책의 특징에 대하여

책의 내용은 멤버십 프로그램의 운영에 꼭 필요한 이론과 실무적 방법론을 체계적이고 구체적으로 설명함으로써, 독자 스스로 자신의 실무적 역량과 전문성을 강화할 수 있도록 구성하였습니다. 또한, 다양한 유형의 멤버십 프로그램을 쉽게 이해할 수 있도록 국내외 사례를 제시하고, 멤버십에 접목 가능한 최신의 디지털마케팅 기술들을 소개하여, 독자들이 자사의 특성과 디지털 시대에 부합하는, CRM과 마케팅의 통합 플랫폼으로서의 멤버십 프로그램을 기획할 수 있는 응용력과 장기적인 전략 방향에 대한 안목을 키울 수 있도록 하였습니다.

책의 범위와 구성에 대하여

멤버십 전략은 멤버십 프로그램의 운영 목표를 설정하고, 기업에 적합한 멤버십 모델을 과학적으로 설계하며, 프로그램의 원활한 운영을 지원하는 시스템의 구축 및 디지털마케팅 기술을 연동하는 것, 그리고 CRM 마케팅 전략의 개발 및 실행까지 멤버십 프로그램 운영에 필요한 총체적인 기획과 개발, 운영을 포함합니다.

이 책은 총 여섯 개의 파트로 구성되어 있으며, 멤버십 프로그램의 개념부터 유형, 운영 원리, 설계 방법론, 운영 실무, 업종별 특성과 사례를 단계적으로 제시하며 멤버십 전략에 필요한 개념과 방법론에 입체적으로 접근합니다. 독자 여러분께서는 관심 있는 부분부터 학습할 수 있지만, 이 책에서 제시하는 흐름에 맞춰 학습하는 것이 지식을 습득하는 데 보다 효과적일 것입니다.

Part I. 멤버십 프로그램의 이해

멤버십 프로그램의 개념과 특성, 국내외 운영 현황 및 발전 과정 등, 멤버십 프로그램의 기본적인 개념과 운영 현황을 설명합니다.

1. 멤버십 프로그램이란 무엇인가
멤버십 전략, 멤버십 프로그램의 개념과 중요성, 멤버십 프로그램의 적용 범위

2. 멤버십 프로그램의 발전 과정과 운영 현황
멤버십 프로그램의 유래와 전신, 국내외 운영 현황 및 발전 과정

3. 멤버십 프로그램의 향후 전망
앞으로의 멤버십 프로그램 발전 방향에 대한 전망

Part II. 멤버십 프로그램의 유형

멤버십 프로그램의 유형을 보상 점수, 보상물, 파트너십, 서브스크립션 모델의 네 가지 기준으로 구분하고, 총 열세 가지 멤버십 유형에 대한 특성을 살펴봅니다.

1. 보상점수 기준
로열티 프로그램, 프리퀀시 프로그램

2. 보상물 기준
할인 프로그램, 캐시백 프로그램, 보상물 증정 프로그램

3. 파트너십 기준

전사 통합 프로그램, 이종 업종 연합 프로그램, 동종 업종 연합 프로그램, 멀티-파트너 프로그램

4. 서브스크립션 모델 기준

정기 배송 모델, 컨시어지 서비스 모델, 무제한 이용 모델, 약정횟수·기간 이용 모델

Part III. 멤버십 프로그램의 원리

멤버십 프로그램이 어떻게 고객 충성도와 고객생애가치 창출에 기여할 수 있는지에 대한 운영 메커니즘과 관련 개념 및 측정법, 설계 요소, 그리고 멤버십의 성과를 촉진할 수 있는 소비자 심리 요인을 설명합니다.

1. 멤버십 프로그램의 고객생애가치 창출 과정

멤버십 프로그램이 고객생애가치를 창출하는 과정과 원리, 관련된 주요 개념(사용가치, 관계가치, 브랜드가치와 고객충성도, 고객생애가치)

2. 멤버십 프로그램의 소비자 심리 메커니즘

멤버십 프로그램 사용자의 회원 가입 및 관계 유지, 관계 성장 행동을 설명하는 심리적 메커니즘

Part IV. 멤버십 프로그램의 설계와 구축

멤버십 프로그램 설계 프레임워크에 기반하여 설계 절차와 방법론, 그리고 운영에 필요한 시스템 요소와 멤버십 운영 시스템의 구축 방법을 설명합니다.

1. 멤버십 프로그램 설계 프레임워크

멤버십 프로그램의 '진단-설계-구축' 전 범위를 포괄하는 멤버십 설계 프레임워크

2. 현황 분석 및 목표 수립

멤버십 프로그램의 진단, 시장환경 분석 기법, 운영 목표와 전략 로드맵의 도출

3. 멤버십 프로그램의 핵심 설계

가입자격, 등급제도, 포인트제도, 보상체계에 대한 구체적인 설계 방법론과 최적안 도출 과정

4. 성과지표 개발

멤버십 프로그램 활성 지표, 운영성과 지표, 기업성과 지표의 개발 방법론

5. 멤버십 프로그램 시스템 개발

멤버십 프로그램과 통합·연동하는 유관 경영정보시스템의 종류와 기능, 멤버십 프로그램 운영 시스템의 구축 방법

Part V. 멤버십 프로그램의 운영

멤버십 프로그램의 원활한 운영에 필요한 고객 데이터의 수집 및 활용, 포인트의 회계 및 과세 처리, 고객 포트폴리오의 관리 방법, 그리고 모바일 기반의 멤버십 전략을 설명합니다.

1. 고객 데이터의 수집·관리·활용

고객 빅데이터의 개념과 유형, 활용방법, 개인정보보호법, 고객 데이터의 안전한 관리와 활용법

2. 포인트의 회계 및 과세 처리

상황별 포인트 회계처리 방법, 포인트 과세 처리(부가가치세 및 법인세), 부정 적립 관리 방안

3. 고객 포트폴리오 관리

고객 포트폴리오 관리의 개념, 고객 포트폴리오 관리를 위한 고객 세분화 기법 및 마케팅 실행 방법론

4. 모바일 멤버십 전략

모바일 멤버십 앱의 설계 전략과 모바일 멤버십을 이용한 로열티 마케팅 기법

Part VI. 업종별 멤버십 프로그램

멤버십 프로그램의 운영 형태를 소비재 제조업, 소비재 유통업, 서비스업, 산업재 제조업, 사회 서비스로 구분하고, 업종별 특성에 대한 이해를 바탕으로 업의 특성에 맞는 멤버십 전략과 사례를 살펴봅니다.

1. BtoC - 소비재 제조업

전문품, 선매품, 편의품의 멤버십 프로그램 특성과 운영 사례

2. BtoC - 소비재 유통업

소비재 유통업의 멤버십 특징, 운영 유형, 관련 디지털 마케팅 기술 및 서비스, 운영 사례

3. BtoC - 서비스업

여행·문화, 식음료·외식업의 멤버십 프로그램 특성과 운영 사례

4. BtoB - 산업재 제조업

산업재 제조업의 특성과 멤버십 운영 방향, 운영 사례

5. GtoC - 사회 서비스

공공기관의 사회 서비스 유형별 사회적 보상 프로그램의 전략과 운영 사례

참고할 웹사이트

본서는 한 학기 분량의 대학 교재로 활용할 수 있도록 구성하였습니다. 강의자료는 박영사 홈페이지(www.pybook.co.kr)의 [강의자료다운]에서 다운로드 받으실 수 있습니다.

PART VI

**업종별
멤버십
프로그램**

>> >

멤버십 프로그램의 이해

Part I은 멤버십 프로그램의 개념과 특성, 국내외 운영 현황 및 발전 과정 등 멤버십 프로그램의 기본적인 개념을 설명한다.

1. 멤버십 프로그램이란 무엇인가
   멤버십 전략, 멤버십 프로그램의 개념과 중요성, 그리고 멤버십 프로그램의 적용 범위를 살펴본다.

2. 멤버십 프로그램의 발전 과정과 운영 현황
   멤버십 프로그램의 유래와 전신, 국내외 운영 현황, 그리고 발전 과정을 알아본다.

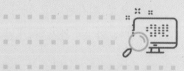

3. 멤버십 프로그램의 향후 전망
   앞으로의 멤버십 프로그램 발전 방향에 대해 전망해 본다.

01

멤버십 프로그램이란 무엇인가

이번 장에서는 본서에서 다루는 '멤버십 프로그램'에 대한 기본적인 개념을 정립하고자 한다. 멤버십 전략과 멤버십 프로그램의 개념, 특성, 유사용어, 그리고 적용범위를 알면 멤버십 프로그램의 실체를 보다 명확하게 이해할 수 있을 것이다.

1.1 멤버십 전략과 멤버십 프로그램

본서에서는 멤버십 전략과 멤버십 프로그램을 구분하고 있다. 우수한 멤버십 프로그램으로 회자된다고 해서 반드시 모든 기업에게 적합한 멤버십 전략은 아닐 수도 있기 때문이다. 이 두 가지의 개념과 특성을 자세히 살펴보도록 하자.

(1) 멤버십 전략의 개념과 중요성

우선 멤버십 전략의 개념을 살펴보자. 멤버십 전략(membership strategy)은 기업이 멤버십 프로그램을 운영하고자 하는 목적과 비즈니스 모델, 시장환경, 제품 및 고객 특성 등, 멤버십 프로그램(membership program)의 운영성과에 영향을 줄 수 있는 기업 내·외부 요인들을 종합적으로 고려하여, 기업(브랜드)에 최적화된 멤버십 프로그램을 설계하고 성공적으로 운영하기 위한 일련의 방법론을 의미한다.

즉, 멤버십 전략의 목표는 멤버십 프로그램을 운영하는 기업과 멤버십 프로그램을 사용할 고객 측면을 고려하여 고객들에게는 가치있는 멤버십 서비스를 제공하고, 그 결과로 기업은 우량한 고객을 확보할 수 있는 성공적인 멤버십 프로그램을 설계하고 운영하는 것이다. 따라서, 전략의 범위는 멤버십 프로그램을 운영하고자 하는 기업의 내·외부 환경분석부터 운영 목표의 설정, 기업에 적합한 멤버십 모델의 과학적 설계, 원활한 프로그램 운영을 지원하는 시스템의 구축과 디지털 마케팅 기술의 연동, 운영 정책의 수립, 그리고 멤버십 프로그램의 운영 목표를 달성하기 위한 회원 대상의 CRM·마케팅 실행 전략 일체를 포함한다.

멤버십 프로그램을 개발하고 운영함에 있어 전략적 접근이 필요한 이유는 멤버십 프로그램의 도입에 시스템과 관리인력 등 상당한 투자가 요구될 뿐 아니라, 장기적으로 운영해야 하는 프로그램의 특성상 기대 이상의 효과를 거두지 못할 경우 기업에 비용 부담이 될 수 있기 때문이다. 로열티원(LoyaltyOne)이 2018년 5개 국가(미국, 영국, 캐나다, 브라질, 싱가포르)의 5개 산업(유통, 금융, 여행, 소비재, 자동차)에서 운영 중인 1,200개의 멤버십 프로그램 실무자를 대상으로 실시한 설문조사는 기업들이 전체 매출의 2~4%를 CRM과 로열티 마케팅에 투자하고 있으며, 그 중 멤버십 프로그램의 보상 및 특전에는 연간 750억 원, 관련 시스템과 디지털 마케팅 기술에는 4백 6십억 원이 평균적으로 소요되고 있는 것으로 나타나고 있다.[1]

<표 1.1>은 멤버십 프로그램의 도입 및 운영에 필요한 주요 비용 항목과 멤버십 프로그램을 운영하는 기업들이 기대하는 효과이다. 멤버십 프로그램의 비용 투입 요소는 운영 형태에 따라 약간의 차이가 있을 수 있지만, 일반적으로 멤버십 관리 시스템, 운영 조직, 포인트의 보상물 상환, 회원 우대 서비스, 그리고 프로그램의 광고·홍보를 위한 비용이 운영기간 동안 지속적으로 요구된다. 한편, 멤버십 프로그램의 운영을 통해 기업이 얻고자 하는 기대 효과는 멤버십 프로그램 가입 전에 비하여 가입 이후 고객들의 구매빈도와 구매량, 수익률이 증가하고, 이탈율은 감소하는 등 고객 충성도 제고에 따른 우량 고객 기반의 확대와 회원 고객의 구전효과에 의한 신규 고객의 유치, 그리고 회원비나 포인트 판매 등의 부가 수익 창출 등이 대표적이다.

〈표 1.1〉 멤버십 프로그램의 주요 비용 항목과 기대 효과[2)]

비용 항목	기대 효과
• 시스템 투자 및 유지보수 비용 • 프로그램 관리 및 지원(예 고객센터 등) 비용 • 포인트 충당 부채 • 보상물 지급 비용 • 서비스 비용 • 프로그램 광고·홍보 비용	• 고객 구매 빈도·구매량의 증가 • 고객 인당 수익률의 증가 • 고객 이탈율의 감소 • 고객 추천의 증가 • 부가 수익의 창출 예 회원비, 포인트 판매, 파트너 수수료 등

한편, 멤버십 프로그램을 구축하고 운영하는 데 고비용이 요구됨에도 불구하고, 멤버십 프로그램의 기업 내 위상과 투자는 계속 증가하고 있다. 멤버십 프로그램의 궁극적인 운영 목표인 고객 충성도는 C-Suite(CEO, CFO, CMO, CIO 등) 등급의 경영진이 관리하는 상위 10대 과제 중 하나[3)]로 인식되고 있으며, 많은 기업들이 마케팅 예산의 상당 부분을 멤버십 프로그램의 운영과 혁신에 투자할 만큼 전략적 중요도가 높아지고 있다([그림 1.1] 참조).[4)]

85% 기업의 성장은 충성고객으로부터 창출된다.

90% 유통업의 경영진은 고객 충성도를 중시한다.

24% 유통업의 경영진은 고객 충성도를 상위 10대 우선 과제로 고려한다.

출처: Is it time to rethink your loyalty program(KPMG, 2016)

[그림 1.1] 경영진의 고객 충성도에 대한 평가

오픈 로열티(Open Loyalty)가 로열티 마케팅과 멤버십 프로그램 관련 종사자 100명을 대상으로 '고객 충성도 관리를 위해 2020년도에 투자할 항목'을 조사한 결과에 따르면, 커뮤니케이션 및 오퍼 개인화(55%)에 이어 멤버십 프로그램의 기능 개선 및 보상 관련 투자가 2위(38.5%)를 차지하고 있다([그림 1.2] 참조).[5)]

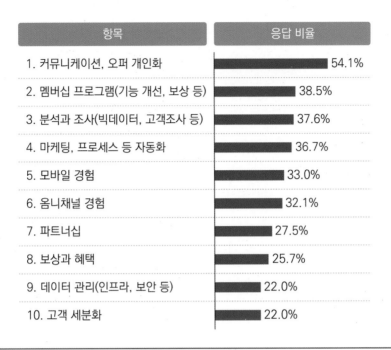

항목	응답 비율
1. 커뮤니케이션, 오퍼 개인화	54.1%
2. 멤버십 프로그램(기능 개선, 보상 등)	38.5%
3. 분석과 조사(빅데이터, 고객조사 등)	37.6%
4. 마케팅, 프로세스 등 자동화	36.7%
5. 모바일 경험	33.0%
6. 옴니채널 경험	32.1%
7. 파트너십	27.5%
8. 보상과 혜택	25.7%
9. 데이터 관리(인프라, 보안 등)	22.0%
10. 고객 세분화	22.0%

[그림 1.2] 고객 충성도 관리 관련 투자 계획(2020년 기준, 중복응답)

　　기업들이 멤버십 프로그램에 지속적으로 투자하고, 전사 차원의 전략 관점에서 중요하게 평가하는 것은 고객을 '회원'으로 우대하여 장기적으로 관리하는 것이 기업의 재무적 성과를 향상시키는 데 효과적이라는 것을 실질적인 수치로 확인해 왔기 때문이다. 일반 고객, 즉 비회원에 비하여 멤버십 프로그램 회원 고객의 매출 기여도가 유의미하게 더 높고, 장기적으로 거래하는 단골고객일수록 수익성이 증가한다는 사실은 마케팅 이론에서 더 이상 논의가 필요하지 않은 일반적인 것이 되었다.

　　해외 4개국에서 멤버십 프로그램 운영 실무자 1,200명을 대상으로 실시한 2018년 설문조사 결과에 따르면, 95%에 이르는 대다수의 기업들이 비회원보다 회원의 연간 소비량이 더 많다고 응답하였다. 그 중 60%는 회원의 구매량이 비회원에 비해 2~3배 더 많고, 4배 이상 더 많은 기업도 23%에 이르는 것으로 나타났다([그림 1.3] 참조).[1]

1　Loyalty BIg Picture(LoyaltyOne, 2018), 4개국(미국, 영국, 브라질, 싱가포르, 호주)의 산업별 주요 멤버십 프로그램 운영 실무자 1,200명 대상의 설문조사 결과이다.

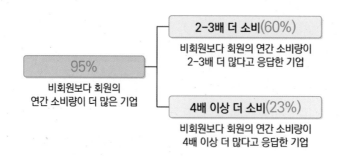

[그림 1.3] 멤버십 프로그램 회원 vs. 비회원의 연간 소비량

그러나, 모든 멤버십 프로그램이 기업이 기대하는 성과를 거두고 성공적으로 운영되어 온 것은 아니다. 단순히 포인트 제도의 도입 수준으로 인식하였거나, 차별적 경쟁력을 갖추지 못한 많은 멤버십 프로그램이 고객들로부터 가치를 인정 받지 못한 채 막대한 비용 손실과 실패 사례의 오명만을 얻고 시장에서 사라졌다. 대표적으로 아메리칸 익스프레스(American Express)가 2015년 런칭한 미국 최초의 이종 업종 연합 프로그램 – 다수의 제휴사가 참여하는 멤버십 프로그램 유형 – 이었던 플렌티(Plenti)는 운영사의 브랜드 파워와 대대적인 광고 캠페인에 힘입어 3천만 명이 넘는 회원을 확보하고도 프로그램 활성화에 실패하여 2018년인 도입 3년만에 운영을 중단한 바 있다. 플렌티 가입자들은 플렌티 프로그램을 이용하면서 어떤 보상을 받을 수 있는지를 쉽게 이해하기 어려웠고, 보상물을 얻는 과정의 불편함으로 인해 불만율이 높았으며, 다수의 제휴사 중 특정 한두 개만에 편중된 이용으로 제휴사 간의 교차구매를 유도하는 데 실패하여, 고객과 제휴사 양측 모두로부터 외면 받은 것으로 평가되고 있다.[6]

멤버십 프로그램이 도입된 지 40여 년의 역사가 흐른 지금, 기업들의 다양한 성공과 실패 사례, 그리고 폭넓은 연구들을 통해, 멤버십 프로그램은 명확한 전략과 과학적인 설계, 지속적인 투자와 혁신이 뒷받침 될 경우 성공적으로 운영될 수 있지만, 전략적 접근이 미흡할 경우에는 자칫 기업에 비용 부담만을 가중시키는 결과로 귀결될 수 있다는 것이 확인되었다.

(2) 멤버십 프로그램의 개념과 특성

    그렇다면, 멤버십 프로그램은 멤버십 전략과 어떻게 다를까? 멤버십 프로그램은 말 그대로 '회원제도'이다. 멤버십 프로그램의 본원적 기능은 기업이 고객에게 '회원'의 의미를 부여함과 동시에 회원 자격에 걸맞는 제품과 서비스로 우대하고, 그 결과로 회원이 된 고객들은 비회원 고객들에 비하여 더 지속적으로, 더 많이, 더 자주, 해당 브랜드의 제품을 애용하며, 더 나아가 주변의 가족이나 친구들에게 기꺼이 추천하고, 새로운 경쟁 제품이 생기더라도 쉽게 이탈하지 않는 '고객 충성도'를 형성하는 데 있다([그림 1.4] 참조).

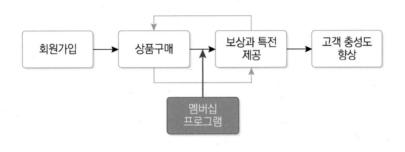

[그림 1.4] 멤버십 프로그램의 기본 개념

    Reinartz and Kumar(2000)[7] 연구는 '고객관리'에 있어 멤버십 프로그램과 같이 고객의 장기거래를 촉진하는 마케팅 프로그램의 중요성을 보여준다. 해당 연구에서는 미국 통신판매 회사의 3년간 고객별 거래이력 데이터를 활용하여 고객의 거래기간과 수익률(거래금액)을 기준으로 4개의 그룹(단기거래 & 저수익, 단기거래 & 고수익, 장기거래 & 저수익, 장기거래 & 고수익)으로 구분하고, 거래기간이 길어질수록 그룹 간 수익성과 생존확률에 어떠한 차이가 발생하는지를 살펴보았다. 연구 결과, 단기거래 고객의 경우 수익성이 낮은 고객군(그룹 2)은 물론 수익성이 높은 고객군(그룹 1) 또한 거래기간이 길어질수록 수익성과 생존확률이 유사한 패턴으로 0에 수렴하며 브랜드와의 거래가 종료되었다. 한편, 장기거래하는 고수익 고객군(그룹 3)의 수익성과 생존확률은 현 상태를 유지하거나 약간의 하락 패턴이 나타났다. 흥미로운 그룹은 장기거래하는 저수익 고객군(그룹 4)으로, 이들은 거래기간이 길어질수록 수익성을 회복할 뿐 아니라 생존확률이 장기거래 고수익 고객군만큼 높아졌다([그림 1.5] 참조). 이는 기업의 적극적인 개입을 통해 고객의 장기거래를 촉진하게 되면, 수익성이 낮은 고객군조차 수익성을 회복하고 고객유지율 또한 우량고객군만큼 향상될 수 있다는 것을 시사한다.

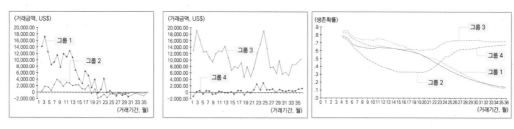

그룹 1(단기거래 & 저수익성), 그룹 2(단기거래 & 고수익성), 그룹 3(장기거래 & 저수익성), 그룹 4(장기거래 & 고수익성)

*참조: Reinartz and Kumar(2000)

[그림 1.5] 고객 거래기간과 거래금액 · 생존확률의 관계

한편, 멤버십 프로그램은 '보상'의 원리를 이용하여, 고객들의 반복적인 거래에 동기를 부여하는 대표적인 마케팅 프로그램이라고 할 수 있다. 그런데, 현대의 멤버십 프로그램은 고객의 매출 기여도에 상응하는 보상을 통해 고객의 충성도를 형성하는 본원적인 기능을 넘어, 기업 내부로는 고객에 대한 데이터(예 인구통계, 구매행동 등)를 수혈하고 기업 외부로는 제휴를 통해 신규고객을 창출하는 채널의 기능까지 담당하고 있다. 최근에는 온·오프라인을 넘나들며 실시간으로 브랜드를 경험하고, 손쉽게 제품을 구매할 수 있는 디지털 마케팅 기술을 활용하여 멤버십 프로그램에 가입한 고객들에게 전방위적인 브랜드 경험을 제공하고, 다양한 형태의 고객 참여 활동까지 촉진시키는 총체적인 고객전략 플랫폼으로 그 의미와 역할이 계속 확장되는 중이다. 이에 본서에서는 프로그램의 확장성을 고려하여 멤버십 프로그램을 다음과 같이 정의하고자 한다.

"멤버십 프로그램은 '회원'의 자격을 갖는 고객에게 비회원과 구별되는 '차별화된 보상과 특전'을 제공함으로써 '고객 충성도'를 강화하는 것을 목표로 하는 '장기적'이고 '구조화' 된 '고객전략 통합 플랫폼'이다."

멤버십 프로그램의 핵심적인 특성은 정의에 반영된 것처럼 1) '회원'만을 대상으로 하고, 2) 비회원과 '차별화 된 보상과 특전'을 제공하며, 3) '고객 충성도' 제고를 목표로 하고, 4) '장기지향적'이고, 5) '구조화' 된 6) '고객전략 통합 플랫폼'으로 요약할 수 있다.

1) '회원'만을 대상으로 한다

멤버십 프로그램의 운영은 모든 고객이 아니라, 회원 자격을 갖는 '회원'인 고객만을 대상으로 한다는 고유의 특성으로 인해 기업이 관리해야 할 대상을 쉽게 식별하고 이들을 집중적으로 관리할 수 있도록 도와준다. '회원' 고객은 '비회원' 고객에 비하여 상대적으로 높은 고객 충성도를 갖고 있거나, 현재는 고객 충성도가 높지 않더라도 멤버십 프로그램을 통해 전략적으로 관리할 경우 고객 충성도가 강화될 가능성이 높은 고객군이기 때문이다.

회원의 자격은 고객이 자발적으로 가입하는 '자발적 가입 참여' 방식과 기업으로부터 부여 받는 '회원 자격 부여' 방식의 두 가지 형태가 있다. 전자는 프로그램에 가입하기를 희망하는 사람이라면 누구든 기업이 제시하는 회원 가입 절차를 통해 회원이 될 수 있는 방식으로, 최대한 많은 소비자를 회원으로 유치하는 데 적합하다. 이에 반해 기업이 지정한 특정 자격을 갖춘 고객에 한해 회원의 자격이 부여되는 후자는 전략적으로 특정 고객군을 관리하는 데 적합하다. 일정 금액 이상 구매한 고객에게 자동으로 VIP 멤버십 프로그램 회원자격이 주어지거나, 특정 상품군 또는 제품 구매자에 한해 클럽카드를 지급하는 경우가 이에 해당한다.

일정 수준 이상의 누적 구매금액 초과자나 수익성 높은 제품 구매자 등 이미 기업에 대한 고객 충성도가 입증된 고객에게 회원자격을 부여하는 방식은 물론, 자발적 가입 참여 방식에서도 가입자가 시간과 노력을 들여 회원가입 절차에 참여한다는 것은 그들이 브랜드에 대한 고객 충성도가 있거나 고객 충성도를 향상시킬 수 있는 잠재적인 우량고객군임을 간접적으로 시사한다. 회원가입 프로모션의 혜택만을 노리는 체리피커(cherry-picker)[2] 고객이 일부 존재하지만, 대다수의 고객들은 멤버십 프로그램을 통해 보상과 특전을 얻겠다는 의지 또는 자신의 평소 구매 수준에 비추어 볼 때 멤버십 프로그램의 혜택을 누릴 수 있을 것이라는 기대를 갖고 멤버십 프로그램에 참여하기 때문이다.

2) 비회원과 '차별화 된 보상과 특전'을 제공한다

멤버십 프로그램의 두 번째 특징은 '회원'에게만 제공되는 '보상(rewards)'과 특전(perks)'에 있다. 멤버십 프로그램에 지속적으로 신규회원이 가입하고, 기존회원들이 애용하는 프

---

2 체리가 장식된 케이크에서 하나뿐인 체리를 빼먹는 사람처럼, 할인율 높은 판촉용 상품만 골라 사거나, 할인혜택만 받고 거래를 더 이상 하지 않는 사람을 '체리피커'라 한다.

로그램이 되기 위해서는 무엇보다 회원과 비회원 간의 서비스를 분명하게 차별화하는 것이 중요하다. 멤버십 프로그램이 고객 충성도를 높이는 핵심적인 원리는 회원만을 대상으로 하는 보상과 특전을 제공하는 데 있기 때문이다. 여기서, '보상'은 회원이 기업에 기여한 행동(예 구매, 지인 추천, 상품사용 후기 제공 등)에 대해 기업이 사은하는 것이다. 반면, '특전'은 고객의 기여 행동과 상관없이 회원 자격이 부여된 고객만을 대상으로 특별히 제공하는 서비스이다.

회원 고객은 비회원이 누릴 수 없는 차별적 보상과 특전을 통해 '멤버십 프로그램의 회원이 되었더니 이러한 혜택을 누릴 수 있구나, 나를 다르게 대우해 주는구나'라고 인식할 수 있어야 하고, 기업은 '고객을 회원으로 우대하고 적극적으로 관리했더니, 실질적으로 고객의 만족도와 충성도가 이렇게 증가하는구나'라고 그 효과를 수치로 체감할 수 있어야 한다.

보상과 특전을 통한 비회원과의 차별적 대우는 두 가지 측면에서 중요하다. 첫째, 차별화된 대우는 회원 스스로 고객 충성도를 제고시키도록 한다는 점이다. 회원이 된 고객이 비회원 고객들에게 제공되지 않는 할인 증정 판촉행사, 회원 초청 행사, 회원 전용 서비스 등을 통해 자신이 대우 받고 있음을 느끼게 되면, 프로그램에 대한 만족도와 기업에 대한 소속감이 향상되며, 궁극적으로 브랜드에 대한 고객 충성도가 높아지게 된다. 둘째, 차별화된 대우는 다른 비회원 고객들로 하여금 프로그램에 가입하도록 유도한다는 점이다. 회원에게만 제공되는 혜택과 지위에 대한 부러움은 회원가입 동기를 자극한다. 특히, 소셜미디어(social media)를 통해 자신의 소비경험을 공유하거나 과시하는 환경이 조성되면서 회원들에게 제공되는 혜택은 글과 사진, 동영상 등의 형태로 사회관계망 속의 주변인들에게 쉽게 노출 및 확산되고 있으며, 이는 멤버십 프로그램에 대한 간접적인 홍보와 비회원을 회원으로 유입하는 촉매제가 되고 있다.

3) 고객 충성도 증진을 목표로 한다

멤버십 프로그램의 또다른 주요 특징은 멤버십 프로그램이 제공하는 일련의 서비스가 고객 충성도 증진을 목표로 한다는 점이다. 이상적인 고객 충성도의 형태는 브랜드에 대한 태도적 충성도(attitudinal loyalty)와 행동적 충성도(behavioral loyalty)가 균형을 이룬 '초우량 충성도(ultimate loyalty)'이다. 태도적 충성도는 브랜드 몰입이나 애착을, 행동적 충성도는 재구매나 타인에게 브랜드를 추천하는 소비행동을 반영한다.

초우량 충성도가 중요한 이유는, 태도적 충성도만 높은 고객은 구매로 연결되지 않아 기업의 재무적 성과에 기여하기 어렵고, 반대로 행동적 충성도만 높은 고객은 현재는 구매가 이루어지고 있지만, 언제든 위협적인 경쟁사가 등장하면 쉽게 이탈할 가능성이 높기 때문이다.

멤버십 프로그램을 통한 초우량 충성도의 형성은 멤버십 프로그램이 얼마나 경제적으로 고객에게 가치가 있는지, 얼마나 유명하고 신뢰할 수 있는 프로그램인지, 그리고 고객 개개인과의 관계를 특별하게 대우하는지 등에 영향을 받는다. 'Part III－1.1 멤버십 프로그램의 고객가치 요소' 편에서는 사용자가 기대하는 멤버십 프로그램에 대한 가치를 '사용가치(usage value), 브랜드가치(brand value), 관계가치(relationship value)'로 구분하고, 이들을 형성하는 데 영향을 주는 멤버십 프로그램의 설계요소에 대해 설명하고 있다.

4) 장기지향적이다

멤버십 프로그램은 장기지향적이라는 특성을 갖는다. 멤버십 프로그램의 장기지향적 속성은 크게 세 가지 측면에서 나타난다. 우선, 멤버십 프로그램의 운영기간이 장기적이다. 회원약관에 명시된 약정기간 동안 기업은 고객에게 회원의 자격을 부여하며, 회원은 회원 자격이 유지되는 기간 동안 약관을 통해 기업이 약속한 서비스를 이용할 수 있는 권리를 갖는다. 예컨대 고객에게 지급되는 포인트의 유효기간은 최소 1년부터 길게는 5년 이상으로, 기업이 멤버십 프로그램의 운영을 종료하더라도 가장 최근에 가입한 고객들의 포인트 유효기간이 보장될 수 있도록 일정기간 최소한의 운영이 유지되어야 한다. 따라서, 멤버십 프로그램은 한 번 도입하고 나면 쉽게 중지하기 어렵다. 새로운 멤버십 프로그램의 런칭을 위해 2017년 서비스를 종료한 코카콜라 마이 코크 리워즈(Coca－Cola My Coke Rewards)는 2020년 현재까지도 회원들이 보유하고 있는 포인트를 기부에 사용할 수 있도록 웹사이트(coke.com)를 운영 중이다([그림 1.6] 참조).

둘째, 멤버십 프로그램이 추구하는 '고객 충성도' 역시 장기간에 걸쳐 형성된다. 인간 관계에서도 좋은 관계를 형성하는데 시간과 상호 노력이 필요한 것처럼, 개인과 기업 간 관계에서도 고객이 단골이 되고 브랜드에 대한 고객 충성도를 형성하는 데는 일정 수준 이상의 시간과 접촉이 필요하다. 따라서, 멤버십 프로그램의 전략은 단순히 재구매를 유도하는 커뮤니케이션과 구매에 따른 보상에 집중하는 것이 아니라, 고객 충성도 형성 요인들을 복합적으로 활용하여 꾸준하게 고객과 접촉하고 커뮤니케이션을 시도하는 장기적인 유대 관리 전략이 되어야 한다. 고객 충성도에 영향을 주는 요인에는 제품의 본원적 가치인 좋은 제품과 편리한 서비스, 직원의 친절함이나 전문성과 같은 인적 요소, 쾌적한 매장환경과

빠른 배송 등의 물적 요소, 그리고, 대기시간이나 불만처리 과정 등의 프로세스가 있다.

셋째, 멤버십 프로그램의 운영 성과는 즉각적인 단기 매출 증진이 아닌, 장기적인 고객 유지율 증진을 목표로 한다. 멤버십 프로그램의 중요한 기능 중 하나는 고객의 접촉정보(예 이메일, 휴대폰 번호 등)를 수집하고, 마케팅 커뮤니케이션에 활용할 수 있는 합법적 동의를 얻는 데 있다. 그러나, 멤버십 프로그램을 각종 할인, 증정, 행사 안내 등의 메시지를 발송하는 판촉도구로 접근하는 것은 바람직하지 않다. 잦은 푸쉬마케팅(push marketing)[3]은 마케팅 피로도를 높여 마케팅 활동에 대한 고객의 반응률을 낮출뿐 아니라 관계의 질에도 부정적인 영향을 주어 멤버십 탈퇴와 같은 극단적인 고객 행동까지 초래할 수 있기 때문이다. 회원 대상의 마케팅 활동은 고객들의 취향과 소비행동의 특성을 분석하여 적절한 고객(right customer)에게 적절한 제품(right product)을, 적절한 시점(right timing)에 적절한 채널(right channel)을 통해 전달함으로써, 기업의 마케팅 오퍼가 '유용한 정보'로 인식될 수 있는 4R 전략에 기반해야 한다. 4R 전략에 대한 상세한 설명은 'Part V-3. 고객 포트폴리오 관리' 편에서 다루고 있다.

운영 당시 웹사이트

서비스 종료 후 웹사이트

[그림 1.6] 코카콜라 마이 코크 리워즈(My Coke Rewards)

5) 구조적이다

멤버십 프로그램의 또 다른 주요 특징은 매우 구조적인 특성을 가지고 있다는 점이다.

---

3 홍보하고자 하는 타깃층에게 문자나 이메일, 휴대폰 푸쉬알림 기능 등을 이용하여 광고를 정확히 도달시키는 마케팅 기법이다.

멤버십 프로그램의 구조적 성격은 멤버십 정책과 운영 측면에서 나타난다. 우선, 프로그램을 원활하게 운영하기 위해서는 운영 주체인 '기업'과 참여 주체인 '회원' 양측의 권리와 의무를 체계적이고 포괄적으로 정의한 구조적인 멤버십 정책이 필요하다. 멤버십 정책은 회원의 자격 조건, 유지 및 탈퇴 규정, 고객 충성도 수준의 평가방법, 등급별 보상체계, 회원에게 제공되는 보상과 특전, 그리고 회원에게 반드시 고지해야 하는 주요 내용을 포함한다. 멤버십 정책은 회원약관과 운영자 매뉴얼을 통해 고객과 내부 운영자에게 공유되는데, 회원약관이 고객에게 안내되는 멤버십 정책이라면, 운영자 매뉴얼은 멤버십 정책에 준하여 운영에 필요한 실무지침 사항을 체계적으로 정리한 것이다.

둘째, 멤버십 프로그램은 고객의 충성도 수준에 따라 구조적으로 차별화된 보상과 혜택을 제공하는 등급체계와 등급의 유지 또는 상향을 촉진하는 등급전환 전략을 수반할 때 더 높은 운영성과를 기대할 수 있다. 이것은 효과적인 등급제도(tier progrm)에 의해 수행될 수 있는데, 등급제도는 고객을 등급으로 구분하고, 등급별 혜택에 차등을 둠으로써, 상위등급의 고객은 현재의 등급을 유지하고, 하위등급의 고객은 상위등급으로 상향 전환하도록 동기를 부여하는 데 효과적이다. 구조적인 등급제도의 운영은 회원 전체를 우량한 고객군으로 성장시키는 데 기여할 뿐 아니라, 고객 수익성에 따라 투입되는 마케팅 비용을 차별화함으로써 마케팅 효율성을 높일 수 있다.

셋째, 멤버십 프로그램은 고객관계 유지와 충성도 증진의 성과를 달성하기 위한 구조화된 마케팅 실행 체계이다. 멤버십 프로그램에서는 고객 충성도의 형성과 강화에 영향을 주는 핵심적인 시점 또는 기간(예 회원가입 시점, 두 번째 구매 시점, 반복구매 기간, 휴면기간 등)과 각 시점(기간)마다 무엇을 어떻게 커뮤니케이션하고 서비스할 것인지에 대한 마케팅 활동을 사전에 체계적으로 정의하고 실행한다. 특히, 마케팅 자동화 시스템(marketing automation system)[4]을 멤버십 전략 체계에 접목하게 되면, 고객의 수가 백만 명이든 천만 명이든 규모와 상관 없이 고객 개개인의 거래 생애주기에 맞게 고객 충성도를 제고하는 마케팅 활동을 자동화할 수 있어 효율적인 고객관리를 기대할 수 있다.

6) 고객전략 통합 플랫폼이다

지금까지 '보상물'이라는 매개체를 이용하여 고객의 충성도를 높이는 마케팅 실행 프

---

4 고객 프로파일을 이용하여 웹, 이메일, 문자, 모바일, 소셜미디어 등의 채널에 개인 맞춤형 마케팅 오퍼 또는 메시지의 발송을 자동화하고, 실행된 결과를 대쉬보드를 통해 실시간 집계해 주는 솔루션이다.

로그램으로만 인식되어 온 멤버십 프로그램은 앞으로 고객전략을 통합하는 플랫폼으로 그 기능을 확장할 전망이다. 이에 대해서는 'Chapter 3 − 3.4 고객전략 통합 플랫폼으로서의 멤버십' 편에서 설명한다.

(3) 멤버십 프로그램의 유사 용어

우리 주변에서는 흔히 멤버십 프로그램과 같은 개념으로 '로열티 프로그램(loyalty program), 마일리지 프로그램(mileage program), 포인트 카드(point card), 보상물 증정 프로그램(rewards program), 클럽카드(club card)' 등이 사용되고 있다. 그러나, 이들은 멤버십 프로그램과 같은 선상에 있는 대등하거나 동일한 개념이라기 보다는 서로 다른 형태의 운영 방식을 갖고 있는 멤버십 프로그램의 하위 유형들이라고 보는 것이 적합하다. 구매 기여도에 따라 포인트를 지급하는 로열티 프로그램은 물론, 할인이나 현금 상환, 사은품 등의 인센티브를 통해 회원 고객을 우대하는 할인·캐시백·보상물 증정 프로그램, 그리고 특정 제품을 구매하는 고객들만을 대상으로 운영하는 클럽카드까지 모두 고객 충성도를 높이기 위해 운영되는 멤버십 프로그램의 운영 형태들이다. 이들의 차이는 'Part II. 멤버십 프로그램의 유형'에서 상세히 다루고 있다.

그 가운데 멤버십 프로그램과 대등한 개념으로 가장 많이 혼용되는 것은 '로열티 프로그램(고객충성제도)'이다. 로열티 프로그램은 카페, 편의점, 백화점, 항공사 등에서 매출 기여도(例 구매금액, 구매횟수, 이용거리 등)에 상응하는 로열티 점수(loyalty point)를 회원에게 제공하고, 적립한 포인트로 제품을 구매하거나 보상물로 상환하는 데 사용할 수 있도록 한 멤버십 프로그램의 한 유형이다. 로열티 점수를 국내에서는 보통 포인트, 적립금, 마일리지 등으로, 해외에서는 포인트와 함께 쿼런시(currency), 크레딧(credits), 토큰(token) 등으로 부른다. '포인트 제도'와 '마일리지 프로그램'은 둘 다 로열티 점수에 기반한다는 점에서 로열티 프로그램과 동일한 유형이다.

'포인트' 지급 방식을 사용할 경우 기업은 고객의 기여도를 객관적으로 평가 및 관리할 수 있고, 고객은 자신의 실적을 쉽게 이해하고 이를 현금화 또는 보상물로 상환하는데 사용할 수 있어 기업과 고객 모두 로열티 프로그램에 대한 선호도가 높다. 특히 파트너십 기반의 멤버십 프로그램을 운영하기 위해서는 로열티 프로그램 방식의 멤버십 운영이 불가피하다. 타사와의 제휴를 통해 회원들에게 보다 폭넓은 혜택을 제공하는 파트너십 프로그램은 운영사의 포인트와 제휴사의 보상물 간 상환에 따른 비용정산이 필요하기 때문이다. 이러한 배경으로 로열티 프로그램은 멤버십 프로그램과 동일시될 만큼 가장 범용적이고 대표적인 멤버십 프로그램으로서의 위상을 갖게 되었다.

　　앞으로 상세히 살펴보겠지만, 멤버십 프로그램은 업종에 따라, 그리고 기업이 멤버십 프로그램을 통해 얻고자 하는 전략적 방향에 따라 다양한 형태로 개발될 수 있다. 따라서, 멤버십 프로그램을 운영하는 기업들은 자사 고유의 멤버십 프로그램 개념을 정의하는 것이 매우 중요하다. 개념은 대상에 대한 인식과 관점을 반영하므로, 유관부서 간에 합의된 기업 고유의 멤버십 프로그램 개념이 정립되어 있으면, 조직 구성원 모두가 일치된 개념 하에 한 방향을 바라보고 실무를 추진하는 데 효과적이다. 반대로, 조직 내부에 합의된 정의가 없는 경우에는 개개인의 지식과 경험, 그리고 부서별 기능과 입장에 따라 서로 다른 이미지의 멤버십 프로그램을 머릿속에 그린 상태에서 커뮤니케이션과 협업이 진행되기 때문에 소통의 어려움과 운영과정 상의 불협화음이 발생하는 원인이 될 수 있다.

1.2 멤버십 프로그램의 적용 범위

　　멤버십 프로그램은 개인고객을 관리하기 위해 BtoC(Business to Customer) 산업에서 시작되었지만, 기업형 고객과 거래하는 BtoB(Business to Business) 산업을 넘어 GtoC(Government to Citizen) 영역, 즉 시민(국민) 대상의 사회 서비스를 제공하는 정부 또는 지방자치단체 산하의 유관기관까지 적용 영역이 매우 폭넓다(<표 1.2> 참조).

　　본 장에서는 멤버십 프로그램의 활용 영역을 BtoC, BtoB, GtoC로 구분하고, '운영주체(민간기업, 공공기관)'와 멤버십 프로그램을 통해 '관리하고자 하는 대상(개인 소비자, 최종 소비기업, 중간상, 시민)' 관점에서 멤버십 프로그램이 어떻게 활용되고 있는지를 간략히 살펴보도록 한다. 각 영역별 상세한 멤버십 전략은 'Part VI. 업종별 멤버십 프로그램'에서 설명한다.

〈표 1.2〉 멤버십 프로그램 활용 영역

구분	BtoC	BtoB		GtoC
운영주체	개인 또는 기업	기업		비영리 조직 또는 공공기관
운영대상	개인 소비자	중간상 (에이전시)	최종 소비기업 (클라이언트)	시민
운영영역	제조, 유통, 서비스	인적판매, 위탁 용역	산업용, 조직용	비영리 사업, 사회 서비스
운영목적	개인고객의 관계 유지 및 충성도 증진	개인사업자의 영업 지원 및 관계 유지	고객사에 대한 직접 관리 및 관계 유지	시민 관심과 참여 독려
운영예시	네이버플러스 멤버십	우버 프로	뉴팜 프라이어러티 파트너십	민트 로열티 프로그램

(1) BtoC(Business-to-Customer)

BtoC 멤버십 프로그램은 기업과 개인 소비자 간에 운영되는 형태이다. 개인 소비자가 존재하는 유통, 서비스와 같이 고객 접점에서의 고객관리가 필요한 업종뿐 아니라 최종 고객보다는 유통경로에 대한 관리 비중이 큰 제조사에 이르기까지 전 영역에서 활용되고 있다. 유통업의 경우에는 편의점, 슈퍼마켓, 전문점, 할인점, 백화점, 인터넷 쇼핑몰 등 온·오프라인의 매장들이 규모에 적합한 형태의 멤버십 프로그램을 적용하고 있으며, 서비스업은 식음료, 여행, 통신, 금융, 문화예술 등 반복적인 거래가 중요한 업종을 중심으로 활성화 되어 있다. 한편, 제조사는 자동차나 가구, 악기와 같이 구매주기가 길고 고가인 고관여 제품부터 식품이나 생활용품과 같이 구매주기가 짧고 저가인 저관여 제품까지 다양한 영역에서 고객 만족도와 충성도 제고를 위한 다양한 형태의 멤버십 프로그램이 운영되고 있다.

최근에는 정보 중개 플랫폼의 유료 멤버십 모델뿐 아니라, 콘텐츠 창작자나 연예인과 같은 개인들이 직접 구독자 또는 팬을 관리하기 위한 목적으로 개인 대 개인(Person to Person, PtoP) 형태의 멤버십 프로그램을 운영하는 사례 또한 빠르게 증가하고 있다. 우리나라의 대표적인 정보 중개 플랫폼인 '네이버'는 검색 포털에서 생활 플랫폼으로의 전환을 촉진하는 경영전략의 일환으로 '네이버플러스' 유료 멤버십을 런칭하였다. 네이버플러스는 일상생활에서 가장 사용빈도가 높은 쇼핑, 콘텐츠, 금융 서비스를 하나의 패키지로 묶고, 유료회원에게 우대 혜택을 제공함으로써, 네이버가 제공하는 콘텐츠와 쇼핑 및 금융 서비스의 이용을 촉진하고, 다른 경쟁 플랫폼으로의 전환을 방지하는 멤버십 전략을 추구하고 있다([그림 1.7] 참조). 유튜브(YouTube)가 제공하는 콘텐츠 창작자들을 위한 '멤버십 관리' 기능과 SM엔터테인먼트와 네이버가 공동으로 개발한 글로벌 커뮤니티 플랫폼 '팬십(Fanship)'은 대표적인 PtoP 멤버십이다.

[그림 1.7] BtoC 멤버십 프로그램 예시 – 네이버플러스 멤버십(www.naver.com)

(2) BtoB(Business-to-Business)

BtoB 멤버십 프로그램은 최종 소비 기업(클라이언트) 또는 중간상(에이전시)을 대상으로 운영하는 멤버십 프로그램이다. 최종 소비 기업 대상의 멤버십 프로그램은 중간상 이탈에 따른 고객사의 연쇄 이탈을 예방하기 위한 목적으로 운영된다. 반면, 중간상 대상의 멤버십 프로그램은 그들의 영업활동과 복지를 지원함으로써 중간상의 안정적인 비즈니스 수행 및 경쟁사로의 이탈을 방지하기 위한 목적으로 활용되고 있다.

최종 소비 기업 대상의 BtoB 멤버십과 중간상 대상의 BtoB 멤버십에 대해 조금 더 자세히 살펴보도록 하자.

1) 최종 소비기업 대상의 BtoB 멤버십 프로그램

BtoB 기업의 거래는 일반적으로 산업용 재화와 조직용 재화의 거래로 구분할 수 있다. 산업용은 상품의 제조와 생산에 필요한 원재료, 중간재, 부품, 소모품, 장비 등을 말하며, 조직용은 사무용 소모품이나 복리후생용품 등 대량소비 제품과 사무용기기의 렌탈, 사무환경과 조직원 관리를 위한 용역(예 사무실 청소, 방역, 단체급식, 직원 교육) 등을 포함한다. 기업 고객들은 한 번에 구매하는 금액 또는 구매량의 규모가 크고, 한 번 거래 계약을 맺고 나면 특별한 변수가 없는 한 장기적인 거래가 유지되기 때문에, BtoB 기업들은 기업 고객 하나 하나를 관리하는 데 많은 투자를 한다.

이러한 최종 소비기업 대상의 BtoB 멤버십 프로그램은 고객사의 매출 기여도와 잠재적 미래가치를 고려하여 기업별로 적정 수준의 보상과 서비스를 제공함으로써 고객사의 기여도와 무관하게 집행되는 편향된 영업비용을 바로 잡고, 표준화된 서비스로 고객사의 만족도를 향상시키는 데 기여한다. 또한, 영업사원과 대리점의 영업 활동을 지원함과 동시에 고객에 대한 정보를 본사 차원에서 직접 수집하는 채널의 기능을 수행함으로써 영업사원 또는 중간상의 이탈시 고객까지 잃는 피해를 사전에 예방하는 효과를 얻을 수 있다.

[그림 1.8] BtoB 최종 소비 기업 대상 멤버십 프로그램 예시 – 뉴팜 프라이어러티 파트너십

(www.prioritypartnership.co.nz)

예컨대, 호주 농약 회사인 뉴팜(Nufarm)은 뉴질랜드의 최종 소비 고객사를 대상으로 '프라이어러티 파트너십(Priority Partnership)' 프로그램을 운영하고 있다. 고객사가 구매한 제품 정보를 멤버십 관리 사이트에 등록하면, 본사에서 정품 여부를 확인한 후 포인트를 부여하는 BtoB 로열티 프로그램 형태이다. 회원은 포인트를 가전, 전기제품, 스포츠 장비, 장난감, 여행 및 이벤트 등 5천개가 넘는 항목에 사용할 수 있다. 이 밖에도 전 제품에 대한 구매 인센티브와 제품, 기술, 서비스 관련 정보, 회원우대 특별 오퍼, 프로모션 참여 기회 등의 특전을 제공하고 있다([그림 1.8] 참조).

2) 중간상 대상의 BtoB 멤버십 프로그램

중간상 대상의 멤버십 프로그램은 최종 소비자와 거래하는 개인 사업자, 또는 대리점의 영업활동을 지원하기 위한 목적으로 운영된다. 방문판매 사원이나 보험설계사와 같은 인적 판매원을 이용하여 영업하거나, 청소, 배송, 기기 점검 등의 용역을 제공하는 기업 가운데 이들과 직접 고용 관계에 있지 않은 개인 또는 개인 사업자와 계약을 맺고 상품의 위탁판매 및 서비스 용역을 제공하는 경우에 해당한다.

인적판매 또는 용역 제공에 개인 또는 개인 사업자를 이용하는 기업은 중간상의 기업에 대한 충성도를 높이기 위해 멤버십 프로그램을 운영한다. 중간상은 최종고객과 만나는 접점으로서 기업의 매출 및 고객 만족도와 직결될 뿐 아니라 우수한 중간상이 경쟁사로 이탈할 경우 기업에 큰 손실이기 때문이다. 인적 판매와 용역을 수행하는 개인 및 개인 사업자 대상의 멤버십 프로그램은 이들의 판매 실적과 서비스 품질을 향상시킬 수 있는 동기부여 관점에서 멤버십 프로그램의 보상 방식을 활용하고, 이들에게 필요한 서비스를 혜택으로 제공한다. 대표적으로 세무, 회계, 법무 자문 지원, 주유비나 통신비 제공 등의 영업활동과 직결되는 혜택과 건강보험 등 중간상의 취약한 복지 문제를 보완할 수 있는 서비스가 대표적이다.

예컨대, 사용자가 모바일 애플리케이션(이하 '앱')을 통해 택시를 호출하면 가장 가까운 택시를 호출해 주는 O2O(Offline to Online 또는 Online to Offline) 서비스 기업인 우버(Uber)는 우버 비즈니스에 참여하는 운전사들을 대상으로 '우버 프로(Uber Pro)' 파트너 프로그램을 운영하고 있다. 이 프로그램은 운전사들의 건강증진과 안전, 영업지원을 통해 우버에 대한 충성도 증진을 목표로 한다. 우퍼 프로에 가입한 운전사들은 개인건강보험에 단체보험 계약자로 저렴하게 가입할 수 있고, 오토존(AutoZone) 등 주요 자동차 수리점에서 차량정

비 비용을 할인 받을 수 있다. 또한, 영업에 필요한 스마트폰 사용요금을 본인은 물론 직계 가족까지 할인 받는다. 매출 기여도에 따른 포인트의 지급 기준은 '승객을 목적지까지 완전하게 인도한 경우'로 제한하여 운전자 스스로 서비스 품질을 향상시키도록 독려하고 있다. 운전자들은 적립한 포인트를 파트너 상점에서 제품으로 교환할 수 있다([그림 1.9] 참조).

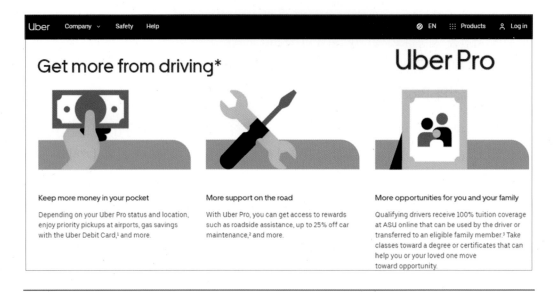

[그림 1.9] BtoB 중간상 대상 멤버십 프로그램 예시 – 우버 프로(uber.com)

(3) GtoC(Government-to-Citizen)

GtoC 영역의 멤버십 활용은 크게 비영리조직과 공공기관으로 구분할 수 있다. 비영리조직에는 자선 및 구호단체, NGO(Non Governmental Organization) 등이 있으며, 공공기관은 관공서와 지방자치단체, 공기업 등을 포함한다. 시민(국민)을 고객으로 보는 관점이 부적절하다고 생각하는 사람도 있을 것이다. 그러나 국가도, 공공기관도, 그리고 다양한 비영리조직도 엄연히 서비스를 제공하는 조직이고, 그 대상이 존재한다면 고객 중심의 경영관리가 의미를 갖는다. 사회 시스템이 발전되어 있는 국가일수록 사회 서비스의 양적, 질적 개선을 위해 CRM 전략을 응용하며, 그 매개체로서 멤버십 프로그램이 활용되고 있다.

기부금 의존도가 높은 비영리조직은 장기기부를 촉진하기 위해 멤버십 프로그램을 활용한다. 따라서, 사업목적이나 규모와 상관없이 모든 비영리조직에서 적용할 수 있다. 비영리조직이 멤버십 프로그램을 운영할 경우에는 후원금의 납부 방식과 납부 내역의 조회, 관련 증빙자료의 수취 등이 편리하게 제공될 수 있는 시스템적인 뒷받침이 필요하고, 회원 개개인에게 후원금 사용 내역과 사회적인 기여 가치에 대한 투명하고 적극적인 소통 체계를 마련하는 것이 중요하다. 전략적으로는 연회원, 종신회원 등의 개념을 접목한 '계약 기반'의 멤버십을 운영하고, 회원별 기여도와 관심사에 기반한 고객 세분화와 개인화된 커뮤니케이션, 그리고 이탈가능한 회원의 조기 발견 및 이탈 방지를 위한 선제적 대응을 실행하는 것이 회원과의 장기적인 관계 유지 관점에서 효과적이다.

[그림 1.10] GtoC 멤버십 프로그램 예시 - 민트 로열티 프로그램(catalog.usmint.gov)

한편, 공공기관의 GtoC 멤버십 프로그램은 시민의 복지를 향상시키고, 정부 및 지방자치단체에서 제공하는 사업에 대한 시민들의 관심과 참여를 독려하기 위해 운영된다. 따라서, 시민들의 일상생활과 밀접한 보건, 교육, 환경과 에너지, 교통, 법규 준수 및 범죄예방 등 관련 사회 서비스를 제공하는 기관들이 주로 멤버십 프로그램을 운영하고 있다. 예컨대, 우리나라의 환경관리공단은 온실가스 감축 및 녹색성장 사업에 대한 개인, 가정, 기업들의 참여를 독려하기 위해 2009년부터 탄소 포인트 제도를 시행하고 있다. 또, 미국의 조폐국은 미국 기념 동전과 메달을 정기적으로 배송해 주는 '민트 멤버십 프로그램(The United States Mint Loyalty Program)'을 통해 기념 주화라는 매개체를 이용해 국민들의 애국심을 고취시키고, 역사에 대한 이해를 돕고 있다([그림 1.10] 참조).

⚙ Summary

이번 장에서는 멤버십 전략, 멤버십 프로그램의 개념과 중요성, 그리고 멤버십 프로그램의 적용 범위를 살펴 보았다. 독자는 멤버십 전략과 멤버십 프로그램의 관계, 멤버십 프로그램이 추구하는 목적과 특성, 그리고 실제 어떤 영역에서 활용되고 있는지를 이해할 수 있었을 것이다.

멤버십 전략의 개념과 중요성

멤버십 전략은 급변하는 마케팅 환경과 기업이 멤버십 프로그램을 운영하고자 하는 목적, 비즈니스 모델, 시장환경, 제품 및 고객 특성 등 멤버십 운영성과에 영향을 줄 수 있는 기업 내·외부 요인들을 종합적으로 고려하여, 기업에 최적화된 멤버십 프로그램을 설계하고 성공적으로 운영할 수 있도록 전략을 개발하고 실행하는 것이다. 멤버십 프로그램이 도입된 지 40여 년의 역사가 흐른 지금, 다양한 성공과 실패 사례, 그리고 폭넓은 연구들을 통해, 멤버십 프로그램은 명확한 전략과 과학적인 설계, 지속적인 투자, 그리고 혁신이 뒷받침 될 때에는 성공적으로 운영될 수 있지만, 전략적 접근이 미흡할 경우에는 자칫 기업에 비용 부담만을 가중시키는 애물단지로도 전략할 수 있음을 학습하였다.

멤버십 프로그램의 개념과 중요성

멤버십 프로그램은 '회원'의 자격을 갖는 고객에게 비회원과 구별되는 '차별화된 보상과 특전'을 제공함으로써 '고객 충성도'를 강화하는 것을 목표로 하는 '장기적'이고 '구조화' 된 '고객전략 통합 플랫폼'이다. 현재, 멤버십 프로그램은 '고객 충성도 제고 프로그램'이라는 본원적 기능을 넘어 기업 내부로는 고객에 대한 데이터(예 인구통계, 구매행동 등)를 수혈하고 기업 외부로는 제휴를 통해 신규고객을 창출하는 채널의 기능을 담당하고 있다. 또한, 멤버십 회원들에게 다양한 브랜드 경험 기회를 제공하고, 고객의 참여를 독려시키는 전사 차원의 고객전략 통합 플랫폼으로 성장하고 있으며, 유료 멤버십이나 멤버십 제휴사 참여 등의 형태로 부가수익을 창출하는 비즈니스 모델로도 응용되고 있다.

멤버십 프로그램의 적용 범위

멤버십 프로그램은 개인고객을 관리하기 위해 BtoC(Business to Customer) 산업에서 시작되었지만, 기업형 고객과 거래하는 BtoB(Business to Business)를 비롯하여, 시민(국민) 대상의 사회 서비스를 제공하는 정부, 공공기관과 비영리조직, 즉 GtoC(Government to Citizen)까지 적용 영역이 매우 폭넓다. 기업 또는 조직이 관리하고자 하는 '대상'이 존재하고, 그 '대상'을 '고객'의 관점으로 우대함으로써, 기업(조직)이 기대할 수 있는 분명한 '목표'에 도달할 수 있는 영역이라면, 멤버십 프로그램은 어떤 분야이든 적용할 수 있고, 응용이 가능하다 하겠다.

CHAPTER

02
멤버십 프로그램의
발전 과정과 운영 현황

이번 장에서는 멤버십 프로그램의 역사와 현재 국내외 멤버십 프로그램의 운영 현황을 알아보고, 현대 멤버십 프로그램으로 발전하기까지의 과정을 살펴보도록 한다.

2.1 멤버십 프로그램의 유래와 전신

멤버십 프로그램의 유래는 어디에서 찾을 수 있을까? 멤버십 프로그램의 유래와 직접적인 전신을 알게 되면, 현재 운영되고 있는 기업들의 멤버십 프로그램에 대한 이해도가 높아질 것이다.

(1) 멤버십 프로그램의 유래

시장의 개념이 형성된 이래 상인들은 신규고객의 유치와 더불어 이미 구매한 경험이 있는 기존고객들이 계속적으로 거래하도록 만드는 '장치'에 많은 관심을 가져왔다. 멤버십 프로그램과 같이 고객의 반복적인 거래를 독려하기 위해 활용된 가장 전통적인 고객관리 기법에는 프리미엄 프로모션(premium promotion)과 스탬프 제도(stamp card)가 있다.

1) 프리미엄 프로모션

제품 구매시 서비스로 제공되는 증정품을 프리미엄(premium)이라고 한다. 프리미엄 프로모션은 증정품을 활용한 판촉기법으로, 본 품과 함께 증정하는 패키지형(package related premium)과 몇 개의 본 품을 구매해야 함께 제공된 프리미엄이 하나의 완전한 제품으로서의 기능을 할 수 있는 연속형(continuity premium), 그리고, 구매를 했다는 증거(CM 상표, 로고 등)를 오려서 기업에 우편으로 보내면 프리미엄을 제공하는 우편형(free mail in premium) 등이 있다.

미국에서는 18세기부터 상인들이 구매자에게 구리 토큰을 제공하고, 일정 개수를 모아오면 매장에서 물건과 교환할 수 있는 프리미엄 판촉을 사용하였고, 19세기에 많은 상인들이 사용한 단골고객 관리 방법으로 확인되고 있다.[5] 예컨대, 배빗 컴퍼니(B. A. Babbit Company)는 세탁비누 '스윗홈(Sweet Home)'을 판매하면서 색판화로 만든 그림과 교환할 수 있는 티켓을 비누 포장지에 인쇄하여 고객들에게 제공하였다. 또, 베티 크로커(Betty Crocker)는 제품 패키지에 쿠폰을 부착하고, 쿠폰을 포인트로 점수화하여 포크나 나이프 세트 같은 상품을 보상물로 신청할 수 있도록 하여 소비자들에게 인기가 있었다. 1929년에 시작된 이 프로그램은 2006년 베티 크로커가 폐업할 때까지 77년간 운영된 가장 오래된 프리미엄 프로모션으로 평가되고 있다.

2) 스탬프 제도

멤버십 프로그램의 또 다른 유래인 스탬프 제도는 토큰이나 티켓보다 더 진화해 나갔다. 고객들은 상품을 구매할 때마다 스탬프를 받고 이를 스탬프판에 모아 상점에서 제품을 교환하는 데 사용하였다. 최초의 스탬프 제도는 1891년 위스콘신에 위치한 슈스터 백화점(Schuster's Department Store)의 스탬프 제도였지만, 실제로 스탬프 제도의 활성화에 기여한 것은 1896년 미시간 주 잭슨에서 설립된 S&H(Sperry and Hutchinson Company)의 그린 스탬프(Green Stamps)이다([그림 1.11] 참조).[8] 1930년대부터 1980년대 말까지 미국 전역에서 인기를 누렸던 이 서비스는 1960년대에 미국에서 발행하는 우표보다 3배 이상 발행되었고,

---

5 프리미엄 판촉의 최초 모델로서 1793년 뉴햄프셔에 위치한 매장 서드버리(Sudbury)는 제품 구매시 구리 토큰을 주고, 모아온 토큰으로 가게에서 판매하는 상품과 교환할 수 있도록 한 것으로 보고된다(en.wikipedia.org, 'premium(marketing)')

영국에서도 핑크 스탬프(Pink Stamps)라는 이름의 유사한 제도를 운영하였다. S&H는 미국 전역의 슈퍼마켓, 백화점, 주유소 등 크고 작은 다양한 점포와 제휴를 맺고 제휴 점포에 1, 10, 50포인트 단위의 그린 스탬프를 판매하였다. 제휴 점포는 계산대에서 소비자에게 구매 금액에 준한 스탬프를 보너스로 지급하였으며, 소비자들은 스탬프북에 그린 스탬프를 1,200포인트만큼 채운 다음, 그린 스탬프 교환센터에 직접 방문하거나 우편주문하는 방식으로 스탬프를 생활용품이나 주방용품으로 교환하였다. 지금으로 말하면, 여러 제휴사를 통해 포인트를 모으고, 이를 제휴사에서 제품 구매에 사용할 수 있도록 하는 OK캐쉬백과 같은 제휴 프로그램의 초기 모델이라 할 수 있다. 그린 스탬프의 인기에 힘입어 그린백스 스탬프(Greenbax Stamps), 골드 벨 기프트 스탬프(Gold Bell Gift Stamps), 트리플 에스 스탬프(Triple S Stamps) 등 다양한 경쟁사가 등장하기도 하였다.

그린 스탬프　　　　　　　그린 스탬프 광고　　　　　　　그린 스탬프 교환센터

[그림 1.11] S&H 그린 스탬프

(2) 현대 멤버십 프로그램의 전신

한편, 현대 멤버십 프로그램의 직접적인 전신은 항공사 마일리지 프로그램이라고 할 수 있다. 1978년 미국 항공규제 완화법(Airline Deregulation Act)이 발효됨에 따라, 미국 항공여객 운송사업 시장은 몇몇 대형 항공사 중심의 독과점 구조에서 치열한 경쟁구조로 전환되는 계기를 맞이한다. 가격 경쟁력을 내세운 저가 항공사가 공격적으로 시장진입을 하며 기존 대형 항공사들은 기업의 수익성과 직결되는 충성도 높은 고객들의 이탈을 방지할 수 있는 자구책 마련에 고심하였다.

1981년 아메리칸 에어라인(American Airlines)에 의해 탄생한 에이어드밴티지 프로그램 (AAdvantage Program)은 이러한 배경 하에 탄생된 최초의 로열티 프로그램이다([그림 1.12] 참조). 이 프로그램은 고객이 회원으로 가입을 하면, 고객의 매출 기여도를 탑승거리에 준하여 로열티 포인트인 '마일'을 적립해 주고, 일정 수준 이상의 마일을 적립하면, 무료 퍼스트 클래스 항공권, 좌석 업그레이드, 항공권 할인 등으로 보상하는 방식이었다.

에이어드밴티지 도입 이후 전 세계 대다수의 항공사들은 로열티 프로그램을 통해 기존 고객을 관리하는 방식을 채택하였고, 이를 '상용 승객 프로그램(Frequent Flyer Program, FFP)' 또는 마일리지 프로그램(mileage program)이라고 불렀다. 에이어드밴티지는 2020년 기준 6천 7백만 명의 회원과 천여 개 이상의 제휴사를 보유하고 있어, 여전히 전 세계에서 가장 규모가 큰 멤버십 프로그램 중 하나이다. 에이어드밴티지는 업종의 특성을 반영하여 구매액 대신 탑승거리를 기준으로 실적을 평가한다는 것이 다를 뿐, 회원들에게 회원임을 식별하는 회원 ID카드를 발행하고, 고객의 개인정보와 거래이력, 마일리지의 적립 및 사용이력을 데이터베이스를 이용하여 수집하고, 시스템으로 관리하는 운영방식은 현재의 로열티 프로그램과 동일하다.

에이어드밴티지에 앞서 1980년 캘리포니아 소재의 웨스턴 에어라인(Western Airlines) 항공사는 샌프란시스코와 로스앤젤레스 구간을 비행하는 승객들을 대상으로 탑승구에서 펀치카드로 탑승실적을 찍어주는 방식의 "$50 Travel Pass" 서비스 쿠폰을 발행한 바 있다.

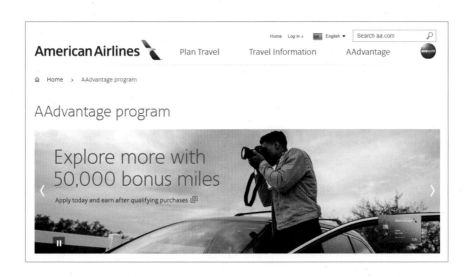

[그림 1.12] 아메리칸 에어라인즈 에이어드밴티지 프로그램(www.aa.com)

이 프로그램은 고객들로부터 큰 호응을 얻어 십여 개 이상의 도시로 확대되었으나, 수집된 기록을 실적으로 전환해 주는 시스템을 구축하지 않아 활성화하는데 한계가 있었다. 정보 기술과 데이터베이스에 기반하여 회원정보와 구매이력, 마일리지의 적립 및 사용 이력이 시스템적으로 관리된 첫 번째 모델인 에이어드밴티지 프로그램을 현대의 멤버십 프로그램 전신으로 평가하는 이유이기도 하다. 멤버십 프로그램은 에이어드밴티지 프로그램 등장 이후, 유통, 호텔, 금융 등 다양한 업종으로 확산되었다.

2.2 국내외 운영 현황

이번 절에서는 국내와 국외로 나누어 멤버십 프로그램의 역사와 운영 현황을 살펴보도록 한다.

(1) 국내 운영 현황

우리나라는 1984년 대한항공에서 국내 최초의 멤버십 프로그램 '스카이패스[6]'를 선보였고, 1996년 SK에너지가 국내 최초의 일반 소매유통 부문 멤버십 프로그램으로 '엔크린 보너스 카드'를 런칭하였다. 금융권에서는 1995년 출시된 외환카드의 '예스포인트'가 금융 부문 멤버십 프로그램의 효시이다. 1999년에 출범한 SK의 'OK캐쉬백'은 SK에너지와 SKT 멤버십 회원을 기반으로 다수의 가맹점을 모집하여 회원들이 어느 가맹점에서나 포인트를 적립하고, 합산하여 사용할 수 있는 비즈니스 모델로서의 멤버십 프로그램이다. OK캐쉬백은 소매, 유통업을 중심으로 멤버십 프로그램이 빠르게 확산하는 데 기여한 것으로 평가되고 있다.

1980~90년대가 항공사, 신용카드, 통신, 유통 산업 중심으로 멤버십 프로그램의 도입과 확산이 이루어졌다면, 2000년대는 타사와의 제휴를 통해 포인트의 적립 또는 사용처를 확대하여 포인트의 가치를 높이고, 타 멤버십 회원을 신규고객으로 유입하기 위해 단일 프로그램에서 파트너십 프로그램으로 전환하는 기업들이 대거 등장하였다. 그리고 계열사별

---

6 1984년 FTBS(Frequent Traveller Bonus System)로 런칭하고, 1995년에 '스카이패스'로 이름을 변경하였다.

로 독립적인 멤버십 프로그램을 운영했던 그룹사들이 계열사 멤버십 회원을 모두 통합하는 그룹사 멤버십 프로그램으로의 전환이 두드러진 시기이다.

〈표 1.3〉 국내 주요 멤버십 프로그램 운영 현황

출시년도	업종	프로그램명	운영회사
1984년	항공	스카이패스	대한항공
1989년	항공	아시아나클럽	아시아나항공
1995년	신용카드	예스포인트	외환카드
1996년	유통	엔크린보너스카드	SK에너지
1999년	가맹	OK캐쉬백	SK플래닛
1999년	통신	SKT멤버십	SK텔레콤
1999년	통신	SHOW멤버십	KT
2000년	유통	해피포인트	SPC
2001년	통신	LGT멤버십	LG텔레콤
2006년	유통	롯데멤버스	롯데
2006년	유통	신세계포인트	신세계
2007년	제조	블루멤버스	현대자동차
2007년	제조	레드멤버스	기아자동차
2008년	유통	GS&포인트	GS
2010년	유통	CJ One	CJ
2010년	제조	매일멤버십	매일유업
2010년	모바일지갑서비스	시럽월렛	SK플래닛
2012년	모바일지갑서비스	스마트월렛	LG유플러스
2012년	가맹	도도포인트	스포카
2015년	모바일지갑서비스	클립	KT
2015년	금융	하나멤버스	하나금융
2015년	금융	써니뱅크	신한은행
2015년	금융	위비뱅크	우리은행
2016년	금융	리브	KB국민은행
2016년	금융	아이원뱅크	IBK기업은행
2016년	금융	올원뱅크	NH농협
2018년	이커머스	스마일클럽	이베이코리아
2020년	유통	더팝	GS리테일
2020년	금융	디클럽	신한카드
2020년	플랫폼	네이버플러스	네이버

2010년대는 모바일 중심으로 마케팅 패러다임이 전환된 시기로, '시럽월렛', '스마트월렛', '클립' 등 통신사마다 모바일 지갑 앱 서비스를 시작하면서, 일반 소비재 기업들 또한 기존 플라스틱 실물 회원카드 기반의 멤버십 프로그램을 모바일 앱 상에서 사용하는 디지털 회원카드로 대체하는 커다란 변화가 이루어졌다. 이러한 흐름에 발맞춰 은행권 또한 2010년대 후반 모바일 멤버십 앱을 경쟁적으로 개발하였다. 창구영업 의존도가 높았던만큼 멤버십 프로그램의 활용에 가장 소극적이었던 은행권은 비대면 채널 중심으로 영업환경이 급변하고, 핀테크 기술을 이용한 차별화된 상품으로 IT기업들의 공격적인 진출이 가속화되자, 모바일 채널로 고객들을 유입하고 모바일 환경에 적합한 새로운 부가가치 상품들을 판매하는 플랫폼으로서 모바일 멤버십을 고려하게 되었다.

지금은 대다수의 기업들이 멤버십 프로그램을 운영하고 있으며, 모바일 중심으로의 멤버십 채널 정비가 완료된 상태로, 2020년대는 지금까지의 멤버십 프로그램 운영 노하우와 시행착오, 고객 빅데이터 분석 역량을 바탕으로, 고객전략 관점에서 보다 효율적이고 효과적인 등급 및 보상체계로 서비스를 개선하는 데 집중함과 동시에 브랜드 경험을 극대화할 수 있는 디지털 기술을 접목한 모바일 멤버십으로의 개선과 혁신에 투자가 집중되고 있다.

(2) 해외 운영 현황

멤버십 프로그램의 수는 이미 2013년에 전 세계적으로 1만여 개, 참여 회원은 76억 명에 이르렀다.[9] 2017년 콜로키 로열티 센서스(Colloquy Loyalty Census)[10]에 따르면, 미국은 멤버십 프로그램 가입자 수가 중복 가입자를 포함하여 3억 8천 명으로 가구당 기준 평균 21.9개 이상의 프로그램에 가입하고 있으며, 멤버십 운영 업종은 42%가 소매유통, 29%는 여행·문화·레저, 17% 금융, 12%가 기타 신생 비즈니스인 것으로 나타나고 있다. 캐나다는 17억 명 이상이 1개 이상의 멤버십에 가입하고 있으며, 유럽은 2006년에 이미 소비자의 92%가 멤버십 프로그램에 참여하고 있는 것으로 보고되고 있다.

미국의 경우 포인트에 기반하는 로열티 프로그램은 서비스업(금융, 항공, 숙박 등)을 중심으로 활성화 되어 있고, 소매 유통업은 로열티 프로그램보다는 상시 회원가 또는 회원 전용의 할인쿠폰을 발행하는 할인 프로그램이 상대적으로 더욱 활성화 되어 있다. 이들은 점포 매대에 진열된 제품마다 일반 판매가와 회원가를 비교한 가격표를 부착하고, 구매 영수증에도 비회원 대비 얼마나 할인혜택을 받았는지를 체감하도록 절약한 금액을 인쇄하여 고객에게 제시한다. 또한, 차기 방문시 사용할 수 있는 쿠폰을 영수증 하단에 부착하여 고객의 재방문을 유도하는 전략을 선호하는 경향이 뚜렷하다. 이와 더불어 멤버십 프로그램은 아니지만, 기프트 카드의 활성화도 두드러진다. 선불 개념을 내포하고 있는 기프트 카드는 평균적인 장바구니 실구매액보다 더 큰 금액의 매출을 미리 확보할 수 있다는 점에서 기업의 매출 측면에서 유리하다. 또한, 아마존닷컴(amazon.com)과 코스트코(Costco)와 같은 대형 소매유통 기업들은 프리미엄 유료 회원제 방식으로 우량고객 확보뿐 아니라, 멤버십 프로그램을 통한 부가수익 창출 효과를 누리고 있다.

　　미국이 브랜드 중심의 단일 멤버십 프로그램 운영이 일반적이라면, 유럽과 캐나다는 상대적으로 OK캐쉬백과 같이 제 3의 독립된 멤버십 프로그램 운영 업체가 가맹 제휴사를

〈표 1.4〉 해외 주요 멤버십 프로그램 운영 현황

출시년도	업종	프로그램명	기업명	국가
1981년	항공	AAdvantage	American airlines	미국
1983년	호텔	Club Vacations	Holiday Inn	미국
1986년	유통	Club Z rewards	Zellers	캐나다
1987년	자동차	Emerald Club	National Car Rental	미국
1988년	가맹	Airmiles	Aimia	영국, 캐나다, 네덜란드, 중동
1990년	문화예술	MovieWatcher	AMC Theater	미국
1991년	패션	Fashion Rewards	Nordstrom	미국
1993년	유통	Costco membership	Costco	미국
1994년	가맹	Flybuys	Coles group	호주, 뉴질랜드
1995년	유통	Tesco Clubcard	Tesco	영국
1997년	유통	Boots Advantage Card	Boots	영국
2002년	가맹	Nectar	Aimia	영국
2012년	가맹	T-Point	Tpoint Japan	일본
2012년	가맹	China rewards	China loyalty	중국
2017년	유통	88 Membership	Alibaba	중국

모집하여 멤버십 프로그램을 운영하는 방식이 보다 활발하게 운영되고 있다. 1988년에 출범한 영국의 에이미아(Aimia)는 캐나다, 네덜란드, 중동 등 전 세계 20개국 이상을 대상으로 에어마일즈(Airmiles)를 운영하고 있으며, 캐나다에서 가장 큰 시장 점유율을 갖고 있는 에어로플랜(Aeroplan)과 유럽 및 멕시코 최대의 가맹 프로그램인 넥타(Nectar)를 소유하고 있기도 하다. 한편, 오세아니아 지역에서는 플라이바이즈(Flybuys)가 가장 인기 있는 가맹형 제휴 프로그램이다.

한편, 전 세계적으로 고객 충성도의 중요성이 증가함에 따라 멤버십 프로그램을 포함한 로열티 마케팅을 위한 기업들의 투자는 지속적으로 증가하고 있다. 포춘 비즈니스 인사이트(Fortune Business Insight) 보고서에 따르면, 전 세계 로열티 마케팅 시장은 2018년 기준 약 2조 1천억 원 규모였던 것이 향후 2026년도에는 7조 1천억 원 규모로 성장할 것으로 전망되고 있다([그림 1.13] 참조).[11]

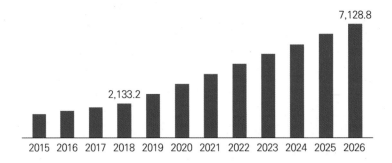

출처: www.fortunebusinessinsights.com

[그림 1.13] 로열티 마케팅 관련 글로벌 시장 규모(2015-2026, US$, 단위: Million)

2.3 멤버십 프로그램의 발전 과정

에이어드밴티지 프로그램이 도입된 이래, 지난 40여 년간 멤버십 프로그램은 정보기술의 발달과 시장의 니즈에 맞춰 다음과 같은 과정을 거쳐 발전해 왔다.

(1) 멤버십 전략 1.0(1980년대) - 시장 탐색

1980년대는 제품 중심의 마케팅에서 고객 중심의 마케팅으로 패러다임이 전환되면서, '고객유지', 'CRM', '관계마케팅', '고객 충성도'가 화두가 된 시기이다. 그 가운데 멤버십 프로그램은 고객유지 관리를 위한 혁신적인 마케팅 도구로 등장하였다. 그러나, 멤버십 프로그램을 운영하기 위해서는 시스템 구축이나 인력 투입과 같은 적지 않은 투자가 요구되는 반면, 그 효과가 입증된 적이 없는 새로운 마케팅 프로그램의 출현이었기 때문에, 신생 서비스의 불확실성과 위험 부담을 회피하고자 하는 대다수의 기업들은 경쟁사의 운영 효과를 탐색하며 도입에 신중을 기하였다. 따라서, 1980년대는 멤버십 프로그램의 도입을 산업별로 리드하는 기업들과 조기 도입한 기업들의 운영성과를 관망하며 도입 여부를 탐색하는 기업들이 공존한 시기이다.

멤버십 프로그램을 주도적으로 도입한 산업은 항공사, 통신사, 신용카드사, 호텔 등이었다. 이들은 데이터베이스를 이용한 고객정보의 수집 및 관리가 가능했기 때문에 멤버십의 도입이 상대적으로 용이하였다. 이후 멤버십 프로그램은 유통과 외식 서비스를 중심으로 빠르게 확산되었는데, 신용카드와 판매관리시스템(Point-Of-Sales system, POS)의 보급이 큰 기여를 하였다. 신용카드 결제 단말기와 터치스크린이 장착된 POS 단말기는 상품에 부착된 바코드의 정보를 스캐너로 수집하는 방식을 이용하여, 매상이 발생하는 시점에 판매된 품목의 정보와 판매수량, 결제금액에 대한 데이터를 전산처리 한다. 이는 점포사업을 하는 비즈니스 영역에서 멤버십 프로그램을 확산하는 도화선이 되었다. 구매상품 정보를 식별하는 바코드는 회원을 식별하는 용도로 응용되었고, POS 시스템은 결제 기능에 포인트 지급과 차감 기능을 포함시켜 회원 식별 ID 정보값과 구매한 제품들의 상세 정보, 포인트의 적립과 사용이력을 주문건별로 통합하여, 회원 ID를 중심으로 누가, 언제, 어디서, 무엇을 구매했는지, 적립 또는 사용한 포인트와 잔여 포인트는 얼마인지에 대한 정보를 처리할 수 있게 되었다.

기업은 회원들에게 회원 식별 ID 정보가 담긴 바코드를 인쇄한 회원카드를 발급하였고, 회원들은 계산대에서 회원카드를 제시하는 방식으로 결제시 포인트를 적립 또는 사용할 수 있었다. 이는 제품 중심으로 판매 상황을 분석하던 방식에서 고객 중심으로 판매 상황을 분석할 수 있는 전환점이 되었다는 점에서 매우 큰 의미를 갖는다. 고객정보를 축적하고 분석하여 기업지식으로 활용할 수 있는 정보기술의 발전은 이후 멤버십 프로그램을 통해 추적 가능해진 방대한 양의 고객정보를 정교하게 분석하고 활용하도록 지원하게 된다.

(2) 멤버십 전략 2.0(1990년대) - 다양한 업종으로의 확산

1990년대는 인터넷 상거래의 규모가 빠르게 증가하고, 소규모 제조사들이 e커머스 플랫폼을 이용하여 쉽게 판로를 개척할 수 있는 인터넷 비즈니스 환경이 조성된 시기이다. 이 시기를 기점으로 온·오프라인 유통시장 내 경쟁은 매우 치열한 구조로 변화하였다. 소비자들은 제품에 대한 정보수집과 가격비교 검색 등이 용이해져 제품 선택의 폭이 넓어지고, 브랜드보다는 제품 자체의 효용가치를 중시하는 경향이 강해져 제품과 가격만으로는 경쟁력을 갖기가 어려운 상황이 되었다.

시장환경의 변화는 좋은 제품을 합리적인 가격으로 판매하는 것에 중점을 두는 제품 중심의 마케팅에서 제품과 서비스의 결합을 통해 보다 나은 가치를 제공하는 서비스 중심의 마케팅으로의 전환을 요구하였다. 그 가운데 멤버십 프로그램은 기업이 제공할 수 있는 보상과 혜택, 서비스를 하나의 패키지로 제시한다는 점에서 제품에 서비스를 결합하여 부가가치를 창출하는 제품의 서비스화(product servitization) 전략으로 조명 받기 시작하였다.

1980년대에 멤버십 프로그램의 도입을 주도한 기업들의 성공적인 운영사례들이 등장하면서, 서비스 중심의 마케팅을 고민하는 기업들에게 멤버십 프로그램은 고객유지를 위한 차별화된 고객 서비스가 될 수 있다는 인식이 형성되었으며, 식음료, 패션, 뷰티 등 일반 소비재 유통은 물론, 자동차, 생활용품 등의 제조업, 나아가 공공기관으로까지 멤버십 프로그램이 빠르게 확산되는 배경이 되었다.

소비자들 또한, 멤버십 프로그램에 높은 호응을 보였다. 예컨대, 1994년 쉘(Shell), 콜스 마이어(Coles Myer), 내셔널 오스트레일리아 은행(National Australia Bank)의 조인트 벤처로 설립된 호주의 플라이바이즈는 런칭 6주만에 1백만 명이 가입하였다.[12] 대부분의 기업이 멤버십 프로그램을 처음 도입하는 상황이었기 때문에, 이 시기의 멤버십 프로그램은 기업의 상품과 고객 특성을 고려한 차별화된 서비스이기 보다는 경쟁사들이 운영하는 멤버십 프로그램의 운영체계를 유사하게 차용하는 미투(me-too) 전략[7] 방식의 안전한 운영이 주를 이루었다.

(3) 멤버십 전략 3.0(2000년대) - 프로그램 차별화

1980~1990년대를 거치며 멤버십 프로그램은 대다수의 기업들이 고객들에게 제공하는 기본적인 서비스가 되고, 제품 구매시 멤버십 프로그램을 이용하는 것이 소비자들에게는 매우 일상적인 소비 습관으로 자리잡게 된다.

이 시기의 또 다른 특징은 성공 및 실패사례의 공존이다. 각 업종에서 멤버십 프로그램을 선제적으로 도입하고, 자사에 맞는 차별적 요소를 내세운 기업들은 멤버십 프로그램 자체의 경쟁력으로 우위를 점하고 효과를 보았지만, 선발주자들의 멤버십 프로그램을 그대로 모방하여 경쟁력 없는 포인트 적립-사용 수단으로 전락시킨 후발주자들은 기대한 만큼의 효과를 얻지 못하고 운영을 중지하거나, 유지하기에는 부담스럽지만 고객들의 요구로 인해 폐지할 수도 없는 딜레마에 놓이기도 하였다.

멤버십 프로그램이 기업에 기여한 효과를 평가하여 효과성이 낮다고 판단한 일부 기업은 과감하게 프로그램 운영을 중단하기도 하였지만, 대다수의 기업들은 지금까지의 운영 경험을 바탕으로 좀 더 브랜드의 색깔과 고객 니즈에 부합하는 서비스와 운영 방식으로 멤버십을 개선하는 작업을 진행하였다. 이러한 배경으로 2000년대는 자사만의 차별적 운영 형태를 고민하는 시기가 되었다.

멤버십의 경쟁력과 차별화의 일환으로 기업들이 특히 주목한 것은 파트너십이다. 많은 기업들이 포인트 적립 또는 사용처의 제휴 활성화를 통해 자사의 고객들에게 보다 다양한 포인트 적립처 또는 사용처를 제공하여 멤버십 프로그램의 효용가치를 높일 수 있었으며, 이와 더불어 포인트 적립-사용을 개방함으로써 타 브랜드의 회원을 신규고객으로 유입하는 효과를 누릴 수 있게 되었다. 우리나라의 경우에는 대기업을 중심으로 브랜드마다 독립적

---

7 시장의 리더 제품을 모방하여 마케팅 활동을 벌이는 전략이다.

으로 운영하던 멤버십 프로그램을 전사 차원으로 통합하여 고객 데이터의 통합적 분석과 활용이 가능한 빅데이터 시대를 준비한 시기이기도 하다.

(4) 멤버십 전략 4.0(2010년대) – 모바일 중심으로의 멤버십 채널 통합

2010년대는 웹 2.0 시대를 맞이하며, 인터넷, 모바일, 소셜미디어, 빅데이터 활용이 마케팅의 화두였다. 모바일 커머스 시장이 폭발적으로 성장함에 따라, 매장에서 제품을 살펴보고 스마트폰으로 주문하거나, 스마트폰으로 제품을 주문한 뒤 퇴근할 때 매장에서 제품을 찾는 등 온·오프라인을 넘나드는 방식의 쇼핑이 가능해지고, 제품 구매시 광고보다는 블로그나 소셜미디어, 서비스 중개 플랫폼 상의 소비자 제품사용 후기 의존도가 매우 높아졌다. 또한, 스마트폰의 사용이 일반화되면서 고객들의 위치 정보와 로그 정보, 센서 정보들을 확보하고, 이를 개인화된 마케팅에 활용하기 위한 머신러닝, 인공지능 기술들이 발전하였다. 각 브랜드의 멤버십 프로그램 또한 모바일 멤버십 앱을 개발하며 모바일 시대를 준비하고, 디지털 마케팅 요소들을 이용하여 회원들과의 긴밀한 마케팅 커뮤니케이션과 온·오프라인이 통합된 고객경험을 극대화하는 방안을 모색하게 된다.

한편, 이 시기는 플라스틱 회원카드가 모바일 앱 기반 디지털 ID 카드로 대체된 시기이기도 하다. 이전까지는 매장에서 회원카드를 발급 받고, 포인트를 적립-사용하거나 회원 우대 서비스를 이용할 때에는 회원 카드를 제시하여 본인 인증을 하였지만, 이 시기 이후 대부분의 플라스틱 카드가 사라지고, 모바일 멤버십 앱 내 회원 ID를 식별하는 바코드 또는 QR코드를 이용하여 본인 인증을 하게 되었다. 이 시기 이후 플라스틱 회원 카드는 회원 인증의 기능 보다는 회원임을 타인에게 보여줄 수 있도록 과시하는 기능으로 변화하여 주로 VIP 대상의 플라스틱 카드가 발급되고 있다.

이 시기의 또 다른 특징은 모바일 중심의 비대면 영업채널을 준비하며, 지금까지 멤버십 프로그램의 운영에 대한 관심이 낮았던 은행권과 프랜차이즈들이 모바일 기반의 멤버십 프로그램을 경쟁적으로 런칭한 것이다. 금융권은 모바일 뱅킹과 신종 핀테크 상품에 대한 수용도가 높은 젊은 세대를 중심으로 빠르게 모바일로 고객을 흡수하고, 고객 대상의 합법적인 마케팅 활동을 실행하기 위해 멤버십 프로그램의 도입이 불가피하였다. 한편, 자체적인 멤버십 프로그램 운영보다는 배달 앱을 이용한 마케팅 비중이 높았던 식음료 외식업 프랜차이즈 사업 영역에서도 매장방문 전 사전 주문 및 결제가 가능한 '스마트 오더' 기능과

'위치 기반 푸쉬 마케팅' 기능을 갖춘 모바일 멤버십 앱 도입을 통해 매장에서의 대기시간을 줄이고, 효과적인 고객관리 방안으로 멤버십 프로그램을 활용하기 시작하였다.

[그림 1.14]는 지금까지 살펴 본 멤버십 전략의 발전 과정을 요약한 것이다. 그림에서 보여지는 것처럼, 멤버십 전략은 과거 40년 동안 마케팅 환경의 변화와 시대적 요구에 부응하며 지속적으로 변화를 모색해 왔으며, 멤버십 전략 5.0 시대인 2020년대에는 빅데이터 분석 역량 및 이를 활용하는 커뮤니케이션 개인화 및 디지털 마케팅 기술과 시스템 발전에 힘입어 기업 내부로는 보다 정교한 고객전략 실행 체계를 완성하고, 기업 외부로는 포인트의 효용가치를 높일 수 있는 보다 복잡한 형태의 제휴 모델이 등장할 것으로 전망된다.

[그림 1.14] 멤버십 전략의 발전 과정

Summary

이번 장에서는 멤버십 프로그램의 유래와 전신, 국내외 운영 현황, 발전 과정을 알아 보았다. 독자는 보상에 기반한 단골고객 관리 기법이 18세기로 거슬러 올라갈 만큼 매우 오래된 것이며, 현대의 멤버십 프로그램은 1980년대 (미)항공여객 운송 산업 영역에서 시작되었고, 지난 40여 년간 각 시대마다 활용 가능한 정보기술·마케팅 니즈와 괘를 같이하며 발전되어 왔다는 것을 이해할 수 있었을 것이다.

멤버십 프로그램의 유래와 전신

18세기에 상인들이 구매자에게 구리 토큰을 제공하고 일정 개수를 모아 오면 매장에서 물건과 교환했던 '프리미엄 프로모션'과, 구리 토큰 대신 스탬프를 제공하고 이를 포인트로 환산하여 보상물로 상환해 주었던 19세기의 '스탬프 제도'는 단골고객 관리 프로그램이라는 멤버십 프로그램의 유래를 찾을 수 있다. 현대 멤버십 프로그램의 전신은 1981년 아메리칸 에어라인에 의해 탄생한 에이어드밴티지 프로그램이다. 에이어드밴티지는 회원들에게 회원임을 식별하는 회원 ID카드를 발행하고, 고객의 개인정보와 거래이력, 마일리지 적립-사용이력을 데이터베이스와 시스템으로 관리한다는 점과 포인트와 보상의 방식이 현대의 로열티 프로그램과 동일하다.

멤버십 프로그램의 국내외 운영 현황

현재, 멤버십 프로그램은 기업들에게도, 소비자들에게도 매우 익숙하고 중요한 마케팅 프로그램으로 자리매김하고 있다. 멤버십 프로그램의 수는 이미 2013년에 전 세계적으로 1만여 개, 참여 회원은 76억 명에 이르렀다. 미국은 멤버십 프로그램 가입자 수가 중복 가입을 포함하여 3억 8천 명으로 가구당 기준 평균 21.9개 이상의 프로그램에 가입하고 있으며, 유럽은 2006년에 이미 소비자의 92%가 멤버십 프로그램에 참여하고 있는 것으로 보고된 바 있다. 멤버십 운영 업종은 42%가 소매유통, 29%는 여행·문화·레저, 17% 금융, 12%가 기타 신생 비즈니스이다.

멤버십 프로그램의 발전 과정

멤버십 프로그램은 1980년대부터 2010년대까지 4단계로 발전과정으로 요약할 수 있다. 1980년대(멤버십 전략 1.0)는 '시장 탐색'으로, 멤버십의 도입을 주도한 기업과 조기 도입한 기업들의 운영성과를 관망하며 도입 여부를 탐색하는 기업들이 공존하였다. 1990년대(멤버십 전략 2.0)는 '확산'이다. 성공적인 사례들이 소개되면서, 소비재 유통업과 서비스업, 제조업을 중심으로 빠르게 확산되었다. 2000년대(멤버십 전략 3.0)는 '차별화' 시기이다. 경쟁사의 멤버십과 차별화할 수 있는 전략 도입과 제휴가 활발하였으며, 전사 차원의 멤버십 통합을 통해 빅데이터 시대를 대비하였다. 2010년대(멤버십 전략 4.0)는 '모바일 중심으로의 멤버십 채널 전환기'이다. 모바일 기반의 고객경험을 강화시키는 디지털마케팅 기술에 상당한 투자가 진행되었다.

CHAPTER

03

멤버십 프로그램의 향후 전망

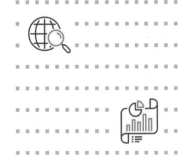

그렇다면, 앞으로 기업들은 경쟁력 있는 멤버십 전략을 구사하기 위해 어떠한 부분을 주목해야 하는가? 멤버십 프로그램의 향후 전략적 발전방향을 네 가지 트렌드에 비추어 고찰해보자.

3.1 개인화된 서비스 중심의 보상물 강화

지금까지 멤버십 프로그램은 경제적인 보상에 집중해 왔지만, 앞으로는 적정 수준의 경제적 보상에 기초하되 멤버십 프로그램의 무형적 가치를 높일 수 있는 차별적 서비스를 제공하는 데 집중할 것으로 전망된다. 경제적 보상 중심에서 개인화된 서비스 중심으로 보상과 특전 전략의 무게 중심점이 이동하고 있는 것이다. 변화의 배경에는 대다수의 기업들이 멤버십 프로그램을 운영하는 상황이 되면서 경제적 보상 중심의 경쟁은 시장 참여자 모두의 수익성을 악화시키고, 그로 인해 보상에 소요되는 마케팅 비용이 고객에게 전가될 수 있다는 문제의식과 함께, 이를 해결할 수 있는 대안으로서 고려되는 차별적인 개인 맞춤형 서비스를 가능하게 하는 IT 기술의 혁신적인 발전이 자리잡고 있다. 2019년 전 세계 12개 이상의 주요 산업에 종사하는 경영진 4백여 명을 대상으로 실시한 설문조사를 보면, 멤버십 프로그램을 통해 고객의 충성도를 향상시키고자 하는 전략적 방향에 변화가 생기고 있음을 확인할 수 있다([그림 1.15] 참조). 이들은 향후 5년 뒤에는 디지털 및 옴니채널을 활용한 개인화된 서비스가 가장 중요한 요소가 될 것(53%)이며 경제적 보상은 '고객들 간의 커뮤니티 구축'과 함께 8순위(26%)로 중요도가 낮아질 것이라고 전망하고 있다.[13]

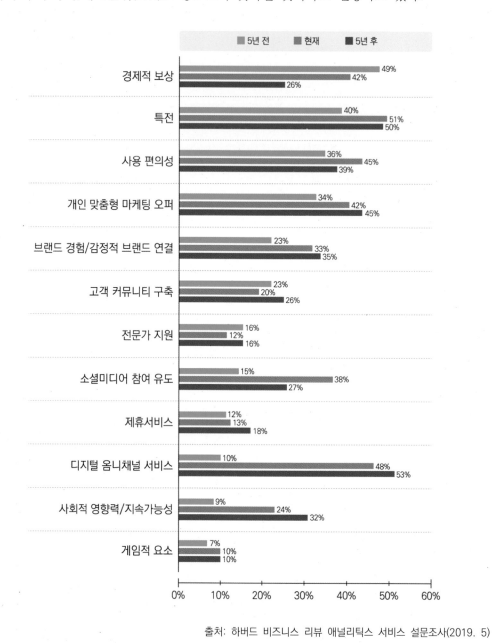

[그림 1.15] 멤버십 프로그램의 성공에 가장 영향을 주는 요소에 대한 설문 응답 결과

[그림 1.15]의 결과를 5년 전과 현재, 그리고 5년 후로 정리한 내용이 [그림 1.16]에 제시되어 있다. 응답자 대다수는 5년 전 전통적인 경제적 보상(예 포인트, 할인, 캐시백, 증정 등)이 멤버십 프로그램의 성공을 결정하는 가장 중요한 요소였지만, 현재는 컨시어지 서비스, 신제품 선구매, 공항라운지 등의 회원 우대 특전(51%), 디지털 및 옴니채널(omnichannel)[8]을 활용한 개인화된 서비스(48%), 멤버십 프로그램의 사용 편의성(45%), 그 다음으로 경제적 보상(42%)이 중요하다고 평가하고 있다.

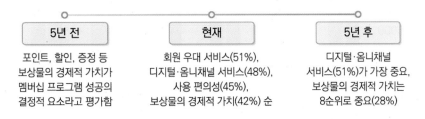

출처: 하버드 비즈니스 리뷰 애널리틱스 서비스 설문조사(2019. 5)

[그림 1.16] 멤버십 프로그램의 성공에 영향을 주는 요인

3.2

암호화 토큰으로 진화하는 포인트

2013년에 이미 로열티 프로그램은 전 세계적으로 매년 16조 원 이상의 포인트를 발행하며, 포인트 자체가 하나의 통화로서 영향력을 발휘하는 수준에 이르렀다.[14] 소비자들 또한 가격할인보다 포인트 적립율에 더욱 민감한 것으로 조사되고 있다.[15]

국내 기업들의 포인트 거래 규모에 대한 정확한 통계는 나와 있지 않지만, 2015년 기준 OK캐쉬백은 2천 5백억, CJOne은 1천 억, 해피포인트는 8백억 원 규모로 포인트가 사용[16]되어, 국내의 전체 포인트 거래 규모는 1조 원을 상회하는 것으로 추정되고 있다. 한해 통신 3사의 고객들이 사용하는 포인트는 연간 6백억 원에 이르고 있으며,[17] 신용카드사

---

8 소비자가 오프라인, 온라인, 모바일 등의 여러 경로로 상품을 검색하고 구매할 수 있도록 제공하는 서비스이다.

의 포인트 거래량만을 보면, 2014년 2조 원 규모였던 포인트 적립액이 2019년에는 3조 원 규모로 증가하였고, 사용률은 포인트 적립액의 80% 이상을 상회한다([그림 1.17] 참조).[18]

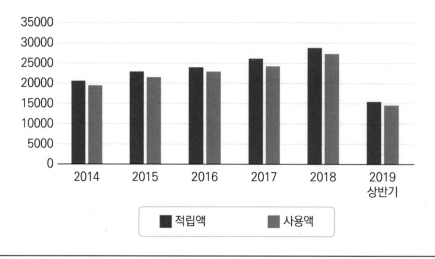

[그림 1.17] 국내 8개 신용카드 전업사 포인트 적립 및 사용 거래 규모(2019년 상반기 기준, 단위: 억 포인트)

특정 브랜드에서만 포인트 거래가 가능한 단일 멤버십 프로그램 위주로 운영되던 과 거와 달리, 현재는 포인트 적립-사용처 제휴를 통해 A 브랜드에서 적립한 포인트를 B브랜 드에서 사용할 수 있고, A 브랜드와 B 브랜드의 포인트를 C 신용카드 포인트로 전환할 수 있는 개방형 프로그램의 운영이 가능해졌다. 이로서, 인터넷 상에서의 포인트 가치 이전 범 위는 개인과 멤버십 운영 기업 간의 거래를 넘어 개인 대 타 멤버십 제휴사, 개인 대 개인 (예 포인트 증정, 포인트 선물, 포인트 통합), 개인과 금융기관(예 포인트의 현금 전환), 국가 대 국가로까지 확장되고 있다. 예컨대, 롯데멤버스는 2020년부터 국경을 초월한 포인트 사용 서비스를 제공하고 있는데, 한국에서 적립한 롯데멤버스의 '엘포인트'는 베트남 또는 인도 네시아 현지에서 운영되는 엘포인트로 바꿔 해당 국가에서 사용할 수 있으며, 반대로 베트 남이나 인도네시아에서 적립한 엘포인트를 한국에서 사용할 수 있다.[19]

포인트는 상품과 서비스를 구매하거나 교환하는 데 사용할 수 있다는 점에서 화폐의 성격을 갖지만, 중앙은행이나 신용금융기관 또는 전자화폐기관이 아닌 특정 기업(또는 조 직)이 발행하고 가상의 특정 커뮤니티 내에서의 사용이 승인된 가상 통화이며, 특정 점포 또는 특정 커뮤니티에서만 거래가 가능하고 유효기간이 존재한다는 점에서 중앙 통제 지점 이 있는 물리적 통화(예 지폐, 동전)와 구분되고 사용이 제한적이었다. 그러나, 포인트는 향후 전자화폐의 암호화 기술 발전에 힘입어 실물화폐 이상의 편리성을 갖추고 '암호화 토큰' 으로 진화할 전망이다. 기존 포인트와 암호화 토큰의 가장 큰 차이는 '사용처'의 범위에 있다. 기존의 멤버십 포인트가 '발행처'와 '발행처가 지정한 특정 제휴사'에서만 사용할 수 있는 '사용범위가 한정된 전자화폐'라면, '암호화 토큰' 방식은 '사용범위가 확장된 전자화폐'라고 할 수 있다. 고객은 다양한 기업에서 적립받은 포인트를 암호화폐 거래소를 통해 '암호화 토큰'으로 전환함으로써, '암호화 토큰'을 사용할 수 있는 가맹점이라면 어디서든 현금처럼 사용할 수 있고, 고객이 원하면 현금화 할 수도 있다([그림 1.18] 참조).

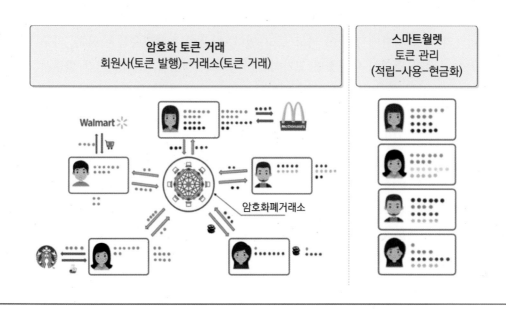

[그림 1.18] 암호화 토큰 운영 방식 예시[20]

이미 말레이시아 항공사인 에어아시아(AirAsia), 전자상거래 기업인 라쿠텐(Rakuten), 신용카드사인 아멕스(Amex)와 같은 대형 기업들이 포인트를 암호화 토큰으로 대체하기 시작하였다. 2019년 KPMG의 미국 소비자 대상 설문조사에 따르면, 응답자의 82%가 블록체인 암호화 토큰이 로열티 포인트로 사용되는데 긍정적이라고 평가하고 있다. 또한, 응답자의 79%가 암호화 토큰 사용법이 직관적이고 매력적이라면 적극적으로 이용할 의향이 있음을 밝히고 있어 소비자들의 수용도 또한 높은 것으로 평가되고 있다.[21]

3.3 서브스크립션 모델의 다양화

기업은 앞으로 서브스크립션(subscription, 구독) 서비스 기반의 멤버십 프로그램을 더욱 적극적으로 도입할 것으로 예상된다. 서브스크립션 서비스는 일정 기간 동안 특정 제품을 배송 또는 이용하거나, 일정 수준의 서비스를 이용할 수 있도록 기업과 고객 간에 계약을 맺고 거래하는 계약 기반의 상품 공급방식이자 회원제로 운영되는 일종의 멤버십 프로그램 자체라고 할 수 있다. '모든 것을 구독(購讀)하는 시대'라고 말할 만큼 서브스크립션 서비스가 소비자의 일상 생활에 깊숙이 파고 들고 있다. 식품이나 생활용품은 물론, 가구나 자동차와 같이 소유가 당연시 여겨졌던 고가의 내구성 소비재까지도 일정 기간 빌려서 사용하는 서브스크립션의 대상이 되고 있다. 맥킨지(McKinsey)는 2011년 이후 미국 서브스크립션 시장 규모가 매년 100%씩 성장세를 이어나가고 있으며, 미국 내 전자상거래 이용자의 15%가 1~2개의 구독 서비스를 이용하고 있다고 보고한 바 있다.[22]

서브스크립션 모델은 새로운 등장이 아니다. 이미 우리는 신문이나 잡지와 같은 정기 간행물의 구독 등을 오랜 기간 이용해 온 바 있으며, 그 역사는 17세기까지 거슬러 올라갈 만큼 매우 오래된 전통적인 비즈니스 모델이다. 다만, 신문, 잡지와 같이 동일한 상품 규격을 갖춘 정기 간행물만을 대상으로 하던 구독 서비스가 다양한 제품과 서비스로 그 범위가 확대되고 있고, 앞으로 더욱 폭넓게 다양한 비즈니스에서 활용될 것으로 전망된다. 서브스크립션의 대상이 다양화 되고, 시장이 성장하는 데는 몇 가지 환경의 변화에서 이유를 찾을 수 있다.

우선, 공유경제(sharing economy)[9]에 대한 긍정적 인식 확산이다. 경제 침체, 자원의 고갈, 환경보호 문제, IT 발전 등 여러 환경적 요인들은 소비자들로 하여금 한정된 자원으로 최대의 만족을 얻고자 하는 소비자의 효용 추구 욕구를 공유와 구독을 통해 해결하도록 독려하고 있다. 자원부족, 재활용, 탄소저감, 리사이클링, 업사이클링 등 환경보호에 대한 사회적 요구에 기업과 소비자 모두 동참할 것을 독려하고 있으며, 이는 공유경제의 확산으로 이어졌다(예 서울시 따릉이 자전거). 경제학자들은 사적 소유 경제(private ownership economy)에서 사회적 소유 경제(social ownership economy)로의 경제 패러다임 전환이 공유 및 구독 관련 비즈니스를 더욱 빠르게 성장시킬 것으로 전망하고 있다.

---

9 한 번 생산된 제품을 다른 사람들과 공유해 쓰는 협력 소비경제를 말한다.

둘째, 다양한 제품과 서비스의 구독 모델을 가능케 하는 기술의 발전이다. 정보통신기술, 사물인터넷, 머신러닝, 대용량데이터 저장 및 처리기술, 스마트 물류 등이 편리하고 신속한 구독서비스를 가능하게 하고 있다. 모바일 앱 사용의 보편화는 O2O 서비스 영역을 확대하고 있고, 사물인터넷 기술의 발전으로 제품의 위치 등을 추적하기 용이하여 공유하여 쓸 수 있는 인프라 확보가 가능해지고 있다.

셋째, 서브스크립션 서비스는 편리함, 개인화, 경제적 소비의 3대 효용가치와 함께 고객의 취향에 맞게 선별한 이색적이고, 전문적인 상품들을 랜덤 박스(random box) 형태로 제공하는 사례가 늘면서 2030세대들을 중심으로 새로운 소비 트렌드, 뉴 노멀(new normal)로 정착[23]하고 있으며, 서비스 이용층이 더욱 확대되고 있다는 점이다. 소비량이 크지 않은 1인 가구와 맞벌이, 어린 자녀가 있어 장보기가 쉽지 않은 주부들은 물론, 바쁜 직장인들의 라이프스타일 니즈에 부합할뿐만 아니라, 경제적 여유가 있고 인터넷쇼핑에 대한 신뢰가 형성되어 있는 5060세대들 또한 건강, 취미, 관심사와 관련된 전문가의 추천 니즈가 커지고 있다.

3.4 고객전략 통합 플랫폼으로서의 멤버십

마케팅 활동은 관리해야 할 대상을 기준으로 크게 제품 중심의 제품전략(product strategy)과 고객 중심의 고객전략(customer strategy)으로 구분할 수 있다. 제품전략은 제품을 시장에 출시하고 판매를 활성화 하는 데 필요한 마케팅 믹스인 4P-제품(product), 가격(price), 유통채널(place), 판촉(promotion) 요소를 전략적으로 관리하고 실행하는 것이다. 즉, 고객의 니즈와 욕구를 충족시키는 제품을 개발하고, 합리적인 가격에 판매하며, 고객접근성과 시장판로 확대에 적합한 유통채널을 개발하고, 보다 더 많은 제품을 판매하여 매출을 향상시킬 수 있도록 할인, 증정 등의 판촉활동을 전개하는 전략이다. 따라서, 모든 제품전략 요소들은 궁극적으로 매출과 수익의 창출과 증대를 목표로 한다. 그에 반해, 고객전략은 잠재고객을 발굴하여 신규고객으로 창출하고, 신규고객이 브랜드에 대한 우호적인 태도를 형성하여 충성도 높은 고객이 되도록 고객관계(customer relations)와, 고객경험(customer experience), 그리고 고객참여(customer engagement)를 전략적으로 관리하고 실행하는 것이다. 따라서, 고객전략은 고객관계관리(Customer Relationship Management, CRM)와 함께 고객경험관리(Customer Experience Management, CXM), 고객참여관리(Customer Engagement Management, CEM)의 범위를 모두 포함해야 한다. 디지털 혁신에 따른 소비환경의 변화는 CRM 중심이었던 고객전략 또한 CXM과 CEM을 모두 고려해야 하는 상황을 요구하고 있다. 이처럼 고객전략을 수행하는 범위가 확대됨에 따라, 기업의 중요 고객군인 '회원' 고객을 모으고 관리하는 플랫폼이자 그들과 소통하는 커뮤니케이션 채널인 멤버십 프로그램은 앞으로 CRM뿐 아니라 CXM과 CEM을 총체적으로 지원하는 고객전략의 핵심적인 인프라로 기능을 강화할 전망이다([그림 1.19] 참조).

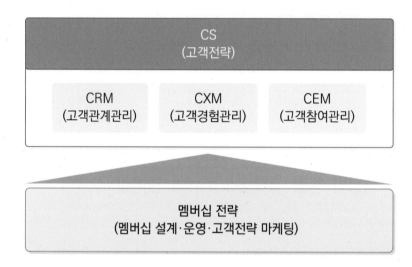

[그림 1.19] 고객전략과 멤버십 전략의 관계

멤버십 프로그램이 고객전략을 총체적으로 지원하게 되는 가장 중요한 배경은 모바일 멤버십 앱에 디지털 마케팅 기술을 접목하여, 브랜드의 커뮤니케이션과 판매채널을 모두 모바일 멤버십 앱 중심으로 통합할 수 있다는 데 있다. 모바일 멤버십 앱은 사물인식 기술(OCR[10], 바코드, QR코드, RFID[11], NFC[12] 등), 위치 인식 기술(비콘[13], 와이파이[14], 지오펜싱[15] 등),

---

10 OCR(optical character reader): 빛을 이용해 문자를 판독하는 장치이다.

11 RFID(radio frequency identification): 반도체 칩이 내장된 태그나 라벨, 카드 등에 저장된 데이터를 무선 주파수를 이용하여 비접촉으로 인식하는 시스템이다.

디지털 체감 기술(증강현실, 가상현실[16] 등), 개인화 기술(챗봇 등), 모바일 간편결제 기술 등 다양한 신종 디지털기술을 접목하고, eCRM, 마케팅자동화 솔루션, 통합커뮤니케이션 솔루션, 빅데이터 분석 프로그램 등을 연계하여 보다 효과적으로 CRM, CXM, CEM을 지원하는 고객전략 통합 플랫폼으로 성장할 것으로 전망된다.

　　이러한 변화는 기업 내 조직구조에도 이미 반영되고 있다. 멤버십 프로그램 운영부서는 주로 마케팅 또는 CRM 부서 내 하나의 기능 단위로 배치되는 것이 일반적이었지만 최근에는 멤버십 운영부서를 마케팅 또는 CRM과 동등한 독립적인 조직으로 승격하고, CCO(Chief of Customer Officer)를 두어 멤버십 프로그램을 고객 충성도를 향상시키는 전사 차원의 고객전략 실행 플랫폼으로 위상을 강화하는 기업들이 증가하고 있다.

　　멤버십 프로그램이 고객전략을 위한 통합 플랫폼으로써 작동하기 위해서는 고객전략의 하위 영역인 CRM, CXM, CEM에 대한 이해가 먼저 필요하다. 각 개념과 멤버십 전략 간의 연관성을 살펴보도록 하자.

(1) CRM(고객관계관리)과 멤버십 전략

　　CRM의 목표는 고객이 생애기간 동안 기업에 기여하는 이익의 총합인 고객생애가치(Customer Lifetime Value, CLV)를 증진하는 데 있다. 따라서, CRM은 고객의 '거래행동(purchase behaviors)'을 기업성과에 유익한 방향으로 촉진하도록 고객의 생애주기를 관리한다. 고객생애주기는 획득(회원가입, 1차거래, 계약), 유지(반복구매, 재계약), 성장(교차구매, 상승

12　NFC(near field communication): 10cm 이내의 거리에서 무선 데이터를 주고받는 통신 기술이다.

13　비콘(Beacon): 블루투스(Bluetooth)를 사용하는 근거리 무선통신 기술이다. 최대 70m 이내의 장치들과 교신할 수 있으며, 5~10cm 단위 구별이 가능할 정도로 정확성이 높다.

14　와이파이(Wireless Fidelity): 무선접속장치(Access Point, AP)가 설치된 곳에서 전파를 이용하여 일정 거리 안에서 무선인터넷을 할 수 있는 근거리 통신망이다.

15　지오펜싱(Geofencing): 위치정보 솔루션에 바탕을 두고 반경을 설정하는 기술로, 사용자가 특정 위치에 도착하거나 벗어나는 것을 알릴 때 사용된다.

16　증강현실(Augmented Reality, AR): 가상의 이미지에 현실세계의 실제 모습을 추가하여 보여 주는 기술이다. 가상현실(Virtual Reality, VR): 이미지, 주변 배경, 객체 모두를 가상의 이미지로 만들어 보여 주는 기술이다.

구매), 종료(장기미거래, 회원탈퇴, 계약종료)로 구분할 수 있다. CRM을 위한 멤버십 전략은 회원만을 대상으로 하는 할인, 증정, 서비스 등의 혜택을 제공함으로써 고객의 반복적인 구매와 교차구매, 그리고 상승구매를 촉진하는 데 초점을 둔다. 멤버십 프로그램의 유형 중에는 로열티 프로그램, 스탬프 제도, 캐시백 프로그램, 할인 프로그램, 보상물 프로그램, 파트너십 프로그램이 직접적인 CRM 실행 전략에 해당한다. 한편, CLV는 고객이 첫 구매 시점부터 현재까지 재무적으로 기여한 현재가치(Present Value, PV)와 현 시점으로부터 미래의 생애기간 동안 기여할 재무적 가치인 미래가치(Future Value, FV)의 합으로 측정할 수 있다.

(2) CXM(고객경험관리)과 멤버십 전략

CXM의 목표는 고객경험가치(Customer Experience Value, CXV)의 향상에 있다. 따라서, CXM은 고객이 브랜드에 대한 우호적인 태도를 갖도록 고객 여정(customer journey)을 관리한다. 고객 여정은 구매 전 인지, 고려, 검색 과정과 구매 시점의 상품 선택과 주문, 지불 과정, 그리고 구매 후의 소비 과정으로 구분할 수 있다. CXM을 위한 멤버십 전략은 회원만을 대상으로 하는 차별화된 브랜드 관련 정보와 교류, 브랜드 체험 기회를 제공하는 데 초점을 둔다. 멤버십 프로그램의 유형 중에는 서비스 멤버십, 구독서비스, 클럽카드가 직접적인 CXM 실행 전략에 해당한다. 한편, CXV는 고객의 브랜드에 대한 인지적 가치인 고객브랜드가치(Customer Brand Value, CBV)와 고객이 회사에 제공하는 정보의 가치인 고객지식가치(Customer Knowledge Value, CKV)를 금전적으로 환산한 총합으로 측정할 수 있다.

(3) CEM(고객참여관리)과 멤버십 전략

CEM의 목표는 고객참여가치(Customer Engagement Value, CEV)를 촉진하는 데 있다. 따라서, CEM은 소비자가 지인에게 브랜드를 추천하고, 사회관계망 속에서 브랜드에 대한 긍정적인 정보를 공유 및 확산하도록 구전과 추천에 대한 고객 참여(customer engagement)를 관리한다. CEM을 위한 멤버십 전략은 회원의 구전 및 추천 활동시, 그에 상응하는 인센티브를 제공하는 방식을 활용한다. 멤버십 프로그램의 유형 중에는 고객 추천 프로그램, 소셜인플루언서 대상의 멤버십 프로그램이 직접적인 CEM 실행전략에 해당한다. 한편, CEV

는 고객이 신규 고객의 추천을 통해 창출한 재무적 가치인 고객추천가치(Customer Referral Value, CRV)와 구전에 의해 창출한 재무적 가치인 고객영향력가치(Customer Influence Value, CIV)의 합으로 측정한다. <표 1.5>는 지금까지 설명한 CRM, CXM, CEM의 개념과 특성을 요약하고 있다.

〈표 1.5〉 CRM, CXM, CEM의 개념과 특성 비교

구분	CRM (고객관계관리)	CXM (고객경험관리)	CEM (고객참여관리)
목표	CLV(고객생애가치) 증진	CXV(고객경험가치) 증진	CEV(고객참여가치) 증진
관련 소비자 행동	• 획득(회원가입, 1차거래, 계약) • 유지(반복구매, 재계약) • 성장(교차구매, 상승구매) • 종료(장기미거래, 회원탈퇴, 계약종료)	• 구매 전(인지, 고려, 검색) • 구매(선택, 주문, 지불) • 구매 후(소비, A/S)	• 지인 추천 • 상품후기 등록 • 소셜미디어 반응/공유 • 피드백/제안
관리전략	고객생애주기관리 (획득-유지-확장)	고객여정관리 (구매 전-구매-구매 후)	고객참여관리 (구전, 추천)
관리기법	할인, 증정, 서비스 제공	브랜드 정보 및 체험 기회 제공	• 인센티브 제공
멤버십 전략	• 로열티 프로그램 • 스탬프 제도 • 할인, 보상물, 캐시백 프로그램 • 파트너십 프로그램	• 서비스멤버십 • 구독서비스 • 클럽카드	• 고객 추천 프로그램 • 소셜인플루언서 멤버십 • 상품후기 인센티브 프로그램
관련 디지털 마케팅 기술	• 디지털ID카드 • 문자인식기술 • 개인화추천 알고리즘 • 옴니채널통합마케팅자동화	• 구매 전(챗봇, AR, VR) • 구매(옴니채널, 스마트오더, 스마트페이, 비콘) • 구매 후(인공지능음성서비스)	• 소셜CRM
성과 지표	• PV(현재가치) • FV(미래가치)	• CBV(고객브랜드가치) • CKV(고객지식가치)	• CRV(고객추천가치) • CIV(고객영향력가치)

현재 대다수의 기업들이 로열티 프로그램과 같이 고객의 구매행동을 촉진하는 것을 목표로 하는 CRM 중심의 멤버십 운영에만 초점을 두고 있지만, 앞으로는 CXM과 CEM 목적의 또 다른 멤버십 프로그램을 병행 운영하는 형태로 빠르게 전환할 것으로 전망된다. 예컨대, 제과 브랜드라면 전체고객 대상의 기존 로열티 프로그램을 유지하면서, 키즈 클럽카드와 맘스 클럽카드를 신규 개발하여 어린이 회원들에게는 자사 브랜드를 경험할 수 있

는 다양한 특전을 제공함과 동시에 신제품과 캐릭터, 패키지, 네이밍 등에 대한 아이디어 개진을 독려하고, 엄마 회원들에게는 지인 추천과 상품리뷰 제공에 대한 혜택을 제공할 수 있을 것이다.

　고객전략 통합 플랫폼 관점에서의 멤버십 전략은 각 프로그램을 독립적인 형태로 운영하되, 하부 시스템은 멤버십을 통해 생성된 데이터를 통합하는 체계로 개발하여 개인(또는 가족) 단위의 회원 고객이 각각의 프로그램에 얼마나 적극적으로 참여하고, 기업에 대한 가치를 어떠한 형태로 얼마나 창출하는지를 평가할 수 있도록 회원 단일 관점(member single view)으로 접근하는 것이 바람직하다. 이러한 방식은 각 회원별로 참여 프로그램의 유형 파악을 용이하게 하므로, 프로그램 간의 교차 참여를 독려하는 데에도 효과적일 것이다.

　[그림 1.20]은 고객전략 요소(CRM, CXM, CEM)가 추구하는 주요 성과지표(CLV, CXV, CEV)가 고객전략의 궁극적인 실행 목표인 '고객자산(Customer Equity, CE)'으로 어떻게 연결되는지를 보여주는 개념적인 구성도이다.

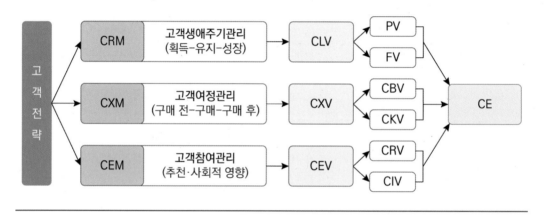

[그림 1.20] 고객전략의 구성요소와 관련 성과지표

⏀ Summary

이번 장에서는 앞으로 멤버십 프로그램이 발전하는데 있어 주목해야 할 네 가지 트렌드를 고찰해 보았다. 향후 멤버십 전략은 1) 개인화 된 서비스 중심의 보상물을 강화하고, 2) 포인트를 암호화 토큰으로 전환하며, 3) 서브스크립션 모델을 활용하고, 4) 고객전략 통합 플랫폼으로 멤버십을 확장시키는데 주력할 것으로 전망된다.

개인화 된 서비스 중심의 보상물 강화

적정 수준의 경제적 보상에 기초하되 멤버십의 무형적 가치를 높일 수 있는 차별적 서비스를 제공하는데 집중할 것으로 전망된다. 대다수의 기업들이 멤버십을 운영하는 상황이 되면서 경제적 보상 중심의 경쟁은 시장 참여자 모두의 수익성을 악화시킬뿐 아니라, 그로 인해 보상에 소요되는 마케팅 비용이 고객에게 전가될 수도 있다는 문제인식과 함께, 정보통신기술의 발전이 멤버십 회원들을 대상으로 하는 차별적인 개인 맞춤형 서비스의 개발을 가능하게 하고 있기 때문이다.

암호화 토큰으로 진화하는 포인트

일종의 전자화폐로 자리매김한 '포인트'는 암호화 기술 발전에 힘입어 '제한된 사용처'의 단점을 극복하고, 실물 화폐 이상의 편리성을 갖춘 '암호화 토큰'으로 진화할 전망이다. 포인트의 암호화 토큰화가 가능해지면, 포인트 사용자는 다양한 기업에서 적립 받은 포인트를 암호화폐 거래소를 통해 '암호화 토큰'으로 전환한 다음, '암호화 토큰' 가맹점에서 현금처럼 사용하거나, 현금화할 수도 있게 될 것이다.

서브스크립션 모델의 다양화

서브스크립션(구독) 서비스는 일정기간 동안 특정 제품을 정기적으로 서비스 하는 계약 기반의 비즈니스 모델이자, '유료 회원제' 형태의 멤버십 프로그램이다. 기업들은 1) 공유경제에 대한 긍정적인 인식 확산, 2) 다양한 제품과 서비스의 구독 모델을 가능케 하는 정보통신기술의 발전, 3) 새로운 소비 트렌드로의 정착에 힘입어, 고객 서비스 차별화와 회원비를 통한 부가수익 창출을 위해, 기존 멤버십과는 별개인 서브스크립션 형태의 멤버십을 보다 다양하게 활용할 것으로 전망된다.

고객전략 통합 플랫폼으로서의 멤버십

모바일·네트워크 경제의 발전으로 고객과 기업, 고객과 고객간 상호작용이 활발해지면서, 고객전략의 관리 영역은 '구매행동'뿐 아니라, '고객참여'와 '고객경험'까지 확장되고 있다. 따라서, 기업의 중요 고객군인 '회원' 고객을 모으고 관리하는 플랫폼이자 그들과 소통하는 커뮤니케이션 채널인 멤버십 프로그램은 그간 '구매행동' 촉진에 초점을 두어 왔지만, 앞으로는 고객관계관리(CRM), 고객참여관리(CEM), 고객경험관리(CXM)를 총체적으로 지원하는 고객전략 통합 플랫폼으로 위상을 강화할 전망이다.

[Reference] PART I 미주

1) Loyalty Big Picture(LoyaltyOne, 2018)

2) Loyalty analytics exposed: What every program manager needs to know(PWC, 2013 참조)

3) Is it time to rethink your loyalty program(KPMG, 2016)

4) Loyalty Big Picture(LoyaltyOne, 2018)

5) Loyalty Trends—Discover Trends in Customer Loyalty Marketing for 2020 and beyond(www. openloyalty.io, 2020. 4. 1)

6) 4 Ways The Demise Of Plenti Will Go On To Reward Shoppers(Forbes, 2018. 5. 7)

7) Reinartz, Werner and V. Kumar(2000), "On the Profitability of Long—Life Customers in a Noncontractual Setting: An Empirical Investigation and Implications for Marketing," Journal of Marketing, 64(October), 17-35.

8) en.wikipedia.org 'trading stamp,' 'S&H Green Stamps'

9) Why loyalty payment can help digital wallets to break through(Loylogic, 2013)

10) COLLOQUY Loyalty Census Reports(colloquy.com)

11) https://www.fortunebusinessinsights.com/industry—reports/loyalty—management—market—101166

12) en.wikipedia.org 'flybuys'

13) Beyond rewards: Raising the bar on customer loyalty(Harvard Business Review Analytic Service, 2019. 5)

14) Why loyalty payment can help digital wallets to break through(Loylogic, 2013)

15) 가격보다 적립금 마일리지(스포츠한국, 2013. 4. 3)

16) '제2의 현금' 된 멤버십 포인트… 벌써 1兆 유통(조선일보, 2015. 9. 17)

17) 이통사 소멸 마일리지 5년간 '1600억 원'(이코노믹리뷰, 2017. 10. 19)

18) 민주당 김병욱 의원 '카드 포인트 현금화' 현황 발표(이투데이, 2019. 9. 25)

19) 롯데 엘포인트, 베트남·인도네시아에서도 쓴다(연합뉴스, 2020. 1. 7)

20) 그림 수정 보완(https://medium.com/tomochain/loyalty—point—on—blockchain—the—right—time—has—come—c3dae68c6e6d)

21) KPMG 서베이: 미국 소비자들, 블록체인 토큰 사용의향 높아(코인텔레그래프, 2019. 9. 26)

22) Thinking inside the subscription box: New research on e—commerce consumers(McKinsey.com, 2018. 2. 9)

23) Membership Economy: Find Your Super Users, Master the Forever Transaction, and Build Recurring Revenue, McGraw—Hill Education(Robbie Kellman Baxter, 2015)

PART

멤버십 프로그램의 유형

Part II에서는 멤버십 프로그램의 유형별 특성을 살펴보고, 운영 목적과 제품 및 고객 특성에 따라 멤버십 프로그램의 운영 형태가 어떻게 달라질 수 있는지를 이해한다.

1. 보상점수 기준

보상점수를 포인트로 측정하는 로열티 프로그램과 구매빈도에 기반하는 프리퀀시 프로그램, 즉 스탬프 프로그램에 대하여 알아본다.

2. 보상물 기준

고객에게 제공하는 보상물을 기준으로 할인 프로그램, 캐시백 프로그램, 보상물 증정 프로그램으로 구분하고 각각의 특성을 살펴본다.

3. 파트너십 기준

멤버십 프로그램의 제휴 구조에 따라 전사 통합 프로그램, 이종 업종 연합 프로그램, 동종 업종 연합 프로그램, 멀티-파트너 프로그램으로 구분하고 각각의 차이를 알아본다.

4. 서브스크립션 모델 기준

서브스크립션 서비스의 유형을 정기배송, 컨시어지 서비스, 무제한 이용, 약정횟수·기간 이용 모델로 구분하고, 각각의 특성에 대하여 살펴본다.

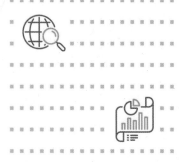

CHAPTER
01
보상점수 기준

멤버십 프로그램에 참여하는 고객의 기여 수준 평가 및 보상의 근거가 되는 '보상점수'의 관점에서 멤버십 프로그램을 구분하여 살펴보도록 한다. 여기에는 우리 주변에서 가장 흔하게 볼 수 있는 포인트 적립 기반의 로열티 프로그램과 구매 빈도에 기반하여 목표 보상물을 제공하는 프리퀀시 프로그램이 있다.

1.1 로열티 프로그램

로열티 프로그램(loyalty program)은 고객 기여도를 로열티 점수, 즉 포인트로 평가하는 멤버십 프로그램의 일종이다. 항공사, 호텔, 금융 등의 서비스업과 식료품, 외식, 패션잡화 등의 오프라인 매장을 중심으로 로열티 프로그램이 빠르게 확산되면서, 로열티 프로그램이 곧 멤버십 프로그램으로 인식될 만큼 가장 일반적인 멤버십 유형으로 자리매김하였다. 로열티 프로그램을 통해 적립하는 포인트는 원하는 제품 구매액의 일부 또는 전체를 결제하는 데 사용할 수 있고, 소멸기한을 넘기지 않는 범위 내에서 최대한 적립하여 보다 가치 있는 보상물로 상환하거나 현금 대신 소액 결제에 사용할 수 있어 단골고객 관리 목적으로 활용되어 온 '프리미엄 프로모션'이나 '스탬프 제도'에 비해 더 쓰임새가 좋고 편리한 보상 프로그램으로 인식되었다.

로열티 프로그램의 최대 강점은 편리성에 있다. 포인트의 가치는 쉽게 화폐의 가치로 환산할 수 있으며, 소비자와 기업 모두 포인트 관리 시스템에 기반하여 개인별 포인트 입출입의 확인, 정산 및 재무적 관리를 손쉽고 정확하게 할 수 있다. 소비자 입장에서는 자신이 얼마나 포인트를 적립하고 사용했는지, 현재 남은 사용가능한 포인트는 얼마인지, 그리고 소멸된 포인트는 얼마인지와 같은 포인트의 입출 흐름을 손쉽게 파악하고 관리할 수 있다는 점에서 편리하다. 반대로 기업은 포인트 관리 시스템을 이용하여 관리해야 할 고객의 규모가 아무리 크더라도 포인트의 적립-사용-소멸의 과정을 관리할 수 있기 때문에 정확하게 개인별 포인트 입출입에 대한 정산 및 재무적 관리를 손쉽게 할 수 있는 장점을 가지고 있다.

그러나, 적립한 포인트는 적립 시점이 아닌 미래에 사용하는 속성을 갖고 있어, 고객에게는 포인트가 기업에 맡겨둔 '재산권'인 반면, 기업에게는 미래의 시점에 고객에게 제공해야 할 '부채'라는 점에서 재무적인 부담이 된다. 예컨대, 중견기업의 소비재 기업을 기준으로, 회원 수 100만명, 1인 평균 연간 구매액 10만원, 포인트 적립율 1%를 가정해 보면, 이 기업의 회원들이 연간 적립하는 포인트 금액은 10억이다. 이 기업은 고객들의 적립 포인트 10억 원을 부채 충당금으로 보전해 두어야 하며, 포인트의 사용이 활성화된 기업은 포인트 사용 비율이 80% 선임을 고려해 보면, 한 해 8억 원 규모의 포인트가 비용으로 지출되는 셈이다.

따라서, 로열티 프로그램을 운영하고자 할 때에는 포인트 관리를 위한 시스템과 인력에 투입되는 비용에 대한 고려와 더불어 자사가 감당해야 할 부채 충당금의 수준을 시뮬레이션하여 부채 충당금을 충분히 유지할 수 있는 재무적 건전성을 확보하고 있는지, 포인트 제공을 상회하는 수준의 추가 이익을 고객들로부터 회수할 수 있는지에 대한 신중한 검토가 필요하다. 재무적 부담을 줄이고자 포인트의 적립율을 마냥 낮출 수도 없다. 포인트 적립율 자체가 프로그램의 경쟁력이기 때문이다.

고객들은 평소 구매행동을 고려하여 자신이 얼마나 보상을 받을 수 있는지를 계산하고, 경쟁사들이 제공하는 포인트 적립율과 비교하여 자신의 효용을 극대화할 수 있는 로열티 프로그램을 결정한다. 고객에게 효용가치가 낮은 로열티 프로그램은 활성화되기 어렵고, 활성화 되지 못한 로열티 프로그램은 본연의 기능인 고객 충성도 제고를 달성하기 어려운 악순환 구조에 빠질 수 있다.

따라서, 모든 기업이 로열티 프로그램의 형태를 운영할 필요는 없다. 반드시 로열티 프로그램을 운영해야 하는 경우는 기업 간에 포인트의 적립과 사용에 대한 정산이 필요한 파트너십 기반 멤버십 프로그램을 운영하고자 할 때이다. 대표적으로 로열티 프로그램을 운영하는 운영사가 있고, 여기에 다양한 업종의 다수의 기업들이 포인트를 적립하고 사용할 수 있는 가맹점으로 참여하는 OK캐쉬백과 같은 '동종 업종 연합 프로그램'이나 '항공여객 운송업'이라는 동일한 시장에서 경쟁하고 있는 다수의 항공사가 참여하고, 참여하는 항공사의 포인트를 통합하여 적립 및 사용할 수 있는 '이종 업종 연합 프로그램', 특정 기업이 자사에서 발생한 매출 기여도에 준하여 회원들에게 포인트를 제공하고, 해당 포인트를 제휴처에서 사용할 수 있도록 구조화한 통신사, 신용카드사 등의 '멀티-파트너 프로그램', 그리고 전사 차원에서 브랜드와 고객들을 통합하는 '전사 통합 프로그램'이 이에 해당한다. 파트너십 프로그램은 고객들이 특정 브랜드에서 포인트를 적립하고 이를 다수의 제휴처에서 사용하도록 구조화하거나, 다수의 제휴처에서 포인트 적립과 사용이 모두 가능한 개방형의 형태로 운영하므로, 기업 간의 포인트-보상물 교환에 따른 실질적인 비용 정산을 위해 제휴사 간의 표준화된 통화, 즉 포인트가 필요하다.

[그림 2.1]은 가전제품 전문점인 베스트바이(Bestbuy)에서 운영 중인 로열티 프로그램의 사례이다. 이 회사는 마우스나 이어폰과 같은 저가의 주변기기부터 TV, 노트북, 냉장고와 같은 고가의 전자제품까지 취급 품목이 다양하고, 가격대의 편차가 큰 점을 고려하여, 구매액의 일정 비율을 포인트로 적립해 주는 로열티 프로그램을 운영하고 있다. 로열티 프로그램은 포인트의 적립 및 사용 기능만 있는 일반 로열티 프로그램 이외에도 신용카드사와 제휴한 프로그램을 함께 활용하고 있으며, 프로그램 유형(일반, 신용카드)과 등급(My, elite, eliteplus)을 구분한 총 6개의 고객 유형에 대해 포인트 적립율을 차등 적용하고 있음을 알 수 있다. 신용카드사와 제휴하는 경우에는 해당 신용카드를 이용한 결제를 장려하기 위해 베스트바이처럼 일반 프로그램보다 높은 포인트 적립율을 제공하기도 하는데, 이로 인해 발생되는 추가적인 포인트 비용은 신용카드사에서 부담하는 것이 일반적이다.

REWARDS & BENEFITS	my BEST BUY	elite	eliteplus
Points	0.5 points per $1 spent	1 point per $1 spent	1.25 points per $1 spent
Points Using the My Best Buy® Credit Card (Standard Credit)*	2.5 points per $1 spent	2.5 points per $1 spent	3 points per $1 spent

[그림 2.1] 로열티 프로그램 예시 - 베스트바이(www.bestbuy.com)

프리퀀시 프로그램

프리퀀시 프로그램(frequency program)은 구매횟수를 기준으로 신용점수를 부여하고, 부여한 신용점수가 일정 수준에 도달하면 보상물로 상환 받는 방식이다. 구매횟수를 평가하는 도구로 스탬프를 많이 사용하기 때문에 스탬프 프로그램(stamp program)이라고도 한다. 프리퀀시 프로그램은 목표 지점까지 남은 개수가 분명하게 시각적으로 전달되어 로열티 프로그램에 비해 재미요소가 있고, 자신이 인센티브를 받기 위해 얼마나 더 기여해야 하는지가 직관적이기 때문에 목표 도달에 대한 동기를 유발시키는 데 효과적이다.

전통적인 스탬프 카드는 종이를 이용하기 때문에 어떤 고객이 스탬프 제도에 참여하고, 얼마나 인센티브를 받는지 등에 대한 이력 관리와 분석이 어렵다는 한계점이 있다. 이에 반해, 웹 또는 앱 방식의 e-스탬프 카드는 스탬프를 적립하고 사용하는 로열티 행동에 대한 분석이 가능하고, 스탬프를 타인에게 양도하거나 타인의 스탬프를 합산하여 사용하는 등의 편리성이 증가하여 기업의 활용도가 증가하고 있다.

프리퀀시 프로그램은 패스트푸드점이나 미용실, 커피숍과 같이 취급 품목이 제한적이고, 제품별 가격의 편차가 크지 않은 경우에 적합하다. 만일 프리퀀시 프로그램을 미용실에서 적용하고자 한다면, 헤어컷트는 스탬프 1개, 염색은 스탬프 2개, 웨이브펌은 스탬프 3개와 같이 금액대별로 제공되는 스탬프의 개수를 차등화하고, 스탬프 1개의 적정 현금가치 수준과 몇 개까지 모을 수 있도록 할 것인지 등을 고려해야 한다.

[그림 2.2] 탑승 횟수를 이용한 항공사 프리퀀시 프로그램 사례 - 에어부산(airbusan.com)

　　근거리 노선만을 운항하는 에어부산(www.airbusan.com)은 항공권 요금의 편차가 크지 않은 저가 항공사의 특성을 고려하여 프리퀀시 프로그램을 운영하고 있다([그림 2.2] 참조). 국내선 중심의 운영에서 아시아 전역으로 취항노선이 확대됨에 따라, 이용거리에 따라 스탬프 수를 1개부터 5개까지 다르게 제공하는 방식을 취하고 있다. 에어부산의 스탬프 제도는 국내선 편도 1매당 스탬프 1개가 지급되며, 20개를 모으면 국내선 편도 보너스 항공권 1매로 교환할 수 있다. 서울-부산 평균 편도 금액이 평균 5만원이라 했을 때, 적립 스탬프 1개는 2,500원(5%의 포인트 적립율, 포인트 1점=1원), 사용 스탬프 20개는 편도 5만원에 상응하는 가치(1개당 2,500원)로 설계되었음을 알 수 있다.[1)]

　　또 다른 예로 전 세계 숙박업소를 대상으로 예약서비스를 제공하는 숙박 중개 플랫폼인 호텔스닷컴(www.hotels.com)이 있다([그림 2.3] 참조). 호텔스닷컴은 10박 숙박시 1박을 무료로 이용할 수 있는 프리퀀시 프로그램을 운영하고 있다. 경쟁사들이 포인트 기반의 로열티 프로그램을 운영할 때 호텔스닷컴은 프리퀀시 프로그램을 도입하여, 그 자체로서 서비스를 차별화하고 이를 강력한 마케팅 요소로 활용하고 있다. 예약할 수 있는 호텔은 1박의 가격이 1천만원을 호가하는 곳부터 5만원 미만까지 가격대가 매우 다양하다. 호텔스닷컴은 가격대별로 구간을 나누어 스탬프의 지급 개수를 차등하는 방식 대신, 고객이 구매한 10박의 평균 요금 수준의 1박 무료 숙박권을 지급하는 형태로 가격 편차의 문제를 해결하였다.

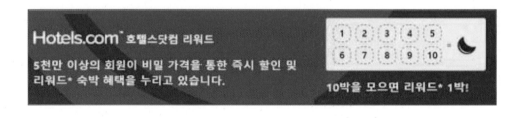

[그림 2.3] 숙박 횟수를 이용한 호텔 프리퀀시 프로그램 사례 - 호텔스닷컴(www.hotels.com)

⚙ Summary

이번 장에서는 고객이 기업에 기여한 수준을 평가하고 보상하는 근거가 되는 '보상점수'의 관점에서 멤버십 프로그램을 '로열티 프로그램'과 '프리퀀시 프로그램'으로 구분하고, 각각의 특성과 차이점, 사례를 살펴 보았다.

로열티 프로그램(loyalty program)

고객 기여도를 로열티 점수, 즉 포인트로 평가한다. 보통 구매금액을 기준으로 포인트를 부여하고, 기업의 보상 정책에 준하여 적립한 포인트를 보상물 상환에 사용하는 방식이다.

로열티 프로그램의 가장 큰 장점은 편리성에 있다. 포인트의 가치는 쉽게 화폐의 가치로 환산할 수 있으며, 소비자와 기업 모두 포인트 관리 시스템에 기반하여 개인별 포인트 입·출입의 확인, 정산 및 재무적 관리를 손쉽고 정확하게 할 수 있다.

로열티 프로그램의 단점은 고객이 적립한 포인트는 미래에 사용되는 속성을 갖고 있어, 미래의 어느 시점에는 고객에게 지급해야 할 '부채'라는 점에서 기업에게 재무적인 부담이 된다는 것이다.

로열티 프로그램을 반드시 운영해야 하는 경우는 파트너십 기반의 멤버십 프로그램을 운영할 때이다. 파트너십 프로그램은 고객들이 특정 브랜드에서 포인트를 적립하고 이를 다수의 제휴처에서 사용하도록 하거나, 다수의 제휴처에서 포인트 적립과 사용이 모두 가능한 개방된 형태로 운영하므로, 포인트-보상물 교환에 따른 실질적인 비용 정산을 위해 제휴사 간의 표준화된 통화, 즉 포인트가 필요하다.

프리퀀시 프로그램(frequency program)

고객 기여도를 횟수로 평가한다. 보상점수를 평가하는데 스탬프를 많이 사용하기 때문에 스탬프 프로그램이라고도 한다. 보통 구매횟수를 기준으로 스탬프를 부여하고, 스탬프의 개수가 일정 수준에 도달하면 보상물로 상환하는 방식이다.

프리퀀시 프로그램의 가장 큰 장점은 목표 지점까지 남은 개수가 분명하게 시각적으로 전달되므로 로열티 프로그램에 비해 재미요소가 있고, 목표를 도달하고자 하는 동기 부여가 용이하다는 데 있다.

프리퀀시 프로그램의 단점은 양적인 기여도에 대한 평가가 어렵다는 것이다. 그러나, 가격대별로 지급하는 스탬프 수를 달리하거나, 평균 구매금액에 해당하는 보상물을 제공하는 등의 방식으로 프리퀀시 프로그램의 한계점을 보완하고 활용하는 기업들 또한 많다.

과거에는 종이로 된 스탬프 카드가 많이 활용되었지만, 지금은 웹 또는 앱 방식의 e-스탬프 프로그램의 활용도가 높다. 웹/앱 기반의 스탬프 프로그램은 스탬프의 적립-사용 행동에 대한 분석이 가능하고, 스탬프 카드의 분실 우려가 없을 뿐 아니라, 스탬프를 타인에게 양도하거나 합산하여 사용할 수 있어 편리하다.

CHAPTER
02
보상물 기준

멤버십 프로그램은 회원의 기여도를 평가하는 '보상점수'를 이용하여 유형을 구분할 수 있지만, 회원에게 제공되는 '보상물' 차원에서도 유형을 구분할 수 있다. 회원에게 상품의 가격을 할인해주는 할인 프로그램과 현금으로 되돌려 주는 캐시백 프로그램, 그리고 현물성 보상물을 제공해 주는 보상물 증정 프로그램이 그것이다. 각 멤버십 유형의 개념과 특징, 사례를 살펴보자.

2.1 할인 프로그램

할인 프로그램(discount program)은 회원가와 비회원가를 구분하여 회원에게 할인가를 제공하는 멤버십 프로그램으로, POS 단말기상에서 회원 인증이 되면, 회원가에 상품을 결제하는 방식이 적용된다. 따라서, 기업은 최소한의 자원으로 멤버십 프로그램 운영이 가능하다. 할인 행사 등을 기다릴 필요 없이 항상 저렴하게 구매할 수 있도록 최저가를 약속하는 가격 전략인 EDLP(Every Day Low Price)를 추구하는 소매상들이 멤버십 프로그램의 개념을 접목하여 모든 고객이 아닌 회원만을 대상으로 최저가를 제공하는 방식으로 변화하였다.

할인 프로그램은 구매시마다 가격을 할인해 주므로, 체감하는 혜택의 효과가 크고 보상이 즉각적으로 이루어진다는 점에서 가격 민감도가 높은 업종(예 식료품점)에서 효과적이다. 그러나, 할인 프로그램의 도입은 몇 가지 측면에서 주의가 필요하다.

첫째, 회원가가 경쟁사들의 판매가보다 경쟁력 있는 수준으로 제공되지 않는 한 차별적 요소가 되기 어렵다. 따라서, 충분히 경쟁력 있는 할인가를 지속적으로 제공할 수 있는 여건을 갖추고 있는 경우에만 운영이 가능한 모델이다.

둘째, 모든 상품을 할인된 가격에 판매하기 때문에 할인 프로그램의 운영이 기업의 전체적인 매출과 수익률을 감소시키는 직접적인 원인이 될 수 있다. 창고형 할인매장인 코스트코는 회원들에게 경쟁력 있는 가격으로 회원을 우대하지만, 유료 프로그램으로 운영하기 때문에 매출과 수익률 저하 문제를 보완할 수 있었다.

셋째, 소비자들이 상시 할인된 가격에 제품을 구매하기 때문에 정상가가 아닌 할인가를 준거가격으로 인식하거나, 조금만 가격이 인상돼도 민감하게 반응하고 정상가격에 거품이 있다고 생각할 수 있다. 따라서, 할인 프로그램은 할인가에 제공하더라도 브랜드 이미지에 부정적인 영향을 주지 않는 상황에서 도입되어야 한다.

마지막으로, 할인 프로그램은 멤버십 프로그램 운영에 과도한 비용을 투자하는 것이 어려운 기업에게 적합하다. 할인 프로그램은 고객이 계산대에서 회원임을 인증하는 식별값(회원 ID, 핸드폰 번호, 이메일 주소 등)을 입력하면 정가가 아닌 회원가로 결제가 진행되는 방식으로 운영된다. 따라서, 포인트나 스탬프의 적립-사용 이력을 관리하기 위한 시스템을 구축하거나 별도의 관리 인력을 배치할 필요 없이 회원 인증 기능만을 결제 시스템에 추가하면 되므로 소규모 매장도 도입이 용이하다.

할인 프로그램은 즉시 할인과 지연 할인 두 가지 방식을 고려할 수 있다. 즉시 할인은 항상 회원가와 비회원가를 차별화하여 상시적으로 결제시마다 자동으로 총 구매 금액에 회원가가 적용되어 즉시 할인되는 방식이다. 반면, 지연 할인 방식은 차기 방문시 제품 할인 혜택을 받을 수 있는 쿠폰을 구매 영수증에 인쇄하여 제공하거나 이메일, 모바일 앱을 통해 제공한다.

즉시 할인 방식은 언제든 매장을 방문하면 정상가보다 저렴하게 구매할 수 있다는 인식을 심어줄 수 있고, 매대에 진열된 제품 가격표를 통해 얼마나 할인 혜택을 받을 수 있는지, 그리고 영수증을 통해 회원으로서 얼마나 할인 혜택을 받았는지 즉각적으로 인식할 수 있는 장점이 있다. 주로, 구매빈도가 잦고 지역 상권 내 경쟁이 치열한 식료품점과 할인점에서 활용된다. 예컨대, 세이프웨이(Safeway)는 '상시 회원가를 제공하는 무료 회원제'를 차별적 경쟁 요소로 소구하는 대표적인 식료품 체인점이다. 매장내 회원 대상 상시 할인과 더불어 개인별 매출 기여도와 자주 구매하는 상품 유형을 분석하여 매장 방문시 무료 또는 특별 할인가에 구매할 수 있는 제품들을 이메일이나 모바일 앱을 통해 정기적으로 안내하는 등 부가적인 인센티브를 제공하고 있다. 우리나라는 상시적인 회원 할인보다는 회원 우대 할인가를 적용하는 행사기간을 두는 판촉 방식(예 멤버십 데이)을 더 선호하는 편이다([그림 2.4] 참조).

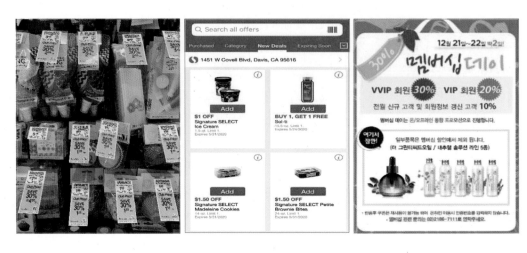

회원가와 일반가가 기재된 가격표   회원 대상의 인센티브   [비교] 멤버십 데이 – 이니스프리

[그림 2.4] 즉시 할인 프로그램 운영 예시 – 세이프웨이(www.safeway.com)

지연 할인 방식은 특정기간 동안 사용할 수 있는 할인쿠폰을 제공하는 형태로, 재방문 유도에 초점을 두는 모델이다. 이 또한 우리나라보다는 미국이나 유럽에서 활발하게 활용되고 있다. 대표적인 기업으로는 편의점 체인점인 CVS가 있다. CVS는 편의점의 특성상 지역 상권 내 경쟁이 치열한 점을 고려하여 '재방문 유도'에 초점을 둔 쿠폰 기반 할인 프로그램을 운영하고 있다. 영수증에 차기 방문시 이용할 수 있는 쿠폰들을 인쇄하여 제공하는데, 할인폭이 커서 회원들의 활용도가 높다. 전 상품에 대해 회원 할인을 제공하지만, 특히 자체상표(private brand) 제품에 대해서는 파격적인 회원 할인 혜택을 제공하며 프로그램을 차별화 하고 있다([그림 2.5] 참조).

영수증에 부착된 할인쿠폰 　　　　　회원 우대 쿠폰을 담은 모바일 전단

[그림 2.5] 지연 할인 프로그램 운영 예시 – CVS(www.cvs.com)

멤버십의 개인정보 처리 동의 방식: 옵트-인(opt-in) vs. 옵트-아웃(opt-out)

멤버십 운영에 있어 개인정보 관리에 대해 알고 있어야 하는 개념 중 하나가 '옵트-인'과 '옵트-아웃'이다. 옵트-인은 정보주체의 동의가 있어야 개인정보를 수집 및 활용할 수 있는 형태이다. 우리나라와 유럽에서 선택하고 있는 방식으로, 회원정보 수집시 '개인정보 수집 및 활용 동의'에 대한 날인 과정이 옵트-인 제도를 사용하고 있음을 보여준다. 개인정보의 수집과 활용에 동의를 한 고객에 한해서만 정보주체의 정보를 사용하거나, 정보주체를 대상으로 마케팅 커뮤니케이션을 할 수 있기 때문에 우리나라는 개인정보의 수집과 활용이 주로 멤버십을 통해서 이루어질 수밖에 없다. 한편, 옵트-아웃은 일단 정보주체의 동의 없이도 개인정보를 사용할 수 있으나, 추후 고객이 수신거부 등의 의사를 제기하면 개인정보를 더 이상 사용할 수 없는 방식이다. 대표적으로 미국이 옵트-아웃 방식을 취하고 있다. 고객의 동의 하에 접촉정보만 확보되면 기업은 광고성 마케팅 활동을 할 수 있기 때문에 소형점포들은 대개 매장에 방문한 고객에게 접촉정보를 요청하고, 그에 대한 보상으로 할인쿠폰(예 이메일 정보 제공시, 5% 할인쿠폰 증정)을 증정하는 형태가 많이 활용되고 있다. 따라서, 미국의 소형 점포들은 멤버십 프로그램을 운영하기 보다는 단순히 고객접촉 정보를 수집하여 이메일과 문자 등을 이용한 단골고객 관리가 활발한 편이다.

캐시백 프로그램

캐시백 프로그램(cashback program)은 보상물로 현금을 지급하는 형태로 신용카드사에서 주로 활용한다. 할인 프로그램은 할인된 가격으로 결제를 하지만, 캐시백 프로그램에서는 정상가로 결제하고, 할인 또는 보상금액만큼을 현금으로 돌려 받는다는 점에서 둘 간의 차이가 있다.

신용카드사에게는 고객이 자사의 신용카드를 최대한 많이 이용하도록 하는 것이 중요할 것이다. 따라서, 고객으로 하여금 최대한 자사의 신용카드를 이용해 결제하도록 유도해야 하는데 신용카드사가 제공할 수 있는 보상물은 제한적이어서, 신용구매 또는 연체시 발생하는 이자율을 낮춰준다거나 연회비를 줄여주는 정도가 전부이다. 이에 신용카드사는 적립한 포인트를 다수의 제휴처에서 사용할 수 있도록 하는 파트너십 프로그램과 직접적으로 현금 보상을 하는 캐시백 방식을 주로 활용한다. 신용카드사의 캐시백 모델은 소비자의 장기거래를 유도하기 위해 매월 결제금액의 최저한도를 정해두거나, 일정 수준의 최소 거래기간이 지나야 캐시백 받을 수 있도록 설계하여 체리피커를 최소화하는 전략을 사용하는 것이 일반적이다.

포인트는 기업이 지정한 사용처에서만 사용할 수 있고 사용한도 기간이 정해져 있지만, 현금은 기간의 제약 없이 언제 어디서든 사용 가능한 실제 화폐라는 점에서 현금으로 캐시백이 가능한 모델은 그렇지 않은 모델보다 매력적이다. 그러나, 캐시백은 포인트의 차감 또는 현물 보상에 비해 비용이 많이 든다. 예컨대, 베이커리에서 소비자에게 1천 포인트를 현금으로 캐시백하게 되면, 순수하게 1천 원이 비용으로 발생하지만, 1천 포인트를 빵 구매에 사용하면, 기업 입장에서는 1천원 전체가 아닌 원가만이 비용으로 발생한다. 그러므로, 캐시백 프로그램은 고객에게 제공할 수 있는 보상이 극히 제한적이면서 판촉수단으로서의 가치가 크다고 판단되는 경우에 한해 운영하는 것이 적합하다.

한편, 캐시백 프로그램의 운영 방식은 크게 두 가지이다. 하나는 적립 포인트의 일부 또는 전체를 상환 신청하면 고객의 계좌로 해당 금액을 입금하고, 해당 금액만큼의 포인트를 차감하는 방식이고, 또 다른 하나는 특정 제품에 한해 결제금액의 일부를 현금으로 계좌 입금해 주는 방식이다. 후자는 주로 자동차나 가전제품과 같은 고가의 제품구매를 촉진하는 데 사용된다. 따라서, 캐시백 프로그램 또는 캐시백 기능이 있는 멤버십 프로그램을 운영하기 위해서는 실명 계좌 관리와 포인트 정산 처리를 자동으로 해주는 시스템적 지원과 현금으로 지급된 포인트에 대한 재무적 관리가 가능한 역량을 보유하고 있어야 한다. [그림 2.6]은 신용카드사인 디스커버 잇(Discover it®)에서 결제시마다 결제금액의 5%를 현금상환해 주는 사례와 사무용품 전문점인 오피스맥스에서 온라인 구매에 한해 일정 금액을 현금상환해 주는 사례를 보여주고 있다.

 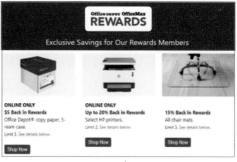

신용카드 디스커버 잇(Discover it®) 　　　　　 오피스맥스 리워즈(OfficeMax Rewards)

[그림 2.6] 캐시백 프로그램 운영 예시 – 디스커버 잇과 오피스맥스

2.3 보상물 증정 프로그램

　보상물 증정 프로그램(rewards program)은 매출 기여도에 상응하는 현물성 보상물을 제공하는 방식이다. 제품의 판매가를 할인하거나 구매액의 일부를 포인트로 차감하는 것이 아니므로, 판매가 인하 또는 매출액 저하에 따른 부정적 영향을 고려하지 않아도 된다는 것이 보상물 증정 프로그램의 가장 큰 장점이다.

　보상물을 제공하는 방식은 기업이 보상물을 지정하여 제공하거나, 회원이 옵션이나 포인트몰을 통해 보상물을 직접 선택할 수 있도록 하는 두 가지 방식이 있다. 보상물을 기업이 지정하는 경우는 신제품 또는 주력상품을 보상물로 제공하여 제품홍보 또는 교차판매 촉진에 활용하는 등 보상물을 전략적으로 활용하고자 할 때 적합하고, 특정 보상 품목을 제한적으로 제공할 경우 선택권을 고객에게 부여하는 것은 기업이 제공할 수 있는 보상물이 제한적일 때 적합하다.

제품의 이익률이 매우 낮아 할인 프로그램이 적합하지 않고, 보상물로 제공할 수 있는 제품도 적합한 것이 없는 경우에는 증정품을 대량 구입하여 보상하는 방식을 검토할 필요가 있다. 증정품의 대량 구입은 기업의 구매 협상력(buying power)[1]을 높이기 때문에, 저렴하게 증정품을 매입하여, 높은 가치로 소비자들에게 제공할 수 있다. 예컨대, SK주유소는 정기적으로 엔크린보너스카드 회원을 대상으로 '3천 포인트, 5천 포인트 특권' 등의 형태로 회원들에게 보상품을 제공한다([그림 2.7] 참조). 3천 포인트로 통상 7천원~1만원 상당의 생활용품과 교환(1포인트＝1원)할 수 있는 증정품을 제공하기 때문에 보상물로서의 매력도가 높고, 대량으로 저렴하게 증정품을 매입하므로 7천원 상당의 제품을 3천 포인트에 제공하더라도 기업 입장에서는 손실이 발생하지 않는다.

한편, 보상물 증정 프로그램 운영시에는 증정품의 전달 방법에 있어서 '재고관리'와 '전달방법'에 대한 고려가 필요하다. 보상물만 직접 배송하는 것은 배송료의 부담이 크기 때문에 최대한 배송료의 부담이 적은 방향으로 보상물을 제공하는 방안을 모색해야 한다. 인터넷 쇼핑몰은 주문상품 배송시 함께 발송하는 조건으로 보상물을 지급할 수 있고, 점포의 수가 많지 않은 경우에는 매장에서 재고 및 지급을 관리하는 것이 가능하다. 그러나, 전국적으로 다수의 점포를 운영하는 경우에는 증정품의 관리와 지급 업무가 매장의 바쁜 영업 활동에 방해가 될 수 있고, 분실 등의 문제가 발생할 수 있으므로 상당한 주의가 필요하다.

SK엔크린보너스카드(www.enclean.com)

S-오일보너스카드(mall.s-oilbonus.com)

[그림 2.7] 보상물 증정 프로그램 운영 예시 – SK엔크린보너스카드 vs. S-오일보너스카드

---

1 거래상의 지위를 강화할 수 있는 기업의 구매력. 지배적인 지위, 기업의 규모, 대량으로 거래할 수 있는 소매유통망 등을 배경으로 유리한 조건으로 거래할 수 있는 역량을 가리킨다.

따라서, 디지털 상품권과 같이 배송료의 부담을 줄일 수 있는 보상물을 활용하거나, 기업이 직접 고객에게 전달하는 것이 가능한 몇 가지 특정 상품 중에서 선택할 수 있도록 하는 것이 바람직하다. 보다 폭넓은 보상물 증정 방식을 채택하고자 할 경우에는 외부업체에 위탁하여 포인트몰을 운영하거나, 종합 인터넷쇼핑몰과의 제휴를 통해 포인트를 차감하여 보상물을 수령할 수 있도록 하는 방법이 대안이 될 수 있다.

SK주유소가 포인트 금액대별로 보상물을 지정하여 제공하는 방식이라면, S−오일은 보유하고 있는 포인트의 수준에 따라 회원이 보상물을 선택할 수 있는 포인트 몰 기반의 보상 프로그램이다([그림 2.7] 참조).

Summary

이번 장에서는 멤버십 프로그램에 참여하는 고객들에게 제공되는 '보상물'의 관점에서 멤버십 프로그램을 '할인 프로그램', '캐시백 프로그램', '보상물 증정 프로그램'으로 구분하고, 각각의 특성과 차이점, 사례를 살펴 보았다.

할인 프로그램(discount program)

멤버십 회원에게만 '회원 할인가'를 제공하는 방식으로 회원을 우대하는 형태이다. 결제 시점에 회원 인증을 하면 회원가가 반영되어 결제가 이루어진다.

최저가를 약속하는 가격 전략인 EDLP(Every Day Low Price)를 추구하는 소매상들이 멤버십 프로그램의 개념을 접목하여 모든 고객이 아닌 회원만을 대상으로 '최저가'를 제공하는 방식으로 변화하였다.

할인 프로그램은 1) 상시적으로 결제시마다 자동으로 회원가가 적용되는 '즉시 할인'과 2) 할인 혜택을 받을 수 있는 쿠폰을 구매 영수증, 이메일, 모바일 앱 등을 통해 제공하는 '지연 할인' 방식으로 구분된다.

캐시백 프로그램(cashback program)

멤버십 회원의 보상물을 '현금'으로 지급하는 형태이다. 할인 프로그램은 할인된 가격으로 결제를 하지만, 캐시백 프로그램에서는 정상가로 결제하고, 할인 또는 보상금액만큼을 현금으로 돌려 받는다는 점에서 둘 간의 차이가 있다.

현금 보상은 포인트의 차감 또는 현물 보상에 비해 비용이 많이 들기 때문에, 고객에게 제공할 수 있는 보상이 극히 제한적이면서 판촉수단으로서의 가치가 크다고 판단되는 경우에 한해 운영하는 것이 적합하다.

캐시백 프로그램은 1) 적립 포인트의 일부 또는 전체를 상환 신청하면 고객의 계좌로 해당 금액을 입금하고, 해당 금액만큼의 포인트를 차감하는 방식과 2) 특정 제품에 한해 결제금액의 일부를 현금으로 계좌 입금해 주는 방식으로 구분된다.

보상물 증정 프로그램(loyalty rewards program)

매출 기여도에 상응하는 현물성 보상물을 제공하는 방식이다.

제품의 판매가를 할인하거나 구매액의 일부를 포인트로 차감하는 것이 아니므로, 판매가 인하 또는 매출액 저하에 따른 부정적 영향을 고려하지 않아도 된다는 것이 할인 프로그램 또는 캐시백 프로그램과의 가장 큰 차이이다.

보상물 증정 프로그램은 1) 기업이 보상물을 지정하거나, 2) 고객이 보상물을 선택할 수 있도록 포인트몰을 운영하거나 보상물 선택 옵션을 제공하는 방식이 있다. 전자는 신제품 또는 주력상품을 보상물로 제공하여 제품 홍보 또는 교차판매 촉진에 활용하는 등 보상물을 전략적으로 활용하고자 할 때 적합하고, 후자는 기업이 제공할 수 있는 보상물이 제한적일 때 적합하다.

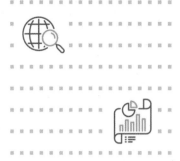

CHAPTER
03
파트너십 기준

최근 들어 여러 기업이나 브랜드에서 적립·사용할 수 있는 멤버십 프로그램들이 늘어나고 있다. 즉, 여러 기업들이 파트너십을 기반으로 공동의 멤버십을 운영하고 있는 것이다. 본 장에서는 이러한 파트너십 기반의 멤버십 프로그램을 '제휴구조'의 관점에서 전사 통합 프로그램, 이종 업종 연합 프로그램, 동종 업종 연합 프로그램, 그리고 멀티·파트너 프로그램으로 구분하고, 각각의 특성과 차이점, 사례 등을 살펴 보고자 한다.

3.1 전사 통합 프로그램

전사 통합 프로그램(in-house program)은 하나의 기업이 여러 개의 브랜드를 운영하거나, 지주회사와 계열사(또는 자회사)의 관계에 있는 독립된 법인들이 개별적으로 운영하는 브랜드의 고객을 모두 그룹 차원으로 통합한 형태로, 그룹사를 중심으로 한 계열사 간의 제휴 또는 기업을 중심으로 한 사업부 간의 멤버십 제휴 프로그램이다.

전사 통합 프로그램은 개별 브랜드의 성과도 중요하지만 전사적 차원의 성과 극대화와 브랜드 간의 시너지를 중요시한다. 반면, 기타 제휴 프로그램들은 직접적인 이해 관계가 없는 독립적인 기업(브랜드)들 간의 제휴로서 각 기업은 모두 각자의 성과 극대화를 목표로 한다. 이 점이 전사 통합 프로그램과 다른 제휴 프로그램의 가장 큰 차이이다.

전사 통합 프로그램이 활성화된 배경에는 사업 다각화(diversification)가 있다. 사업 다각화는 성장과 위험 분산, 범위의 경제성 실현을 위한 핵심적인 경영전략으로 고려되어 왔으며, 지속적으로 증가하는 추세에 있다.[2] 우리나라만 하더라도 공정거래위원회가 2000년부터 2010년까지 11년간 연속적으로 '상호출자 제한 기업집단'으로 지정한 20개 민간 기업집단을 대상으로 조사한 결과를 보면, 평균 계열사의 수가 2000년 21.5개에서 2010년 40.7개로 2배 가까이 증가하였으며, 그 이후로도 계열사의 수는 35~40개 범위를 유지하고 있는 것으로 확인되고 있다.[3] 이러한 환경적 변화 속에서 전사 통합 프로그램은 사업부 간의 시너지 창출을 위한 전략으로 적극 활용되고 있다.

해외의 경우, 미국의 시어스(Sears)[2]와 호주의 콜스(Coles) 같은 유통 그룹사, 힐튼(Hilton), 하얏트(Hyatt), 메리어트(Marriott), IHG 등의 글로벌 호텔 그룹사, 일본 JFH와 같은

〈표 2.1〉 국내 대기업의 전사 통합 프로그램 운영 현황(2020년 기준)

멤버십프로그램 (그룹사명)	도입년도	회원수	참여 계열사
LOTTE Members 롯데멤버스 (롯데그룹)	2006년	3,900만	• 유통: 롯데백화점, 롯데마트, 롯데아울렛, 롯데면세점, 롯데닷컴 등 • 식음료: 롯데리아, TGIF, 크리스피도넛, 나뚜르 등 • 문화: 롯데시네마 • 금융: 롯데카드, 롯데캐피탈, 롯데손해보험 • 여행/레저: 롯데호텔, 롯데지이티비, 롯데스카이힐C.C 등
SHINSEGAE POINT 신세계포인트 (신세계그룹)	2006년	2,000만	• 유통: 신세계백화점, 신세계몰, 신세계인터내셔날, 이마트, 이마트몰 • 식음료: 스타벅스, 보노보노
GS&POINT GS&POINT (GS그룹)	2008년	1,600만	• 유통: GS25, GS수퍼마켓, GS마트, GS홈쇼핑, GS이숍 등 • 오토: GS칼텍스, GS오토오아시스 등 • 식음료: 미스터도넛 • 여행/레저: 인터콘티넨탈 호텔, GS강촌리조트, FC서울 등
CJONE CJ One (CJ그룹)	2010년	2,600만	• 유통: CJ오쇼핑, CJ몰, CJ올리브영, CJ온마트 • 식음료: 뚜레쥬르, 빕스, 투썸플레이스, 차이나팩토리, CJ푸드월드, 콜드스톤크리머리, 더플레이스 등 • 문화: CGV, Tving, Mnet, 넷마블 등

---

2 시어스 홀딩스(Sears Holdings)는 2018년 10월 파산보호 신청을 하고, 3,500개 이상의 시어스 매장이 문을 닫았다. 현재 시어스 멤버십 프로그램(Shop your way rewards)은 신용카드사를 통해 발급되고, 스타벅스 등의 외부 제휴사가 추가된 형태로 운영되고 있다.

외식업 그룹사가 전사 통합 프로그램을 운영하고 있다. 우리나라는 롯데, 신세계, CJ, GS 등의 주요 그룹사들이 2006년부터 2010년 사이에 계열사들의 브랜드를 모두 통합한 인-하우스 프로그램으로 전환하였다. 2020년 기준, 롯데그룹의 롯데멤버스는 3천 9백만 명, 신세계 그룹의 신세계 포인트는 2천만 명, GS그룹의 GS&포인트가 1천 6백만 명, CJ그룹의 CJ ONE이 2천 6백만 명의 누적 회원을 보유하고 있는 것으로 알려져 있다.

한편, 전사적으로 로열티 프로그램을 통합하기 위해서는 제휴 네트워크에 참여한 모든 브랜드로부터 획득된 회원의 개인정보와 이들의 개인별 거래이력은 물론, 포인트의 적립-사용 정보를 총체적으로 관리할 수 있는 인력과 시스템 등에 막대한 투자가 요구된다. 그럼에도 불구하고 사업을 다각화하는 많은 기업들이 브랜드 단위의 개별 운영에서 전사 차원의 통합 방식으로의 전환을 단행하는 것은, 각 사업부가 개별적인 운영을 하는 것보다 통합 운영 방식이 전사 차원의 성과를 향상시키는 범위의 경제성, 즉 시너지 효과가 클 것으로 기대하기 때문이다.

사업 영역을 다각화하는 기업들이 전사 통합 프로그램을 통해 얻고자 하는 시너지 효과는 크게 두 가지이다. 우선, 각 사업부의 고객을 모두 '인-하우스 프로그램'이라는 하나의 플랫폼에 모으고, 브랜드 간의 교차구매를 촉진하는 공생적 마케팅(symbiotic marketing)을 통해 각 사업부 간의 고객 흐름을 개방하여 전사적 차원의 성과를 극대화하는 것이다. 다른 하나는, 지식경영 관점에서 볼 때 전사적 정보화 전략인 엔터프라이즈 아키텍쳐(enterprise architecture) 구축을 고객 관점에서 가능하게 하고, 빅데이터 시대에 대응하고자 하는 것이다. 고객 정보의 통합은 각 브랜드에서의 고객별 거래이력은 물론, 인구통계적 정보와 모바일 및 소셜 미디어 상에서의 행동들까지 하나로 통합함으로써, 각 계열사 단위가 아닌 전사적인 차원의 고객 빅데이터 수집 및 공유 플랫폼을 확보할 수 있게 한다. 이는 각 사업부에서 개별적으로 수집한 거래이력 정보만을 통해 파악하던 단편적인 지식과는 비교할 수 없을 만큼 풍부한 고객지식의 창출 기회를 제공한다.

전사 통합 프로그램의 운영 구조는 [그림 2.9]와 같이, 인-하우스 프로그램 운영사와 프로그램에 참여하는 다수의 계열사(브랜드)들로 구성되어 있다. 운영사는 모기업 또는 계열사 중 하나가 담당하며, 회원관리, 포인트의 통합 관리, 커뮤니케이션과 통합 마케팅을 주관한다. 반면, 모기업 산하의 자회사 또는 사업부의 관계에 있는 참여사(부서)들은 회원 가입 채널 및 포인트의 적립과 사용처의 기능을 담당한다.

고객은 참여사 어디에서든 포인트를 적립 및 사용할 수 있고, 모두 운영사를 통해 정보가 공유된다. 운영사와 참여사는 상호 이해 관계자의 위치에 있지만, 엄연히 서로 독립적인 기업과 기업 간의 제휴로서 포인트 적립과 포인트 사용액에 대한 기업 간 정산이 이루어지며, 포인트의 정산은 매월 각 참여사에서 발생된 적립액과 사용액의 차액, 그리고 상호 약정한 일정 비율의 운영 대행 수수료를 운영사에 지급하는 것이 일반적이다. 여기서, 수수료는 운영사가 참여사의 마케팅을 대행하고, 운영사의 중개에 따른 포인트 사용으로 해석하여 마케팅 대행 및 판매 중개의 성격을 갖는다.

유통 - Sears(미국)　　호텔 - IHG(글로벌)　　외식 - JFH(일본)

[그림 2.8] 해외 전사 통합 프로그램 예시

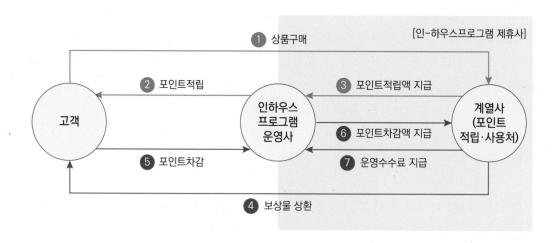

[그림 2.9] 전사 통합 프로그램 운영 구조도

3.2 이종 업종 연합 프로그램

이종 업종 연합 프로그램은 기업이 멤버십 프로그램을 기업의 수익모델로 하는 '운영사'가 있고, 업종과 상관없는 다양한 기업들이 해당 프로그램에 포인트 적립 및 사용처로 가맹 계약을 맺는 형태이다. 이종 업종 연합 프로그램을 해외에서는 코얼리션 프로그램(coalition program)이라고 한다.

이 프로그램과 제휴하는 '참여사'의 이점은 일정 수수료를 운영사에 지불하면 별도의 멤버십 관리 시스템을 갖추지 않고도 쉽게 고객들에게 포인트를 적립 및 사용할 수 있는 서비스를 제공할 수 있고, 해당 프로그램에 참여하는 회원들을 대상으로 브랜드 홍보 및 판촉행사를 할 수 있다는 데 있다. 따라서, 멤버십 프로그램을 운영하고 싶지만 자체적으로 멤버십 프로그램을 운영할 수 있는 역량과 자원이 부족하다고 판단되거나, 해당 프로그램이 보유하고 있는 대규모 회원 집단(customer pool)을 활용하여 신규고객을 창출하고자 하는 기업들이 주로 코얼리션 프로그램에 참여한다. 한편, 소비자들은 포인트를 적립 및 사용할 수 있는 제휴처가 많고, 포인트를 합산하여 적립하므로 포인트 적립 속도가 빨라 그만큼 포인트를 사용할 수 있는 기회와 가능성이 높아 이종 업종 연합 프로그램을 선호한다.

국내에서는 OK캐쉬백, 도도포인트 등이 대표적인 코얼리션 프로그램이고, 해외의 경우에는 일본의 티-포인트(T-Point), 영국의 넥타(Nectar), 독일의 페이백(Payback), 캐나다의 에어마일즈(Air Miles), 그리고 호주의 플라이바이즈(FlyBuys) 등이 있다. 반면, 미국의 경우에는 코얼리션 프로그램보다는 브랜드 자체에서 운영하는 단일 프로그램이 보다 활성화 되어 있다.

〈표 2.2〉 해외 이종 업종 연합 프로그램 예시

멤버십프로그램 (그룹사명)	설립 년도	회원수	참여 계열사
Air Miles[4] (캐나다)	1988년	3,800만 (2020년 기준)	• 금융(Bank of Montreal, American Express), 유통(Rona, Staples, Shell, Safeway, Metro, Sobeys 등), 인터넷쇼핑몰(Amazon, eBay 등) 1백개 이상의 기업과 제휴 • 영국 Loyalty Management Group(LMG)에서 설립 • Aimia 그룹의 Aeroplan에서 인수하였으나, 운영은 Loyalty One에서 함. Aimia 그룹은 Air Miles 운영에 관여하지 않고, 경쟁 프로그램인 Aeroplan 운영 중 • 캐나다 외 네덜란드 및 중동에서 서비스 중

flybuys FlyBuys (호주)	1994년	500만 (2020년 기준)	• Coles Supermarkets, Coles Express, Kmart, Liquorland, Target 등과 제휴 • 호주 외 뉴질랜드에서 서비스 중 • Coles에서 운영 중
OK CASHBAG OK캐쉬백 (대한민국)	1999년	3,500만 (2020년 기준)	• 5만여 개의 오프라인 가맹점/제휴사, 1백여 개의 온라인 가맹점 보유 • SK플래닛에서 운영 중
°PAYBACK Payback[5] (독일)	2000년	3,100만 (2020년 기준)	• 슈퍼마켓, 주유소, 극장, 여행사, 패션의류 등 제휴(Central, Big Bazaar, Food Bazaar, HP Petrol Pumps 등) • 독일 외 이탈리아, 폴란드, 인도, 멕시코, 오스트리아에서 서비스 중 • 아메리칸 익스프레스 그룹 자회사
nectar Nectar[6] (영국)	2002년	1,690만 (2010년 기준)	• 여행, 유통, 금융, 미디어 등 14개 기업(Sainsbury's, Esso and eBay, American Express, DHL Express, the Daily Mail newspaper 등)과 4백개 이상의 인터넷쇼핑몰 참여 • 2007년 Aimia에 인수됨
T-POINT T-Point[7] (일본)	2012년	6,800만 (2020년 기준)	• 179개 소매점 체인(TSUTAYA, Family Mart, ENEOS 등의 9십만 개 점포), 인터넷쇼핑몰(Yahoo! 쇼핑, LOHACO 등) 및 디지털콘텐츠, 엔터테인먼트, 호텔, 여행, 스포츠 등 제휴 • 선불충전기능 • T포인트재팬에서 운영 중
Plenti Plenti (미국)	2015년	3,000만 (2018년 기준)	• AT&T, Exxon, Macy's, Mobil, Nationwide, Rite Aid, Direct Energy, Enterprise Rent-A-Car and Hulu 등 제휴 • American Express에서 운영 • 2018년 종료

코얼리션 프로그램의 운영 구조는 [그림 2.10]과 같이, 코얼리션 프로그램 운영사와 프로그램에 참여하는 다수의 가맹점들로 구성되어 있다. 가맹점은 지역에 기반을 둔 소규모 자영업자부터 대기업에서 운영하는 할인점까지 규모 면에서도 다양하고, 상호 경쟁관계에 있는 점포들이 모두 참여할 수 있으며, 슈퍼마켓, 편의점, 의류매장, 커피숍, 가전제품 전문점, 게임 플랫폼, 웹툰 등 온·오프라인에서 소비자와 거래가 이루어지는 업종이라면 모두 가맹점의 대상이 된다.

운영사는 회원가입 채널 및 회원 관리, 포인트의 통합 관리, 커뮤니케이션과 코얼리션 프로그램의 활성화를 위한 마케팅 활동과 가맹점의 마케팅 대행을 담당하고, 가맹점들은 포인트 적립 및 사용처의 기능만을 담당한다. 전사 통합 프로그램의 경우에는 회원정보를 운영사와 참여사가 공유할 수 있고, 각 참여사들이 회원가입 채널의 기능을 담당하지만, 코얼리션 프로그램은 회원정보에 대한 소유권을 완전하게 운영사에서 갖는다. 운영사를 통해서 회원가입이 이루어지고, 포인트 적립-사용에 필요한 필수정보 이외에는 가맹점과 회원에 대한 정보를 공유하지 않기 때문이다.

고객은 참여사 어디에서든 포인트를 적립 및 사용할 수 있고, 모두 운영사를 통해 통합 관리된다. 운영사와 가맹점은 기업과 기업 간의 제휴로서 포인트 적립과 포인트 사용액에 대한 기업 간 정산이 이루어지며, 포인트의 정산은 매월 각 가맹점에서 발생된 적립액과 사용액의 차액, 그리고 상호 약정한 일정 비율의 수수료를 가맹점이 운영사에 지급하는 것이 일반적이다. 운영사의 정책에 따라 다르지만, 가맹점 계약시 가입비와 연회비를 지불하고, 매월 POS시스템과 카드 단말기 사용 수수료를 지불하는 경우도 있다. 따라서, 수수료는 운영사가 가맹점의 마케팅을 대행하고, 운영사의 중개에 따른 포인트 사용으로 해석하여 마케팅 대행 및 판매 중개의 성격을 갖는다.

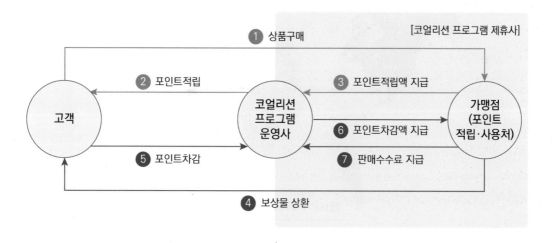

[그림 2.10] 이종 업종 연합 프로그램 운영 구조도

3.3 동종 업종 연합 프로그램

얼라이언스 프로그램(alliance program)이라고 일컫는 동종 업종 연합 프로그램은 제 3의 기업이 멤버십 프로그램을 운영하고 다수의 동종 업종 기업들이 제휴사로 참여하는 멤버십 프로그램이다. 이 경우 제휴사들은 자사의 멤버십 프로그램을 독자적으로 운영하면서 동시에 얼라이언스 프로그램에 참여하는 것이 일반적이다. 다수의 브랜드가 특정 멤버십 프로그램에 참여한다는 점에서는 코얼리션 프로그램과 유사해 보이지만, 코얼리션 프로그램은 업종과 상관 없이 다수의 기업, 브랜드, 점포들이 제휴사로 참여하는 반면, 얼라이언스 프로그램은 동종 업종 간의 상호보완적 제휴를 추구한다.

얼라이언스 프로그램의 한 예로, 국내에서는 특1급 3개 호텔(쉐라톤 그랜드 워커힐, 리츠칼튼서울(현, 르메르디앙서울), 밀레니엄 서울 힐튼)간 제휴인 슈퍼트리플 멤버십이 2009년부터 2015년까지 운영된 바 있다.[3] 제휴 호텔 3개는 동급 호텔로서, 강남, 강북, 강동 등 서울 시내

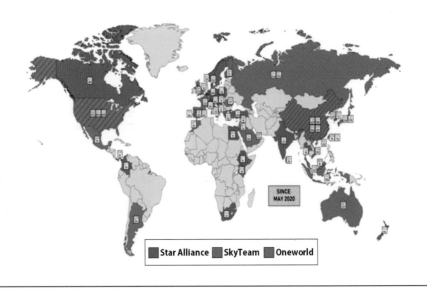

[그림 2.11] 항공사 연합 프로그램의 시장 경쟁 현황(2020년 기준)[8]

---

3 2020년 기준 슈퍼트리플멤버십 서비스는 종료되었으며, 참여사 중 하나인 워커힐은 해당 서비스 운영 경험을 바탕으로 호텔, 리조트, 렌터카 등 관광/레저 관련 업체와의 제휴를 확대한 멤버십 프로그램을 운영 중이다.

서로 다른 지역에 위치하고 있어 경쟁보다는 지리적으로 보완 관계에 있는 이점을 활용하였다. 해당 프로그램은 제휴를 통해 고객들에게 포인트의 적립 및 사용 기회를 확대하여 고객의 사용 편의성을 증진시킨 것이 특징이다.

그러나, 무엇보다 얼라이언스 프로그램이 가장 활성화된 업종은 항공여객 운송업이라고 할 수 있다. 항공여객 운송 분야에서 얼라이언스 프로그램이 발전할 수 있었던 배경에는 항공사 간의 전략적 제휴 문화가 있다. 항공여객 운송업은 한 항공사가 전 세계 노선을 모두 확보할 수 없는 구조적 한계에도 불구하고, 승객들에게는 원하는 목적지까지 끊김이 없는 노선 연계(seamless connection) 서비스를 제공해야 한다. 이는 전 세계의 모든 항공사들이 갖고 있는 공통의 과제로서, 이를 극복하기 위해 항공사들은 오래 전부터 전략적 제휴를 활발하게 활용해 왔다. 항공사들의 전략적 제휴는 특정 구간에 대한 공동 운항(joint operation), 공동 운임(joint fare), 운항편명 공동 사용(code sharing) 등 단순노선 제휴부터 체크인 및 탑승 데스크의 직원 공유, 승무원의 상호교환 탑승, 영업소와 전산 예약시스템의 공동 사용 등 운영비를 절감하는 운영상의 협력관계 제휴, 그리고 항공사 간 지분 교환 또는 자본 참여를 통해 노선과 운임을 공동 결정할 뿐만 아니라 연료 및 항공기의 공동 구매까지 보다 강한 연대관계를 갖는 포괄적 지분 제휴(equity alliance)까지 그 형태가 매우 다

〈표 2.3〉 항공사 연합 프로그램 운영 현황(2020년 기준)[11]

구분	스타얼라이언스 (STAR ALLIANCE)	원월드 (oneworld)	스카이팀 (SKYTEAM)
설립년도	1997년	1999년	2000년
제휴항공사	26개	13개	19개
항공노선커버리지 (전체 운영노선 대비%)	191개국 (23%)	158개국 (18%)	177개국 (20%)
일일 비행기 운항 수	18,500	13,814	17,343
라운지 수	1000+	650+	600+
연간 이용승객 수(백만)	762	535	630
직원 수	4,657	1,016	3,937
연간 매출액(십억)	$179.05	$130.92	$140.98

양하다.9)

　　항공사들의 다양한 전략적 제휴 형태 중 마케팅 측면에서의 전략적 제휴는 얼라이언스 프로그램을 통해 이루어지고 있다. 사실 개별 항공사별로 보면 전체 승객 70%의 연간 탑승횟수가 2회 이하10)일 만큼 항공사 포인트는 항공권 구매만으로는 적립 기회가 매우 적을 뿐 아니라 '한정된 좌석'으로 인해 고객이 원하는 날짜와 시간의 항공편을 보상물로 상환 받기도 쉽지 않다. 이러한 한계점을 보완하는 것이 얼라이언스 프로그램이다. 특정 항공사의 항공권을 구매하지 못할 경우 제휴사의 항공권을 구매하면 포인트를 합산하여 사용할 수 있고, 보너스 항공권 또한 예매할 수 있는 가능성이 높아져 고객의 멤버십 프로그램 만

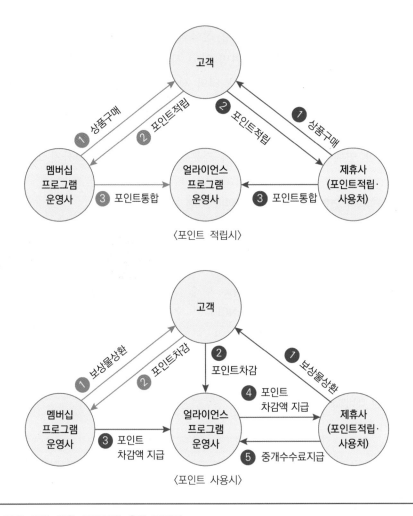

[그림 2.12] 동종 업종 연합 프로그램 운영 구조도

족도를 높일 수 있다.

　얼라이언스 프로그램의 운영 구조는 [그림 2.12]와 같이, 회원이 직접 가입한 항공사인 멤버십 프로그램 운영사(예 대한항공)와 얼라이언스 프로그램 운영사(예 스카이팀), 그리고, 얼라이언스 프로그램에 동참하고 있는 다수의 제휴사(예 델타항공 등)들로 구성되어 있으며, 참여사들(제휴사)은 대부분 얼라이언스 프로그램 운영사에 대해 지분 참여 관계에 있는 것이 일반적이다. 여기에서 얼라이언스 프로그램 운영사는 회원가입 채널 및 회원관리, 포인트의 통합 관리, 커뮤니케이션과 얼라이언스 프로그램의 활성화를 위한 마케팅 활동을 담당하고, 자체적인 멤버십 프로그램을 운영하면서 얼라이언스 프로그램에 참여하는 기업들은 회원가입 및 포인트 적립 및 사용처의 기능을 담당한다. 따라서, 각 기업의 멤버십 가입고객은 자동으로 얼라이언스 프로그램의 회원이 된다. 참여사들은 얼라이언스 프로그램의 회원가입 채널 기능을 담당하지만, 얼라이언스 프로그램과 제휴된 항공사의 보너스 항공권 이용, 포인트 적립과 사용에 필요한 회원정보만을 얼라이언스 프로그램 운영사와 공유하고, 그 밖의 회원정보는 공유하지 않는다.

　고객은 얼라이언스 프로그램의 동맹 항공사라면 어디서든 항공권 예매시 포인트를 적립 및 사용할 수 있고, 얼라이언스 프로그램 운영사가 이를 대행한다. 따라서, 고객이 A 항공사에서 적립한 포인트를 B 항공사에서 사용할 경우에는 A 사와 B 사를 얼라이언스 프로그램 운영사가 거래를 중개하는 3자간 거래로서, 항공권 판매 및 포인트 적립과 포인트 사용액에 대해 3개사 간의 정산이 이루어지며, 매월 각 참여사에서 발생된 매출액, 적립액과 사용액의 차액, 그리고 상호 약정한 일정 비율의 수수료를 얼라이언스 프로그램 운영사에 지급한다. 따라서, 수수료는 얼라이언스 프로그램 운영사가 참여사의 마케팅을 대행하고, 참여사들에 대한 거래 중개에 따른 포인트 사용으로 해석하여 마케팅 대행 및 판매 중개의 성격을 갖는다.

3.4 멀티-파트너 프로그램

멀티-파트너 프로그램(multi-partner program)은 특정 브랜드가 운영하는 멤버십 프로그램에 독립적인 관계에 있는 기업들이 멤버십 서비스를 위한 파트너로 제휴하는 형태이다. 특정 멤버십 프로그램 가입 회원들에게 보다 다양한 서비스를 제공하기 위한 목적으로 파트너사를 유치하기 때문에 대개는 주도 브랜드가 취급하는 제품과 서비스가 제한적일 때 활용한다. 이때, 운영 브랜드와 제휴 브랜드 간의 관련성은 기업의 전략에 따라 다를 수 있다. 예컨대, 현대자동차 블루멤버스는 자동차와 관련된 상품군(예 주유, 정비, 렌터카 등)의 브랜드들과 제휴 관계를 맺어 보완관계의 파트너십을 추구하고 있다. 반면, SPC 해피포인트는 생활형 브랜드들과 제휴 관계를 맺어 일상 생활에서의 멤버십 활용도를 높이는 전략을 추구하고 있다([그림 2.13] 참조). 통신사나 신용카드사는 다양한 업종의 브랜드들과 제휴를 맺어 회원들에게 다양한 포인트 사용처를 제공하는 전략을 추구하는 것이 일반적이다.

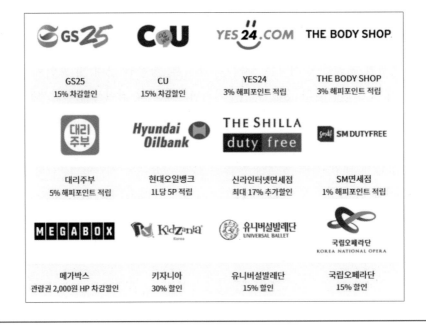

[그림 2.13] 멀티-파트너 프로그램 예시 - SPC 그룹 해피포인트(www.happypointcard.com)

멀티-파트너 프로그램의 운영 구조는 [그림 2.14]와 같이, 멤버십 프로그램을 운영하는 당사자, 즉 주체 브랜드와 프로그램에 참여하는 다수의 제휴사들로 구성되어 있다. 운영사와 제휴사는 독립적인 관계에 있는 기업 간 제휴로서, 주로 브랜드 관련성이 높거나 일상생활에서 구매가 빈번하게 이루어지는 영역, 즉 유통, 외식, 서비스 등과의 제휴가 주를 이룬다. 포인트의 적립은 운영사에서만 가능하고, 포인트의 사용을 제휴사로 개방하는 형태가 일반적이며, 이에 더해 타사의 포인트를 자사의 포인트로 통합하여 자사 및 제휴사에서 사용할 수 있도록 확장한 모델이 있다.

운영사는 회원 가입 채널 및 회원 관리, 포인트의 적립처 및 사용처, 브랜드의 마케팅 플랫폼 기능을 담당하고, 제휴사는 포인트의 사용처 기능을 담당한다. 운영사와 제휴사는 기업과 기업 간의 제휴로서 포인트 적립-사용에 필요한 필수 정보 이외에는 제휴사와 회원에 대한 정보를 공유하지 않으며, 포인트 사용액에 대한 기업 간의 정산을 한다. 포인트의 정산은 매월 각 제휴사에서 발생된 사용액에서 상호 약정한 일정 비율의 수수료를 제하고 운영사에서 제휴사에 지급하는 것이 일반적이다.

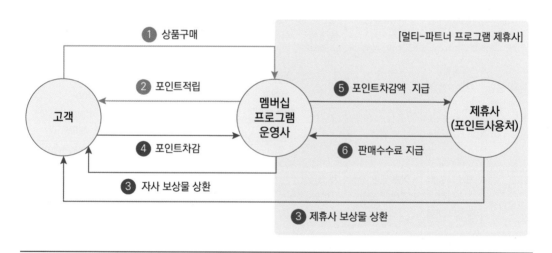

[그림 2.14] 멀티-파트너 프로그램 운영 구조도

<표 2.4>는 지금까지 언급한 파트너십 기준의 멤버십 프로그램들의 종류와 각각의 특성을 요약하고 있다.

멤버십 프로그램의 제휴는 이러한 네 가지 형태를 기본으로 하며, 고객의 편의성 증진 또는 신규회원 유입을 활성화하기 위해 여러 유형의 파트너십 프로그램을 복합적으로 활용하기도 한다. 예컨대, 그룹사 중심의 멤버십 통합 방식에서 이해관계가 없는 제 3의 기업들과의 제휴를 확장하고 있는 SPC 그룹의 '해피포인트'는 전사 통합 프로그램을 기본 구조로 운영하면서 멀티-파트너 프로그램 형태를 결합한 대표적인 하이브리드 모델이다. 홈플러스와 신세계는 자체적인 멤버십 프로그램을 운영하면서, 이종 업종 연합 프로그램인 OK캐쉬백과 제휴한 바 있다. 일부 항공사는 신용카드, 통신사, 렌터카, 호텔 등 타 기업과 제휴하는 멀티-파트너 프로그램을 기본 형태로 하고, 여기에 부가적으로 동종 업종 연합 프로그램과 제휴하는 방식을 취하고 있다.

〈표 2.4〉 멤버십 프로그램 제휴 유형별 특징

구분	운영주체	제휴특징	포인트 관리 플랫폼	포인트 적립처/ 사용처	관계		실례
					주도-참여 브랜드 간	참여 브랜드 간	
전사 통합 프로그램	통합 프로그램을 운영하는 기업	• 기업 내 브랜드 통합	기업 브랜드	기업 내 브랜드 모두 해당	주도브랜드 없음	• 보완관계 • 비경쟁관계	• 롯데멤버스 • 신세계포인트 • CJ One • GS&Point • SPC 해피포인트
이종 업종 연합 프로그램	로열티 프로그램을 소유한 제 3의 기업	• 이종 업종 제휴 • 경쟁사 포함	제 3의 기업	가맹 브랜드 모두 해당	주도브랜드 없음	• 보완관계 • 경쟁관계 • 비경쟁관계	• OK캐쉬백(한국) • T-Point(일본) • Air Miles(캐나다) • Payback(독일) • FlyBuys(호주)
동종 업종 연합 프로그램	참여 브랜드들이 위탁한 제 3의 기업	• 동종 업종 제휴 • 독과점 구조	참여 브랜드	참여 브랜드 모두 해당	주도브랜드 없음	• 경쟁관계	• 스타얼라이언스(항공사연합) • 슈퍼트리플(호텔연합)
멀티- 파트너 프로그램	주도 브랜드	• 이종 업종 제휴 • 경쟁사 포함하지 않음	주도 브랜드	계약에 따라 다름	보완관계	• 보완관계	• T멤버십(통신사) • 시티리워드(신용카드) • 블루멤버스(자동차)

⊕ Summary

이번 장에서는 파트너십 기반의 멤버십 프로그램을 '제휴 구조'의 관점에서 '전사 통합 프로그램', '이종 업종 연합 프로그램', '동종 업종 연합 프로그램', '멀티–파트너 프로그램'으로 구분하고, 각각의 특성과 차이점, 사례를 살펴 보았다.

전사 통합 프로그램(in-house program)

그룹사 차원의 멤버십 프로그램에 계열사들이 포인트의 적립 및 사용처로 참여하는 형태이다. 각 계열사 고객들이 그룹사 차원으로 통합되는 것이 특징이다.

전사 통합 프로그램은 개별 브랜드의 성과도 중요하지만 전사적 차원의 성과 극대화와 브랜드 간 시너지를 더욱 중요시 한다. 반면, 기타 제휴 프로그램들은 직접적인 이해관계가 없는 독립적인 기업(브랜드)들 간의 제휴로서 각 기업은 모두 각자의 성과 극대화를 목표로 한다.

이종 업종 연합 프로그램(coalition program)

멤버십 프로그램을 기업의 수익모델로 하는 운영사가 있고, 업종과 상관없이 다양한 기업들이 해당 프로그램에 포인트 적립 및 사용처로 참여하는 형태이다.

멤버십 프로그램을 운영하고 싶지만 자체적으로 멤버십을 운영할 수 있는 역량과 자원이 부족하다고 판단되거나, 해당 프로그램이 보유하고 있는 대규모 회원 집단을 활용하여 신규고객을 창출하고자 하는 기업들이 주로 참여한다.

동종 업종 연합 프로그램(alliance program)

제 3의 기업이 멤버십 프로그램을 운영하고 동종 업종에 속하는 다수의 기업이 제휴사로 참여하는 형태이다. 제휴사들은 독자적으로 자체 멤버십을 운영하면서 동시에 동종 업종 연합 프로그램의 포인트의 적립 및 사용처로 참여한다.

이종 업종 연합 프로그램은 업종과 상관없이 제휴사로 참여하는 반면, 동종 업종 연합 프로그램은 동종 업종에 속하는 기업들 간의 상호보완적 제휴를 추구한다.

동종 업종 제휴를 통해 고객들에게 포인트의 적립 및 사용 기회를 확대하여 멤버십의 사용 편의성을 증진시킨 것이 특징이다.

멀티–파트너 프로그램(multi-partner program)

특정 기업이 운영하는 멤버십 프로그램에 다른 기업들이 해당 멤버십의 포인트 적립 및 사용처로 참여하는 '기업 간 제휴' 형태이다.

멤버십 회원들에게 보다 다양한 서비스를 제공하기 위한 목적으로 파트너사를 유치하기 때문에, 대개는 기업이 취급하는 제품과 서비스가 제한적일 때 활용한다.

주로 브랜드 관련성이 높거나, 일상생활에서 구매가 빈번하게 이루어지는 영역, 즉 유통, 외식, 서비스 관련 기업과의 제휴가 주를 이룬다.

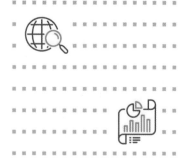

CHAPTER

04

서브스크립션 모델 기준

앞서 멤버십 프로그램의 중장기적인 방향성 중 하나로써 서브스크립션 비즈니스 모델이 더욱 활성화될 것이라고 언급한 바 있다. 서브스크립션 모델은 회원만을 대상으로 전개하는 상품 공급 방식이므로 하나의 비즈니스 모델이자, 회원제에 기반한다는 점에서 그 자체로써 멤버십 프로그램의 한 형태라고 할 수 있다. 본 장에서는 서브스크립션 기반의 멤버십 프로그램을 '이용방식'의 관점에서 유형을 구분하고, 각각의 특성과 차이점, 사례를 살펴봄으로써 서브스크립션 기반의 멤버십 전략을 조망해볼 수 있도록 한다.

4.1 정기 배송 모델

서브스크립션 모델의 가장 일반적인 형태는 정기 배송 모델이다. 정기 배송 모델은 회원들에게 매월, 분기별, 약정 횟수만큼 정기적으로 상품을 배송하는 서비스이다. 지속적으로 소비가 가능한 상품들 가운데 상품의 품질에 큰 차이가 없거나 특정 브랜드를 주로 구매함에도 불구하고, 구매할 때마다 반복적으로 탐색하고, 주문하고, 결제하는 번거로움을 해소하고 싶은 소비자 니즈가 존재하는 제품들이 주로 대상이 된다.

정기 배송 모델을 적용하고자 하는 상품은 품질이 규격화 되어 있거나 예측 가능해야 하며, 기업은 계절성 등의 외부요인에 영향을 받지 않고 일정하게 상품을 공급할 수 있어야 한다. 또한, 이용 횟수만큼의 상품 원가와 배송료를 포함하고도 1회성 구매보다 더 저렴한 가격에 제공할 수 있을 때 적합한 모델이다.

정기 배송을 적용하는 비즈니스 모델에는 크게 1) 간행물 정기 배송, 2) 생필품 정기 배송, 3) 샘플 정기 배송, 4) 추천상품 정기 배송이 있다.

1) 간행물 정기 배송

신문, 잡지 등 규격화 된 정기 간행물은 대표적이고 전통적인 구독 서비스의 대상이다. 간행물 정기 구독자는 간행물이 발행될 때마다 우편 배송지로 지정한 곳에서 편하게 받아볼 수 있다는 편의성과 장기 구매 계약에 따른 할인 또는 증정 혜택을 얻을 수 있다. 간행물 정기 구독 서비스는 일정 물량을 예약 판매하는 개념이므로 정기 구독 수요가 높을수록 예상 판매량의 예측이 용이하며, 안정적인 매출 기반을 확보하는 데 도움이 된다. 간행물 정기 구독 모델에서 가장 큰 비용은 우편 배송료인데, 기업과 고객 간의 직거래이므로, 서점 등의 중간유통 수수료 대신 우편배송료가 유통비를 대체하는 개념으로 고려할 수 있다.

간행물 정기 배송 모델의 멤버십 프로그램에서는 회원들에게 무료로 제공하는 증정품의 가치가 매우 중요하다. 독자층이 관심을 가질 수 있는 제품 또는 디지털콘텐츠 무제한 이용권이나 문화공연 초청권 등이 구독자 한정 증정품으로 주로 활용되는데, 증정품에 대한 소비자의 인지적 가치 또는 희소성이 높은 경우에는 증정품을 얻기 위해 정기 구독을

[그림 2.15] 간행물 정기 배송 예시 - 타임 매거진(www.time.com)

하는 현상이 발생하기도 한다.

따라서, 간행물 구독시, 웹이나 모바일 앱을 통해 간행물을 무료로 열람하거나 다운로드 할 수 있는 서비스를 멤버십 혜택으로 제공하는 경우가 많다. 이때, 간행물의 일부 콘텐츠를 타인에게 공유하거나, 선물할 수 있는 기능을 소셜 미디어를 활용하여 접목하면, 멤버십의 신규고객을 유입하는 채널로 활용할 수 있다. 제작비를 상쇄하는 수준의 소비 규모가 실현되면, 일부 콘텐츠의 추가적인 열람 또는 다운로드가 비용 발생 요인이 되지 않으므로, 기업에게는 효과적인 홍보 수단이 될 수 있다.

2) 생필품 정기 배송

정기적으로 소비하거나, 구매빈도가 높은 생필품들을 대상으로 멤버십 회원들에게 정기 배송하는 서비스가 e커머스 시장을 중심으로 빠르게 확대되고 있다. 과거에는 부피가 크거나 무거운 생수, 쌀, 휴지, 세제 등이 주된 생필품 정기 배송의 대상이었는데, 소비자의 니즈를 해결할 수 있는 그 밖의 다양한 제품들을 정기 배송의 대상으로 확장하고 있다.

예컨대, 쿠팡은 분유, 기저귀, 생수, 세제 등 정기적으로 소비해야 하고, 부피가 크거나 무게가 많이 나가 쇼핑에 번거로움을 크게 느끼는 품목들을 대상으로 회원들에게 정기 배송을 하고 있다. CJ제일제당의 CJ더마켓은 햇반, 레토르트, 생수, 김치, 반려동물사료 등을 정기 배송하는 서비스를 오픈한 후 회원 수와 매출이 큰 폭으로 성장하는 성과를 거두고 있다([그림 2.16] 참조).12) 수입과일 전문 유통업체인 돌코리아는 자체적으로 운영하는 인터넷쇼핑몰에서만 구매할 수 있는 Dole 과일박스를 정기 배송용으로 특화하고, 멤버십 회원

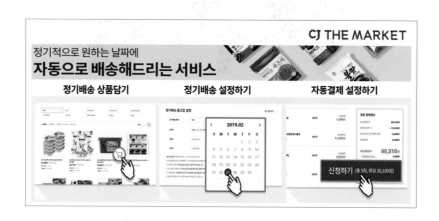

[그림 2.16] 생필품 정기 배송 예시 – CJ더마켓(www.cjthemarket.com)

이 직접 배송간격, 배송요일, 배송기간을 설정하면 해당 조건에 맞는 정기 구매금액이 계산되는 형태로 고객의 편의성을 증진시킨 것이 특징이다.

톤28은 회원들에게 천연 맞춤 화장품을 정기 배송하는 구독 서비스로, 원하는 장소에서 기업의 상담자가 고객을 만나 피부타입에 대한 정보를 수집한 다음, 소비자에게 적합한 맞춤형 천연 화장품을 1개월, 3개월, 6개월, 12개월 등의 단위로 판매한다. 와이즐리는 남성들의 소모품인 면도날을 한 달 사용분씩 배송해 주며, 태우산업 미하이삭스는 매월 새로운 디자인의 양말을 배송해 준다. 이마트는 고객의 구매패턴을 분석하여 반복구입빈도가 높은 상품을 MD가 큐레이션하여 제공하는 정장남('정기적으로 장 봐주는 남자'의 줄임말) 서비스를 제공하고 있다. 포 포스트(Paw Post)는 반려동물을 위한 친환경 장난감과 간식을 정기 배송하는 서비스를 하고 있다.

3) 샘플 정기 배송

샘플 정기 배송 모델은 제품 샘플을 멤버십 회원들에게 정기적으로 무료 배송하는 모델이다. 어떤 제품이 본인에게 적합한지 경험하고 싶거나 다양한 상품을 조금씩 경험하기를 원하는 소비자와 제품을 홍보할 고객을 필요로 하는 제조사를 중개하는 멤버십 기반 구독모델이다. 기업은 제품을 홍보할 수 있고, 소비자는 소량의 제품을 저렴하게 경험할 수 있으며, 중개자는 공급자로부터 제품 홍보 대행 명목의 수수료를 받는 구조이다.

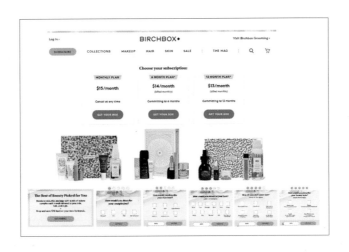

[그림 2.17] 샘플 정기 배송 예시 - 버치박스(www.birchbox.com)

화장품(예 색조, 마스크팩, 아토피 전용, 천연 화장품 등)과 같이 유행이 빠르게 변화하거나, 영유아용품(예 기저귀, 분유), 위생용품, 식품 등 알러지 등의 이유로 제품 테스트에 대한 니즈가 큰 상품군에서 활용할 수 있는 모델로, 샘플 마케팅을 할 수 있는 잠재고객을 확보하고 있지 못한 기업이 중개의 대상이 된다.

예컨대, 버치박스(Birchbox)는 월 10달러의 회비를 납부하면 소비자 취향을 고려하여 전문가가 선정한 화장품 샘플 4~5가지를 키트로 정기 배송한다. 따라서, 회원들은 본인에게 맞는 제품을 선택할 수 있는 기회를 경험한 후에 본인에게 적합한 제품의 정품을 구입할 수 있다. 버치박스의 사례는 정규 상품뿐만 아니라 샘플 역시 소비자가 기꺼이 지불할 의향이 있으며, 기업의 수익원이 될 수 있음을 보여준다([그림 2.17] 참조).

4) 추천 상품 정기 배송

추천 상품 정기 배송 모델은 소비자가 지정한 제품을 배송하는 것이 아니라, 기업 측에서 제품 선택의 주도권을 갖고 제품을 구성하여 멤버십 회원들에게 정기적으로 배송해 주는 '랜덤 박스' 서비스이다. 연예인 굿즈, 꽃, 와인, 맥주, 전통주, 런던티, 손질된 식재료와 레시피, 취미용 소품 등 품목도 다양하다. 소비자의 다양성 추구 성향, 전문가로부터 추천을 받고 싶은 니즈, 그리고 제품 선택과정에 대한 부담을 해결해 줄 수 있는 제품이 주 대상이다. '술담화'는 전국 각지의 양조장에서 선별한 전통주 3~4병과 추천한 전통주에 대한 스토리를 담은 큐레이션 카드, 그리고 스낵안주를 담은 '담화박스'를 매달 구독 회원들에게 배송한다([그림 2.18] 참조).

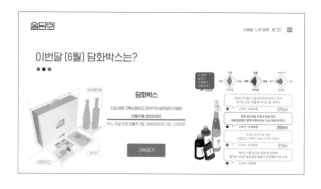

[그림 2.18] 추천 상품 정기 배송 예시 - 술담화(sooldamhwa.com)

컨시어지 서비스 모델

서브스크립션은 상품뿐만 아니라 서비스 판매에도 적용될 수 있다. 대표적인 서비스 구독모델이 컨시어지 서비스 모델인데, 이는 정기적인 관리가 필요한 제품에 대해 계약기간 동안 약정횟수만큼 서비스를 이용하는 서비스이다. 대표적으로, 카트리지, 정수기 필터, 매트리스 등을 렌탈하고 관리해 주는 제품 관리 서비스와 청소, 요리, 세탁, 세차, 해충 방역 등의 홈케어 서비스가 이에 해당한다.

컨시어지 서비스는 회원이 관리 받아야 하는 날짜를 매번 기억해 두었다가 고객센터를 통해 예약하는 번거로움을 해소할 수 있으며, 기업은 계약기간 동안 안정적인 수익원을 확보할 수 있고, 고객이 사용하는 제품을 정기적으로 관리하므로 품질을 유지할 수 있어 제품에 대한 고객 만족도를 향상시킬 수 있다.

컨시어지 서비스 모델은 일종의 인적판매이기 때문에 방문사원에 대한 철저한 교육을 통해 서비스 품질을 규격화하고 일정하게 유지하며, 서비스를 이용하는 과정에서의 불편함, 변경사항 등을 빠르게 대응할 수 있는 상담 서비스가 시스템적으로 뒷받침 되어야 한다. 또한, 서비스 가격은 인적 서비스와 재료비, 이용횟수, 그리고 소비자들이 수용 가능한 수준의 체감 가격에 대한 고려가 필요하다. 홈케어 서비스를 하는 '미소'는 서비스를 이용하는 회원과 용역을 제공하는 파트너용 앱을 모두 개발하여 회원, 파트너, 기업 3자 간의 커뮤니케이션을 동기화하고 챗봇을 활용하여 편리한 예약과 취소, 현장에서 발생하는 다양한 문제를 빠르게 해결함으로써 서비스 품질을 관리하고 있다([그림 2.19] 참조).

[그림 2.19] 컨시어지 서비스 예시 – 미소(miso.kr)

4.3 무제한 이용 모델

콘텐츠 산업의 경우 서브스크립션 모델의 적용이 더욱 용이한 분야이다. 무제한 이용 모델은 전자책, 웹툰, 웹드라마, 온라인 게임, 영화, 음악, 애니메이션 등의 디지털 콘텐츠 산업에 적용되는 서브스크립션 모델이다. 디지털 콘텐츠는 부호·문자·음성·음향 이미지·영상 등을 디지털 방식으로 제작, 처리, 유통하는 자료나 정보로서, 회원들에게 열람, 스트리밍, 다운로드 등의 방식으로 서비스한다.

디지털 콘텐츠는 유형의 제품처럼 판매수량만큼 원가가 계속 발생하는 것이 아니라, 초기 제작비가 투입되고 나면 사용자가 증가하더라도 생산비가 전혀 들지 않거나, 사용자가 증가할수록 원가가 점점 줄어드는 수확체증의 법칙이 적용된다. 따라서, 디지털 콘텐츠의 경우 특정기간 동안 무제한 이용하는 모델과 여러 콘텐츠를 이용할수록 할인해 주는 번들링 전략이 가능하다.

한편, 무제한 이용 모델을 적용할 수 있는 디지털 콘텐츠는 정보형(information), 커뮤니케이션형(communication), 엔터테인먼트형(entertainment), 관리형(management)이 있다. 정보형은 금융, 생활, 교육, 문화예술 관련 콘텐츠이고, 엔터테인먼트형은 오락 및 유희 목적의 게임과 음악, 동양성, 웹툰, 웹드라마 등이 해당된다. 커뮤니케이션형은 타인과의 소통을 목적으로 하는 서비스로 메신저와 이메일, 채팅 등이 이에 속하고, 개인정보 관리형은 개인정보 관리를 지원하는 소프트웨어들이다.

각 디지털 콘텐츠 유형별 세부 분류와 예시는 다음과 같다.

1) 정보형(information)

- 금융: 은행, 증권, 보험, 신용카드 상품 안내, 주식 정보 등
- 생활: 뉴스, 날씨, 교통, 취미, 건강, 스포츠, 안내 등
- 교육: 도서, 강좌, 교육정보 등
- 문화예술: 도서, 음반, 영화, 전시, 공연 등

2) 엔터테인먼트형(entertainment)

- 게임: 임베디드, 다운로드, VM게임 등
- 음악: 벨소리, 통화연결음, MP3 등
- 동영상: VOD, 실시간스트리밍, 개인방송 등
- 만화/소설: 웹툰, 웹드라마 등

3) 커뮤니케이션형(communication)

- 메시지: SMS, MMS, Instant message 등
- 이메일: 개인용, 오피스용 등
- 채팅, 게시판, 화상전화, 챗봇 등

4) 관리형(management)

- 개인정보 관리: 일정관리, 다이어리, 주소록, 가계부, 차계부 등
- 사무용 시스템 지원: 클라우드, 모바일 오피스, 그룹웨어, 영업자동화, CRM 등

[그림 2.20] 무제한 이용 모델 예시 - 훌루(hulu.com) vs. 넷플릭스(netflix.com)

훌루(Hulu)와 넷플릭스(Netflix)는 대표적인 인터넷-TV 기반의 TV쇼/영화 스트리밍 플랫폼이다. 훌루는 광고가 삽입된 저렴한 버전과 광고가 없는 대신 상대적으로 비싼 무광고 버전, 그리고 훌루와 라이브TV를 묶음 판매하는 구독 옵션을 함께 제공하고 있다. 반면, 넷플릭스는 모든 콘텐츠가 무광고 버전이다. 훌루가 구독료와 광고를 수익 모델로 이원화하여 광고주 유치에도 공을 들인다면, 넷플릭스는 광고가 없다는 것을 내세우며 구독자 영입에만 집중하는 차이를 보인다. 두 서비스 모두 무료 한 달 서비스를 통해 서비스를 경험할 수 있는 문턱을 낮추는 전략을 활용하며, 넷플릭스의 경우에는 구독 결정을 방해하는 요인 중 하나인 '구독 취소의 번거로움'에 대한 문제를 해결하기 위해 '언제나 쉽고 간편하게 구독을 취소할 수 있다'는 문구를 구독 신청 단계에서 강하게 강조한다([그림 2.20] 참조).

4.4 약정횟수 · 기간 이용 모델

특정 조건에 따라 서브스크립션 모델을 적용하는 경우도 있다. 대표적인 것이 약정횟수 또는 약정기간 이용 모델인데, 이는 계약기간 동안 원하는 제품을 선택하여 약정횟수(기간)만큼 이용하는 방식이다. 무제한 이용 모델이 무형의 콘텐츠를 대상으로 한다면, 약정횟수 이용 모델은 대개 유형의 제품 또는 서비스를 대상으로 한다. 약정횟수 이용 모델은 크게 세 개의 시장으로 구분할 수 있다.

첫 번째 시장은 자동차, 명화, 가구, 명품과 같은 고가의 제품이다. 구매는 부담스럽지만 소비하고자 하는 니즈가 존재하는 렌탈 시장이다. 예컨대 자동차 업계에서는 회원들이 약정기간 동안 매월 구독료를 지불하고 특정 모델들을 지정된 횟수만큼 바꿔 탈 수 있는 형태의 구독서비스를 제공하고 있다. 자동차 구독 서비스에는 컨시어지 서비스, 보험, 정비, 무료 시승 등이 일반적으로 포함되어 있다. 볼보가 '케어 바이 볼보'로 제일 먼저 자동차 구독 서비스를 도입하였으며, 닛산(닛산 스위치), 메르세데스-벤츠(메르세데스-벤츠 컬렉션), 포르쉐(포르쉐 패스포트), 현대(현대 셀렉션), 기아(플렉스 프리미엄), 제네시스(제네시스 스펙트럼) 등이 이러한 자동차 구독 서비스를 제공하고 있다.

두 번째는 사용 기간이 짧아 단기간 임대 방식을 고려하게 되는 제품들로써 유모차, 공구, 3D 프린터, 캐리어 등이 대표적이다. 롯데렌탈 '묘미'는 유모차, 유축기, 바운서 등 육아기간 동안 필요한 제품 260여 개 중 육아 아이템 2개를 회원들이 구독할 수 있고, 매월 한 가지는 교환할 수 있는 서비스를 제공하고 있다. 현재 이 시장은 육아용품을 시작으로 반려동물 용품, 골프클럽 등 단기 사용 용품 중심의 구독 서비스를 확대하고 있는 중이다.

마지막으로, 한 번에 소비할 수 없지만, 묶음판매가 가능한 제품이다. 대표적으로 공연 관람권, 영화티켓 등이 해당된다. 한 번에 저렴하게 구입하여 경제적으로 이용하고자 하는 니즈가 존재하는 시장이다. 예컨대, 세종문화회관은 연 초에 보고 싶은 공연을 회원들이 미리 지정하고, 할인된 금액에 선결제하여, 별도의 예약 없이 공연을 관람할 수 있는 서비스를 제공하고 있다. 영화관 '무비패스'는 멤버십 회원들에게 월 9.95달러에 3편의 영화를 볼 수 있는 서비스를 선보였고, 런칭 10개월만에 3백만 명의 멤버십 회원들을 확보하였다. 미국의 차량 공유 서비스 '리프트'는 월 199달러에 30회 승차권 또는 45달러에 주당 7회 승차권을 제공하고 있다.

오픈갤러리는 약정 기간 동안 매월 정액 구독료를 지불하면, 약정 횟수만큼 원화작품을 원하는 장소에 설치해 주는 대표적인 약정 횟수·기간 이용 모델이다([그림 2.21] 참조).

[그림 2.21] 약정횟수 · 기간 이용 모델 예시 – 오픈갤러리(www.opengallery.co.kr)

Summary

이번 장에서는 서브스크립션 기반의 멤버십 프로그램을 '이용방식'의 관점에서 '정기배송', '컨시어지 서비스', '무제한 이용', '약정횟수·기간 이용' 모델로 구분하고, 각각의 특성과 차이점, 사례를 살펴 보았다.

정기 배송 모델

제조·소매유통업의 활용 모델이다. 회원들에게 정기적으로 상품을 배송하는 서비스로, 간행물, 생필품, 샘플, 추천 상품 정기 배송이 대표적이다.

지속적으로 소비가 가능한 상품들 가운데 상품이 규격화 되어 있거나, 구매할 때마다 반복적으로 탐색하고, 주문하고, 결제하는 번거로움을 해소하고 싶은 소비자 니즈가 존재하는 상품들이 주로 대상이 된다.

컨시어지 서비스 모델

서비스업에서의 활용 모델이다. 계약기간 동안 약정횟수만큼 서비스를 제공한다. 제품관리(예 정수기, 매트리스 등)와 홈케어(예 청소, 세차, 방역 등) 서비스가 있다.

회원은 관리 받아야 하는 날짜를 매번 기억해 두었다가 고객센터를 통해 예약하는 번거로움을 해소할 수 있으며, 기업은 계약기간 동안 안정적인 수익원을 확보할 수 있고, 고객이 사용하는 제품을 정기적으로 관리하므로 제품의 품질을 최상의 상태로 유지할 수 있어 제품에 대한 고객 만족도를 향상시킬 수 있다.

무제한 이용 모델

콘텐츠 산업에서의 활용 모델이다. 전자책, 웹툰, 웹드라마, 온라인 게임, 영화, 음악, 애니메이션 등이 해당하며, 열람, 스트리밍, 다운로드 등의 형태로 서비스한다.

초기 제작비가 투입되고 나면 사용자가 증가하더라도 생산비가 전혀 들지 않거나, 사용자가 증가할수록 원가가 점점 줄어드는 수확체증의 법칙이 적용된다. 따라서, 특정기간 동안 무제한 이용하는 모델과 여러 콘텐츠를 이용할수록 할인해 주는 번들링 전략이 효과적으로 적용될 수 있다.

약정횟수·기간 이용 모델

멤버십 계약기간 동안 약정횟수 또는 약정기간만큼 원하는 제품을 이용하는 방식이다. 공유경제가 활성화됨에 따라, 해당 모델은 전형적인 렌탈 시장 품목(정수기, OA기기 등)을 탈피하여 다양한 제품을 대상으로 확대되고 있다.

1) 구매는 부담스럽지만 향유하고 싶은 니즈가 큰 고가의 제품(자동차, 명품, 가구 등), 2) 사용기간이 짧아 단기간 임대 방식을 고려하게 되는 제품(유모차, 공구, 3캐리어 등), 그리고 3) 한 번에 대량 구입하여 경제적으로 이용하고자 하는 니즈가 존재하고 묶음판매가 가능한 상품(공연관람권, 영화티켓 등) 등이 대표적이다.

[**Reference**] PART II 미주

1) https://www.airbusan.com/content/common/service/flynstamp 참조

2) 박지은, 김창완, 이성백, 홍재범(2010), "한국 기업의 다각화 수준과 기업가치간 관계에 관한 실증연구," 한국금융공학회 학술발표논문집, 2호, 1-19.

3) 공시대상 기업집단 5곳 신규지정 … 64개(한국세정신문, 2020. 5. 4)

4) en.wikipedia.org 'Air Miles', 'Airline alliance', www.airmiles.ca 참조

5) www.payback.net

6) en.wikipedia.org 'Netcar Loyalty Card'

7) tsite.jp

8) en.wikipedia.org 'Airline alliance'

9) 이강석, 서명선(2020), "세계 항공사간 전략적 제휴의 효과와 유형 분석," 항공산업연구, 60, 55-77.

10) 저비용·해외항공사 이용자↑… 단일항공사 이용객↓(파이낸셜뉴스, 2016. 2. 11)

11) Partnerships between airlines: the strategy to win the Asian market(2018. 6. 29, transport.sia-partners.com 일부 수정)

12) http://www.joseilbo.com/news/htmls/2016/08/20160802300616.html

PART

III >> >

멤버십 프로그램의 원리

Part III은 멤버십 프로그램이 고객충성도와 고객
생애가치를 창출하는 과정과 멤버십 프로그램의
성과에 영향을 주는 프로그램 설계요소, 그리고
소비자의 심리적 요인을 통해 멤버십 프로그램의
운영 원리를 이해한다.

1. 멤버십 프로그램의 고객생애가치 창출 과정
   멤버십 프로그램이 고객생애가치를 창출하는
   과정과 원리, 관련된 주요 개념을 살펴본다.
   이를 위해 본 장에서 다루는 개념은 멤버십
   프로그램의 효용가치를 결정짓는 사용가치, 관
   계가치, 브랜드가치와 고객충성도, 고객생애가
   치이다.

2. 멤버십 프로그램의 소비자 심리 메커니즘
   소비자 행동론 관점에서 멤버십 프로그램 사
   용자의 회원 가입 및 관계 유지, 관계 성장
   행동을 설명하는 심리적 메커니즘을 살펴보도
   록 한다.

CHAPTER

01

멤버십 프로그램의
고객생애가치 창출 과정

멤버십 프로그램은 고객의 반복적인 구매에 대한 기업의 보상을 통해 고객의 충성도를 제고하는 장기적인 마케팅 프로그램으로서, 고객이 기업에 기여하는 재무적 가치 향상을 궁극적인 목표로 한다. 그러므로, 멤버십 프로그램과 고객생애가치 간 관계를 심도있게 이해하는 것은 프로그램의 성공과 직결되는 중요한 주제이다.

멤버십 프로그램을 통해 고객생애가치가 창출되는 과정은 [그림 3.1]과 같다. 우선 멤버십 프로그램에 대해 고객이 인지하는 고객가치 요소의 평가가 긍정적이면 멤버십 프로그램에 대한 충성도가 높아진다. 그리고, 기업에 대한 실제 고객 충성도는 멤버십 프로그램에 대한 충성도를 통해 강화되기도 하고, 멤버십 프로그램에 대한 고객가치 요소에 직접적인 영향을 받기도 한다. 결국, 멤버십 프로그램을 통해 형성된 고객 충성도는 직접적으로 고객생애가치 형성에 기여한다.

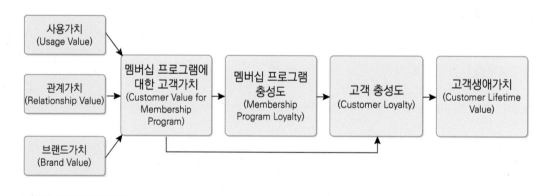

[그림 3.1] 멤버십 프로그램을 통한 고객생애가치 형성 과정

여기서 '멤버십 프로그램에 대한 고객가치'는 멤버십 프로그램에 대해 고객이 평가하는 효용가치를, '멤버십 프로그램에 대한 충성도'는 멤버십 프로그램을 반복적으로 이용하고 타인에게 추천할 의향을 의미한다. 즉, 멤버십 프로그램에 대해 가치를 높게 인식하는 고객은 멤버십 프로그램에 대한 충성도가 생기고, 프로그램에 대한 충성도가 높을수록 멤버십 프로그램을 이용한 구매행동이 습관화되며, 이러한 행동은 브랜드에 대한 고객 충성도를 형성하는 데 긍정적인 영향을 주기 때문에 궁극적으로 고객생애가치를 높인다고 할 수 있다. 그렇다면, 이러한 과정에서 거치게 되는 고객가치 요소, 고객충성도, 그리고 고객생애가치는 구체적으로 무엇이며, 멤버십 프로그램과 어떠한 연관성을 갖는 것일까? 개별 요소들의 개념을 마케팅적 관점에서 살펴보도록 하자.

1.1 멤버십 프로그램의 고객가치 요소

멤버십 프로그램을 이용하는 데는 적지않은 소비자의 노력과 비용이 요구된다. 프로그램에 가입하기 위해서는 회원가입 신청서를 작성하고, 개인정보를 제공해야 하며, 포인트의 적립과 사용을 위해 결제시마다 스마트폰의 멤버십 앱을 찾아 회원 ID를 제시하는 등의 번거로움이 수반된다. 유료 멤버십의 경우에는 직접적인 비용인 회원비가 발생하며, 회원자격을 유지하기 위해서는 유효기간을 기억해 두었다가, 유효기간 이전에 회원비를 납부하여 멤버십 자격을 갱신해야 한다. 이러한 노력과 비용에도 불구하고 고객이 멤버십 프로그램을 이용할 때에는 그 이상의 가치가 있을 것으로 기대하거나 실제로 그 가치를 경험했기 때문이다.

공정성 이론(equity theory)에 따르면, 본인이 얻게 될 혜택(즉, 기대혜택)과 지불해야 할 비용(즉, 인지비용)을 비교하여 혜택이 더 크다고 판단될 때 멤버십 프로그램의 가치를 높게 평가하고, 가치가 높다고 인식할수록 멤버십 프로그램에 대한 참여율이 증가한다. 즉, 멤버십 전략은 고객 관점에서 '가치 있는 멤버십 프로그램'이 될 수 있도록 설계하여, 많은 사람들이 회원으로 가입하고 이용하도록 하는 것이 무엇보다 중요하다. 멤버십 프로그램 자체의 가치는 성공적인 멤버십이 될 수 있는 필요조건인 셈이다.

멤버십 프로그램에 대한 고객가치 요소는 소비자가 멤버십 프로그램의 가치를 평가하는 영역으로서 1) 사용가치(usage value), 2) 관계가치(relationship value), 3) 브랜드가치(brand value)로 구분할 수 있다.

1) 사용가치

멤버십 프로그램의 사용가치란 멤버십 프로그램을 통해 직접적으로 얻게 되는 실용적인 가치로, 멤버십 프로그램에 가입하고 이용하는 가장 근본적인 이유가 된다. 멤버십 프로그램의 품질(quality), 비용(costs), 편의성(convenience)이 고객의 기대에 부합할 때 사용가치가 높게 평가된다.

2) 관계가치

멤버십 프로그램의 관계가치란 멤버십 프로그램을 통해 고객과 기업 간에 형성하게 되는 관계의 양적, 질적 수준이다. 멤버십 프로그램을 이용하는 과정상에 형성되며, 심리적 편익(psychological benefits), 보상적 편익(complimentary benefits), 고객화 편익(customization benefits), 사회적 편익(social benefits)으로 구성된다.

3) 브랜드가치

멤버십 프로그램의 브랜드가치는 제품이나 서비스의 브랜드가 아닌 멤버십 프로그램 자체의 브랜드에 대한 주관적이고 무형적인 평가이다. 브랜드가치에 영향을 주는 것은 브랜드 인지도(brand awareness)와 브랜드 연상(brand association)이 있다. 멤버십 프로그램 브랜드의 인지도를 높이는 마케팅 활동과 다른 경쟁사 프로그램에 비해 자사의 멤버십을 빠르게 연상시킬 수 있는 상징물의 개발은 멤버십 프로그램의 브랜드가치를 형성하는 데 긍정적인 영향을 준다.

[그림 3.2]는 사용자 중심의 멤버십 프로그램을 설계하기 위한 프레임워크로서, 멤버십 프로그램의 고객가치를 구성하는 세 가지 요소인 사용가치, 관계가치, 브랜드가치 각각의 하위 구성요소와 각 구성요소에 영향을 주는 멤버십 설계요소를 제시한다.

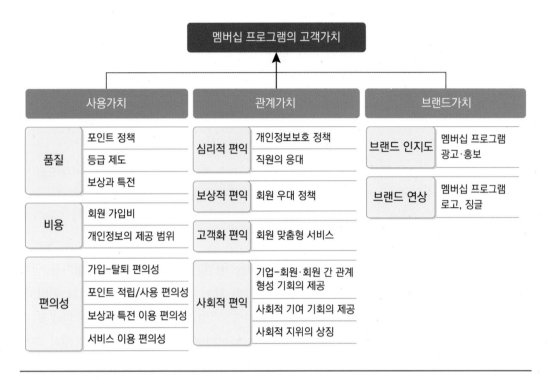

[그림 3.2] 멤버십 프로그램의 고객가치에 영향을 주는 세 가지 요소와 관련 설계요소

그럼 각 고객가치 요소의 형성에 영향을 주는 중요한 멤버십 프로그램의 설계요소를 자세히 살펴보도록 하자.

(1) 사용가치

멤버십 프로그램의 사용가치는 멤버십 프로그램의 실용적인 가치로서 멤버십 프로그램에 대해 고객이 지각하는 실질적인 혜택을 의미한다. 사용가치는 멤버십 프로그램의 참여에 영향을 주는 가장 근본적인 요인으로, 사용가치가 고객의 기대와 니즈를 충족시키지 못할 경우 프로그램의 지속적인 참여 동기를 자극하기 어렵다. 따라서, 멤버십 프로그램의 실패에 직접적인 타격을 주는 핵심적인 영역이기도 하다. 사용가치를 형성하는 세부 구성요소는 품질, 비용, 그리고 편의성이 있다(<표 3.1> 참조).

① 품질

멤버십 프로그램을 통해 고객이 얻게 될 핵심적인 혜택 및 서비스의 질적 수준으로서, 포인트 적립-사용 정책, 등급제도, 멤버십 프로그램을 통해 얻게 되는 보상과 특전, 제휴 등이 품질에 영향을 준다.

② 비용

멤버십 프로그램의 혜택을 얻기 위해 고객이 지불해야 하는 유·무형의 비용으로서, 가입비와 회원이 제공하는 개인정보의 양과 수준이 소비자에게 비용으로 지각된다.

③ 편의성

멤버십 프로그램을 이용하는 과정에서 소요되는 시간과 노력을 줄여주는 절차를 얼마나 편리하게 느끼는가에 관한 주관적 평가이다. 가입-탈퇴 과정의 편의성, 포인트 적립-사용 과정의 편의성, 보상물을 획득하는 과정의 편의성, 기업과 커뮤니케이션하는 과정의 편의성 등이 포함된다. 멤버십 프로그램의 편의성을 높이기 위해서는 절차적 관점에서 회원들과의 접점을 전방위적으로 정의하고, 각 접점에서 발생할 수 있는 문의사항과 그에 대한 대응법을 매뉴얼화함으로써 표준화되고 체계적인 응대를 통해 고객 만족도를 높이는 동시에, 발생된 불만요인들을 지속적으로 개선할 수 있는 업무체계가 필요하다.

<표 3.1>은 사용가치 구성요소의 개념과 멤버십 설계 요인들을 요약하고 있다.

〈표 3.1〉 사용가치의 구성요소

구성요소	개념	설계대상
품질 (Quality)	멤버십 프로그램을 통해 고객이 얻게 될 핵심적인 혜택 및 서비스의 질적 수준을 의미함.	• 포인트 정책 • 등급제도 • 보상과 특전 • 제휴
비용 (Costs)	멤버십 프로그램의 혜택을 얻기 위해 고객이 지불해야 하는 유·무형의 비용을 의미함.	• 회원 가입비 • 개인정보의 제공 범위
편의성 (Convenience)	멤버십 프로그램을 이용하는 과정에서 소요되는 시간과 노력을 덜어주는 수준을 의미함.	• 가입-탈퇴 편의성 • 포인트 적립/사용 편의성 • 보상/특전 이용 편의성 • 서비스 이용 편의성

한편, 멤버십 프로그램의 사용가치는 멤버십 프로그램을 이용하는 가장 핵심적인 동인이기 때문에 설계시 경쟁사와 차별화하고 고객의 니즈에 부합할 수 있는 전략적 설계가 요구된다. 사용가치 기반의 전략적 설계가 중요해지는 상황을 업종 관점, CRM 전략 관점, 그리고 멤버십의 설계 관점으로 살펴보자.

업종 관점

재화의 품질 또는 서비스만으로는 경쟁적 차별화에 한계가 있는 업종(예 신용카드 등), 구매빈도가 높아 포인트 적립속도가 빠른 업종(예 할인점, 까페 등), 거래금액의 단위가 커서 멤버십 프로그램을 통해 기대하는 경제적 혜택의 비중이 크고, 기업 또한 거래당 수익율이 높아 고객에게 제공할 수 있는 혜택을 다양하게 구성할 수 있는 업종(예 BtoB 등)에서는 사용가치가 상대적으로 더 중요하다. 따라서, 시장 점유율이 낮아 멤버십 프로그램으로 경쟁우위를 확보하고자 하는 경우에는 멤버십의 사용가치 그 자체의 경쟁력을 강화한 뒤, 소셜미디어 등을 이용한 광고와 입소문 마케팅을 통해 경쟁 브랜드들과 차별화된 혜택을 제공하고 있음을 알릴 수 있는 공격적인 커뮤니케이션 전략을 병행하는 것이 효과적이다.

CRM 전략 관점

소비자는 특정 브랜드를 지속적으로 이용할 의향이 높을수록 멤버십 프로그램을 통해 얻게 될 혜택을 신중히 따지게 된다. 한두 번만 거래할 경우에는 멤버십 프로그램을 통해 혜택을 받을 수 있을 것이라는 기대가 낮지만, 지속적으로 구매하고자 하는 경우에는 혜택에 대한 기대가 높아지기 때문이다. 그러므로, 관계획득의 단계가 관계유지 또는 성장단계보다 멤버십 프로그램의 본질적인 혜택을 형성하는 사용가치에 대한 민감도가 높다.

멤버십 프로그램 설계 관점

멤버십 프로그램의 정책은 회원약관을 통해 명시되고, 약속한 내용은 일정기간 유지되어야 하는 장기적인 성격을 갖고 있다. 따라서, 포인트의 적립-사용 정책이나 고객들에게 제공할 보상과 특전, 가입비, 가입자격 등 기업의 수익성에 영향을 주는 요인들에 대해서는 사용자 측면의 가치뿐 아니라, 기업 측면의 마케팅 투자 수익률(Return On Investment, ROI)을 함께 고려해야 한다. 과도한 혜택 제공은 기업의 수익성을 악화시킬 수 있고, 중도에 혜택 수준을 낮추는 방식으로의 정책 변경은 고객의 불만과 이탈, 부정적 입소문을 통제하기 어렵다.

(2) 관계가치

멤버십 프로그램의 관계가치는 고객이 기업과 우호적인 관계를 형성하는 데 영향을 주는 동인으로, <표 3.2>와 같이 심리적 편익과 보상적 편익, 고객화 편익, 그리고 사회적 편익의 4개 구성요소를 통해 형성된다.

① 심리적 편익

심리적 편익은 멤버십 프로그램에 대한 확신과 신뢰를 바탕으로 안심하고 이용할 수 있도록 만드는 심리적인 혜택을 말한다. 본인의 개인정보가 안전하게 관리되고 있다는 믿음과 본인의 포인트가 투명하게 관리되고 보상이 이루어지고 있으며, 기업이 고객과의 약속을 지킬 것이라는 신념 등이 심리적 편익에 해당한다. 심리적 편익에 영향을 주는 설계요소로는 개인정보보호 관리체계, 소비자 스스로 포인트 적립/사용/소멸내역을 쉽게 조회할 수 있는 관리채널, 회원약관 등이 있다.

② 보상적 편익

보상적 편익은 멤버십 프로그램을 통해 얻게 되는 금전적, 비금전적 혜택을 말한다. 금전적, 비금전적 혜택을 통해 기업으로부터 우대 받고 있다는 지각이 보상적 편익에 해당한다. 보상과 특전이 보상적 편익에 영향을 주는 설계요소이다.

③ 고객화 편익

고객화 편익은 멤버십 프로그램 회원으로서 누리는 고객 개개인에 특화된 특별 혜택을 말한다. 멤버십 프로그램 회원이 되었더니 나의 취향, 소비특성, 관심분야 등을 기업이 파악하고 나에게 적합한 특별한 유·무형의 혜택과 서비스를 제공하고 있다고 지각하는 것이 고객화 편익에 해당한다. 고객화 편익에 영향을 주는 설계요소에는 개인 맞춤형 회원 우대 서비스가 있다.

④ 사회적 편익

끝으로 사회적 편익은 사회 구성원으로서의 역할에 긍정적인 영향을 줄 수 있는 혜택을 말한다. 타인으로 하여금 본인이 이 특정 브랜드에서 대우 받고 있는 VIP 고객임을 지각하거나, 기업의 제품 서비스 개발에 기여할 수 있는 기회를 제공 받거나, 사회적 기여 활동에 참여할 수 있다고 느낄 때 사회적 편익이 높다고 평가하게 된다. 관련된 설계요소로는 우수고객들에 대한 가시적인 우대 서비스, 기업-고객 또는 고객 간 관계 형성 기회, 사회적 기여 기회 등이 있다.

<표 3.2>는 관계가치 구성요소의 개념과 멤버십 설계 요인들을 요약하고 있다.

〈표 3.2〉 관계가치의 구성요소

구성요소	개념	설계대상
심리적 편익 (psychological benefits)	멤버십에 대한 확신과 신뢰로 프로그램을 안심하고 이용할 수 있도록 만드는 심리적인 혜택	• 개인정보보호 관리체계 • 포인트 관리체계 • 회원약관
보상적 편익 (complimentary benefits)	멤버십 프로그램 회원 자격으로 부여 받는 부가적인 금전적, 비금전적 혜택	• 보상과 특전
고객화 편익 (customization benefits)	멤버십 프로그램 회원으로서 누리는 고객 개개인에 특화된 특별 혜택	• 회원 대상 맞춤형 서비스
사회적 편익 (social benefits)	멤버십 프로그램을 통해 소비자의 사회 구성원으로서의 역할에 긍정적인 영향을 줄 수 있는 기회와 혜택	• 기업-고객 또는 고객 간 관계 형성 기회의 제공 • 사회적 기여 기회의 제공 • 사회적 지위의 대변

멤버십 프로그램의 관계가치는 경제적인 보상물의 가치 그 이상으로 중요해질 전망이다. 관계가치는 지금까지 매장이나 고객센터와 같이 고객접점이 있는 기업에게 더 중요한 가치로 인식되어 왔으나, 모바일 앱, 챗봇, 음성지원서비스 등 고객과의 커뮤니케이션에 있어 비대면 채널의 이용 비중이 갈수록 증가하고 있어, 업종을 불문하고 중요한 가치로 부각되고 있다.

관계가치 기반의 전략적 설계가 더욱 중요해지는 상황을 업종 관점, CRM 전략 관점, 그리고 멤버십의 설계 관점으로 구분하여 살펴보면 다음과 같다.

업종 관점

계약기간 동안 충분히 제품과 서비스를 경험할 기회가 제공되는 경우(예 렌탈, 보험 등), CRM 역량이 매우 우수하여 멤버십 프로그램의 관계가치 형성이 용이한 구조인 경우(예 호텔, 항공사 등), 특정 매니아 고객집단을 형성하고 있는 문화예술공연 분야, 그리고 VIP 고객집단 관리가 매우 중요한 경우(예 백화점, 카지노 등)에 상대적으로 관계가치 중요도가 높다.

CRM 전략 관점

신규고객의 확보보다는 기존고객의 충성도를 향상시키는 것을 목표로 하는 경우에 관계 가치의 중요도가 높아진다. 고객들이 멤버십 프로그램을 통해 얻고자 하는 관계가치는 멤버십 프로그램을 이용하는 과정에서 자신들의 선호도와 관심사가 고려된 신상품 안내, 이벤트 또는 판촉 활동에 대한 제한된 접근 등 개인화된 커뮤니케이션을 통해 형성된다.

멤버십 프로그램 설계 관점

소규모의 회원만을 관리하는 소형 점포는 인적요소와 간단한 시스템적 지원만으로도 개인화된 서비스를 제공하는 것이 가능하고, 인적요소 기반의 아날로그 감성을 중요시할 필요가 있다. 하지만 수백만 명의 회원을 관리해야 하거나, 온라인·모바일의 비대면 채널 중심의 비즈니스를 전개하는 경우에는 규모에 관계없이 대량의 데이터를 빠르게 분석하고 개인화된 서비스를 제공할 수 있는 모바일 역량, 고객 서비스 챗봇의 활용, 응용프로그램 인터페이스(application programming interfaces, APIs)에 대한 투자와 활용이 필요하다.

(3) 브랜드가치

멤버십 프로그램의 브랜드가치는 멤버십 프로그램의 브랜드에 대한 인지적 가치로서, 제품 또는 서비스의 브랜드를 관리하는 것처럼, 멤버십 프로그램 자체의 브랜드에 대한 관리 또한 중요함을 시사한다. 멤버십 프로그램의 브랜드가치는 다양한 방식으로 프로그램의 가치평가에 영향을 준다. 예컨대, 멤버십 프로그램 브랜드의 명성은 멤버십 프로그램 참여 동기에 영향을 줄 수 있다. 또한, 멤버십 프로그램 참여가 사회적 지위를 대변할 경우에는 자신의 지위와 동일시하거나 타인에게 보여지는 효과를 누리기 위해 프로그램에 지속적으로 참여하게 되는 동기를 형성하기도 한다.

브랜드가치를 형성하는 세부 구성요소에는 브랜드 인지도와 브랜드 연상이 있다(<표 3.3>).

① 브랜드 인지도

소비자가 특정 멤버십 프로그램 브랜드를 알아보거나 그 이름을 쉽게 떠올릴 수 있는 수준을 의미하며, 멤버십 프로그램 브랜드의 홍보 및 광고 활동이 브랜드 인지도에 영향을 준다.

② 브랜드 연상

멤버십 프로그램을 빠르게 떠올리는 수준을 의미한다. 브랜드 연상을 도와주는 상징물로는 멤버십 프로그램의 브랜드, 로고, 슬로건, 징글[1], 모델, 그리고 등급의 명칭과 아이콘 등이 있다. 멤버십 프로그램의 브랜드는 기업 또는 제품 브랜드의 정체성과 일관성을 갖는 것이 효과적이다.

<표 3.3>은 브랜드가치 구성요소의 개념과 멤버십 설계 요인들을 요약하고 있다.

〈표 3.3〉 브랜드가치의 구성요소

구성요소	개념	설계대상
브랜드 인지도 (brand awareness)	소비자가 특정 멤버십 프로그램 브랜드를 알아보거나 그 이름을 쉽게 떠올릴 수 있는 수준을 의미함.	• 프로그램 브랜드 네이밍 • 프로그램 홍보·광고
브랜드 연상 (brand association)	• 브랜드를 연상시키는 데 도움을 주는 상징물을 의미함. • 브랜드 정체성과 관련이 있음.	• 프로그램의 브랜드 • 로고, 슬로건, 징글 • 등급 명칭, 아이콘

멤버십 프로그램의 브랜드가치는 모든 멤버십 프로그램에서 반드시 요구되는 것은 아니다. 멤버십 프로그램을 운영하는 기업의 규모가 작거나 브랜드 인지도의 중요도가 낮은 경우(예 지역 밀착형 소매점, 음식점 등), 또는 구매주기가 긴 재화의 경우(예 내구성 소비재)에는 멤버십 프로그램의 브랜드가치 중요도는 상대적으로 낮다. 그러나 다음의 경우에는 브랜드가치의 상대적 중요도가 높으므로 멤버십 프로그램 설계시 프로그램 자체의 브랜드 인지도를 높이고, 긍정적인 이미지를 형성할 수 있는 전략적인 활동을 기획해야 한다.

업종 관점

다양한 브랜드를 가맹점으로 모집하는 이종 업종 연합 프로그램은 브랜드가치의 상대적 중요도가 높다. 최근에는 모바일 기반의 이종 업종 연합 프로그램 간의 경쟁이 치열해지면서 멤버십 프로그램의 브랜드가치를 육성하는 것이 더욱 중요해지고 있다. 또한, 그룹사의 전사 통합 프로그램이나 동종 업종 연합 프로그램과 같이 다수의 브랜드가 참여하는 파트너십 프로그램 또한 이를 하나로 통합하는 멤버십 프로그램의 브랜드가치는 프로그램

---

1 브랜드를 기억하기 쉽도록 상업적으로 사용되는 짧은 길이의 멜로디.

의 활성화에 기여할 수 있다. 또한, 시장 점유율이 높은 브랜드들은 일반적으로 브랜드를 육성하는 노하우와 인프라를 이미 갖추고 있기 때문에 멤버십 프로그램 브랜드를 추가적으로 성장시키는 것이 용이하다.

CRM 전략 관점

멤버십 프로그램을 통해 신규고객을 획득하는 것이 매우 중요한 경우에 브랜드가치가 중요하다. 잠재고객은 브랜드 경험이 없거나 낮고, 브랜드에 대한 충성도가 형성되어 있지 않기 때문에 타인들이 얼마나 해당 프로그램에 참여하고 있는지에 민감하다. 그러므로, 신규고객 획득을 목표로 하는 경우에는 멤버십 프로그램의 인지도를 높일 수 있는 브랜드가치 육성을 중시해야 한다.

멤버십 프로그램 설계 관점

멤버십 프로그램의 브랜드가치는 프로그램의 이름(멤버십 브랜드), 로고, 슬로건, 징글뿐 아니라, 회원카드 디자인, 등급 명칭, 등급별 아이콘, 포인트의 명칭 등 다양한 요소를 통해 영향을 받는다. 따라서, 멤버십 설계시, 이름이나 이미지가 부여되는 요소들을 정의하고 브랜드 정체성이 멤버십 브랜드에 일관되게 반영될 수 있도록 해야 한다.

지금까지 언급한 멤버십 프로그램의 고객가치 요소가 상대적으로 중요해지는 상황을 정리해보면 <표 3.4>와 같다.

〈표 3.4〉 고객가치 동인에 따른 중요도 차이 예시

고객가치 요소	상대적 중요도가 높은 경우
사용가치	• 재화의 품질 또는 서비스 차별화가 어려운 업종(예 통신, 카드) • 브랜드 구매빈도가 높은 업종(예 할인점, 까페) • 거래금액 단위가 크고 거래당 수익률이 높은 경우(예 BtoB)
관계가치	• 계약 업종(예 렌탈, 보험) • CRM 역량이 우수한 업종(예 호텔, 항공사) • VIP 고객관리가 중요한 경우(예 백화점) • 무형의 혜택으로 차별화하고자 하는 경우 • 고객 충성도 향상을 목표로 하는 경우

브랜드가치	• 이종 업종 연합 프로그램(예 OK캐쉬백, 스마트월렛) • 동종 업종 연합 프로그램(예 스타얼라이언스, 스카이팀) • 전사 통합 프로그램(예 롯데멤버스, CJ One, 신세계포인트) • 시장점유율이 높은 브랜드 • 멤버십 프로그램 운영 초기

1.2 고객 충성도

멤버십 프로그램의 고객가치가 증대되면 고객 충성도가 향상된다. 멤버십 프로그램을 종종 로열티 프로그램이라고 부르는 이유도 멤버십이 추구하는 고객관점의 태도가 로열티(loyalty), 즉 충성도를 향상시키는 것이기 때문이다. 고객 충성도가 높은 고객은 자신의 고객생애가치뿐만 아니라, 타인에게 유의한 영향력을 전파하기 때문에 고객추천가치(CRV) 역시 증대될 수 있다. 이번 절에서는 고객 충성도에 대해 보다 자세히 살펴보도록 하자.

(1) 고객 충성도의 개념

고객 충성도(customer loyalty)는 고객이 충분히 다른 제품이나 서비스를 구매할 수 있는 상황임에도 불구하고 특정 제품 또는 서비스를 반복적으로 구매하거나 타인에게 브랜드에 대해 자발적으로 긍정적인 추천을 하는 브랜드 몰입(commitment) 상태를 말한다.[1] 고객 충성도가 높은 우량한 고객 집단은 기업이 지속가능한 성장을 할 수 있도록 든든한 기반이 되어준다. 같은 수의 고객 집단을 보유하고 있을 때, 충성도가 높은 고객을 더 많이 보유하고 있는 브랜드가 비즈니스를 더 빨리 성장시킬 수 있을 뿐 아니라, 위험에 처했을 때에는 위기를 극복할 수 있는 힘이 되어주기 때문이다. 하버드 비즈니스 리뷰가 전 세계적으로 주요 산업을 대표하는 4백개 기업 경영자를 대상으로 실시한 2019년 설문조사에 따르면, 응답자의 72%가 고객 충성도 관리가 경영진의 상위 5대 과제 중 하나라고 응답하고 있다.[2]

브랜드에 대한 고객 충성도가 높으면, 더 자주 우리 브랜드를 소비하며, 경쟁사에 쉽게 이탈하지 않고, 가까운 친구나 동료에게 우리 브랜드를 기꺼이 소개한다. 소비자들의 구매 의사결정 과정이 광고를 통한 브랜드 인지가 아닌, 웹과 소셜미디어에서의 검색으로부터 출발하는 현대의 소비 환경에서 페이스북, 트위터, 인스타그램, 유튜브 등 다양한 소셜미디어와 더불어 브랜드 이용 경험을 공유하는 리뷰 사이트들을 통한 고객들의 자발적인 구전의 힘은 막강하다.

고객은 구매행동 관점에서 단골(loyals), 전환자(switchers), 체리피커(cherry-pickers)로 구분할 수 있다. 단골은 특정 브랜드에 대한 고객 충성도가 매우 높은 고객으로, 특정 브랜드에서 80% 이상을 쇼핑하고, 전환자는 선호하는 2~3개의 브랜드를 상황에 따라 번갈아 가며 이용한다. 반면, 체리피커는 선호 브랜드를 특정하지 않고, 할인이나 증정 등을 통해 비용을 절감할 수 있는 제품만을 골라서 쇼핑하는 특성을 갖고 있다. 소매점 쇼핑객의 경우 단골이 25%, 전환 행동을 하는 고객이 55%, 체리피커가 20% 정도인 것으로 조사된 바 있다.[3] 멤버십 프로그램은 재방문 유도를 통해 전환자가 이용하는 다수의 브랜드 중 자사의 이용 비중을 높이고, 회원과 우수고객을 우대하는 정책을 통해 체리피커의 비중을 낮춤으로써 단골의 비율을 높이는 전략이라 할 수 있다.

한편, 소비자 행동에 반영되는 고객 충성도는 이론적으로 태도적 충성도와 행동적 충성도로 구분할 수 있다.[4] 태도적 충성도는 심리적으로 특정 브랜드에 호의적인 태도를 갖는 것으로, 브랜드에 대한 몰입(commitment)과 우호적 태도(favorable attitudes), 긍정적인 평가(positive affect)의 수준으로 나타난다. 반면, 행동적 충성도는 재구매 의도(repurchase intention)와 추천의향(referral intention)과 같은 실질적인 소비자 행동으로 나타난다. 멤버십 프로그램은 궁극적으로 고객의 태도적, 행동적 충성도를 모두 향상시키는 데 있다.

<표 3.5>는 이러한 태도적 충성도와 행동적 충성도의 특징적 차이를 보여주고 있다.

〈표 3.5〉 소비자 행동에 반영되는 고객 충성도 행동 특성

구분	주요 특징
태도적 충성도 (attitudinal loyalty)	• 브랜드에 대한 충성도가 태도적으로 나타난다. • 브랜드에 대한 고객의 심리적인 애착과 관련이 있다. • 브랜드에 대한 몰입 정도, 우호적 태도 수준, 긍정적 평가 수준이 높을수록 브랜드에 대한 태도적 충성도가 높다고 평가한다.

행동적 충성도 (behavioral loyalty)	• 브랜드에 대한 충성도가 소비행동을 통해 나타난다. • 구매패턴(빈도, 구매량, 유지율)과 관련이 있다. • 브랜드를 반복적으로 구매하는 정도(구매빈도, 구매량, 구매유지율 등)가 높을수록 브랜드에 대한 행동적 충성도가 높다고 평가한다.

태도적 충성도와 행동적 충성도는 상호 관련성이 있지만 반드시 어느 한 쪽이 높다고 다른 한 쪽도 높은 상관관계에 있는 것은 아니다. 예컨대, 세탁세제가 떨어질때면 A 브랜드를 구매해야겠다고 떠올렸다가도, A 제품을 구매하기 위해 매장에 방문해서는 A 브랜드를 구매하는 게 아니라, 1+1 증정 행사를 하는 경쟁사 B 브랜드를 구매할 수 있다(태도적 충성도는 높지만 행동적 충성도는 낮은 상태). 또는 A사 AA 모델 자동차를 구매하고 이용하고 있지만, 주변에는 해당 모델을 추천하지 않는다고 말할 수도 있다(행동적 충성도는 있지만 태도적 충성도는 낮은 상태).

[그림 3.3]은 이처럼 태도적 충성도와 행동적 충성도의 상대적 수준(저-고)에 따라 고객 충성도가 1) 충성도가 없는 상태, 2) 잠재적 충성도, 3) 타성적 충성도, 4) 초우량 충성도의 네 가지 형태로 나타날 수 있음을 보여준다.[5]

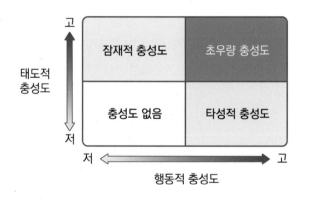

[그림 3.3] 태도와 행동 수준을 고려한 고객 충성도의 네 가지 유형

이렇게 구분된 네 가지 형태의 충성도 상태 중 '충성도 없음'을 제외한 세 가지 충성도의 개념과 멤버십 전략 관점의 시사점은 다음과 같다.

1) 초우량 충성도

태도적 충성도가 부족하더라도 적절한 대안이 없을 경우 제품을 계속 구매할 수 있기 때문에 행동적 충성도가 높다고 해서 반드시 태도적 충성도가 높다고 할 수 없고, 브랜드에 대한 강한 태도적 충성도를 갖고 있더라도, 당장 구매할 수 있는 여건이 아닐 경우 구매행동으로 연결될 수 없어 행동적 충성도는 낮을 수밖에 없다. 기업 입장에서는 브랜드에 대한 인지와 호의적인 태도도 필요하고, 실질적인 구매로의 연결도 중요하다.

이 두 개의 충성도 차원이 균형감 있게 고루 높은 초우량 충성도는 기업이 추구하는 고객 충성도의 지향점이다. 초우량 충성도는 고객이 브랜드를 경험하는 전 과정의 총체적인 결과에 기인한다. 따라서, 멤버십 프로그램은 브랜드, 제품, 가격, 유통, 서비스 등 마케팅 전 영역을 대상으로, 고객의 행동적 충성도와 태도적 충성도를 모두 높일 수 있는 통합적인 고객전략 실행 프로그램이어야 한다.

2) 타성적 충성도

행동적 충성도는 높지만, 태도적 충성도가 낮은 상태를 말한다. 반복구매와 같은 거래관계는 강하지만, 브랜드에 대한 심리적 애착이 약한 고객들에게서 나타난다. 이런 고객들은 관계의 강도가 약하기 때문에 언제든지 이탈할 가능성이 있다. 위협적인 대체재가 시장에 등장할 경우 고객들의 이탈이 심화될 수 있기 때문에 기업 입장에서는 매우 경계해야 하는 충성도의 유형이다.

몇몇 기업에 의해 독점화 된 시장에서 소비자는 다른 브랜드로 구매를 전환하고 싶어도 대안이 충분하지 않거나, 대체재로 전환하는 데 높은 전환비용(예 새로운 소프트웨어를 배워야 하는 학습비용, 위약금 등)이 드는 등의 이유로 현재의 거래가 충분히 만족스럽지 않음에도 불구하고 현재의 거래상태를 그냥 유지하게 되는 경우에 해당한다. 통신, 정유, 전기, 소프트웨어와 같은 독과점 시장이나, 한 상권 내에 아직 막강한 경쟁자가 등장하지 않은 경우에는 고객의 행동적 충성도가 높다고 태도적 충성도도 높게 나타나는 것은 아닐 수 있으므로 고객들의 타성적 충성도가 높다고 의심되는 기업은 태도적 충성도를 높이는 방향으로 멤버십 전략을 구사해야 한다.

3) 잠재적 충성도

타성적 충성도와 반대로 태도적 충성도는 높지만 행동적 충성도가 낮은 상태이다. 브랜드에 대한 긍정적인 이미지와 우호적인 태도를 갖고 있음에도 불구하고, 여러 상황적 이유에 의해 구매는 하지 않는 잠재고객들에게서 나타난다. 잠재적 충성도를 갖는 소비자는 브랜드에 대한 호감도는 높지만, 당장 구매하지는 않기 때문에 기업의 실질적인 매출에 기여하지는 못한다.

특정 수준 이상의 경제력을 갖춘 경우에나 구매가 가능한 명품 패션잡화나 스포츠카와 같은 고가 제품, 그리고 유아용품이나 실버상품과 같이 특정한 생애주기에서만 소비가 가능한 제품들은 잠재적 충성도를 고려해야 한다. 잠재적 충성도가 높게 형성되는 업종에서는 이미지 광고와 같이 잠재적 충성도를 형성하는 마케팅 활동은 물론 실구매가 가능한 소비집단에 대한 마케팅이 적절한 비율로 병행되어야 한다. 고객경험관리 중심의 멤버십 전략은 브랜드에 대한 잠재적 충성도의 형성 효과를 기대할 수 있다.

<표 3.6>은 고객 충성도 유형에 따른 특징을 정리하고 있다.

〈표 3.6〉 고객 충성도의 유형

구분	주요 특징
초우량 충성도 (true loyalty)	• 태도적 충성도와 행동적 충성도가 모두 높은 상태이다. • 반복구매가 자주 나타나고 심리적 애착도 매우 높기 때문에 기업이 궁극적으로 지향하는 충성도의 유형이다.
타성적 충성도 (inertia loyalty)	• 태도적 충성도는 낮지만, 행동적 충성도가 높은 상태이다. • 반복적으로 구매하지만, 심리적 애착도가 낮기 때문에 더 나은 경쟁 브랜드가 등장하면 이탈할 가능성이 높은 상태이다.
잠재적 충성도 (potential loyalty)	• 태도적 충성도는 높지만, 행동적 충성도가 낮은 상태이다. • 브랜드에 대한 애착도는 높지만, 구매한 적이 없거나, 반복적인 구매 빈도가 낮다. • 구매할 수 있는 상황이 갖추어졌을 때, 브랜드의 구매가 이루어진다.
충성도 없음 (no loyalty)	• 태도적 충성도와 행동적 충성도가 모두 낮은 상태이다. • 타깃 고객군에 속하는 경우, 충성도가 없는 원인 파악을 통해 잠재고객으로 유도해야 한다.

(2) 고객 충성도의 전략적 중요성

고객 충성도가 멤버십 프로그램 운영에 있어서 실질적으로 중요한 이유는 1) 우량한 고객 기반의 확보, 2) 재구매와 교차구매의 향상, 3) 긍정적인 브랜드 구전 확산을 가능하게 하기 때문이다.

1) 우량한 고객 기반의 확보

고객유지의 중요성을 인식하고 고객을 유지시킬 수 있는 다양한 노력들이 활발하게 이루어져 온 결과, 많은 기업들이 경험과 학습을 통해 신규고객 유치보다 기존고객을 유지시키는 비용의 효율성이 높다는 데 공감하고 있다. 이를 뒷받침하듯 선행 연구들은 우량고객의 중요성을 다양한 데이터를 통해 보여주고 있다:

- 전체 매출의 80%는 20%의 고객으로부터 창출된다.[6]
- 전체 매출의 41%는 8%의 반복구매 고객들로부터 나온다.[7]
- 고객 유지율을 5% 증가시키면 기업의 수익성은 25%에서 95%까지 증가할 수 있다.[8]
- 고객 유지율이 2% 증가하면 비용이 10% 감소하는 것과 동일한 효과가 나타난다.[9]
- 새로운 잠재고객에게 판매할 확률은 5~20%이지만, 기존고객에게 판매할 확률은 60~70%이다.[10]
- e커머스에서 신규고객의 지출은 평균 $24.50이지만, 단골고객은 $52.50으로 2배 더 많다.[11]

이러한 연구결과들은 기업이 멤버십 프로그램을 통해 기존 고객들의 충성도를 높이고자 하는 노력의 근거를 제시해주고 있다.

2) 재구매와 교차구매의 향상

고객 충성도가 높을수록 브랜드와의 관계를 지속적으로 발전시키고자 하는 의향이 높기 때문에 현재 이용하고 있는 제품을 지속적으로 반복구매하는 재구매(repeat purchase)와 기존에 구매해 온 특정 제품의 구매량을 늘리는 상승판매(up-selling), 그리고 기존에 구매해 온 특정 제품이 아닌 브랜드 내 여타 카테고리의 제품까지 구매범위를 확장하는 교차판매(cross-selling)를 증가시킨다. 따라서, 현재의 멤버십 프로그램은 단순히 구매에 대한 포인트 적립－사용 기회를 제공하는 수단을 넘어서 고객과의 적극적인 커뮤니케이션을 통해 재구매, 상승판매, 교차판매를 촉진하는 매체 역할을 담당해야 한다.

3) 긍정적인 브랜드 구전 확산에 기여

고객 충성도는 구매와 같은 직접적인 매출 기여뿐 아니라, 브랜드에 대한 우호적인 평가를 주변인들에게 전달하고, 때에 따라서는 지인에게 적극적으로 제품을 추천하는 등 소비자의 자발적이고 긍정적인 구전 활동을 촉진하여 신규고객 창출에 기여한다. 베인앤컴퍼니의 조사에 따르면, 첫 구매자의 평균 추천 수는 3.1명인 데 반해, 10회 이상 구매자의 평균 추천 수는 7.1명으로 2배 이상 높다.[12] 지인 추천은 제품 구매 의사결정 과정에 가장 영향력이 큰 요인이며, 충성도 높은 고객으로부터 추천을 받아 제품을 선택하는 소비자 역시 우량고객으로 성장할 가능성 또한 높은 것으로 알려져 있다.[13] 우량한 고객들의 긍정적인 브랜드 구전은 리뷰 작성, 친구에게 추천하기, 소셜네트워크 공유 등을 통해 이루어진다. 이러한 긍정적인 브랜드 구전 활동 역시 멤버십 프로그램의 역할이 담당할 수 있다. 실제로 제품 구매뿐만 아니라 구전 활동에 대한 포인트나 보상이 이루어지는 멤버십 프로그램도 점차 늘어나고 있는 추세이다.

4) 기타

이밖에도 충성도가 높은 고객은 다음의 조합을 통해 기업의 수익 창출에 기여한다[14]:

- 서비스 비용의 절감
- 재방문 유도 마케팅 비용의 절감
- 프리미엄 제품의 구매
- 불만족 응대 비용 절감
- 직원 만족도의 증가
- 신규고객 획득에 긍정적인 영향
- 신규고객 획득에 대한 기업의 니즈 감소

마찬가지로 이러한 상기 우호적인 현상들이 멤버십 프로그램을 통해 효과적으로 달성될 수 있으므로, 이러한 부가적인 성과를 달성할 수 있도록 멤버십 프로그램이 설계되는 것이 필요하다.

(3) 고객 충성도의 측정

고객 충성도의 향상이 멤버십 전략의 구체적인 목표가 되기 위해서는 실질적으로 측정되고 관리될 수 있어야 한다. 고객 충성도를 측정할 수 있는 방법은 크게 1) 설문조사 기법, 2) 순추천지수의 활용, 그리고 3) 계량적인 측정 방식이 있다.

1) 설문조사 기법

설문조사에 의한 고객 충성도의 측정은 재구매 의향과 추천 의향, 두 지표의 평균값 또는 브랜드에 대한 만족도를 포함한 세 지표의 평균값을 사용하는 것이 일반적이다. 이렇게 고객 충성도 수준을 2개 내지는 3개 차원에 대한 평균으로 측정할 수 있지만, 측정 결과를 통해 고객 만족도와 충성도를 향상시킬 수 있는 시사점을 얻기 위해서는 충성도 평가를 위한 평균값과 더불어 고객 만족도, 행동적 충성도, 태도적 충성도 각각의 값을 함께 비교하는 것이 좋다. 태도적 충성도와 행동적 충성도 간의 관계를 살펴봄으로써 고객의 충성도가 타성적인 충성도인지, 아니면 잠재적인 충성도인지 파악할 수 있기 때문이다.

설문조사는 고객 모집단 중에서 대표성을 갖는 표본을 추출하여 측정하며, 평가는 5점, 7점, 또는 9점 척도로 구성된 리커트 척도를 일반적으로 사용한다.[15] 고객 만족도, 재구매 의향, 추천 의향을 평가하는 주요 설문 문항은 다음과 같다.

① 고객 만족도
  • 제품/서비스에 대한 전반적인 만족 수준
  • 소비자가 구매 전 기대했던 제품/서비스에 대한 효용 대비 구매 후 실제 경험을 통해 충족된 수준
  • 브랜드(기업)에 대한 전반적인 만족 수준
  • 소비자가 구매 전 기대했던 브랜드에 대한 효용 대비 구매 후 실제 경험을 통해

충족된 수준

② 재구매 의향
- 가까운 미래에 해당 브랜드를 재구매 또는 재사용하고자 하는 의향의 수준
- 앞으로 지속적으로 해당 브랜드를 계속 구매 또는 계속 사용하고자 하는 의향의 수준

③ 추천 의향
- 주변 사람들에게 해당 브랜드를 추천하고자 하는 의향의 수준

2) 순추천지수(Net Promoter Score)

고객 충성도 측정은 앞서 살펴본 고객만족 수준, 재구매 의향, 추천 의향으로 구성된 다수의 항목을 사용할 수도 있지만, '추천 의향' 하나의 측정 항목으로 단순화 한 '순추천지수(Net Promoter Score, NPS)'를 사용할 수도 있다. NPS란 특정 제품, 서비스, 기업, 혹은 브랜드에 대해 고객이 타인에게 추천하고자 하는 의지의 정도를 나타내는 지수로, 베인앤컴퍼니의 프레드 라히힐드(Fred Reichheld)가 고안한 고객 충성도 측정 지표이다. 그는 고객의 추천의지 하나만을 평가해도 충분히 충성도에 대한 조직의 성과를 잘 나타내준다는 것을 연구를 통해 밝히고, '추천 의향'을 나타내는 단 하나의 문항만을 사용하여 고객 충성도를 측정하는 NPS를 제안하였다. 전 세계 글로벌 기업 대상의 조사에 따르면, 고객 충성도를 평가하는 대표적인 지표로 '고객 유지율(62%)'과 'NPS(42%)', 그리고 '고객당 총 매출액(42%)'이 대표적으로 활용되고 있다.[16]

NPS의 측정은 11점 척도(0~10)로 "당신의 친구나 동료들에게 저희 기업을 추천할 의향이 얼마나 있으십니까?"라는 질문에 대한 응답 결과를 이용한다. 응답자 중 9점이나 10점으로 답한 고객은 추천고객, 7점과 8점은 중립고객, 그리고 0점에서 6점 사이는 비추천고객으로 분류하며, NPS의 지수는 추천고객의 비율에서 비 추천고객의 비율 차이로 계산한다. NPS의 지수가 5~10% 범주에 있으면, 고객 충성도가 평균적인 수준이고, 10%~50%의 범주는 고객 충성도가 높은 수준, 50%를 넘으면 고객 충성도가 매우 우수한 것으로 해석한다.

NPS 지수 = 추천고객(9~10) 비율 - 비 추천고객(0~6) 비율

3) 계량적 측정

고객 충성도는 정량적인 데이터에 의해 계량적으로도 측정할 수 있다. 그러나, 사실 고객 충성도의 측정은 설문방식과 계량적 측정을 병행하는 것이 가장 이상적이다. 설문방식의 충성도 측정은 모집단 중 대표성이 있는 일부 고객을 추출하여 그들의 충성도를 측정하는 방법으로, 기업과 거래하는 고객들의 전반적인 충성도 수준을 지속적으로 모니터링하는데 효과적이다. 특히, 설문조사 항목에 만족 요인과 불만족 요인을 추가하여 응답을 수집할 경우, 기업이 고객의 충성도 증진을 위해 개선해야 할 시사점을 도출하는 데 도움을 준다. 그러나, 설문조사는 표본의 추출부터 설문의뢰, 설문진행, 응답취합, 응답분석 등 일련의 과정에 많은 시간과 비용이 소요되고, 관련 부서에서 필요할 때마다 설문조사로 고객 충성도를 파악하기는 어렵다. 또한, 설문조사라는 방법론적인 한계에 의하여 결과값에 대한 신뢰도가 항상 의심을 받게 된다.

그에 반해 계량적 측정은 기업이 보유하고 있는 고객 거래 데이터를 활용하므로, 필요할 때마다 측정이 가능하고, 자체 측정할 경우 별도의 비용이 발생하지 않는다. 무엇보다, 전체 고객을 대상으로 개개인의 충성도 수준을 측정할 수 있어, 개별적인 고객 관리에 활용할 수 있다. 실무적으로 유용하게 사용할 수 있는 대표적인 계량적 충성도 측정 지표에는 고객유지율과 RFM이 있다.

① 고객유지율

고객 충성도는 결국 고객이 얼마나 기업과의 관계를 지속하는가와 직결된다. 고객유지율(retention rate)이 CRM에 있어서 중요한 고객 충성도 지표로 활용되는 이유도 여기에 있다. 그런데, 계약 방식의 거래에서는 거래를 유지하는 고객과 거래를 중지한 고객을 명확하게 구분할 수 있지만, 대다수의 업종이 속하는 비계약 기반의 거래에서는 지금 당장 구매를 하고 있지 않다고 해서 이탈이다 아니다를 결정하기 어렵다. 따라서, 고객유지율은 확률모형을 이용하여 개인별 이탈 여부와 이탈 확률을 예측하여 평가하는 것이 정석이다. 그러나, 이러한 모형 적용이 어려운 경우에는 단순하게 '전년도 말의 기초 고객 수(예 1,000명)' 대비 당해년도 말의 총 고객 수(예 1,000명) 중 신규고객 수(예 200명)을 뺀 '기말 고객 수(예 1,000명－200명＝800명)'의 비율을 이용할 수 있다.

고객유지율　＝ (기말 고객 수/기초 고객 수)
예　　　　　＝ (800명/1,000명)
　　　　　　＝ 80%

② RFM

RFM이란 최근성(Recency), 구매빈도(Frequency), 그리고 평균구매액(Monetary)으로 구성된 세 가지 지표를 활용하여, 얼마나 최근에, 얼마나 자주, 그리고 얼마나 많이 구매했는가에 대한 자료를 기반으로 고객의 수익 기여도를 평가하는 지표이다. 측정 모형이 단순하고, 합산된 결과값인 RFM 지수뿐 아니라, 얼마나 최근에 구입했는지, 얼마나 자주 방문하는지, 얼마나 많이 구매하는지의 세 개 차원으로 고객의 특성을 세분화할 수 있는 장점이 있어 실무적으로 많이 활용되고 있다.

RFM 평가 모형은 다음과 같다.

$$RFM \ = \ a \cdot 최근성(Recency) \ + \ b \cdot 구매의\ 빈도(Frequency) \ + \ c \cdot 구매액(Monerary)$$

여기서, '최근성'은 고객의 마지막 구매 시점이 언제인지를 나타내는 변수로, 현재(측정 시점)를 기준으로 해당 고객의 마지막 구매일 간에 얼마나 차이가 있는지를 측정한다. '구매빈도'는 관찰기간 동안 얼마나 자주 제품을 구매했는지를 나타내며, '구매액'은 일정 기간 동안 그 고객이 구매한 평균 구매액으로 계산한다.

개인별로 R, F, M값이 계산되고 나면, 구간 점수로 치환하는 과정을 거친다. 예컨대, 전체 고객 100명의 관측기간 1년에 대한 최근성이 '개월 수'를 기준으로 1부터 12라고 했을 때, 현재 시점으로부터 1~2개월은 10점, 3~4개월은 9점, 5~6개월은 7점, 7~8개월은 5점, 9~10개월은 3점, 11~12개월은 1점으로 구간별 점수를 사전 정의하고, 개인별로 대입하여 점수화한다. 구매빈도와 구매액도 마찬가지이다. 이 때 정규분포의 원리를 이용하여 구간을 구분하면 보다 합리적이다.

마지막으로, 각 변수 앞의 a, b, c와 같은 가중치, 즉 상대적인 중요도를 계산한다. 각 변수들의 가중치를 산출하는 방식에는 여러 가지가 있는데, 보통 회귀분석과 같은 통계적 분석방법을 통해 각 변수의 가중치를 추정하는 것이 일반적이다. 즉, 수익성을 종속변수로, R, F, 그리고 M을 각각 독립변수로 설정하여 다중회귀분석을 수행함으로써 각 변수들에 대한 계수값(coefficient) a, b, c를 추정하고, 개인별 RFM을 평가할 수 있다.

(4) 멤버십 프로그램이 고객 충성도에 미치는 영향의 측정

기업은 정기적인 조사를 통해 1) 자사의 멤버십 프로그램이 실질적으로 고객 충성도를 형성하는 데 기여했는지, 2) 소비자는 실제로 자사의 멤버십 프로그램을 가치있는 마케팅 프로그램으로 평가하는지, 3) 어떠한 영역이 자사의 멤버십 프로그램의 가치 평가에 긍/부정의 영향을 주었는지를 점검할 필요가 있다.

멤버십 프로그램이 고객 충성도를 형성하는 데 기여하고 있는지를 평가하고, 의미있는 시사점을 도출하기 위해서는 평가항목에 '고객 충성도, 멤버십 프로그램에 대한 충성도, 멤버십 프로그램에 대한 인지적 가치, 그리고 사용가치·관계가치·브랜드가치 각각에 대한 평가'를 포함해야 한다. 각각의 설문항목은 다음과 같다.

① **고객 충성도**
- 나는 이 브랜드를 재구매할 것이다.
- 나는 이 브랜드를 다른 사람에게 추천할 것이다.

② **멤버십 프로그램에 대한 충성도**
- 나는 다른 멤버십 프로그램보다 멤버십 프로그램 X를 더 좋아한다.
- 나는 멤버십 프로그램 X에 대한 선호도가 강하다.
- 나는 멤버십 프로그램 X를 다른 사람에게 추천할 의향이 있다.

③ **멤버십 프로그램의 가치**
- 멤버십 프로그램 X는 경제적인 가치가 있다.
- 멤버십 프로그램 X가 제공하는 혜택은 내가 원하는 것이다.
- 멤버십 프로그램 X의 가치는 멤버십 X를 이용하는 데 드는 노력과 비용보다 높다.

④ **사용가치**
- (품질)   멤버십 프로그램 X는 매력적이다.
- (비용)   멤버십 프로그램 X를 이용하는 데 드는 비용은 적절하다.
- (편의성)   멤버십 프로그램 X는 가입하기 편리하다.
- (편의성)   멤버십 프로그램 X는 이용하기 편리하다.

⑤ 관계가치
- (심리적 편익) 멤버십 프로그램 X는 안심하고 이용할 수 있다.
- (고객화 편익) 멤버십 프로그램 X는 회원에게 개인화된 정보 또는 서비스를 제공한다.
- (보상적 편익) 멤버십 프로그램 X는 회원을 우대한다.
- (사회적 편익) 멤버십 프로그램 X는 회원 간의 유대를 형성할 기회를 제공한다.
- (사회적 편익) 멤버십 프로그램 X는 사회에 기여할 기회를 제공한다.
- (사회적 편익) 멤버십 프로그램 X는 브랜드에 대한 유대를 형성할 기회를 제공한다.

⑥ 브랜드가치
- (브랜드 연상) 나는 멤버십 프로그램 X의 이미지를 쉽게 떠올릴 수 있다.
- (브랜드 인지도) 나는 멤버십 프로그램 X를 경쟁 브랜드들의 멤버십 프로그램과 구분할 수 있다.

앞서 고객 충성도의 설문조사 측정 부분에서 언급한 설문항목이 고객 충성도만을 평가하기 위한 일반적인 설문항목이라면, 상기 평가항목들은 멤버십 프로그램과 고객 충성도 간의 상관관계나 인과관계를 설명하기 위한 설문항목이므로 설문 목적에 따라 취사 선택하여 사용할 수 있다.

1.3 고객생애가치

한때 개념적인 의미로만 사용했던 고객생애가치는 이제 많은 기업들이 실제로 측정하고, 관리하고자 하는 기업의 주요 성과지표로 자리매김하고 있으며, 멤버십 프로그램이나 다른 CRM 전략들과 같은 고객 중심 경영전략의 궁극적인 지향점으로 간주되고 있다. 이번 절에서는 고객생애가치에 대한 개념을 살펴보고, 고객생애가치를 높이기 위한 멤버십 전략의 방향성을 고찰해보도록 한다.

(1) 고객생애가치의 개념

고객생애가치(Customer Lifetime Value, CLV)란 고객들로부터 미래의 일정 기간 동안 얻게 될 이익을 할인율에 의거해 현재가치로 환산한 재무적 가치라고 할 수 있다. 고객생애가치와 같은 고객의 개인별 기여가치 평가 방법의 유래는 1900년대에 호황을 누렸던 잡지형 우편 판매업(catalogue mail-order business)에서 찾을 수 있다. 최초의 우편주문 잡지 회사인 시카고의 '몽고메리 와드 앤 시어즈(Montgomery Ward and Sears)'는 1872년 가공품을 우편으로 판매하는 사업을 시작하였는데, 이들이 우편으로 발송하는 광고잡지 '위시북(Wish book)'에는 1만 여개의 상품 광고가 240페이지 분량(무게 1.8kg)에 걸쳐 게재 되어 있었다. 1904년에는 우편으로 발송한 잡지의 부수가 3백만 부에 이를 만큼 인기를 누렸고, 미국 전역에 관련 시장을 성장시켰다.[17] 이들은 영업을 위해 고객별 주소지 정보와 구매 정보를 관리하였는데, 사업의 가장 큰 비용부담 요소였던 우편 발송비를 절감하기 위해 개인별로 고객가치를 평가하기 시작했다. 가령, 지난 12개월간 주문이 없는 구매 가능성이 낮은 고객들을 우편발송 명단에서 제외하는 '12개월 열매 솎기 규칙(12-month prune rules)'이나 자주 이용하는 단골고객들을 선별하는 '고객별 RFM 지수 측정'이 대표적이다.

이러한 RFM 기법은 고객정보를 관리할 수 있는 데이터베이스와 대용량 데이터 처리 역량의 발전에 힘입어 개인별 재무적 기여도를 평가하는 고객생애가치 평가의 한 방법으로 발전하였으며, 오늘날에는 고객의 생애가치를 평가함에 있어 고객별 예상 생애기간, 구매 확률, 마케팅 비용, 구매 채널 수익률 등의 요소를 추가하여 더욱 과학적이고, 체계적인 고객의 가치평가 기법으로 발전하고 있다.

고객생애가치의 핵심은 고객의 현재나 과거가치보다는 미래가치를 추정한다는 점인데, 기업이 이렇게 고객의 미래가치를 중요시해야 하는 이유는 멤버십 전략을 포함한 모든 고객전략의 대상인 고객을 '자산(asset)'으로 보기 때문이다. 자산이란 재무적 가치로 평가할 수 있어야 하고, 과거나 현재가치가 아닌 미래의 가치를 중요시하는 투자의 대상이다. 따라서, 고객을 기업의 '자산'으로 간주한다는 것은 고객을 '자산'으로서 미래의 재무적 가치를 바탕으로 그들에게 투자를 한다는 개념인 것이다. 따라서, 멤버십 프로그램을 포함한 기업의 모든 마케팅과 고객전략 행동들은 고객을 대상으로 '투자'하는 행위라고 보는 것이 타당하다. 따라서, 고객생애가치는 기업의 투자 의사결정을 위해 고객이라는 자산에 대한 미래가치 측정값인 것이다.

(2) 고객생애가치의 측정

고객생애가치의 측정은 오랜 실무적, 학술적 역사를 가진 만큼 그 방법도 매우 다양하다. 표준화된 고객생애가치 측정 모형이 존재하지 않을 만큼 업종이나 개별 기업에 따라서도 달라지고, 학자들의 주요 관심 변수에 따라서도 달라지며, 실제 측정할 수 있는 데이터의 범위에 따라서도 달라질 수 있다. 수많은 고객생애가치 측정 모형 중에 본서에는 고객생애가치의 개념을 가장 잘 나타내는 기본 측정 모형을 다루어보고자 한다. 고객생애가치의 측정 모형을 이해하기 위해서는 다음과 같이 고객생애가치를 측정하기 위한 구성요소를 살펴보는 것이 필요하다([그림 3.4]).

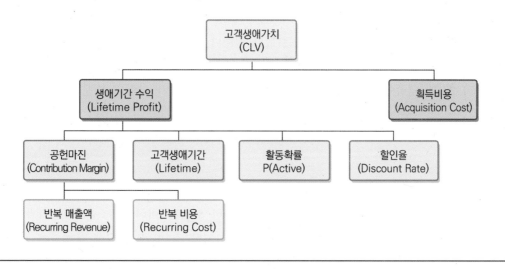

[그림 3.4] 고객생애가치 측정을 위한 구성요소

고객생애가치의 측정을 가장 단순하게 이야기해보면, 고객의 생애기간 수익에서 그 고객을 획득하는데 소요된 획득비용을 차감하여 계산한다는 것이다. 고객의 생애기간 수익은 다시 그 고객의 공헌마진을 해당 고객의 생애기간 동안 활동확률에 의거하여 계산한 후 적절한 할인율로 할인하여 현재가치로 환산하여 구한다. 고객의 생애기간 수익을 계산하기 위한 세부 구성요소들의 설명은 다음과 같다.

공헌마진

공헌마진이란 고객이 기업과 처음 관계(거래)를 시작한 시점부터 현재까지 그 고객이 기여한 총 가치를 의미한다. 고객의 반복적인 매출액과 해당 반복매출을 발생시키는데 소요되는 반복 비용(마케팅 또는 영업비용 등)을 이용하여 계산하게 된다. 최근에는 단순히 고객별 매출액을 이용하기보다 상품유형별로 달라지는 마진율을 차등 적용하여 조금 더 정확한 공헌마진을 구하려는 추세에 있다.

고객생애기간

고객생애기간은 고객별로 가능한 잔존 구매 생애기간을 의미한다. 고객생애기간을 평가하기 위해서는 업종을 고려해야 하는데, 보험이나 이동통신서비스, 구독과 같은 계약업종은 비교적 잔존 생애기간을 정확하게 산정할 수 있는 반면, 온라인 쇼핑몰과 같은 비계약성 자율거래 업종에서는 고객의 잔존 생애기간을 평가하기 어렵기 때문에 고객의 과거 구매패턴에 기반하여 향후 잔존 생애기간을 확률적으로 추정하는 과정이 필요하다.

활동확률

활동확률이란 특정 시점에 고객이 활동(구매)할 확률을 의미한다. 고객생애기간과 마찬가지로 계약업종의 경우 활동확률은 정확하게 산정할 수 있거나, 아예 불필요한 요소일 수 있지만, 자율거래 업종에서는 고객의 과거 구매패턴에 기반하여 활동확률을 추정해야 한다. 일정한 기간 동안의 구매 횟수에 기반하여 산술적으로 활동확률을 계산하거나, 해당 고객의 유사 연령대별 평균 구매패턴의 비율이나 편차를 이용하여 계산할 수 있다.

할인율

할인율은 미래에 발생하게 될 재무적 가치를 현재 가치로 환산하기 위해 필요한 비율로써 보통 이자율의 역수를 취하여 사용한다. 할인율은 고객생애가치를 평가할 때 모든 고객에 대해 동일하게 적용되는 일종의 상수(constant)로써 기업이 자체적으로 결정하게 되는데, 미래가치에 대해 기업이 갖는 신뢰수준에 따라 할인율을 조정하여 사용하게 된다.

마케팅비용

신규고객을 유치하거나, 기존고객을 유지하기 위해 소요되는 마케팅 비용을 의미한다. 신규고객 유치를 위한 마케팅 비용은 상기 [그림 3.4]의 획득비용(acquisition cost)으로써 모든 고객별로 단 한번의 비용 처리만을 요구하며, 기존고객에 대한 유지비용은 해당 고객의 반복매출을 유도하는데 소요되는 비용으로써 상기 그림의 반복비용(recurring cost)으로 처리된다. 한편, 고객생애가치 측정에서 마케팅비용을 획득비용과 반복비용으로 처리하기 위해서는 마케팅 예산의 기획과 집행을 고객생애주기에 따라 분배할 수 있어야 하므로 독특한 회계처리 방식을 요구하기도 한다.

이러한 구성요소를 바탕으로 표현한 고객생애가치 기본 측정 모형은 다음과 같다.

$$CLV_i = \sum_{t=1}^{T} \left\{ (CM_t \times P_t - MC_{it}) \times \left(\frac{1}{1+\delta} \right)^t \right\} - AC_i$$

CM = 공헌마진,   P = 활동확률, δ = 이자율,   t = 시간 단위

MC = 고객 i에 대한 반복적 마케팅 비용

AC = 고객 i를 획득하기 위해 소요된 비용

이 모형에서 반복적 마케팅비용(MC)은 생애기간 동안 매번 차감되는 반면, 획득비용(AC)은 해당 고객에 대해 단 한번의 차감만 이루어지는 것을 볼 수 있다.

이러한 기본적인 고객생애가치 측정 모형은 학자에 따라 유통채널이나 구매시점, 결제방식 등과 같이 보다 상세한 구매 행태 요소들이 반영된 다양한 고객생애가치 모형으로 파생되기도 한다. 또한, 실무적으로는 마케팅비용 산정의 어려움 때문에 마케팅비용을 고려

하지 않는 단순한 측정 모형을 사용하기도 하며, 기업에 따라 고객의 현재가치와 미래가치를 개별적으로 측정한 후 이 둘의 합산으로 고객생애가치를 측정하는 경우도 있다.

(3) 고객생애가치 증대와 멤버십 전략

멤버십 프로그램의 궁극적인 지향점은 고객생애가치의 증대에 있다고 앞서 설명하였다. 고객생애가치를 증대시킨다는 것은 상기 고객생애가치 측정 모형에 의하면 다음의 상황 중 하나 또는 둘 이상이 결합되는 결과로 나타날 것이다.

① 고객의 생애기간(유효한 총 거래기간)을 늘린다.
② 고객의 공헌마진을 높인다.
③ 고객의 활동확률을 높인다.
④ 마케팅 비용을 줄인다.

이미 Part I에서 기술한 바와 같이 멤버십 프로그램은 고객들의 총 거래기간과 구매량을 증대시키는 효과를 가지고 있다. 고객가치가 높은 멤버십 프로그램에 가입되어 있는 고객은 누적된 포인트나 혜택이 이탈장벽으로 작용하여 고객의 이탈을 방지할 뿐만 아니라, 특정 보상 수준에 도달하기 위한 포인트 압박 효과를 통해 재구매나 교차구매를 함으로써 궁극적으로 기업에 대한 공헌마진을 높여주는 효과를 갖는다.

또한, 멤버십 프로그램은 원투원(1to1) 마케팅을 위한 효율적인 커뮤니케이션 채널로써 타깃마케팅의 성과를 높여주므로 고객의 활동확률을 높여주고, 최근 서브스크립션 멤버십 모형을 채택하는 기업이 늘어남에 따라 자연스럽게 고객들의 활동확률을 일정기간 동안 안정적으로 유지할 수 있도록 한다.

마케팅 비용 역시 멤버십 프로그램을 통해 절감된다. 브랜드가치가 우수한 멤버십 프로그램은 비고객으로 하여금 스스로 신규고객이 되거나, 멤버십 제도 내에 '친구 추천'과 같은 기능을 제공함으로써 신규고객으로 영입되는 경우가 많아짐에 따라 기업의 신규고객 획득비용은 획기적으로 절감될 수 있다. 또한, 현재 대부분의 멤버십이 모바일과 같은 디지털 채널로 운영되고 있고, 원투원 마케팅의 수단으로도 활용되고 있기 때문에 기존 고객에 대한 반복적인 마케팅 비용 역시 다른 마케팅 방법에 비해 매우 절감되는 효과를 가져다

주고 있다.

즉, 멤버십 프로그램의 효율적인 운영은 고객의 생애주기, 공헌마진, 활동확률을 효과적으로 높여주고, 고객에 대한 마케팅 비용을 절감시켜 줌에 따라 고객생애가치를 증대시킬 수 있는 전략적 무기로써 인식되고 있는 것이다.

1.4 고객생애가치 형성에 영향을 주는 핵심 설계요소

소비자들은 멤버십 프로그램의 정책(예 적립율, 보상물, 등급체계, 제휴사 등)을 보고 자신이 얻게 될 혜택과 비용을 비교하는 인지적 평가 과정을 통해 프로그램 가입 여부와 사용 정도를 결정한다. 따라서, 멤버십 프로그램의 고객생애가치 창출 프로세스는 멤버십 프로그램의 설계로부터 시작된다고 할 수 있다. 멤버십 프로그램의 가치를 결정짓는 핵심 설계요소는 크게 1) 가입조건 및 절차, 2) 포인트 적립 및 사용 구조, 3) 보상구조, 4) 등급제도, 그리고 5) 제휴유형의 다섯 가지로 압축할 수 있다([그림 3.5] 참조).[18]

가입조건 및 절차는 가입비, 가입대상의 범위, 회원가입정보, 가입매체 및 절차를 포함하며, 포인트 적립 및 사용 구조는 포인트 적립율과 사용률, 포인트 사용 최저수준, 합산적립제도, 적립 및 사용 방법과 절차를 포함한다. 보상구조는 보상물의 유형, 보상시점, 보상물의 선택범위, 보상방법 및 절차가 대상이며, 등급제도는 등급의 수와 등급상승 유인전략, 등급하락 관리전략을 포함한다. 마지막으로 제휴유형은 'Part II. 멤버십 프로그램의 유형'에서 살펴 본 네 가지 파트너십 프로그램과 브랜드 단일 프로그램을 의미한다.

이번 절에서는 각 설계요소가 어떻게 고객생애가치 형성에 영향을 주는지를 살펴보고, 이와 관련된 구체적인 설계 방법론은 'Part IV. 멤버십 프로그램의 설계와 구축' 편에서 설명한다.

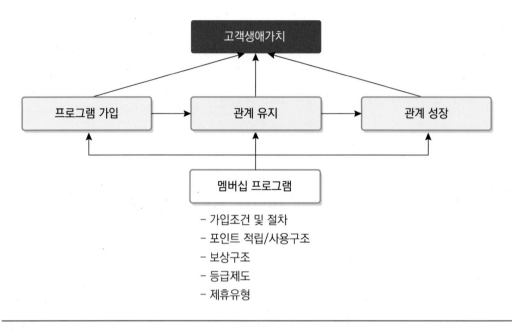

[그림 3.5] 고객생애가치에 영향을 주는 멤버십 프로그램 핵심 설계요소

(1) 가입조건 및 절차

가입조건 및 절차는 가입비와 가입대상의 범위, 고객으로부터 수집하는 회원가입정보, 그리고 가입절차를 포함한다. 가입비와 관련해서는 가입비가 없는 무료 멤버십과 일정 수준의 가입비가 있는 유료 멤버십으로 구분할 수 있다. 소비자들은 가입비를 비용으로 지각하기 때문에 유료 프로그램보다 무료 프로그램을 선호하는 것으로 알려져 있다. 그러나, 자발적으로 가입비를 지불한다는 것은 해당 브랜드가 제공하는 양질의 서비스를 향유하고자 하는 니즈가 있다는 것을 의미하므로, 충성도가 높은 고객일수록 유료 프로그램에 참여할 가능성이 높을 뿐 아니라, 충성도 높은 고객집단을 자연스럽게 가려낼 수 있고, 이들에게 우수한 서비스를 제공함으로써 충성도 높은 고객의 가치를 더욱 향상시키는 선순환 고리를 형성할 수 있다는 장점이 있다.

가입대상의 경우에는 모든 소비자에게 가입자격을 제공할 수도 있고, VIP 고객 등 특정 집단만을 대상으로 설계할 수도 있다. 가입대상을 특정 집단으로 제한할 경우, 고객들의 프로그램에 대한 기대효용은 그렇지 않은 경우에 비해 커지기 때문에, 가입대상을 제한하지 않았을 때에 비하여 제한했을 때 소비자의 프로그램 참여 의도가 더 높아진다.

가입시 제공해야 하는 개인정보는 소비자들에게 인지적 비용으로 작용하기도 하고, 사생활 노출에 대한 우려로 인지적 위험을 높이기도 하기 때문에 이에 대한 주의가 필요하다. 그러나, 멤버십 프로그램의 주된 기능 중 하나는 고객의 정보를 수집하여 고도의 개인화된 마케팅 전략을 실행할 수 있도록 한다는 점에서, 멤버십 프로그램을 통한 다양한 고객정보의 수집은 매우 중요하다.

가입절차는 회원가입절차에 요구되는 서류의 양, 멤버십 카드의 즉시 사용성, 신속한 가입처리 등을 얼마나 고객 편의 중심적으로 설계하느냐로서, 가입절차의 편의성이 높을수록 참여에 따른 스트레스와 시간 비용을 절감시켜 프로그램 참여 의사결정에 중요한 기능을 한다.

관련 연구에 따르면, 회원 가입비는 일반적으로 프로그램 참여에 부정적이나, 회원 가입비 대비 프로그램을 통해 얻게 될 경제적, 비경제적 혜택을 비교하여 이익이 더 크다고 판단될 때에는 결과적으로 긍정적이다. 또한, 필수정보(예 이름, 연락처, 주소) 이상의 개인정보 요구, 가입절차의 복잡성, 사행활 노출 우려는 가입결정에 부정적인 영향을 줄 수 있다. 그러나, 소비자들이 항상 개인정보 제공에 부정적인 것은 아닐 수 있다. 개인정보 제공에 따른 이익이 더 크다고 판단될 때에는 참여에 부정적으로 작용하지 않을 수도 있다. 미국 소비자 대상 설문조사에 따르면, 설문에 참여한 소비자 중 63%가 적절한 보상이 따른다면, 개인정보를 공유할 의향이 있는 것으로 나타났다.[19]

(2) 포인트 적립-사용구조

포인트 적립-사용구조는 포인트 적립율과 사용률, 포인트 합산제도, 적립-사용 방법 및 절차 등을 포함한다. 포인트 적립율(예 1천 원당 1%)과 사용률(예 포인트 1점당 1원)은 금전적 가치를 지니기 때문에 프로그램에 대한 실용적 혜택 지각에 밀접한 영향을 준다. 그러나, 포인트는 기업에게 마케팅 비용부담으로 작용하고, 모방이 쉽기 때문에 포인트 적립-사용률 그 자체의 경쟁력을 전략적으로 접근하기에는 한계가 있다. 그러므로, 포인트 적립-사용률에 대한 인지적 가치를 높이면서, 마케팅 비용부담을 최소화할 수 있는 전략이 요구된다.

포인트의 적립율 구조는 [그림 3.6]과 같이 동등 구조(even structure)와 대상에 따라 차이를 두는 차등 구조(differentiation structure) 방식이 있다.[20] 동등 구조는 거래금액과 상관

없이 거래금액 단위당 포인트 적립율을 동일하게 제공하는 방식이고, 차등 구조는 거래금액이 커질수록 거래금액 단위당 포인트 적립율을 차등하여 제공하는 방식이다. 이 둘 중 무엇이 더 바람직하다고 보기는 어렵다. 일반적으로 구매량을 촉진한다는 측면에서 S형태의 차등 구조가 선호되지만, 영화관이나 주유소와 같이 상품이 제한적이고, 1회 평균 구매액과 소비 수준이 한정되어 있는 경우에는 차등 구조보다 동등 구조가 적합할 수 있다.

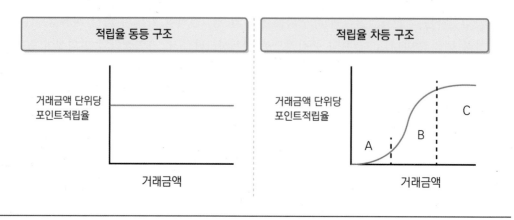

[그림 3.6] 포인트 적립율 구조의 설계

　　포인트 적립-사용구조와 관련된 또다른 설계요소는 포인트 합산제도이다. 포인트 합산제도는 프로그램에 가입한 본인의 적립액만으로 한정하는 것이 아니라, 가족 구성원 혹은 특정 그룹 구성원이 적립한 포인트를 합산하여 적립하고 사용할 수 있도록 제도화한 것이다. 그룹단위의 소비가 이루어지는 항공사, 여행사, 할인점 등에서 많이 활용하고 있는 방식으로, 포인트 적립속도를 촉진하기 때문에 보상물 획득과의 심리적 거리를 줄여주는 장점이 있다.

　　포인트 적립-사용 방법 및 절차는 프로그램 참여과정의 편의성에 영향을 주는 요소로, 포인트 적립 절차의 편의성은 포인트 적립율이나 보상물 상환기준이 동일할지라도 소비자의 프로그램 참여결정에 유의미한 영향을 준다. 마지막으로, 포인트 적립방법과 관련해서는 언제, 어디서든 다양한 매체(예 멤버십 카드, 스마트폰 앱, RFID 등)를 이용하여 적립/사용할 수 있도록 지원하고, 특정 매체를 소지하고 있지 않은 상태에서도 간단한 개인정보 확인절차를 통해 포인트를 적립하고 사용할 수 있도록 지원하는 것이 필요하다.

(3) 보상구조

　보상구조의 설계는 보상물의 유형, 보상시점, 보상물의 선택범위, 보상방법 및 절차를 포함한다. 보상물의 유형은 브랜드와의 관련성 측면에서 직접적 보상물과 간접적 보상물, 유형적 보상물(즉, 현금)과 무형적 보상물(즉, 증정 혹은 서비스), 그리고 효용재(utilitarian)와 사치재(luxury goods) 등으로 구분할 수 있다. 관련 연구에 따르면, 소비자들은 전반적으로 간접적 보상물보다 직접적 보상물을 선호하고, 직접적 보상물이 간접적 보상물보다 충성도 증진에 효과적이며, 특히 고관여 상황일 때 그 효과가 더욱 증가하는 것으로 나타난다. 또한, 구매량이 많은 고객들의 가격 민감도가 낮을 때에는 현금성 보상을, 가격 민감도가 높을 때에는 증정이 바람직하다. 보상물을 획득하는 데 많은 노력을 들였다고 인지할 경우 사치재가 선호되고, 보상물에 대한 열망이 낮을수록 보상물을 획득하려는 노력 수준이 낮아진다.

　보상물에 대한 열망은 보상물의 가치와 직결되는 것으로, 보상물의 실제가치에 비하여 지각된 가치가 더 높을수록 보상물로서의 효과가 크다. 보상물의 지급시점은 즉시와 지연으로 구분할 수 있다. 예컨대, 일반적으로는 포인트를 사용하여 보상물로 즉시 상환하는 것이 보편적(예 포인트 차감 후 음료 증정)이지만, 보상물을 신청하고 나서 이를 2~3일 후 택배로 수령하거나, 마일리지로 보너스 항공권을 예약하여 3개월 뒤 이용하는 경우와 같이 보상시점이 지연되는 경우가 있을 수 있다. 관련 연구에 따르면, 저관여 상황에서는 즉각적인 보상이 지연 보상보다 더 선호되는 반면, 고관여 상황에서는 지연 보상이 즉시 보상보다 더 선호되는 것으로 나타나고 있다. 또한, 보상물 제공시점이 지연될수록 보상물에 대한 선호도가 하락하는데, 하락의 정도는 직접적 보상이 간접적 보상보다 더 크게 나타나는 상호작용 효과로 인해 직접적 보상물의 지연보상은 바람직하지 않다.

　보상물의 선택범위는 소비자가 보상물을 선택할 수 있는 범위에 관한 것으로, 기업이 제공하는 모든 품목에 대해 소비자가 선택할 수 있는 경우와 기업이 지정한 특정 품목에 한정하여 선택할 수 있는 경우로 나뉜다. 기업에서 취급하는 제품과 서비스가 다양한 경우에는 보상물의 선택권을 고객에게 부여할 수 있지만, 품목이 한정적일 경우에는 기업이 다양한 간접 보상물을 제시하여 선택하도록 하거나, 포인트 사용처의 제휴를 통해 보상물의 선택범위를 넓힘으로써 고객서비스를 강화하기도 한다. 가입방법 및 절차가 참여에 영향을 준다면, 포인트 적립-사용의 절차와 보상방법 및 절차는 유지에 영향을 주기 때문에 세심하게 설계될 필요가 있다. 예컨대, 보상을 받기까지 너무 오랜 시간이 소요되거나, 그 과정이 공정하지 못하고 번거롭다면 고객 불만족의 요인이 된다.

(4) 등급제도

    등급제도는 고객 수익성에 기반하여 등급별로 차등적 혜택을 제공할 수 있고, 소비자의 구매행동을 촉진하는 데 효과적이다. 등급제도의 설계는 등급의 수와, 등급 상승유인 전략, 등급 하락관리 전략을 필요로 한다. 고객의 유지 및 상승 촉진 관점에서 이상적인 등급체계는 4개 등급으로 알려져 있다.[21] 그러나, 등급 수의 결정은 등급의 수만큼 서로 다른 차별화된 혜택과 커뮤니케이션으로 고객을 관리할 수 있는 내부역량과 자원이 확보되어 있는지에 대한 검토를 통해 적정 수준의 등급을 관리하는 것이 바람직하다.

    등급제도의 성공 여부는 무엇보다 적립 차별화 또는 보상 차별화를 통해 소비자의 행동을 고취시켜 상위등급으로 전환하도록 만드는 데 있다. 이를 등급상승 유인전략이라 한다. 등급의 상향 이동은 직접적으로 기업의 수익성을 향상시키기 때문에 매우 중요하다. 소비자는 상향조정이 가능할 때 구매빈도와 구매량을 증가시킬 것이므로, 상위등급으로의 전환가능성이 가장 높은 고객집단을 찾는 것이 등급전환전략의 핵심이다. 같은 등급 내에서도 어떠한 고객들이 상위등급으로의 전환을 촉진하는지를 분석함으로써, 이들을 대상으로 타깃 마케팅을 하는 것이 바람직하다.

    일반적으로 등급제도의 운영은 소비자의 구매빈도와 구매량을 증가시키는 효과가 있는 것으로 확인된다.[22] 그러나, 이러한 결과를 이용하여 등급제도가 항상 고객유지에도 긍정적이라고 단언하기는 어렵다. 등급의 상향조정 가능성이 높은 고객들은 등급상승을 위해 구매빈도와 구매량을 촉진하는 긍정적 효과가 있지만, 등급하락을 경험한 고객들은 불공정성을 느끼고 충성도가 감소하는 것으로 나타나기도 한다.[23] 관계유지 관점에서 등급제도는 등급이 하락한 고객들에 대한 전략적 대응을 통해 자격요건을 채우지 못해 등급이 낮아진 고객들이 불공정성을 느끼지 않도록 관리하고, 이들이 하락한 등급을 원래의 등급으로 만회할 수 있는 기회를 제공하는 것이 중요하다.[24] 강등고객 관리에는 극적인 감정반응을 최소화할 수 있는 적정 커뮤니케이션 매체의 선정, 등급하락에 따른 부가서비스 변화 등에 대한 적극적인 정보전달, 등급하락 고객 중 수익성 있는 고객과 체리피커의 구분 및 수익성 높은 고객에 대한 지속적인 거래유지 및 강화 방안 고안, 그리고 수익성이 마이너스인 고객들의 부정적 영향력이 큰 경우에는 거래를 단절하는 디마케팅(demarketing) 전략을 고려하기도 한다.[25]

(5) 제휴유형

　　멤버십 프로그램에서의 브랜드 간 전략적 제휴는 보다 수월한 포인트 적립과 다양한 보상 옵션을 제공할 수 있다는 점에서 고객의 경제적 혜택 및 편의성을 증대할 수 있기 때문에, 경쟁자 프로그램과의 차별화 측면에서 중요성이 더욱 강조되고 있는 실정이다. 많은 연구들이 브랜드 단일 프로그램에 비하여 제휴 프로그램이 고객 획득에 더 유리한 것으로 보고하고 있다. 동일한 수준의 포인트 적립율을 제공하더라도 단일 프로그램보다 제휴 프로그램에 대해 더 효용을 크게 지각하기 때문이다. 제휴 프로그램의 효용가치를 더 크게 느끼는 이유는 포인트의 적립 및 사용처가 많아, 제휴 프로그램의 이익 실현 시점이 단일 프로그램보다 더 짧을 것이라는 기대에서 비롯된다.

　　관련 연구들에 따르면, 제휴 프로그램의 운영 주체인 핵심 브랜드와 제휴에 참여하는 파트너 브랜드들의 취급 제품이 상호 관련성을 가질 때(예 항공사-호텔, 렌터카, 여행사 등) 프로그램에 대한 기대 효용이 증가한다.[26] 또한, 특정 항공사의 파트너십 프로그램을 대상으로 고객의 관계기간(relation duration)을 분석한 결과, 참여 브랜드로의 교차구매 행동이 주도 브랜드와의 관계기간에 긍정적인 영향을 주며, 또 당기의 참여 브랜드로의 교차구매량은 차기의 주도 브랜드 사용량을 증가시키고, 이 역시 관계기간 증진에 기여하는 선순환적 고리를 형성하는 효과가 있는 것으로 나타나고 있다.[27] 흥미로운 점은 시장 리더십을 갖고 있는 메이저 브랜드는 단일 프로그램을 운영할 때와 경쟁 브랜드도 참여가 가능한 이종 업종 연합 프로그램을 함께 운영할 때 고객유지 효과에 유의미한 차이가 없지만, 마이너 브랜드는 이종 업종 연합 프로그램에 참여하기 보다는 단일 프로그램을 운영할 때 고객유지 효과가 더 큰 것으로 나타난다.[28]

Summary

이번 장에서는 멤버십 프로그램이 고객생애가치를 창출하는 과정과 원리, 관련된 주요 개념을 살펴보았다. 독자는 멤버십 프로그램이 고객 충성도 제고를 통해 궁극적으로 추구하는 것은 고객생애가치 창출이며, 이를 위해서는 멤버십 프로그램의 효용가치를 결정짓는 고객가치 요소인 '사용가치', '관계가치', '브랜드가치' 관점에서 전략적으로 설계되어야 함을 이해할 수 있었을 것이다.

멤버십 프로그램의 고객생애가치 형성 과정
성공적인 멤버십 프로그램의 운영에 있어 가장 중요한 것은, 기업이 제공하는 멤버십 프로그램이 고객에게 '효용가치가 높은 프로그램'으로 인식되고 있는가이다. 멤버십 프로그램의 효용가치를 높게 인식하는 고객은 '멤버십 프로그램에 대한 충성도'가 생기며, 프로그램에 대한 충성도가 높을수록 소비행동 과정에서 멤버십 이용을 습관화 하게 되고, 이러한 행동은 '고객 충성도'를 형성하는 데 긍정적인 영향을 주며, 궁극적으로 '고객생애가치'를 향상시킨다.

멤버십 프로그램에 대한 고객가치 요소
• **사용가치**: 멤버십 프로그램을 통해 직접적으로 얻게 되는 실용적인 가치로, 멤버십 프로그램에 가입하고 이용하는 가장 근본적인 이유가 된다. 멤버십 프로그램의 품질, 비용, 편의성이 고객의 기대에 부합할 때 사용가치가 높게 평가된다.
• **관계가치**: 멤버십 프로그램을 통해 고객과 기업 간에 형성하게 되는 관계의 양적, 질적 수준이다. 멤버십 프로그램을 이용하는 과정상에 형성되며, 심리적 편익, 보상적 편익, 고객화 편익, 사회적 편익으로 구성된다.
• **브랜드가치**: 제품이나 서비스의 브랜드가 아닌 멤버십 프로그램 자체의 브랜드에 대한 주관적이고 무형적인 평가이다. 브랜드가치에 영향을 주는 것은 브랜드 인지도와 브랜드 연상이 있다.

고객 충성도
고객 충성도는 고객이 충분히 다른 제품이나 서비스를 구매할 수 있는 상황임에도 불구하고 특정 제품 또는 서비스를 반복적으로 구매하거나 타인에게 브랜드에 대해 자발적으로 긍정적인 추천을 하는 브랜드 몰입 상태를 말한다.

고객생애가치
고객생애가치는 고객 개개인이 각자의 생애기간 동안 기업에 기여할 재무적 기여도를 평가한 것으로, 과거부터 지금까지 기업에 기여해 온 매출이익인 '현재가치'와 미래의 추정 구매기간 동안 발생될 추정 매출이익인 '미래가치'를 합하여 측정한다. 고객자산은 고객 전체의 개인별 고객생애가치를 모두 합한 마케팅 자산이다.

멤버십 프로그램의 소비자 심리 메커니즘

멤버십 프로그램을 이용하는 소비자들이 언제, 어떠한 이유로 회원에 가입하고, 반복적으로 멤버십 프로그램을 이용하는지, 상위 등급으로 전환하기 위해 노력하는 것은 무엇 때문인지를 이해하고 소비자의 니즈와 열망을 멤버십 전략에 반영할 때, 보다 효과적인 멤버십 프로그램의 운영을 기대할 수 있다. 따라서, 이번 장에서는 멤버십 프로그램 사용자의 회원 가입 및 관계 유지, 관계 성장 행동을 설명하는 심리적 메커니즘을 각 단계별 주요 이론을 바탕으로 살펴보도록 한다.

2.1 가입 단계

소비자들의 멤버십 프로그램 가입 결정은 참여를 통해 얻게 될 기대 혜택이 인지적 비용보다 높을 때이다. 기대 혜택은 경제적 혜택이나 심리적 혜택, 그리고 상징적 혜택 등이 있으며, 인지적 비용은 가입비나 개인정보 노출에 대한 우려, 자주 사용하지 않을 것이라는 우려, 참여에 따른 스트레스 등을 포함한다. 따라서, 멤버십 프로그램 가입을 촉진하기 위해서는 혜택에 대한 기대를 높이고, 인지적 비용을 낮추는 전략을 필요로 한다. 멤버십 가입 단계의 주요 이론과 요인을 살펴보도록 하자.

(1) 기대이론

기대이론(expectant theory)은 어떤 혜택이 기대될 때 그에 상응하는 노력을 기울이려는 동기가 유발됨을 설명한다. 고객이 멤버십 프로그램을 통해 기대하는 혜택은 크게 실용적 혜택과 심리적 혜택, 상징적 혜택으로 구분할 수 있다.

실용적 혜택은 프로그램 가입을 통한 비용 절감, 편의성, 프로그램을 통해 얻게 될 부가적인 보상에 따른 이익 등이 포함된다. 심리적 혜택은 회원으로서 받게 되는 개인화된 처우와 신제품을 비회원보다 먼저 경험할 수 있는 기회, 재미적인 요소에 대한 기대 등이다. 상징적 혜택은 기업에서 자신을 단골로 인지하여 응대해 주고, 참여하는 멤버십 프로그램을 통해 자신의 사회적 지위를 대변해 줄 수 있다거나, 프로그램 회원이 됨으로써 다른 회원들과의 유대 혹은 브랜드의 구성원이라는 소속감 등이 있다. 실용적 혜택은 심리적 또는 상징적 혜택보다 가시적이기 때문에 혜택의 수준을 직관적으로 평가하기 쉽다.

멤버십 프로그램의 참여 여부를 결정하는 과정에서는 얼마나 나에게 실용적인 혜택이 주어지는가를 민감하게 따지지만, 일단 가입하고 나면 실용적 혜택보다는 심리적, 상징적 혜택이 멤버십 프로그램에 대한 태도와 감정, 즉 지속적으로 유지하고자 하는 행동에 영향을 준다. 그러므로, 기업은 멤버십 프로그램의 참여도를 높이기 위해 실용적 혜택을 고려해야 하지만, 고객의 유지와 성장 전략 관점에서 심리적, 상징적 혜택의 설계를 포함해야 한다.

(2) 인지적 비용

멤버십 프로그램을 참여하는 고객들은 프로그램 참여를 통해 얻게 될 혜택뿐 아니라, 프로그램 참여에 따른 금전적 또는 비금전적인 인지적 비용(perceived costs)을 함께 비교 평가한다. 회원 가입비와 회원가입시 제공하는 개인정보, 그리고 가입절차의 복잡성이 인지적 비용 계산에 관여한다.

회원 가입비는 직접적인 비용으로, 일반적으로는 무료 프로그램이 선호되지만, 충성도가 높은 고객의 경우에는 장기 이용시 연회비를 상쇄하는 혜택을 기대할 수 있는 경우에 유료 프로그램에 가입한다. 가입시 제공해야 하는 개인정보 또한 인지적 비용으로 작용하므로, 개인정보의 관리에 대한 기업의 노력과 기술적 장치에 대한 고객과의 소통 또한 중요하다. 마지막으로, 회원가입에 소요되는 시간 등도 인지적 비용으로 고려된다. 가입절차의 편의성이 높을수록 참여에 따른 스트레스와 시간 비용을 절감시켜 프로그램 참여의사 결정에 영향을 주며, 가입 중도 포기를 예방할 수 있다.

(3) 소속감

고객에게 '회원'의 자격을 부여함으로써 브랜드에 대한 '소속감(belonging)'을 형성시킨 다는 점은 멤버십 프로그램에서만 기대할 수 있는 고유의 효과이다. 회원 자격을 부여한 곳이 단순히 상품과 서비스를 이용하는 기업 또는 브랜드일지라도, 고객은 회원의 자격을 부여 받는 순간부터 자신을 비회원인 고객과 다르게 인식하고 기업의 활동에 관심을 갖게 된다. 브랜드에 대한 소속감이 높은 고객은 자발적이고 우호적인 제품 후기를 작성하고 소 셜 미디어 등을 통해 지인들과 자신의 브랜드 경험을 공유하고 추천하는 것을 즐긴다. 또 한, 브랜드가 어떤 위기에 직면했을 때 브랜드에 대한 신뢰를 바탕으로 격려를 보내는 등 기업의 성장에 도움을 줄 수 있는 자발적 행동을 보이는 성향이 뚜렷하게 나타난다. 따라 서, 멤버십 프로그램을 통해 브랜드 공동체의 일원이 될 수 있다는 소속감의 자극은 프로 그램 참여에 영향을 주며, 프로그램 참여를 통해 브랜드 내에서 자신의 위치를 타인에게 보여줄 수 있을 경우에는 참여에 대한 동기부여를 강화하게 된다.

2.2 관계 유지 단계

반복적인 멤버십 프로그램의 이용은 멤버십 프로그램을 더 이상 이용하지 않는 경우 발생하는 비용과 노력인 전환비용(switching costs), 반복적으로 프로그램을 이용하면서 형성 된 습관인 관성(inertia), 그리고 기업과의 교환관계에 대한 신뢰 수준인 상호적 관계 (reciprocity), 타인과의 비교(social comparison)에 영향을 받는다. 멤버십 유지 단계를 위한 주요 이론과 요인을 살펴보도록 하자.

(1) 전환비용

기존에 거래하던 브랜드에서 다른 브랜드로 거래처를 변경했을 때 소비자가 지불해야 할 시간적, 금전적인 비용과 노력에 대한 지각을 전환비용(switching costs)이라 한다. 전환비용이 클수록 높은 전환장벽(switching barrier)으로 작용하여 해당 브랜드를 계속 이용하게 하는 고착효과(lock-in effect)를 기대할 수 있다.

멤버십 프로그램에서는 보상물을 획득하기 위해 포인트 적립 또는 스탬프 수집에 들인 노력과 등급이 전환장벽을 형성하는 주요 요소이다. 지금까지 적립해 둔 포인트의 경제적 가치가 클수록, 그리고 수집한 스탬프가 보상물로 상환할 수 있는 "목표 지점"과의 거리가 가까울수록 전환비용을 크게 지각한다. 또한, 우수고객의 경우 등급제도를 통해 누렸던 혜택과 지위 또한 전환장벽의 요인이 된다.

전환장벽은 관계유지 단계의 고객들에게 발생하며, 특히 구매빈도가 높은 고객일수록 타브랜드로 전환시 무시할 수 없는 전환비용을 경험한다. 즉, 프로그램에 참여한 기간이 길수록 전환비용이 증가하여 타 브랜드로의 이탈보다는 해당 브랜드와의 지속적인 거래를 선호하게 되고, 이는 곧 관계유지의 효과로 이어진다. 반면, 구매빈도가 매우 낮은 고객들은 보상물을 획득할 수 있는 문턱(thresholds)에 거의 도달하기 어렵기 때문에 전환비용을 경험하기 어렵다.

멤버십 프로그램을 이용하면서 지각할 수 있는 전환비용에는 경제적인 전환비용인 1) 연속성비용(continuity costs)과 심리적 전환비용인 2) 학습비용(learning costs), 그리고 3) 매몰비용(sunk costs)이 있다.

1) 연속성비용

특정 멤버십 프로그램을 유지할 경우 얻게 될 혜택을 포기하여 생기는 경제적 비용이다. 보상물을 획득하기 위해 꾸준히 모아온 포인트를 포기해야 할 때 해당 포인트는 연속성 관련 전환비용을 초래한다. 항공사의 연속성비용은 티켓가격의 8~12%로 평가된 바 있다.

2) 학습비용

새로운 서비스나 기술을 배우고 사용하는 데 투입한 시간과 노력에 대한 심리적 비용이다. 프로그램을 이용하면서 어떻게 활용하는 것이 알뜰하게 포인트를 적립하고 사용하는 것인지, 어떤 혜택들이 고객에게 도움이 되는지 등을 소비자 스스로 학습을 통해 알아갈수록 멤버십 프로그램의 사용은 더욱 효율적이 되고, 이러한 과정이 계속 프로그램에 참여하도록 만드는 동기, 자기효능감을 유발시키며 이는 곧 심리적 전환장벽을 증가시키게 된다.

3) 매몰비용

브랜드와의 관계형성에 투자된 시간과 노력이 무의미해지면서 비롯되는 심리적인 비용이다. 혜택을 얻고자 열심히 포인트를 모았으나 결국 사용하지 못한 채 포기하는 데서 비롯되는 심리적 상실감이나, 이제 더 이상 해당 프로그램의 소속이 아닌 데서 비롯되는 소속감 상실, 직원과의 유대 상실 등이 이에 해당한다. 심리적 전환장벽은 연속성비용처럼 정량화하기 어려우나, 태도적, 행동적 반응을 유도하는 장기적인 성격을 갖는다.

<표 3.7>은 멤버십 프로그램에 가입한 고객이 이용을 중지하고자 했을 때 인지하게 되는 전환비용의 유형과 예시를 요약한 것이다.

〈표 3.7〉 멤버십 프로그램의 전환비용

전환비용 유형	정의	예시
연속성비용 (continuity costs)	특정 브랜드와의 거래를 지속함으로써 얻게 된 혜택을 포기함으로써 발생하는 전환비용	적립포인트 소멸
학습비용 (learning costs)	새로운 서비스나 기술을 배우고 사용하는데 소요되는 시간과 노력	멤버십 프로그램 가입/적립/사용법 습득
매몰비용 (sunk costs)	브랜드와의 관계 형성에 투자된 시간과 노력이 무의미해지면서 비롯되는 심리적 비용	소속감 상실, 직원과의 유대 상실

(2) 관성

멤버십 프로그램이 얼마나 활성화 되었는가는 얼마나 고객들이 제품을 구매하는 과정에서 무의식적으로 멤버십 프로그램을 활용하는가와 직결된다. 예컨대, 구매할 때마다 자연스럽게 모바일 앱의 회원 ID 바코드를 열어 포인트를 적립하는 행동이 대표적이다.

관성(inertia)은 이처럼 항상 해오던 대로의 일상적 습관화를 뜻한다. 사람의 행동 중

약 45%가 거의 매일 반복되며, 일단 반복적인 구매에 대한 습관이 형성되면 소비자들의 구매와 소비 또한 비슷하게 반복성을 가져 구매 목적이 다른 상황에서도 동일한 브랜드의 제품을 구매하고, 동일한 매장에서 유사한 수준의 양을 반복적으로 구매하는 경향을 갖는다. 이러한 소비의 반복성은 고객의 지갑점유율, 매출, 나아가 브랜드의 시장점유율과 직결되는 매우 중요한 요소이다.

멤버십 프로그램 참여 행동은 보상물 획득을 위해 소비를 촉진하는 포인트 압박(point pressure) 단계와 보상물을 경험한 이후 소비행동을 장기적 관점에서 효용을 극대화하는 방향으로 수정하는, 소위 보상 받은 이후의 행동 단계(rewarded behaviors)로 구분할 수 있다. 보상을 통한 긍정적 경험에 의해 포인트 적립-보상물 획득의 과정을 반복하는 소비습관의 형성이 고객유지율 증가에 긍정적인 영향을 준다. 멤버십 프로그램의 이용을 촉진하기 위해서는 포인트의 적립과 사용 또는 기업에 대한 기여행동을 통한 보상물의 수령 과정을 경험하고 반복하면서 숙련에 기반한 습관을 형성시키는 데 관심을 기울여야 한다.

(3) 상호적 관계

상호적 관계(reciprocity)는 교환관계의 신뢰 수준을 의미한다. 멤버십 프로그램은 고객이 기업에 재무적으로 기여한 수준에 준하여 기업이 고객에게 인센티브를 제공하는 상호교환의 메커니즘에 바탕을 두고 있다. 따라서, 고객은 회원가입 당시 기업이 약속한 혜택과 서비스를 얼마나 준수하고, 자신이 회원으로서 제공한 개인정보에 대해 얼마나 안전하게 관리해 줄지를 고려하여 가입 여부를 결정하는 경향을 갖는다. 특히, 멤버십 프로그램을 운영하는 기업의 규모가 작거나, 경영활동이 활발하지 않을수록 고객은 자신이 노력한 만큼 미래에 인센티브를 회수할 수 있을지에 대한 불확실성을 크게 인식하기 때문에 교환관계에 대한 신뢰의 정도가 참여에 미치는 영향은 커진다. 기업의 규모가 클지라도 고객과의 약속을 이행하지 않거나 불신을 하게 되는 상황이 발생하게 되면, 멤버십 프로그램의 사용률은 낮아지게 된다. 예컨대, 고객들의 평균적인 구매주기에 비하여 포인트 유효기한이 너무 짧아 보상의 기회를 얻지 못할 것으로 예상된다거나, 포인트 적립율의 인하, 포인트 유효기한 축소와 같이 회원에게 불리한 회원 약관의 변경시 기업이 적극적으로 공지를 하지 않은 사례나 회원정보의 유출 사건 등이 밝혀지는 기업은 이후 회원 가입율이 현저히 낮아진다.

(4) 사회비교이론

사회비교이론(social comparison theory)은 자신도 모르게 다른 사람들과 자신을 비교하는 욕구를 가지고 있다고 본다. 타인과의 비교, 또는 사회적 비교는 사람들이 자신의 입장과 순위에 대해 추론할 수 있도록 상향, 측면 또는 하향으로 초점을 맞추며, 이러한 평가의 호의성은 주관적인 복지(subjective well-being)에 큰 영향을 미친다고 본다.

사회적 비교이론은 상태 인식과 관련이 있는데, 다른 고객보다 더 나은 대우를 받고 있거나 자신이 더 우수한 지위를 가지고 있음을 느낄 때 발생한다. 사회적 지위(social status)는 특히 VIP 고객들이 계속 현재 상태를 유지하려는 동기가 되며, 멤버십 프로그램을 통한 사회적 지위를 타인들이 볼 수 있도록 가시화하는 것은 이를 목격하는 사람들로 하여금 부러움을 유발시킨다. 부러움은 다른 사람에게 부여된 지위와 동일한 수준에 이르도록 스스로 자신의 위치를 개선하도록 동기를 부여한다.

등급의 구조를 갖는 계층적 멤버십 프로그램은 여러 고객 계층(예 플래티늄, 골드, 실버)으로 구성된 명시적이고 가시적인 계층을 설정하여 상태를 제도화한다. 따라서, VIP 고객에게만 발급하는 골드카드, 매장에서의 개인화된 서비스, 소셜미디어상에서의 특별한 처우 등과 같은 가시적인 보상은 우수고객의 유지에 효과적으로 작용한다.

사회적 지위의 활용은 프로그램에서 엘리트 자격을 유지하면 긍정적인 결과를 얻을 수 있지만, 고객이 프로그램 요구 사항을 충족하지 못할 경우 고객 강등 또는 높은 지위 상실로 인해 충성도가 떨어질 수 있는 양면성을 갖는다. 자본 이론(equity theory)에 따르면, 사람들은 그들이 기여하는 상대적 노력이나 투입에 비례하여 혜택이나 결과를 받는다고 생각한다. 투입 대비 결과의 비율을 비교할 때, 고객은 자신의 노력 대 이익(내부 자본) 비율의 적절성뿐 아니라, 그들 자신의 비율과 타 고객들의 비율 간 균형까지 평가한다. 형평성 또는 불평등에 대한 고려는 공정성 판단과 직접 관련이 있으며, 불평등에 대한 인식(즉, 투입＞결과)은 종종 불공평한 감정을 유발하는데, 이는 부정적인 고객 반응을 초래하는 "관계의 독"이 될 수 있으므로 유의해야 한다.

2.3 관계 성장 단계

멤버십 프로그램 이용 고객의 관계 성장은 더 많이 구매하고, 더 다양하게 구매하는 상승구매(up-buying)와 교차구매(cross-buying), 더 나아가 타인에게 멤버십 프로그램을 추천하는 행동(referral behaviors), 그리고 소셜미디어상에 제품 사용에 대한 후기, 사진, 동영상 등을 업로드하거나 타인과 공유하는 사회적 행동(social behavios) 등을 포함한다. 멤버십의 관계 성장 단계를 위한 주요 이론과 요인을 살펴보도록 하자.

(1) 포인트 압박 효과

포인트 관점에서 미래 소비행동이 변화하는 요인을 설명해 주는 포인트 압박 효과(point pressure effect)는 보상물이 구매 누적액에 기반할 때, 소비자들은 보상물을 획득할 수 있는 포인트에 대한 압박을 받아 구매빈도와 구매량을 증가시키게 된다는 것으로, 소비자가 목표로 하는 보상물을 획득하는 과정에서 발생하게 된다.[29] 즉, 포인트 압박 효과는 브랜드에 대한 행동적 충성도를 증가시키는 특성을 갖는다. 보상물을 얻을 수 있는 포인트가 소비자의 주머니 속에 존재하는 한 소비자는 압박을 받게 되고 보상물을 얻기 위해 구매빈도나 구매량을 증가시키게 되는 것이다. 포인트 압박 효과는 목표에 가까워질수록 더 많은 노력을 기울이는 사람들의 속성을 설명하는 목표 기울기 가설(goal-gradient hypothesis)에 기반하여, 본인이 목표로 하는 보상물 획득 시점이 가까워질수록 구매주기가 짧아지는 구매주기 촉진 현상을 반영한다.[30]

[그림 3.7]은 프리퀀시 프로그램에서의 목표 기울기 가설 효과를 검증한 현장 실험으로, 똑같이 총 10개의 공란을 채우면 무료 커피 1잔이 제공되지만, A 스탬프 카드는 첫 번째 칸부터 10칸을, B 스탬프 카드는 2개의 스탬프가 보너스로 주어진 상태에서 3번째 칸부터 10개의 공란을 채우는 형태로 차별화 하였다. 실험 결과, A 카드에 비하여 B 카드를 받은 사람들의 구매간격이 짧은 것으로 나타났다. 이는 주어진 보너스(스탬프 2개)가 보상에 대한 목표까지의 거리를 짧게 느끼도록 자극하고, 그에 따른 도달 가능성에 대한 긍정적 평가가 목표에 도달하고자 하는 동기를 촉진하는 심리적 경향을 설명해 준다. 동기부여가 가능한 적정수준의 목표 임계치가 있을 때나, 보상물 획득에 필요한 포인트를 계산하기 쉬

운 계산 용이성 등으로 목표 임계치까지의 거리 추론이 용이할 때, 혹은 목표 획득에 필요한 노력 수준에 대한 정보가 제공될 때 포인트 압박 효과가 증가하는 것으로 나타난다.[31]

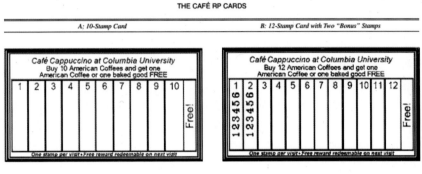

출처: Kivetz et al. (2007)

[그림 3.7] 목표 기울기 가설 검증 실험 예시

(2) 조작적 학습 효과

조작적 학습 효과(operant learning theory)는 멤버십 프로그램을 통해 적립한 포인트를 보상물로 교환 받는 일련의 프로세스를 경험하면서 적립-보상에 대한 학습이 이루어진 소비자 집단은 그렇지 않은 소비자 집단에 비해 이후의 지출 수준이 증가한다는 이론으로 보상을 경험한 결과가 이후의 행동을 수정하는 것을 설명한다.[32] 보상 경험은 기업에 대한 태도적, 행동적 반응을 긍정적으로 강화하는 데 영향을 주는데, 특히 포인트는 일종의 간접적인 보상물로서, 이후의 지출 수준을 증가시키는 '긍정적 강화물(positive reinforcement)'의 역할을 한다.

소비자들이 포인트로 보상물을 획득하는 긍정적 경험과 프로세스에 대한 학습은 이후 소비자의 지출규모나 구매빈도를 증가시키고, 궁극적으로 이러한 과정이 반복되는 가운데 소비자의 미래가치 또한 증가시킨다. 파블로프 조건반사와 같이 재강화 사이클은 반복적인 보상경험이 계속적인 구매를 강화하고 이는 습관을 형성하며, 구매의 지속성을 높이는 데 기여한다. 그러나, 멤버십 프로그램에서의 조작적 학습 효과는 자동으로 생성되는 것이 아니라 기업이 얼마나 고객에게 긍정적인 보상 경험을 자주 제공하느냐와 소비자 스스로 보상물을 획득하는 과정상의 규칙을 배우는 능력에 달려 있다.

⏣ Summary

이번 장에서는 멤버십 프로그램에 가입하고, 이용하는 동기와 행동을 설명하는 소비자 행동 이론을 멤버십 가입-유지-성장의 단계로 구분하여 살펴보았다. 멤버십의 참여와 이용의 동기 및 심리적 기제를 이해하는 것은 고객의 행동을 기업이 추구하는 방향으로 촉진하는 전략을 개발하는 데 도움을 준다.

가입 단계

- **기대이론**: 어떤 혜택이 기대될 때 그에 상응하는 노력을 기울이려는 동기가 유발됨을 설명한다. 고객이 멤버십 프로그램을 통해 기대하는 혜택은 크게 실용적 혜택과 심리적 혜택, 상징적 혜택이다.
- **인지적 비용**: 회원 가입시 고객들은 프로그램을 통해 얻게 될 혜택과 참여에 따른 금전적 또는 비금전적인 인지적 비용을 비교 평가한다. 회원 가입에 영향을 주는 인지적 비용에는 가입비, 회원정보, 가입절차의 복잡성 등이 있다.
- **소속감**: 브랜드 공동체의 일원이 될 수 있다는 소속감의 자극은 프로그램 참여에 영향을 준다. 클럽 카드는 소속감을 강조하는 멤버십 프로그램이다.

관계 유지 단계

- **전환비용**: 보상물을 획득하기 위해 포인트를 적립하고, 스탬프를 모으는데 들인 노력과 자신에게 부여된 배지, 우수고객 등급 등은 대표적인 멤버십 프로그램의 전환비용으로서, 멤버십 프로그램을 계속 이용하도록 만든다.
- **관성**: 멤버십 회원은 포인트의 적립과 사용, 보상물 수령 경험을 반복하면서 프로그램 사용에 익숙해진다. 멤버십 유지 전략의 핵심 중 하나는 회원들이 소비과정에서 멤버십을 습관적으로 사용하도록 만드는 것이다.
- **상호적 관계**: 기업의 규모가 클지라도 고객과의 약속을 이행하지 않거나 신뢰할 수 없는 상황이 발생하게 되면, 멤버십 프로그램의 사용률은 낮아지게 된다.
- **사회비교이론**: 등급의 구조를 갖는 계층적 멤버십 프로그램은 자신도 모르게 다른 사람들과 자신을 비교하는 소비자의 욕구를 자극한다.

관계 성장 단계

- **포인트 압박 효과**: 목표로 하는 보상물을 획득하는 과정에서 발생하게 된다. 포인트 압박 효과는 목표로 하는 보상물 획득 시점이 가까워질수록 구매주기가 짧아지는 구매주기 촉진 현상을 반영한다.
- **조작적 학습 효과**: 멤버십을 통해 적립한 포인트를 보상물로 교환 받는 일련의 프로세스를 경험하면서 적립-보상에 대한 학습이 이루어진 소비자 집단은 그렇지 않은 소비자 집단에 비해 이후의 지출 수준이 증가한다는 이론이다. 보상을 경험하고 나면, 다시 보상을 받기 위해 이후의 행동을 강화하는 것을 설명한다.

1) Oliver, Richard L.(1997), Satisfaction: A Behavioral Perspective on the Consumer. New York: Irwin/McGraw－Hill.

2) Beyond Rewards: Raising the bar on customer loyalty(Harvard Business Review Analytic Services, 2019)

3) Fox, Edward J. and Stephen J. Hoch(2005), "Cherry-Picking", Journal of Marketing, 69(1), 46－62.

4) Rundle－Thiele, S. and Bennett, R.(2001), "A brand for all seasons? A discussion of brand loyalty approaches and their applicability for different markets", Journal of Product & Brand Management, 10(1), 25－37.

5) Dick, Alan S. and Kunal Basu(1994), "Customer Loyalty: Toward an Integrated Conceptual Framework," Journal of the Academy Marketing Science 22(Spring): 99－113.

6) The 80/20 Principle(Richard Koch, 2011)

7) The ROI from Marketing to Existing Online Customers(Adobe Digital Index Report, 2012)

8) "Zero Defections: Quality Comes to Services"(Harvard Business Review, 1990. 9－10)

9) Leading at the Edge of Chaos: How to Create the Nimble Organization(Emmet Murphy 및 Mark Murphy, 1998)

10) Marketing Metrics: The Definitive Guide to Measuring Marketing Performance(Paul Farris, Neil T Bendle, Phillip E Pfeifer, 2010)

11) Imperative 7: Realize the Only Way to Build Customer Loyalty Is through Customer Memories(Colin ShawRyan Hamilton, 2016)

12) The Value of Online Customer Loyalty(Bain & Company, 1999)

13) Schmitt, Philipp, Bernd Skiera, Christophe Van den Bulte(2011), "Referral Programs and Customer Value," Journal of Marketing, 75, 46－59.

14) Allaway Arthur W. and Richard M. Gooner(2006), "Deriving and exploring behavior segments within a retail loyalty card program," European Journal of Marketing, 40(11), 1317－1339.

15) Zaichkowksky, Judith L.(1985), "Measuring the Involvement Construct," Journal of Consumer Research, 12(Dec), 350.

16) Beyond Rewards: Raising the bar on customer loyalty(Harvard Business Review Analytic Service, 2019)

17) en.wikipedia.org 'Montgomery Ward and Searas'

18) Gupta et al.(2006), "Modeling Customer Lifetime Value," Journal of Service Research, 9(2), 139－155.

19) Colloquy Loyalty Talk 2014, www.loyaltyone.com

20) Dowling, Grahame R. and Mark Uncles(1997), "Do Customers Loyalty Programs really work?," Sloan management Review, 38(4), 71－82.

21) Zeithaml, Valarie A., Roland T. Rust and Katherine N. Lemon(2001), "The Customer Pyramid: Creating and Serving Profitable Customers," California Management Review, 43(4), 118－142.

22) Drèze, Xavier and Joseph C. Nunes(2009), "Feeling Superior: The Impact of Loyalty Program

Structure on Consumers' Perceptions of Status," Journal of Consumer Research, 35(2), 890－905. Kopalle, Praveen K. and Scott A. Neslin(2003), "The Economic Viability of Frequent Reward Programs in a Strategic Competitive Environment," Review of Marketing Science, 1, 1-39.

23) Wagner, Tillmann, Thorsten Hennig－Thurau and Thomas Rudolph(2009), "Does Customer Demotion Jeopardize Loyalty?," Journal of Marketing, 73(3), 69－85.

24) Steinhoff, Lena and Robert W. Palmatier(2013), "Understanding the Effectiveness of Loyalty Programs," Marketing Science Institute, Working Paper Series, 13－105.

25) 이은미, 전중옥(2012), "고객등급하락에 따른 고객의 심리적 메커니즘에 관한 탐색적 연구," 소비자학연구, 23(4), 131－153.

26) Liu, Yuping and Rong Yang(2009), "Competing Loyalty Programs: Impact of Market Saturation, Market Share, and Category Expandability," Journal of Marketing, 73(1), 93－108. Lemon, Katherine N. and Florian V. Wangenheim(2009), "The Reinforcing Effects of Loyalty Program Partnership and Core Service Usage," Journal of Service Research, 11, 357－370.

27) Lemon, Katherine N. and Florian V. Wangenheim(2009), "The Reinforcing Effects of Loyalty Program Partnership and Core Service Usage," Journal of Service Research, 11, 357－370.

28) 이진원, 송태호, 김지윤, "기업 간 통합 멤버십 프로그램의 효과에 관한 연구: 고객 획득 VS. 유지 상황에서의 차등적 효과를 중심으로," 한국경영과학회지, 37(2), 89－111.

29) Taylor, Gail Ayala and Scott A. Neslin(2005), "The current and future sales impact of a retail frequeny reward program," Journal of Retailing, 81(4), 293－305.

30) Kivetz, Ran, Oleg Urminsky and Yuhuang Zheng(2006), "The Goal－Gradient Hypothesis Resurrected: Purchase Acceleration, Illusionary Goal Progress, and Customer Retention," Journal of Marketing Research, 43(1), 39－58.

31) Bagchi, Rajesh and Xingbo Li(2011), "Illusionary Progress in Loyalty Programs: Magnitudes, Reward Distances, and Step－Size Ambiguity," Journal of Consumer Research, 37(5), 888－901. Koo, M. and A. Fishbach(2008), "Dynamics of self－regulation: How (un)accomplished goal actions affect motivation," Journal of Personality and Social Psychology, 94(2), 183－195.

32) Nord, Walter R. and J. Paul Peter(1980), "A Behavior Modification Perspective on Marketing," Journal of Marketing, 44(2), 36－47.

멤버십 프로그램의 설계와 구축

Part IV는 멤버십 프로그램을 설계하고 관련 시스템을 구축하는 절차와 방법론을 설명한다. 우선, 멤버십 프로그램의 설계 프레임워크를 통해 설계와 구축의 범위와 절차를 전반적으로 살펴보며, 보다 구체적으로 현황 분석 및 목표 수립, 가입자격, 등급제도, 포인트제도, 보상체계 등 핵심적인 요소들의 설계 방법론을 단계별로 살펴본다. 멤버십 프로그램의 운영에는 다양한 경영정보시스템과의 유기적인 연계와 데이터의 통합이 요구되므로, 시스템 개발 부문에서는 멤버십 프로그램 운영과 관련된 시스템 요소와 멤버십 프로그램을 구축하는 방법들의 특성과 장·단점을 살펴본다.

1. 멤버십 프로그램 설계 프레임워크

　　멤버십 프로그램의 진단 및 설계, 구축 전 범위를 포괄하는 체계적인 설계 프레임워크를 설명한다.

2. 현황 분석 및 목표 수립

　　멤버십 프로그램의 진단과 시장 환경 분석 기법, 멤버십 프로그램의 목표로 설정할 수 있는 주요 성과지표에 대해 알아본다.

3. 멤버십 프로그램의 핵심 설계

　　멤버십 프로그램의 핵심 설계요소인 가입자격, 등급제도, 포인트제도, 보상체계에 대한 구체적인 설계 방법론과 최적안을 도출하는 과정을 살펴본다.

4. 성과지표 개발

　　멤버십 프로그램이 성공적으로 운영되고 있는지를 점검하는 데 필요한 성과지표 개발 방법론을 프로그램 활성지표, 운영성과 지표, 기업성과 지표로 구분하여 설명한다.

5. 멤버십 프로그램 시스템 개발

　　멤버십 프로그램 운영자가 이해하고 있어야 할 유관 경영정보 시스템의 종류와 기능을 살펴보고, 멤버십 프로그램 운영 시스템의 구축 방법을 알아본다.

CHAPTER

01

멤버십 프로그램 설계
프레임워크

기업의 경영활동 대부분이 그러하듯, 멤버십 프로그램의 개발 또한 시장 환경 및 자사의 핵심 역량에 대한 분석 결과를 토대로 자사에 적합한 멤버십 전략과 모델을 개발하고, 이에 기초하여 시스템과 운영 프로세스를 정립한다. 프로그램 도입 후에는 일정 기간의 운영 경험을 통해 파악된 개선요소를 도출하고, 이를 바탕으로 재설계−운영−개선의 순환과정을 반복하며 고도화하는 것이 일반적이다.

멤버십 프로그램의 설계는 [그림 4.1]과 같이 현황 분석부터 목표 수립, 모델 개발, 성과지표 개발, 구현에 이르는 총 5단계의 과정을 거치며, 설계 과정을 간략히 살펴보면 다음과 같다.

1.1 1단계. 현황 분석

현황 분석 단계에서는 멤버십 프로그램의 진단과 시장 환경 분석을 통해 설계할 멤버십 프로그램의 전략적 방향성과 운영 목표를 수립하는 데 토대가 될 시사점을 도출한다. 멤버십 프로그램을 재설계하는 경우에는 현재 운영 중인 프로그램에 대한 성과와 운영 적합성 진단, 그리고 고객 만족도 조사가 핵심적인 현황 분석 영역이 된다. 반면, 멤버십 프로그램을 처음 도입하고, CRM 관련 경험이 적은 기업의 경우에는 시장 동향과 벤치마킹을 중심으로 시장 환경 분석에 집중한다.

(1) 멤버십 프로그램 진단

멤버십 프로그램 진단은 1) 멤버십 성과 진단, 2) 운영 적합성 진단, 3) 고객 만족도 조사를 대상으로 한다. 우선, 멤버십 프로그램 성과 진단은 기업 성과와 운영 성과를 대상으로 한다. 운영 적합성 진단은 실무 관점에서 멤버십 프로그램이 적절하게 운영되고 있는지를 살펴보는 것으로, 프로그램 운영에 필요한 고객정보의 관리와 활용, 등급제도, 포인트 제도, 보상체계 등의 영역에서 정책, 조직, 프로세스, 시스템 관점에서 운영의 적절성을 서면평가 및 면접방식으로 진행한다. 마지막으로, 고객 만족도 조사는 멤버십 프로그램을 이용하는 고객들을 대상으로 시행하는 것으로, 회원의 프로그램에 대한 만족도를 평가한다.

(2) 시장 환경 분석

시장 환경 분석은 시장 동향 분석과 벤치마킹 조사를 대상으로 한다. 시장동향 분석은 멤버십 프로그램 설계와 운영에 영향을 줄 수 있는 경쟁사들의 멤버십 운영 현황과 고객의 니즈 및 선호도 분석, 개인정보보호법과 같은 관련 법규의 동향 등을 포함한다. 반면, 벤치마킹 조사는 동종업종 혹은 이종업종의 성공사례를 분석하여, 성공사례는 자사에 맞게 적용하고, 실패사례는 교훈을 통해 유사한 실수를 범하지 않도록 하는 데 목적이 있다. 경쟁사를 포함하여 참고할 만한 가치가 있는 국내외의 멤버십 성공 및 실패 사례를 조사하고 벤치마킹 요소를 도출한다.

(3) 현황 분석 종합

멤버십 프로그램에 참여한 회원들의 행동을 정량적으로 분석한 멤버십 성과 진단 결과, 멤버십 프로그램 운영에 관련된 내부 책임자 및 실무자 대상의 운영 적합성 진단 결과, 그리고 멤버십 프로그램을 실제 이용한 회원들의 평가인 고객 만족도 조사 결과를 종합하여, 현재 운영 중인 멤버십 프로그램의 차기 운영 목표와 개선 방향을 구체화 하도록 한다. 또한, 법적, 제도적, 사회적인 외부 환경의 변화와 경쟁사의 동향, 그리고 우수/실패한 멤버십 프로그램의 사례 조사를 종합하여 장기적으로 멤버십 전략의 추진 방향과 설계에 유의미한 시사점을 도출한다.

1.2 2단계. 목표 수립

목표 수립 단계는 현황 분석을 통해 도출된 시사점들을 바탕으로 멤버십 프로그램의 장기적인 전략 로드맵과 자사에 적합한 구체적인 운영목표, 그리고 멤버십 프로그램 설계와 운영에 대한 큰 틀에서의 전략적 방향성을 수립하는 과정이다.

(1) 전략 로드맵 도출

멤버십이 장기적인 마케팅 프로그램이라는 점에서 전략 로드맵은 기업 또는 프로그램의 운영 규모와 상관없이 필요하다.

(2) 목표와 전략적 방향성 수립

큰 틀에서의 전략 로드맵을 도출한 다음에는 현 단계에서의 멤버십 프로그램 목표와 설계와 운영에 대한 전략적인 방향성을 수립하도록 한다. 이때 목표는 관리가 가능한 정량적 지표의 형태로 구체화 하는 것이 정확한 실행 방향을 제시하는 데 효과적이다.

1.3 3단계. 모델 개발

멤버십 프로그램의 모델 개발은 운영하게 될 멤버십 프로그램의 형태를 설계하는 것으로, 핵심 요소의 설계와 설계한 모델의 타당성 검토 및 최적안을 선정하는 일련의 과정을 포함한다.

(1) 핵심 요소 설계

멤버십 프로그램을 운영하는 데 필요한 설계요소는 가입자격, 멤버십 유형, 등급제도, 파트너십, 보상정책, 커뮤니케이션 채널, 회원 인증 방법, 회원관리정책, 브랜딩 등을 포함한다. Part IV에서는 그 가운데 핵심 설계 요소에 해당하는 가입자격, 등급제도, 포인트제도, 보상체계를 중심으로 설계 방법을 상세히 다루고 있다.

(2) 타당성 검토 및 최적안 선정

멤버십 프로그램의 모델이 결정되면, 최소 1-2년은 해당 제도를 유지해야 하는 장기적인 프로그램이기 때문에 최적안의 선정에 신중할 필요가 있다. 따라서, 전반적인 설계가 완료되고 나면, 멤버십을 운영할 당사자인 기업의 실무자와 실제 프로그램을 이용하게 될 고객을 대상으로 어떠한 후보 안이 가장 선호도가 높은지를 비교·평가하고, 최종안에 대한 예산 및 성과를 시뮬레이션 한다. 예산 및 성과의 시뮬레이션은 결정된 모델의 포인트와 보상 정책, 추정 회원 수, 그리고 기업 내부의 자원 활용 수준이 기업마다 상이하므로, 본서에서는 최적안을 선정하는 과정을 중심으로 설명한다.

1.4 4단계. 성과지표 개발

　　목표와 운영성과를 구체적으로 관리할 수 있는 성과지표를 개발하는 단계이다. 핵심적인 멤버십 프로그램 활성 지표, 운영성과 지표, 기업성과 지표를 개발하고, 목표 수준을 도출하는 것이 설계의 범위이다. 활성 지표는 멤버십이 얼마나 활발하게 이용되고 있는가를 평가하고, 운영성과 지표는 직접적 운영 목표인 고객 충성도 관점에서 멤버십의 기여도를 평가한다. 마지막으로, 기업성과 지표는 멤버십이 재무적으로 기업의 수익성 증진에 얼마나 기여했는가를 평가한다.

1.5 5단계. 구현

(1) 시스템

　　시스템 구현은 시스템 설계와 개발, 기업 내외부 시스템과의 연동 과정이다. 우선, 시스템 설계는 요구사항의 도출과 시스템 환경 분석을 바탕으로 진행되며, 시스템 개발은 데이터베이스의 구축, 멤버십 관리 시스템의 개발, 고객분석 시스템과 캠페인 시스템의 연동 또는 개발을 포함한다. 멤버십 프로그램을 운영하기 위해서는 기업 내외부의 시스템을 원활하게 연동하는 것까지 범위로 한다. Part IV에서는 멤버십 프로그램을 운영하는 실무자가 멤버십 프로그램을 구축하고 운영하기 위해 관련 부서와 커뮤니케이션을 하는 데 있어 이해하고 있어야 할 핵심적인 기업 내부의 경영정보시스템 요소와 멤버십 프로그램 운영과 관련된 시스템, 그리고 멤버십을 도입할 때 검토하게 되는 멤버십 관리 시스템의 구축 유형을 중심으로 살펴본다.

(2) 운영

　운영하고자 하는 멤버십 모델이 구체적으로 설계되고 나면, 이를 관리할 수 있는 시스템의 개발과 더불어 원활한 멤버십 운영에 필요한 조직 문화, 마케팅 활동, 운영 규정과 프로세스를 정립해야 한다. 우선, 기업 내부에 CRM 기능이 부재했거나, 멤버십 프로그램을 처음 도입하는 기업의 경우에는 멤버십 프로그램의 운영 목적과 필요성에 대한 전사 차원의 공감대를 형성할 수 있는 교육이 수반되는 것이 바람직하다. 멤버십 마케팅 관점에서는 개발한 멤버십이 성공적으로 런칭하고, 목표에 도달할 수 있도록 홍보/광고 전략 및 런칭 프로모션, 회원 대상의 CRM 캠페인 전략을 수립한다. 운영 관점에서는 원활한 내부 운영에 필요한 조직과 매뉴얼, 관련 교육을 진행한다. 운영 관련 요소는 설계보다는 실행 요건에 가깝기 때문에, 본서에서는 해당 내용을 생략하였다.

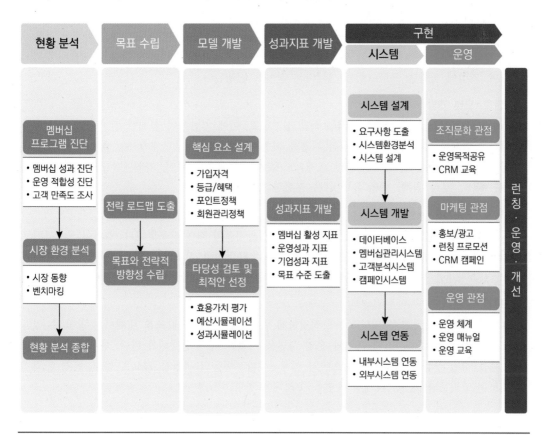

[그림 4.1] 멤버십 프로그램 설계 프레임워크

⊕ Summary

이번 장에서는 멤버십 프로그램의 진단 및 설계, 구축 전 범위를 포괄하는 체계적인 설계 프레임워크를 설명하였다. 독자는 멤버십 프로그램의 설계가 현황 분석부터 목표 수립, 모델 개발, 성과지표 개발, 구현에 이르는 총 다섯 단계로 이루어지며, 런칭 및 운영을 통해 개선하는 일련의 과정이 수반됨을 이해할 수 있었을 것이다.

1단계. 현황 분석
멤버십 프로그램의 현황 진단(재설계할 경우)과 시장 환경 분석을 통해 프로그램 설계에 대한 시사점을 도출한다. 멤버십 프로그램을 처음 도입하는 경우에는 시장동향과 벤치마케팅 분석에 집중하고, 재설계하는 경우에는 현재의 멤버십 프로그램을 진단하고, 시장 환경을 분석하여 현황 분석을 종합한다.

2단계. 목표 수립
기업의 모든 전략 개발은 당면 과제를 중심으로 기업 내·외부의 현황을 분석하는 데서 출발한다. 멤버십 프로그램의 설계 또한 현재 운영 중인 프로그램을 진단하고, 시장 환경을 분석한 결과를 토대로 향후 운영할 멤버십 프로그램의 운영 목표와 장기적인 전략 로드맵을 수립하며, 기업에 적합한 프로그램을 설계하는 절차로 진행된다.

3단계. 모델 개발
멤버십 프로그램 모델 개발은 핵심요소를 설계하고, 이에 기반하여 설계한 멤버십 모델의 타당성을 검토하고 최적안을 선정하는 과정을 거친다. 타당성 검토 단계에서는 효용가치, 예산, 성과를 시뮬레이션 한다. 핵심적인 설계요소에는 기본 구조(가입비, 가입대상), 등급제도, 포인트 제도, 보상 정책, 제휴 유형 등을 포함한다.

4단계. 성과지표 개발
목표와 운영성과를 구체적으로 관리할 수 있는 성과지표의 개발을 포함한다. 멤버십 프로그램의 성과지표의 개발은 핵심적인 멤버십 활성지표, 운영성과 지표와 기업성과 지표를 도출하고, 성과지표별 목표수준을 도출하는 것을 포함한다.

5단계. 구현
설계한 멤버십 프로그램이 시스템에 적절하게 반영되고, 원활하게 조직 내에서 운영될 수 있도록 하기 위해서는 시스템 측면과 운영 측면을 이원화 하여 진행해야 한다. 멤버십 관리 시스템을 직접 구축할 경우에는 시스템의 설계-개발-연동의 과정을 필요로 하며, 운영 관점에서는 조직문화, 운영, 마케팅 측면을 고려해야 한다.

현황 분석 및 목표 수립

　멤버십 프로그램 설계를 위한 현황 분석은 멤버십의 운영 목표와 장기적인 운영 전략 로드맵을 도출하고 최적화된 모델을 설계하는데 중요한 기초 자료가 된다. 현황 분석 단계에서는 멤버십 프로그램의 진단과 시장환경 분석을 실행한다.

　현재 운영 중인 멤버십 프로그램을 재설계하는 경우에는 멤버십 프로그램의 진단이 가장 중요한 현황 분석 영역이 된다. 이 경우, 기업 외부의 시장환경 분석은 이미 멤버십 프로그램 도입 시점에 검토했을 가능성이 높기 때문에 기존 자료를 보완하는 방식으로 진행한다. 멤버십 프로그램을 처음 도입하지만, CRM 관련 활동을 수행해 왔다면 CRM의 대상이 된 고객으로부터 수집된 거래 데이터의 분석을 통해 멤버십 프로그램의 설계에 필요한 정보를 수집할 수 있다. 반면, 멤버십 프로그램을 처음 도입하고, CRM 관련 경험이 전무한 기업의 경우에는 시장환경 분석과 더불어 멤버십 프로그램에 대한 기업 내부의 니즈를 파악하는 방식으로 상황에 맞게 선택적으로 진행한다.

　멤버십 프로그램의 진단 및 시장환경 분석이 끝나면, 설계할 멤버십 프로그램의 전략적 방향성과 운영 목표를 수립하는 데 토대가 될 1) 멤버십 프로그램 도입시 기대할 수 있는 효과와 2) 멤버십 프로그램 운영에 대한 전략적 방향성, 그리고 3) 설계에 참고할 수 있는 주요 시사점을 도출하여 현황 분석을 마무리한다.

2.1 멤버십 프로그램 진단

멤버십 프로그램의 진단은 현재 운영하고 있는 프로그램을 재설계하고자 할 때 가장 중요한 현황 분석 영역이다. 기업의 성과 진단, 고객 만족도 조사, 내부 운영 적합성에 대한 진단을 통해 현재의 전략과 운영, 그에 따른 성과가 적절한가를 평가하고, 이에 근거하여 적절한 수준의 목표와 멤버십 프로그램의 설계 방향 결정에 필요한 정보를 수집하는 데 목적이 있다. 진단은 회원 관리용 데이터베이스에 축적되는 데이터를 분석하며, 고객 만족도 조사는 고객 대상의 설문조사 방식으로, 운영 적합성 진단은 유관 부서 대상의 서면평가와 면접 방식으로 진행한다.

(1) 멤버십 프로그램 성과 진단

멤버십 프로그램 성과 진단은 기업 성과와 운영 성과를 대상으로 한다. 기업 성과는 멤버십 프로그램 참여 회원이 고객자산, 매출, 수익과 같은 재무적 성과에 얼마나 기여했는가를 평가하며, 운영 성과는 멤버십 프로그램을 통해 얼마나 신규회원이 증가하고, 기존회원들의 고객 충성도가 증가했는지를 중심으로 살펴본다. 성과의 측정기간은 현재시점으로부터 과거 2년 이상의 결과를 시계열 또는 시점별로 관찰하는 것이 좋다. <표 4.1>은 멤버십 프로그램 설계를 위한 성과 진단 지표 예시이다.

〈표 4.1〉 멤버십 프로그램 성과 진단 지표 예시

측정영역	측정요소	측정방법
기업 성과	고객자산 증가율	당기 회원 CLV 총 합/전기 회원 CLV 총 합
	매출액 기여도	전기 대비 회원 매출 비중 신장률
	이익 기여도	회원 평균 이익률/전체 고객 평균 이익률

	회원구성 비율	회원 고객 수/전체 고객 수
	유효회원 비율	최소 유효기준 이상 거래 회원 수/전체 회원 수
	신규회원 신장률	(당기 가입자 수-전기 가입자 수)/당기 가입자 수
	기존회원 유지율	(최소 유효기준 이상 거래 회원 수)/(전체 회원 수-당기 신규회원 수)
멤버십 프로그램 운영 성과	우수고객 유지율	우수회원 유지율/기존회원 유지율
	유지율 리프트	회원 그룹 유지율/비회원 그룹 유지율
	멤버십 침투율	회원 총 매출액/총 매출액
	멤버십 활성도	(포인트 적립 횟수+포인트 사용 횟수)/총 결제건 수
	회원 충성도	회원의 평균 구매금액(빈도)/비회원의 평균 구매금액(빈도)
	포인트 효용지수	평균 포인트 사용빈도/평균 포인트 적립빈도

(2) 멤버십 운영 적합성 진단

운영 적합성 진단은 실무 관점에서 멤버십 프로그램이 적절하게 운영되고 있는지를 살펴보는 것으로, 멤버십 운영에 직간접적으로 연관된 부서들(예 멤버십 프로그램 운영, CRM, 마케팅, IT, 고객센터, 매장 등)의 팀장급과 실무자급을 대상으로 한다. 프로그램 운영에 필요한 고객정보의 관리와 활용, 등급제도, 포인트제도, 보상체계 등의 영역에서 정책, 조직, 프로세스, 시스템 관점으로 운영의 적절성을 서면평가 및 면접방식으로 진행한다. 운영 적합성 진단은 기업 내부의 관리 역량과 조직문화, 업무분장 구조 등을 이해하는데 도움을 주기 때문에, 외부 전문가의 도움을 받아 멤버십 프로그램을 재설계할 때에는 반드시 수행하는 것이 바람직하다. <표 4.2>는 운영 적합성 진단영역과 평가항목, 평가차원에 대한 프레임워크 예시이다.

〈표 4.2〉 운영 적합성 진단 프레임워크 예시

● 평가 영역

진단영역	평가항목	평가차원			
		정책	조직	프로세스	시스템
고객정보 관리와 활용	회원약관	●			
	개인정보보호정책	●			
	개인정보보호장치				●

	회원가입관리	●	●	●	●
	회원탈퇴관리	●	●	●	●
	회원정보관리	●	●	●	●
	고객정보활용	●	●	●	●
등급제도	등급조정관리	●	●	●	●
포인트정책	포인트적립-사용 회계처리	●	●	●	●
	포인트사용분담구조	●			
	포인트정산관리	●		●	●
	포인트부정사용대처방안	●			
보상정책	보상제공절차	●			
	보상비용분담구조	●			
	보상비용정산관리	●	●	●	●
제휴	제휴계약서	●			
	제휴비용분담구조	●			
	제휴비용정산관리	●	●	●	●
연회비	연회비정산관리	●	●	●	●
프로그램 관리	관리채널구축	●	●	●	●
	관리채널운영		●	●	●
	관리채널비용정산관리		●	●	●
브랜드 관리	IMC 전략	●	●	●	
프로그램 활성화 전략	커뮤니케이션 채널 기획	●	●	●	●
	가입활성화 전략	●	●	●	
	고객 유지율 향상 전략	●	●	●	
	브랜드간 시너지효과 창출 전략	●	●	●	
고객표준응대 매뉴얼	운영정책 매뉴얼 작업	●			
	관련 고객 응대 교육		●		
고객우대정책	고객 대상 캠페인 기획		●		
마케팅 개인화	고객가치 측정	●			
	고객 세분화 전략	●			●
시스템 운영	고객정보수집관리 ISP	●			
	고객정보 통합관리 DB 구축/운영		●		●
	고객 분석용 데이터마트 구축/운영		●		●
	POS-ERP-CRM-WEB시스템 연동		●		●

(3) 멤버십 프로그램 고객 만족도 조사

멤버십 프로그램을 이용하는 고객들을 대상으로 시행하는 '멤버십 프로그램 고객 만족도 조사'는 멤버십 프로그램에 대한 고객 관점의 진단이라는 점에서, 소비자 만족 수준과 고객가치 구성요소에 대한 구체적인 인지적 가치 평가 및 핵심 개선영역 도출에 도움을 준다.

조사 방식은 고객 만족도 진단도구를 활용한 지면 설문조사가 일반적이며, 필요시 대표성을 갖는 고객을 대상으로 심층면접을 병행할 수 있다. 심층면접은 설문조사의 결과를 이해하고, 설계 방향에 대한 아이디어를 얻는 데 효과적이다.

멤버십 프로그램의 고객 만족도 조사 절차는 다음 [그림 4.2]와 같다.

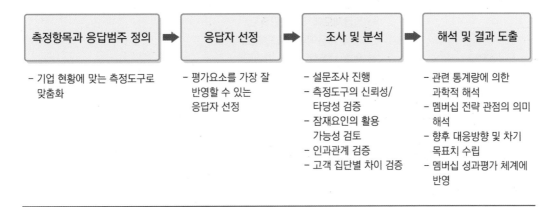

[그림 4.2] 멤버십 프로그램 고객 만족도 조사 절차

[그림 4.3] 멤버십 프로그램에 대한 고객 만족도 조사를 위한 심층면접 모습

1) 측정 항목과 응답 범주의 결정

멤버십 프로그램의 고객 만족도 조사를 위한 진단도구는 'Part III－1.2의 (4) 멤버십 프로그램이 고객 충성도에 미치는 영향의 측정' 편에서 설명한 바와 같이 멤버십 프로그램의 인지적 효용가치를 구성하는 사용가치, 브랜드가치, 관계가치에 대한 중요도와 만족도 수준, 멤버십 프로그램에 대한 충성도 수준, 고객 충성도 수준으로 구성하고, 각 차원별로

〈표 4.3〉 멤버십 프로그램 고객 만족도 설문 평가항목 설계 예시

영역	주제	평가항목
멤버십 프로그램 만족도	사용가치에 대한 만족도	• 포인트 적립율에 대한 만족도 • 포인트 사용 정책에 대한 만족도 • 등급제도에 대한 만족도 • 혜택 내용에 대한 만족도 • 제휴 내용에 대한 만족도 • 회원비에 대한 만족도 • 개인정보보호관리에 대한 만족도 • 회원 가입의 편리성 • 회원 탈퇴의 편리성 • 회원 정보 관리의 편리성 • 포인트 적립의 편리성 • 포인트 사용의 편리성 • 혜택 이용의 편리성 • 서비스 이용의 편리성 • 고객센터 이용의 편리성
	브랜드가치에 대한 만족도	• 멤버십 프로그램 브랜드에 대한 만족도 • 멤버십 프로그램 이미지에 대한 만족도
	관계가치에 대한 만족도	• 직원의 회원 응대에 대한 만족도 • 회원 우대 정책에 대한 만족도 • 회원 전용 혜택에 대한 만족도
	프로그램 전반에 대한 만족도	• 멤버십 프로그램 전반에 대한 만족도 • 경쟁사 멤버십 프로그램 대비 만족도
충성도	프로그램에 대한 충성도	• 멤버십 프로그램을 이용할 의향 • 멤버십 프로그램을 타인에게 추천할 의향
	고객 충성도	• 브랜드를 타인에게 추천할 의향 • 브랜드를 재구매할 의향

제시한 평가항목을 근간으로 하여 기업의 멤버십 프로그램 상황에 맞게 <표 4.3>과 같이 구체적인 형태로 평가항목을 개발한다. 이때, 응답의 신뢰성을 위해 평가항목의 수는 30개를 넘지 않는 수준으로 설계하는 것이 바람직하다. 응답 범주는 [그림 4.4]와 같이 5점 또는 7점 척도를 일반적으로 사용하는데, 응답이 중간값에 치우치는 경향을 예방하기 위해 6점 척도를 사용하기도 한다.

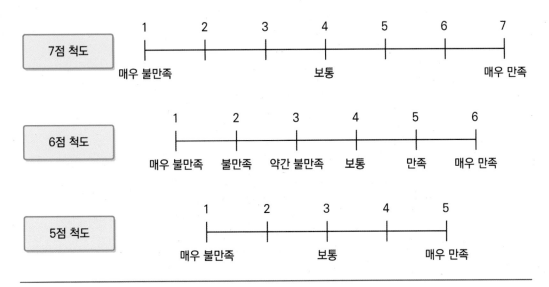

[그림 4.4] 응답 범주의 수 예시

2) 응답자의 선정

거래 6개월 미만의 신규회원, 장기거래회원, 고객 등급별 회원, 인터넷쇼핑몰 주 거래 회원, 매장 주 거래 회원 등 기업의 특성에 맞게 만족도 조사에 유의미한 고객군을 3~5개 그룹의 응답자로 선정하며, 성별과 연령을 함께 고려하여 각 그룹간 응답 차이를 함께 살펴보도록 한다.

3) 조사 및 분석

설문조사를 통해 수집된 자료를 대상으로 1) 측정 도구의 신뢰성 및 타당성 분석, 2) 기초 통계량 분석을 통한 일반적 결과 분석, 3) 개별 측정항목들이 각 평가요소를 잘 나타내는지를 확인하는 잠재요인의 활용 가능성 분석, 4) 평가요소 간의 인과관계 분석, 그리고 5) 집단 간 측정결과의 차이 분석 등을 실행한다([그림 4.5] 참조).

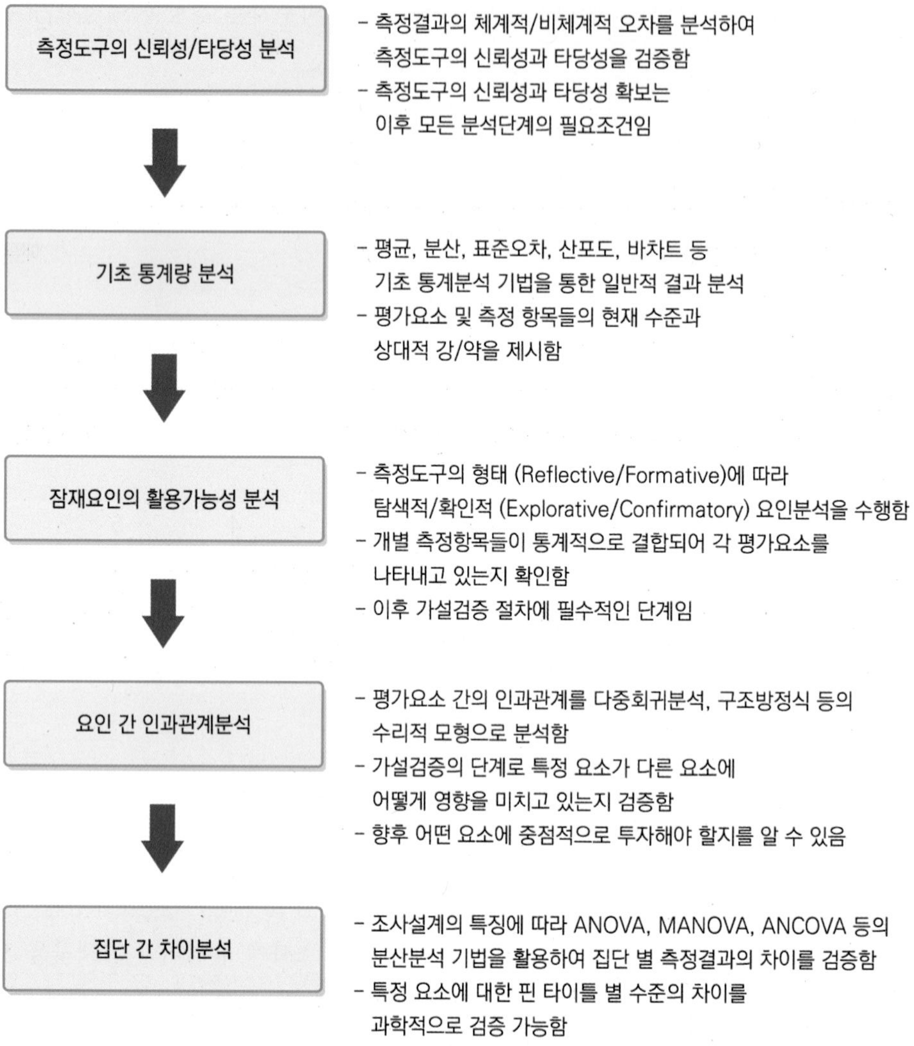

측정도구의 신뢰성/타당성 분석
- 측정결과의 체계적/비체계적 오차를 분석하여 측정도구의 신뢰성과 타당성을 검증함
- 측정도구의 신뢰성과 타당성 확보는 이후 모든 분석단계의 필요조건임

기초 통계량 분석
- 평균, 분산, 표준오차, 산포도, 바차트 등 기초 통계분석 기법을 통한 일반적 결과 분석
- 평가요소 및 측정 항목들의 현재 수준과 상대적 강/약을 제시함

잠재요인의 활용가능성 분석
- 측정도구의 형태 (Reflective/Formative)에 따라 탐색적/확인적 (Explorative/Confirmatory) 요인분석을 수행함
- 개별 측정항목들이 통계적으로 결합되어 각 평가요소를 나타내고 있는지 확인함
- 이후 가설검증 절차에 필수적인 단계임

요인 간 인과관계분석
- 평가요소 간의 인과관계를 다중회귀분석, 구조방정식 등의 수리적 모형으로 분석함
- 가설검증의 단계로 특정 요소가 다른 요소에 어떻게 영향을 미치고 있는지 검증함
- 향후 어떤 요소에 중점적으로 투자해야 할지를 알 수 있음

집단 간 차이분석
- 조사설계의 특징에 따라 ANOVA, MANOVA, ANCOVA 등의 분산분석 기법을 활용하여 집단 별 측정결과의 차이를 검증함
- 특정 요소에 대한 핀 타이틀 별 수준의 차이를 과학적으로 검증 가능함

[그림 4.5] 설문조사 자료의 분석 절차

4) 해석 및 결과 도출

분석 결과에 대한 해석은 관련 통계량에 기반한 과학적 해석이어야 하며, 현황에 대한 평가도 중요하지만, 멤버십 프로그램 운영에 도움을 줄 수 있는 전략적 시사점을 도출하는 관점에서의 의미 해석이 이루어져야 한다. 고객 만족도 조사의 결과는 멤버십 프로그램의 성과평가에 반영하고, 정기적인 조사를 통해 항목별 시계열적인 수치 변화를 함께 관찰할 때 더욱 의미가 있다.

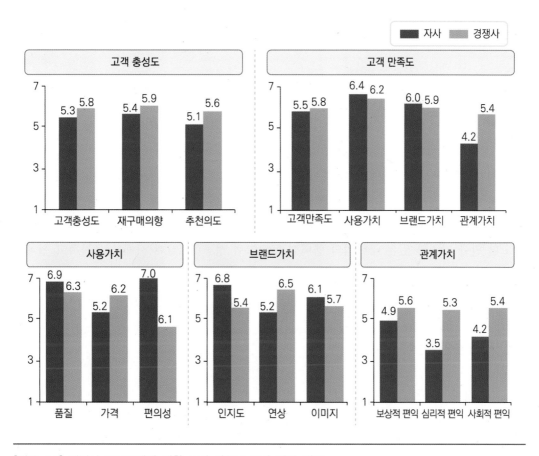

[그림 4.6] 멤버십 프로그램에 대한 고객 만족도 조사 결과 예시

[그림 4.6]은 멤버십 프로그램에 대한 고객 만족도 조사의 예시이다. 해당 기업은 회원들에게 자사와 경쟁사의 멤버십 프로그램에 대한 만족도를 함께 조사하여 경쟁사 대비 자

사의 수준을 비교 평가하고 있음을 알 수 있다. 항목별로 살펴보면, 고객 충성도는 재구매 의향과 추천의도의 평균 점수를, 고객 만족도는 사용가치와 브랜드가치, 관계가치의 평균 점수를 사용하였다. 이때, 사용가치는 품질, 가격, 편의성에 대한 평가 값의 평균 점수를, 브랜드가치는 브랜드 인지도, 브랜드 연상, 브랜드 이미지에 대한 평가 값의 평균 점수를, 그리고 관계가치는 보상적 편익, 심리적 편익, 사회적 편익에 대한 평가 값의 평균 점수를 사용하였음을 알 수 있다. 조사 결과는 해당 기업의 경우 무엇보다 관계가치의 개선이 시급하며, 그밖에 가격 경쟁력과 브랜드 연상을 강화함으로써 고객 충성도를 향상시킬 필요가 있음을 시사한다.

2.2 시장환경 분석

시장환경 분석은 시장동향의 파악과 벤치마킹으로 진행되며, 전자는 멤버십 프로그램 설계와 운영에 영향을 줄 수 있는 경쟁사들의 멤버십 운영 현황과 고객의 니즈 및 선호도 분석, 개인정보보호법과 같은 관련 법규의 동향 등을 포함한다. 후자는 경쟁사를 포함하여 참고할 만한 가치가 있는 국내외의 멤버십 프로그램 성공 및 실패 사례를 조사하고 설계의 벤치마킹 요소로 도출한다.

(1) 시장동향 분석

시장동향 분석은 멤버십 프로그램 설계에 영향을 줄 수 있는 주요 영역인 경쟁자(competition), 소비자(consumer), 기술(technology), 법규(legal)를 대상으로, [그림 4.7]과 같이 요인분석, 변화 원인 분석 및 전망, 문제와 기회의 탐색, 3단계로 진행한다. 우선, 요인분석 단계에서는 영역별로 멤버십 프로그램의 운영에 영향을 줄 수 있는 요인을 분석한다. 그 다음 각 요인이 어떻게 발생했는지 그 원인을 이해하고 이를 바탕으로 미래의 변화를 전망하여 장기적인 관점에서 멤버십 프로그램이 설계될 수 있도록 한다. 마지막으로, 해당 요인들이 멤버십 프로그램의 설계와 운영에 가져올 수 있는 문제 또는 기회를 제시한다.

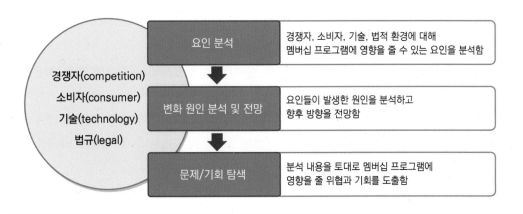

[그림 4.7] 시장동향 분석 프로세스

　　시장동향 분석 시 경쟁사, 소비자, 기술, 법규 각 항목별로 고려해야 할 사항은 <표 4.4>와 같다. 우선, 경쟁사 분석 시에는 시장 환경 내에서 경쟁하는 기업들의 위치를 멤버십 프로그램의 관점에서도 살펴보는 것이 필요하다. 시장의 리더가 아님에도 멤버십 프로그램의 경쟁력이 높은 경우가 있기 때문이다. 소비자 분석 시에는 멤버십의 가입과 사용에 영향을 줄 수 있는 인구통계적 요소, 행동양식, 소비 방식의 변화에 초점을 둔다. 기술과 법규 분석은 멤버십 프로그램의 운영과 멤버십을 통한 마케팅 활동에 영향을 줄 수 있는 영역을 중심으로 살펴본다.

〈표 4.4〉 시장동향 분석 항목별 주요 고려사항

항목	주요 고려사항
경쟁자	시장환경 내 자사의 위치 변화, 신규 경쟁자의 진입, 후발주자의 위치 변화, 경쟁사 멤버십 프로그램 운영 동향, 자사 멤버십 프로그램의 위치와 경쟁력
소비자	소비자의 인구통계 및 사회문화적 행동양식 변화, 소비 방식의 변화
기술	마케팅 환경에 영향을 주는 기술 동향
법규	멤버십 프로그램 운영에 영향을 주는 법규, 이슈, 여론

(2) 벤치마킹

동종 업종 혹은 이종 업종의 성공사례를 분석하여, 성공사례는 자사에 맞게 적용하고, 실패사례는 교훈을 통해 유사한 실수를 범하지 않도록 하는 데 목적이 있다. 멤버십 프로그램 설계를 위한 벤치마킹은 [그림 4.8]과 같이, 벤치마크 대상의 선정, 분석방법의 표준화, 벤치마킹 정보의 수집과 분석, 시사점 도출의 4단계로 진행한다. 벤치마크 대상은 언론 보도자료나 기업들의 멤버십 프로그램 관련 광고 및 행사, 기업 홈페이지 등의 2차 자료를 활용하여 선정한다. 분석방법의 표준화는 자료분석 기준과 산출물의 표준화를 의미한다.

신속한 벤치마킹 진행을 위해 다수가 함께 자료를 수집하고 분석할 경우 분석할 기준과 산출물의 표준화가 필요하다. 통일된 조사방법이 결정되면, 이에 근거하여 자료를 수집하고 분석한다. 벤치마킹에 참여한 구성원들은 조사한 자료를 취합하고, 시사점 도출에 모두 참여하도록 한다. 멤버십 프로그램 벤치마킹 정보의 조사는 브랜드와 멤버십 프로그램에 대한 주요 운영정보와 멤버십 프로그램 설계를 위한 실질적인 학습 자료로서 멤버십 프로그램의 운영 모델에 대한 구체적이고 상세한 자료 수집을 범위로 한다.

예컨대, 브랜드의 주요 운영정보는 어떤 업종인지, 주 고객층은 어떤 특성을 갖고 있는지, 브랜드는 어떤 시장을 포지셔닝하는지, 그리고 제품전략과 고객전략은 어떤 특성을 갖고 있는지를 조사한다. 멤버십 프로그램에 대한 주요 운영정보에는 언제 멤버십 프로그램을 도입했는지, 운영기간이 얼마나 되는지, 그 기간 동안 회원 수는 어떻게 증가해 왔는지, 주요 성과는 무엇인지, 핵심 경쟁력 요소는 무엇인지를 조사한다. 마지막으로 멤버십 프로그램 모델은 운영 모델의 구조와 특성, 고객 측면에서 본 인지적 가치 구성요소 평가, 핵심 설계 요소들의 특성 등을 포함하도록 한다.

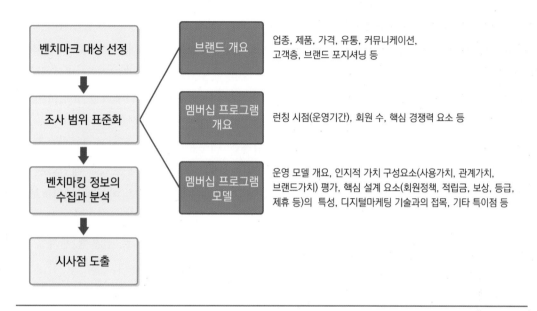

[그림 4.8] 멤버십 프로그램 설계를 위한 벤치마킹 절차와 분석 범위

2.3 목표 수립

목표 수립 단계는 현황 분석을 통해 도출된 시사점들을 바탕으로 멤버십 프로그램의 장기적인 전략 로드맵과 자사에 적합한 구체적인 운영 목표, 그리고 멤버십 프로그램 설계와 운영에 대한 큰 틀에서의 전략적 방향성을 수립하는 과정이다. 멤버십이 장기적인 마케팅 프로그램이라는 점에서 전략 로드맵은 기업 또는 프로그램의 운영 규모와 상관없이 필요하다. 큰 틀에서의 전략 로드맵을 도출한 다음에는 현 단계에서의 멤버십 프로그램 목표와 설계와 운영에 대한 전략적인 방향성을 수립하도록 한다.

(1) 멤버십 전략 로드맵 도출

성공적인 멤버십 프로그램의 운영은 한 번에 완성되는 것이 아니라, 지속적인 개선을 통해 고도화하는 과정임을 인식해야 한다. 장기적으로 어떻게 멤버십 프로그램을 발전시켜 나갈 것인가에 대한 비전과 구체적인 단계별 로드맵은 적정한 예산 배분 및 확보, 그리고 체계적이고 발전적인 운영을 도모하므로 반드시 필요하다. 멤버십 프로그램을 재설계하고자 하는 기업은 계획했던 전략 로드맵상의 위치와 실제 운영 결과와의 차이를 규명하여 기존의 전략 로드맵을 수정 보완한다.

멤버십 프로그램을 통해 해결하고자 하는 과제는 대부분이 한 번에 모두 해결될 수 있는 것이기 보다는 선후행의 관계를 갖고 있다. 예를 들어, 회원들을 대상으로 개인화된 마케팅을 자동화하고 싶다면, 우선 회원가입 유도에 집중하여 일정 규모 이상의 회원정보를 수집하는 절차가 선행되어야 한다. 따라서, 전략 로드맵을 처음 수립하는 기업은 현황 분석을 통해 도출된 기대효과와 전략적 방향성에 대한 시사점들을 바탕으로 선후행 관계를 고려한 전략 요소의 우선순위를 결정하고 단계별 전략 로드맵을 수립한다.

멤버십 프로그램의 전략 로드맵은 과제의 중요도와 긴급한 정도를 기준으로 과제의 우선 순위를 선정하는 방법론인 과제 우선 순위 분석(Problem Priority Analysis, PPA) 기법을 활용한다. PPA는 환경분석을 통해 도출된 전략적 방향성과 기업 내부 및 고객의 니즈를 고려하여 긴급성과 중요도의 관점에서 분류하는 데 효과적이다. [그림 4.9]의 예시와 같이 긴급성과 중요도가 높은 과제를 우선순위 과제로 선정하고, 해당 과제들이 수행되기 위한 선후행 관계를 고려하여 [그림 4.10]과 같이 단계별 멤버십 전략 로드맵을 도출한다.

높음 (중요도)	파트너십	VIP 혜택 재설계 소셜 CRM 접목	회원정보 클렌징 등급체계 재설계 모바일멤버십 앱 개발
중요도	유료회원제	CRM 캠페인 시스템 도입 고객 분석 기반 마케팅 활성화	비회원의 회원화 2차 구매 유도 전략
낮음			
	낮음	긴급성	높음

[그림 4.9] 과제 우선 순위 분석(PPA) 예시

[그림 4.9]의 예시 기업은 '회원정보 클렌징'을 통해 보유 데이터의 신뢰성을 확보하고, 특정 등급에 편중된 고객군을 바로 잡거나 전략적으로 특정 등급을 추가하는 등 '기존 등급 체계를 재설계'하며, '모바일멤버십 앱을 개발'하여 모바일 중심의 커뮤니케이션 환경 변화에 대응하는 것이 가장 중요하고 시급한 상황임을 보여준다. 그 다음으로 중요한 차기 과제는 중요도는 보통이지만 긴급성이 높은 '비회원의 회원화, 2차 구매 유도 전략의 수립', 또는 중요도는 높지만 긴급성이 보통인 'VIP 혜택 재설계와 소셜 CRM의 접목'인 것으로 파악되었다.

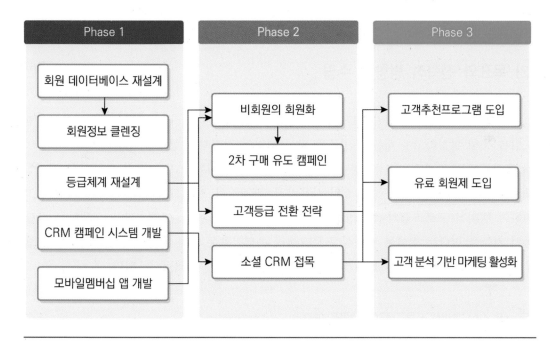

[그림 4.10] 단계별 멤버십 전략 로드맵 예시

[그림 4.9]의 PPA 결과를 바탕으로 해당 기업은 도출된 과제를 실행하는데 요구되는 선후행 단계를 고려하여 [그림 4.10]과 같이 멤버십 전략 로드맵을 3단계로 계획하게 되었음을 알 수 있다. 1단계가 단기과제라면, 2단계는 중기과제, 3단계는 장기과제라고 할 수 있을 것이다. 1단계에서는 가장 시급한 과제 중 하나인 '회원정보 클렌징'을 위해 기존의 '회원 데이터베이스 설계 내용의 문제점을 개선'하는 선행 과제가 고려되었으며, 1단계에서 '등급체계를 재설계'하고 이를 바탕으로 2단계에서 '비회원을 회원으로 전환'시키고, 동시에 '고객의 등급을 상향 또는 유지시키는 등급 전환 전략'을 추진한다. 또한, 차기 수행 과제로

도출된 '소셜 CRM을 도입'하기 위해 우선 1단계에서는 'CRM 캠페인 시스템을 개발'하는 것으로 방향을 잡고 있다. 마지막으로, '모바일멤버십 앱'을 1단계에서 개발하여 고객과의 커뮤니케이션 채널을 강화한 다음, 차기 과제 중 하나인 '비회원의 회원화 전략'을 2단계에서 추진한다. 해당 기업은 2단계에서 '고객등급 전환 전략'을 성공적으로 실행하고, '소셜 CRM'이 안정적으로 도입되고 난 다음에는 3단계에서 '고객 추천 프로그램'과 '유료 회원제'를 도입하고, '고객 분석 기반의 마케팅 활동을 활성화'하는 방향으로 장기적인 전략 로드맵을 수립하고 있다. 각 단계별 수행기간은 기업의 내부 여건을 고려하여 결정한다.

(2) 목표와 전략적 방향성 수립

장기적인 관점에서 전략 로드맵을 수립한 다음에는 이에 근거하여 멤버십 프로그램 도입을 통해 달성하고자 하는 운영목표 및 구체적인 전략적 방향성을 수립하도록 한다. 이 때 운영목표는 관리가 가능한 정량적 지표의 형태로 구체화하고, 전략적 방향성은 멤버십 프로그램의 인지적 가치 구성 요소인 사용가치, 관계가치, 브랜드가치의 세 가지 측면을 고려하여 멤버십 프로그램의 설계방향을 제시할 수 있어야 한다. 고객전략을 실행하는 플랫폼의 기능을 한다는 점에서 멤버십 프로그램의 운영목표는 재무적 성과와 멤버십 프로그램 운영성과 관점에서 다음 <표 4.5>에서 제시한 지표들이 고려될 수 있다.

〈표 4.5〉 멤버십 프로그램의 운영목표 예시

구분		목표 예시
재무적 성과		• 고객자산 (　　　)% 증진 • 회원 매출 비중 (　　　)% 증진 • 회원 이익률 (　　)% 개선
운영 성과	고객 관계 유지	2차 구매비율 증진, 회원 유지율 증진(회원 이탈율 감소)
	고객 관계 강화	우수고객 비율 증진, 기존고객의 상승/교차구매 촉진
	신규회원 획득	신규회원 신장률 증진, 신규회원 유지율 신장, 신규회원 획득비용 절감
	프로그램 활성화	멤버십 프로그램 만족도 향상, 포인트 사용률 개선
	CRM 인프라	• 비회원의 회원 전환 비율 개선, 유효 고객 비율 개선 • 회원 접촉 정보 유효성 개선
	고객 참여	고객 인당 상품후기 개수, 인플루언서 수
	고객 추천	고객 인당 평균 추천 수, 추천고객의 매출 기여도

<표 4.5>의 예시 기업은 고객자산, 회원 매출 비중, 회원 이익률 개선을 재무적 성과 목표로 설정하고, 고객 관계 유지, 관계 강화, 신규회원 획득, 프로그램 활성화, CRM 인프라, 고객 참여, 고객 추천 등 7개 차원에 대한 운영성과 목표를 수립하고 있다. 운영목표는 '(　)% 증진, (　)명 도달' 등과 같이 관리가 가능한 수치로 목표치를 수립하는 것이 바람직하다.

⊙ Summary

이번 장에서는 멤버십 프로그램의 진단과 시장환경 분석 기법, 멤버십 프로그램의 목표와 전략적 방향성 설정에 대해 알아 보았다.

멤버십 프로그램 진단

멤버십 프로그램의 진단은 기업의 성과 진단, 내부 운영 적합성에 대한 진단, 고객 만족도 조사를 통해 현재의 전략과 운영, 그에 따른 성과가 적절한가를 평가하고, 이에 근거하여 적절한 수준의 목표와 프로그램의 설계 방향 결정에 필요한 정보를 수집하는 데 목적이 있다. 진단은 회원 관리용 데이터베이스에 축적되어 있는 고객 데이터를 분석하며, 고객 만족도 조사는 고객 대상의 설문조사 방식으로, 운영 적합성 진단은 서면평가와 면접 방식으로 진행한다.

시장환경 분석

시장환경 분석은 시장동향의 파악과 벤치마킹으로 진행되며, 전자는 프로그램 설계와 운영에 영향을 줄 수 있는 경쟁사들의 멤버십 운영 현황과 고객의 니즈 및 선호도 분석, 개인정보보호법과 같은 관련 법규의 동향 등을 포함한다. 후자는 경쟁사를 포함하여 참고할 만한 가치가 있는 국내·외의 멤버십 프로그램에 대한 성공 및 실패 사례를 조사하고 설계의 벤치마킹 요소로 도출한다. 멤버십 프로그램을 처음 도입하고, CRM 관련 경험이 전무한 기업의 경우에는 시장환경 분석과 더불어 멤버십 프로그램에 대한 기업 내부의 니즈를 파악하는 방식으로 상황에 맞게 선택적으로 진행한다.

현황 분석 종합

멤버십 프로그램의 진단 및 시장환경 분석이 끝나면, 설계할 멤버십 프로그램의 전략적 방향성과 운영 목표를 수립하는 데 토대가 될 1) 멤버십 프로그램 도입시 기대할 수 있는 효과와 2) 멤버십 프로그램 운영에 대한 전략적 방향성, 그리고 3) 설계에 참고할 수 있는 주요 시사점을 도출하여 현황 분석을 마무리 한다.

목표 수립

목표 수립 단계는 현황 분석을 통해 도출된 시사점들을 바탕으로 멤버십 프로그램의 장기적인 전략 로드맵과 자사에 적합한 구체적인 운영 목표, 그리고 멤버십 프로그램 설계와 운영에 대한 큰 틀에서의 전략적 방향성을 수립하는 과정이다. 멤버십이 장기적인 마케팅 프로그램이라는 점에서 전략 로드맵은 기업 또는 프로그램의 운영 규모와 상관없이 필요하다. 멤버십 프로그램의 운영 목표는 관리가 가능한 정량적 지표의 형태로 구체화하고, 전략적 방향성은 멤버십 프로그램의 인지적 가치 구성 요소인 사용가치, 관계가치, 브랜드가치의 세 가지 측면을 고려하여 멤버십 프로그램의 설계 방향을 제시할 수 있어야 한다.

CHAPTER

03

멤버십 프로그램의 핵심
설계

멤버십 프로그램을 운영하는데 필요한 설계요소는 다음과 같이 가입자격, 운영모델, 등급제도, 파트너십, 보상정책, 커뮤니케이션 채널, 회원인증, 브랜딩 등을 포함한다([그림 4.11] 참조). 이번 절에서는 그 가운데, 핵심적인 전략적 설계 요소인 가입자격, 등급제도, 보상정책(포인트제도, 보상체계)을 중심으로 살펴보고자 한다. 운영 모델과 파트너십은 'Part II. 멤버십 프로그램의 유형' 편을 참고하도록 한다. 그 밖에 '커뮤니케이션 채널'과 '회원 인증'은 기업의 비즈니스 환경에 맞는 적절한 조합의 선택이 필요하고, '브랜딩'은 브랜드 관리 부서와의 협업을 통해 기업 브랜드와 멤버십 프로그램 브랜드의 정체성을 통일시키는 작업이 중요하다.

멤버십 프로그램의 설계요소별 주요 의사결정사항은 다음과 같다.

① **가입자격**
  • 가입비 - 무료 프로그램을 운영할 것인가, 유료 프로그램을 운영할 것인가
  • 가입대상
    - 전체고객을 대상으로 할 것인가
    - 우수고객을 대상으로 할 것인가
    - 특정집단을 대상으로 할 것인가

② 운영 모델
- 포인트를 적립하여 현금처럼 사용할 수 있는 로열티 프로그램을 운영할 것인가
- 구매 횟수에 기반하는 프리퀀시 프로그램을 운영할 것인가
- 회원 우대 상시할인을 적용하는 할인 프로그램을 운영할 것인가
- 현금으로 보상하는 캐시백 프로그램을 운영할 것인가
- 포인트를 적립하여 보상물로 상환 받는 보상물 프로그램을 운영할 것인가

③ 등급제도
- 등급제를 운영할 것인가, 무등급제를 운영할 것인가
- 등급제도의 운영은 일반고객의 우수고객화를 목적으로 하는가, VIP 관리를 목적으로 하는가
- 등급구간은 몇 개가 적정한가
- 회원등급별로 어떻게 보상과 혜택을 차별화할 것인가

④ 파트너십
- 단일 멤버십 프로그램을 운영할 것인가, 제휴 프로그램을 운영할 것인가
- 제휴를 통해 포인트의 적립-사용처를 확대하는 멀티-파트너 프로그램을 운영할 것인가
- 계열사(브랜드)별로 독립 운영할 것인가, 그룹사(본사) 차원의 통합 프로그램을 운영할 것인가
- 동종 업종 연합 프로그램에 가입할 것인가
- 이종 업종 연합 프로그램에 가입할 것인가, 어떤 이종 업종 연합 프로그램이 적합한가

⑤ 보상정책
- 로열티 프로그램을 운영한다면, 포인트의 적립-사용-소멸 정책은 어떻게 할 것인가
- 회원에게 어떠한 보상과 특전을 제공할 것인가

⑥ 커뮤니케이션 채널
- 회원정보 및 포인트 이력 관리, 특별 오퍼 제공 등을 위한 커뮤니케이션 채널은

어디로 할 것인가

- 개인 맞춤형 커뮤니케이션을 실행할 것인가, 한다면 어떠한 디지털마케팅 기술이 필요한가

⑦ 회원 인증
- 회원의 포인트 적립-사용, 보상물 획득 등에 필요한 회원 인증은 무엇으로 할 것인가

⑧ 브랜딩
- 멤버십 프로그램의 브랜드와 로고, 모델 등은 무엇으로 할 것인가
- 등급별 명칭은 무엇으로 할 것인가
- 포인트의 이름은 무엇으로 할 것인가

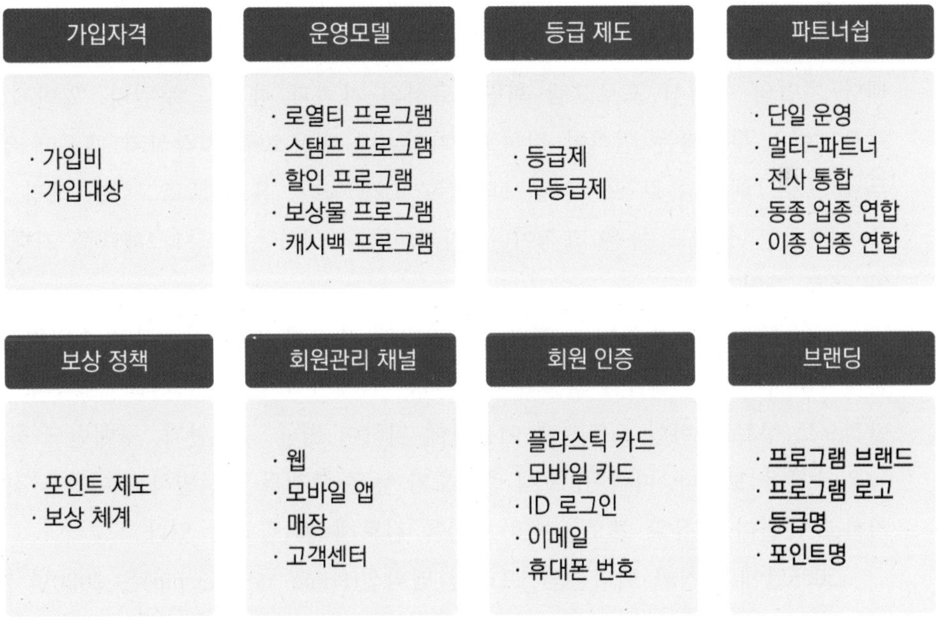

가입자격	운영모델	등급 제도	파트너쉽
· 가입비 · 가입대상	· 로열티 프로그램 · 스탬프 프로그램 · 할인 프로그램 · 보상물 프로그램 · 캐시백 프로그램	· 등급제 · 무등급제	· 단일 운영 · 멀티-파트너 · 전사 통합 · 동종 업종 연합 · 이종 업종 연합

보상 정책	회원관리 채널	회원 인증	브랜딩
· 포인트 제도 · 보상 체계	· 웹 · 모바일 앱 · 매장 · 고객센터	· 플라스틱 카드 · 모바일 카드 · ID 로그인 · 이메일 · 휴대폰 번호	· 프로그램 브랜드 · 프로그램 로고 · 등급명 · 포인트명

[그림 4.11] 멤버십 프로그램 운영을 위한 설계 요소 및 의사결정 사항

3.1 가입자격

가입자격은 가입비와 가입대상을 결정하는 것으로, 멤버십 프로그램 운영구조의 근간이 된다. 본 절에서는 가입비를 기준으로 했을 때 무료 프로그램, 유료 프로그램, 무료/유료 프로그램의 병행이 각각 어떠한 상황에서 고려되어야 하는지, 그리고 가입자격은 어떠한 상황에서 대상을 제한 또는 제한하지 않는 것이 적합한지에 초점을 두어 설명하고자 한다.

(1) 가입비

멤버십 프로그램의 가입비(또는 회원비, 연회비)는 기업이 회원약관에 명시한 멤버십 프로그램 회원으로서의 자격을 부여 받기 위해 소비자가 지불해야 하는 비용을 의미한다. 회원가입을 위해 별도의 비용이 들지 않는 무료 프로그램과 가입비를 지불해야 하는 유료 프로그램으로 구분할 수 있다. 유료 프로그램의 경우 소비자는 기업이 명시하는 멤버십 프로그램 이용약관에 동의하고 가입비를 지불하여 회원가입 절차를 완료함으로써 해당 기업의 멤버십 프로그램 회원으로서의 자격과 혜택을 누린다. 일반적으로 멤버십 프로그램은 무료라는 인식이 강하고, 가입비를 비용으로 지각하기 때문에 일반적으로는 무료 프로그램이 유료 프로그램보다 선호도가 높다. 유료 프로그램은 해당 브랜드를 자주 이용하는 충성도 높은 고객이나, 가입비를 상쇄하는 보상과 혜택을 기대하는 소비자가 주로 가입한다.

기업 관점에서 가입비는 멤버십 프로그램 운영에 따른 직접적인 수익원이 되고, 단기간에 VIP 수준의 고객들을 창출할 수 있다는 점에서 유료 프로그램은 매력적이다. 또한, 일반적으로 무료 멤버십 프로그램 이용자에 비하여 평균 구매단가, 구매빈도 등이 현격하게 높은 수준을 보인다. 따라서, 고객 충성도가 높은 고객들을 선별하고 이들을 집중적으로 관리하고자 한다면 유료 프로그램의 도입을 검토해 볼 필요가 있다.

2005년에 런칭한 아마존의 '프라임 멤버십(Prime Membership)'은 2020년 기준, 연회비 $119를 지불하는 고가의 유료 멤버십 프로그램임에도 불구하고, 회원 수가 1억 명, 미국 소비자의 60%를 차지한다. JP 모건의 분석에 따르면, 프라임 회원들은 이 멤버십 프로그램의 가치를 연회비의 약 7배에 이르는 $780 수준으로 인식한다.[1] 프라임 멤버십이 주는 효용 때문에 회원들이 아마존을 이용하는 것이라는 표현을 해도 과언이 아닐 정도이다. 회원들의 고객 충성도 수준을 보면, 아마존 프라임 회원의 연간 구매액은 비회원 대비 약 2.4배인 연간 $1,400이며, 연간 방문횟수 또한 비회원보다 2배 더 많다.[2] 아마존 프라임의 성과는 고객들이 가장 원하는 니즈-무료배송, 무료반품, 빠른배송, 무료 디지털콘텐츠, 멤버십 우대 할인 등-를 간파하고, 이를 가능하게 하기 위해 지난 15년간 물류, 디지털 콘텐츠 등의 영역에서 꾸준히 파괴적인 혁신을 시도해 왔으며, 회원을 회원답게 우대한 결과이다.

또 다른 예로는 코스트코가 있다. 회원 전용의 창고형 대형 할인점인 코스트코는 개인 $60, 사업자 $120의 연회비를 요구함에도 불구하고, 2020년 기준 전 세계 9천 8백만 명의 회원을 확보하고 있으며, 매출, 수익, 신규회원의 수가 매년 지속적으로 증가하고 있다. 대규모의 우량한 고객 기반을 확보하고 있는 코스트코는 공급자로부터 유리한 조건에 제품을 납품 받을 수 있는 막강한 구매 협상력의 우위를 확보하고, 이러한 지위를 이용해 '고품질의 제품을 저렴하게 제공한다'는 코스트코의 미션에 부합하는 제품을 회원들에게 제공하고 있다. 이러한 신뢰를 바탕으로 '주유, 보험, 주택구입대출, 헬스케어, 여행'과 같이 각 가정들이 생애주기 동안 거래해야 하는 핵심적인 영역에서 경쟁력 있는 서비스를 제공하며 고가의 유료 프로그램임에도 불구하고, 고객이 계속 코스트코를 이용하도록 만들고 있다.

유료 프로그램은 다음과 같은 상황에서 운영을 검토할 필요가 있다.
- 충성도 높은 고객 집단이 뚜렷하게 존재하며, 이들의 구매력이 일반 고객군에 비해 월등히 높다고 평가되는 경우
- 멤버십 프로그램이 제공하는 양질의 서비스를 향유하고자 하는 니즈가 큰 경우
- 기업의 내부자원을 활용하여 가입비를 상쇄하는 유·무형의 혜택을 제공할 수 있다고 평가되는 경우
- 제품의 특성상 고객이 VIP로 우대 받는 것을 타인에게 노출시킬 수 있는 경우

유료 프로그램을 개발할 때에는 소비자가 지불하는 가입비 대비 얻게 되는 혜택 간의 차이를 쉽게 비교할 수 있도록 커뮤니케이션 하는 것이 중요하다. [그림 4.12]는 유료 멤버십의 혜택을 산술적으로 쉽게 설명한 사례이다. 건강기능식품 전문점을 운영하는 GNC코리아는 베스트셀러 4개 제품을 1년간 지속적으로 구입했을 때 지불하게 되는 정상가를 기준

으로, 유료 멤버십에 가입한 고객이 어떻게 전체적인 구입 비용을 절감할 수 있는지를 일목요연하게 수치로 제시하고 있다. 이러한 방식은 연회비를 상쇄하는 혜택을 누릴 수 있다는 확신과 그 혜택의 수준을 직관적으로 파악할 수 있도록 돕는다.

[그림 4.12] 유료 프로그램의 혜택을 산술적으로 쉽게 제시한 예시 – GNC코리아(www.gnckorea.co.kr)

가입비를 기준으로 했을 때, 1) 무료 프로그램만 운영하거나, 2) 무료 프로그램과 유료 프로그램을 함께 운영하거나, 3) 유료 프로그램만 운영하는 방식을 고려할 수 있다. 각각의 특징은 다음 <표 4.6>과 같다.

〈표 4.6〉 가입비 기준 멤버십 프로그램의 운영 유형 및 특징

구분	특징
무료 프로그램만 운영	• 최소한의 프로그램 운영만 가능한 경우 • 무료 프로그램으로 충분히 다양한 혜택을 제공할 수 있는 경우 • 유료 프로그램을 통한 차별화가 불필요하거나 어려운 경우
무료 프로그램과 유료 프로그램의 병행	• 신규고객 확대와 충성고객 관리를 모두 필요로 하는 경우 • 프로그램을 이원화하여 운영할 수 있는 조직과 인프라를 갖추고 있는 경우 • 무료 프로그램을 통해 확보한 신규고객 증가율이 감소하고 있어 보유 고객의 양질화가 중요한 단계인 경우 • 취급 재화의 단가 편차가 크거나, 재화의 다양성이 큰 경우

유료 프로그램만 운영	• 프로그램 운영을 위해 회원비가 필요한 경우 • 충성고객의 매출 비중이 현저히 높아 충성고객에게 집중하는 것이 효율적인 경우 • 전략적으로 초우량 고객군을 잠재고객 대상으로 정의한 경우 • 유료 프로그램을 통해 제공하는 혜택에 대해 소비자가 지각하는 가격 수준은 높 지만, 기업 입장에서는 혜택 제공에 필요한 비용이 높지 않은 경우

<표 4.7>은 무료 또는 유료 프로그램만 운영하거나, 두 가지 형태를 병행하는 국내 사례이다. 많은 기업들이 무료 프로그램을 운영하지만, 무료/유료 프로그램을 병행하거나 전략적으로 유료 프로그램만을 운영하는 기업들이 업종을 불문하고 다양하게 운영되고 있음을 알 수 있다.

《표 4.7》 가입비 기준 운영 예시

유형	업종	브랜드	멤버십 프로그램 브랜드	연회비
무료 프로그램만 운영	통신	LG U+	U+ 멤버십	–
	소셜커머스	티몬	티몬 멤버십	–
	식음료	이랜드	이랜드 잇	–
무/유료 프로그램 병행	화장품	에뛰드하우스	핑크멤버십	–
			핑크패스멤버십	10,000원
	호텔	롯데호텔	프리빌리지	–
			트레비클럽	450,000원
	식음료	아워홈	A1 VIP	–
			A1 블랙	300,000원
유료 프로그램만 운영	제조	유한킴벌리	맘큐프리미엄	50,000원
	서비스	오토오아시스	오토오아시스	33,000원
	유통	코스트코	비즈니스 골드스타	30,000원 35,000원
	문화	인터파크	토핑멤버십	10,000원~500,000원

(2) 가입대상

　　멤버십 프로그램의 가입대상은 '기업이 이용약관에 명시한 멤버십 프로그램의 회원으로서의 자격요건을 갖춘 자'로서, 이를 충족하는 고객은 기업이 명시한 멤버십 프로그램 이용약관에 동의하고 회원가입 절차를 통해 해당 프로그램의 회원으로서 자격과 혜택을 누릴 수 있게 된다. 멤버십 프로그램의 구성원이 누구냐에 따라 미래의 소비행동, 관계기간, 지출수준이 달라지기 때문에 가입대상의 결정은 멤버십 프로그램의 성공과 직결되는 중요한 요소이다.

　　프로그램의 목적에 따라서는 모든 소비자에게 가입자격을 제공할 수도 있고, 자녀를 둔 부모, 특정 연령대, VIP 고객 등 한정된 자격만을 회원 대상으로 운영하는 경우가 있다. 가입대상을 특정 집단으로 제한했을 때 프로그램에 대한 기대효용이 더 크기 때문에, 가입대상을 제한하는 것이 소비자의 프로그램 참여의도를 더 높인다.

　　회원 가입비와 가입자격을 고려할 때, 멤버십 프로그램의 기본 구조는 크게 1) 무료-무제한, 2) 무료-구매자(계약자), 3) 무료-VIP, 4) 유료-무제한, 5) 무료 또는 유료-특정 집단의 다섯 가지 조합으로 나눌 수 있다. 각각의 특성은 다음과 같다.

① 무료-무제한
- 회원가입 동의 절차를 완료하면 누구든 가입 가능하다
- 회원가입 프로모션의 혜택을 얻기 위해 가입하는 고객이 많아, 회원가입자를 실구매자로 전환시키는 전략이 매우 중요하다.
- 인터넷쇼핑몰과 모바일 앱은 대부분 무료-무제한 모델이다.
- 가장 일반적인 형태로, 제조, 유통, 서비스, 공공기관 등에서 폭넓게 사용한다.
- 비대면 채널거래, 공공기관, 이종 업종 연합 프로그램이 주로 고려한다.
- 예 CJ One, OK캐쉬백, 해피포인트 등

② 무료-구매자(또는 계약자)
- 1회 이상 구매한 고객만을 대상으로 가입을 제한하는 형태이다.
- 실 구매자만을 대상으로 멤버십 서비스를 제공하고자 하는 전략을 내포한다.
- 매장 가입자는 주로 구매시점에 회원가입을 하므로, 최소 1회 이상의 실구매자이다.
- 평균 평균 구매금액이 큰 재화의 경우 더욱 중요하다.

- 제조, 유통(Offline), 서비스, 문화예술 분야에서 주로 고려한다.
- 예 SK렌터카멤버십, 마이 스타벅스 리워드, 삼성화재 멤버십 등

③ 무료-VIP
- 일정기간 동안 특정금액 이상 결제한 고객을 가입대상으로 제한하는 형태이다.
- 초우량 고객집단을 관리하고자 하는 목적을 갖고 있는 경우에 적합하다.
- VIP 대우, 사회적 상징성, 가시적 보상, 소속감에 대한 니즈가 있는 소비자의 참여율이 높다.
- 매출 기여도에 상응하는 보상과 서비스로 고객 만족도를 향상시키는 설계가 필요하다.
- 경제적, 심리적, 사회적, 가시적 혜택이 고루 제공되어야 한다.
- 대부분의 업종에서 적용 가능하다.
- 예 롯데백화점 MVG, 스타벅스 골드 VIP 등

④ 유료-무제한
- 기업이 제공하는 부가적인 서비스에 대한 니즈가 있는 소비자들이 가입한다.
- 실적 부족으로 VIP 혜택을 누리기 어려운 고객들 중 VIP 혜택을 원하는 고객의 수가 많을 경우에는 연회비 지급시 VIP 등급에 해당하는 혜택을 제공하는 모델을 고려할 수 있다.
- 무료 회원제와 완전하게 차별화된 서비스의 제공이 가능해야 한다.
- 연회비를 상회하는 수준의 경제적 보상을 쉽게 기대할 수 있어야 한다.
- VIP 대우, 사회적 상징성, 가시적 보상 등에 대한 니즈가 있다.
- 멤버십 프로그램의 수익 모델로 활용이 가능하다.
- 과도한 혜택과 보상물 지급으로 인해 기업 수익성이 악화되지 않도록 조심해야 한다.
- 대부분의 업종에서 운영 가능하다.
- 예 아모레퍼시픽 뷰티포인트 VIP, Marriott-rewards Elite 등

⑤ 무료(또는 유료)-특정 집단
- 전략적으로 특정 고객군을 관리하기 위한 목적으로 가입대상을 제한하는 형태이다.
- 나이, 브랜드, 상품군, 제품 모델 등으로 집단을 구분한다.

- 7세 이하의 어린이, 60세 이상의 실버 클럽, 할리데이비스 동호회 등이 이에 해당한다.
- 특별 대우에 대한 기대와 니즈에 부응하는 차별화 된 혜택이 필요하다.
- 제조(계약), 유통(Offline), 서비스(계약)에 해당한다.
- 예 클럽웨딩, U회원스, 해피포인트 키즈카드, BLU premium Youth Lab

3.2 등급제도

등급제도는 고객의 고객자산 기여도(예 매출, 구매횟수, 신규고객 추천 등)에 기반하여 고객 처우와 혜택을 등급별로 차별화하여 상위등급은 현재의 등급을 유지시키고, 하위등급은 상위등급으로 전환을 촉진시키는 전략이다. 어떠한 형태의 프로그램이든 등급제도를 접목하는 것이 좋은데, 특히 소비에 한계가 없는 제품을 취급할 때, 취급 제품이 다양할 때, 기업의 동기부여 자극을 통해 구매가 촉진될 수 있는 업종일 때 효과적이다.

사람에게 부여하는 특정 그룹의 지위 또는 직위는 특정 행동을 하게 되는 강력한 동기가 된다. 특히, 이득이 예상될 때 그 이득을 얻는 방향으로 행동을 수정하거나, 목표에 가까워질수록 행동을 가속화하는 것, 그리고 원하는 등급에 도달한 뒤에는 더 보상을 극대화 하는 방향으로 행동을 강화한다.

또한, 신분이 상승한 상태는 독점권과 혜택으로 지각되며, 종종 타인의 부러움과 시기를 유발하기도 한다. 소비자의 이러한 심리적, 행동적 속성을 고려하는 등급제도는 고객으로 하여금 본인의 등급을 유지 또는 상승시키도록 자극하는 동기를 부여하고, 이는 기업의 고객자산 증대에 긍정적인 효과를 발휘하게 된다. 등급제도의 또 다른 효과는 전체 고객을 대상으로 전략을 실행할 때 보다 고객을 세분화하여 관리하므로, 고객 충성도를 촉진하거나 유지시켜야 할 고객군을 집중적으로 관리하고 모니터링 할 수 있으며, 등급에 따라 혜택과 서비스를 차별화 할 수 있기 때문에 불필요한 마케팅 비용을 절감할 수 있다는 것이다.

등급제도를 우수고객을 관리하기 위한 용도로 이해하여 우수고객이 등급을 유지할 수 있도록 과도한 혜택을 제공하는 기업들이 있는데, 이는 등급제도에 대한 잘못된 이해에서 비롯된 것이다. 등급제도의 실질적인 효과는 중간계층과 각 등급의 경계에 있는 고객들에게서 나타난다. 중간계층은 상위계층에 비하여 추가적인 구매여력이 있고, 등급간 경계에 존재하는 고객군은 약간의 동기부여만으로도 상승·교차구매를 통한 등급 상향 전환 가능성이 높기 때문이다. 상위계층은 이미 충성도가 높은 고객군으로, 소비할 수 있는 수준의 최대치를 거래하고 있어 기업의 마케팅 노력 대비 추가적인 구매력 상승 여력이 낮은 '천정효과'(ceiling effect)가 존재한다. 따라서, 등급제도는 고객의 등급과 생애단계를 고려하여 고객집단별로 다른 전략을 추구해야 한다. 예컨대, 현재의 우수고객들은 타 브랜드로 이탈하지 않고 현상을 유지시키는 것을 목표로 하는 것이 적합하다. 그와 함께 신규고객은 안정적인 반복구매 고객으로 전환시키고, 중간층의 유지고객은 관계의 질을 점차적으로 향상시켜 상위등급으로 상향 전환하도록 만드는 전략을 실행하는 것이다.

등급제도는 평가기간, 반영일, 등급 유지기간, 등급선정 기준, 등급체계의 결정을 포함한다. 예시 [그림 4.13]의 경우, 이 프로그램의 평가기간은 매년 1월 1일부터 12월 31일까지 1년이며, 선정 기준인 '연간 객실 투숙횟수 또는 숙박일수'를 평가기간에 대하여 합산하여 그 결과에 따라 3개의 등급 중 하나에 배정하며, 조정된 등급은 매년 1월 첫째 주에 반영하고, 해당 등급은 1년간 유지됨을 알 수 있다.

평가기간	반영일	등급 유지기간	선정 기준
매년 1월 1일 ~ 12월 31일	매년 1월 첫째 주	1년	연간 객실 투숙횟수 또는 숙박일수
워커힐 리워즈 등급	워커힐 리워즈 CLASSIC	워커힐 리워즈 PLUS	워커힐 리워즈 PREMIER
등급 선정 기준	회원가입 시	3번 투숙 또는 6박 이상 이용	7번 투숙 또는 12박 이상 이용
포인트 적립율	객실 이용금액 3% 적립 식음료 이용금액 5% 적립	객실 이용금액 4% 적립 식음료 이용금액 5% 적립	객실 이용금액 5% 적립 식음료 이용금액 5% 적립

[그림 4.13] 등급제도 예시 - 워커힐 리워즈(www.walkerhill.com)

등급제도의 개발은 [그림 4.14]와 같이 1) 등급 선정 기준, 2) 등급 평가 기간, 3) 등급체계, 4) 등급 조정 정책의 결정을 포함한다.

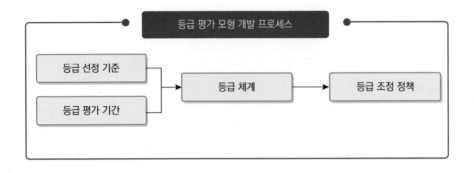

[그림 4.14] 등급 평가 모형 개발 프로세스

　　단계적으로 살펴보면, 우선 어떤 기준으로 등급을 결정할 것인지 '등급 선정 기준'을 정의한다. 대표적인 기준 변수로는 구매금액, 구매횟수, 구매 카테고리의 수 등이 있다. 등급 선정 기준을 결정하고 난 다음에는 어떠한 기간을 범위로 등급을 평가할 것인지 '등급 평가 기간'을 정의한다. 등급 평가 기간은 고객들의 구매주기 패턴에 기초하여 결정하는 것이 이상적이다. 등급 선정 기준과 분석할 기간이 결정된 다음에는 이를 바탕으로 '등급 체계'를 정의한다. 등급 체계 정의는 등급 수, 등급별 기준 구간, 등급 명의 결정을 포함한다. '등급 조정 정책'은 현재 적용된 등급을 어떤 주기로, 어떤 기준으로 조정할 것인지를 결정하는 것이다.

[그림 4.15] 등급 평가 모형 구성 요소

(1) 등급선정 기준

등급을 선정하는 기준 변수는 소비자가 쉽게 인지할 수 있는 직관적인 변수이면서, 구매력을 촉진하여 기업성과에 영향을 줄 수 있는 변수를 사용하는 것이 바람직하다. 가장 일반적으로 사용하는 기준 변수에는 구매금액, 구매빈도, 카테고리 점유율, 탑승거리 등이 있다. 2개 이상의 변수(예 총 구매금액과 구매빈도)를 조합하여 기준변수로 사용하기도 하는데, 기업 입장에서는 보다 정교한 고객 기여도를 평가할 수 있다는 장점이 있지만, 사용자는 1개의 평가 기준을 사용할 때보다 직관적으로 평가 결과를 이해하기 어려운 단점이 있다. 따라서, 2개 이상의 변수를 조합하여 등급선정 기준으로 사용하고자 할 경우에는 평가되는 과정을 쉽게 커뮤니케이션할 수 있도록 고려되어야 한다.

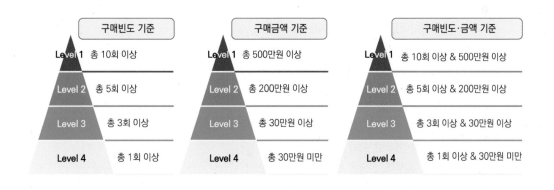

[그림 4.16] 등급 기준 변수의 활용 예시

또한, 등급선정 기준 변수를 결정하기 위해서는 <표 4.8>과 같이 업종과 제품 특성, 등급제도의 전략적 활용 목표 등 기업의 상황을 함께 고려할 필요가 있다. 예컨대, '구매금액'은 취급제품의 종류가 다양하고 가격대의 편차도 큰 백화점과 할인점, 보험 등의 계약 업종과 구매주기가 긴 내구성 소비재, 그리고 1회 구매금액을 향상시키는 것을 목표로 할 때 적합하다. 반면, '구매빈도'는 취급 품목이 한정되어 있으며 제품 간 가격대 편차가 적고, 한 번에 소비할 수 있는 양이 제한적인 경우에 활용한다. 영화관, 커피숍, 주유소 등에 대표적이다. '카테고리 점유율'은 제품의 재구매를 유도하기는 어렵지만 교차구매를 유도할 수 있는 내구성 소비재 영역에서 스탬프 제도 등으로 응용할 수 있다. 최근에는 적립 포인트를 기준으로 사용하기도 하는데, 제품 또는 유통채널 간 포인트 적립율 차이가 큰 의류나 교통수단, 그리고 고객 추천, 리뷰 공유 등 특정 행동을 촉진하는 데 포인트가 사용되는 영역에서 활용 가능하다. <표 4.8>은 제품 또는 업종의 특성, 멤버십의 전략적 목표 등을 고려했을 때 기준변수(구매금액, 구매빈도, 카테고리 점유율, 포인트 등)의 유형별로 적용 가능한 상황과 예시를 요약하여 설명하고 있다.

〈표 4.8〉 기준 변수별 적정 상황과 관련 예시

기준변수	상황	예시
구매금액	• 제품별 가격(또는 평균 구매금액) 편차가 매우 큰 경우 • 구매주기가 긴 경우 • 계약 업종인 경우 • 다양한 카테고리를 취급하는 경우 • 평균 구매금액 증진을 전략적 목표로 하는 경우	• 백화점 • 가구 • 보험 • 할인점
구매빈도	• 제품별 가격(또는 평균 구매금액) 편차가 매우 작은 경우 • 구매주기가 짧은 경우 • 1회 소비량에 한계가 있는 경우 • 구매빈도 증진을 전략적 목표로 하는 경우	• 영화관 • 커피숍 • 주유소
카테고리 점유율	• 한정된 개수의 카테고리를 제공하는 경우 • 특정 제품에 편중된 판매구조가 뚜렷한 경우 • 교차판매를 전략적 목표로 하는 경우	• 가전 • 주방용품 • 명품
포인트	• 수익성이 없는 제품 구입을 배제할 필요가 있는 경우 • 특정 행동을 촉진하는 포인트 정책을 실행하는 경우 • 유통채널에 따라 판매가격에 차이가 있는 경우	• 의류 • 모바일게임 • 교통수단

(2) 등급평가 기간

등급평가 기간은 등급을 결정하기 위해 관찰하는 거래기간이다. 계약 업종의 경우에는 일반적인 계약기간(예 1년, 6개월)을 고려하여 등급평가 기간을 결정하지만, 비계약 업종의 경우에는 회원들의 구매주기 행태를 반영한 등급평가 기간을 도출하기 위해 개인별 평균 구매주기(Average Purchase Interval, API)와 최대 구매주기(Maximum Purchase Interval, MPI)를 이용한다. 평균 구매주기란 관찰기간 동안 개개인의 평균적인 구매 간격을 말하고, 최대 구매주기는 이전 구매시점과 다음 구매시점 간 간격이 가장 길었을 때의 구매 간격을 말한다. 평균 구매주기가 일반적인 구매행태를 반영한다면, 최대 구매주기는 극단적인 구매행태를 반영한다고 할 수 있다. 평균 구매주기뿐 아니라 최대 구매주기를 함께 참고하는 것은 실질적인 구매행태를 반영한 등급평가 기간 결정에 도움이 된다. 특히, 내구성 소비재처럼 구매주기가 긴 제품을 취급하는 경우에는 평균 구매주기와 최대 구매주기를 기준으로 등급평가 기간을 적용하는 것이 적합하다. 구매행동 패턴을 이용한 적정 등급평가 기간의 산정이 정교한 방법이지만, 고객의 이해를 돕고 관리적 차원의 편의성, 일반적인 등급 프로그램의 운영 방식을 감안하여 기준 시점으로부터 1년의 기간을 등급평가 기간으로 사용하는 기업들도 많다.

(3) 등급체계

전 단계에서 정의된 등급선정 기준과 등급평가 기간을 이용하여, 모든 고객들을 대상으로 적절한 등급 수와 등급구간 기준을 도출하는 단계이다. 등급의 수는 소비자 측면에서 2개 보다는 3개가, 3개 보다는 4개일 때 모든 등급에서 고객들의 만족도가 전반적으로 높은 것으로 연구된 바 있다. 고객을 세분화하여 관리하고, 등급상향을 촉진하는 전략 관점에서도 이상적인 등급구조는 4개이다. 그러나, 등급의 수가 많을수록 혜택을 다양화해야 하고, 차별적으로 관리해야 하는 범위가 넓어지기 때문에 내부적으로 이를 관리할 수 있는 역량과 차별적 혜택을 지속적으로 제공할 수 있는가를 냉정하게 검토해야 한다.

등급 수 및 구간 기준의 결정은 통계적 분석 기법을 이용하여 동질적 집단으로 판단되는 유의미한 집단을 분류해낸 다음, 집단별 고객 구성비와 내부의 운영 역량 등을 고려하여 조정 과정을 거쳐 결정한다. 등급 수 및 등급 구간을 결정하는 데 사용되는 통계적 분석 기법에는 군집분석(cluster analysis)이 있다. 군집분석은 집단을 구분하는 기준 값에 대한 사전정보가 부족할 때 유용한 방법으로, 측정하고자 하는 기준변수를 중심으로 관측치들 간의 유사수준을 거리로 측정하여 단계적으로 결합 또는 분리해 가면서 가장 효율적인 군집의 형태를 제시하는 '계층적 군집분석(hierarchical cluster analysis)'과 군집 수를 지정해 줌으로써 군집의 중심에 가장 가까운 관측치들을 하나씩 포함해 나가면서 군집을 형성하는 '비계층적 군집분석(K-means cluster analysis)' 방법을 사용한다. [그림 4.17]은 계층적 군집분석 결과로서, 군집 수가 2개 또는 4개일 때 집단 간 이질성이 가장 큰 것을 보여준다.

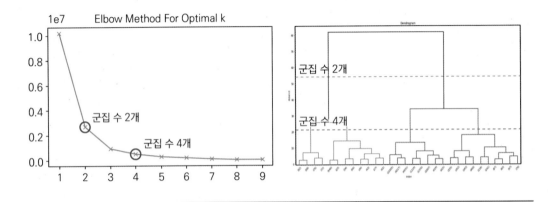

[그림 4.17] 계층적 군집분석 결과 예시

   등급 수를 임의로 결정해 둔 경우에는 '비계층적 군집분석'이 적합하고, 통계분석을 통해 적정 등급 수를 찾고자 하는 경우에는 '계층적 군집분석'이 적합하다. 계층적 군집분석은 비계층적 군집분석에 비해 분석속도가 느리고 분석에 소요되는 시간이 길기 때문에 대용량 데이터 분석에는 한계가 있다. 그러므로, 계층적 군집분석 기법을 사용할 경우에는 대표성을 갖는 샘플을 대상으로 분석을 시행하고, 시행결과 기준을 모집단에 적용하는 것이 바람직하다. 통계기법을 이용하지 않고, 등급체계를 개발하고자 할 때에는 기본적으로 3등급을 기준으로 매출액 기준 최상위 등급 5%, 우수고객 30%, 일반고객 65% 내외 수준을 고려하면 적정하다.

   등급 수와 등급 구간을 나누는 기준이 결정되고 나면, 등급 명칭을 결정한다. 등급 명은 고객과 커뮤니케이션시 빈번하게 불린다는 점을 감안하여 신중하게 결정할 필요가 있다. 등급 명은 멤버십 프로그램의 브랜드가치를 형성하는 요소로서, 브랜드 정체성을 반영할 수 있으면 더욱 좋다. 그러나, 우리나라의 경우에는 색깔(예 화이트, 그린, 골드, 블랙)이나 금속(예 실버, 골드, 플래티늄)으로부터 유래한 등급 명을 많이 사용하는 편이다([그림 4.18] 참조). 브랜드 정체성이 부여된 등급 명을 개발할 때 가장 중요한 것은 소비자가 직관적으로 서열을 올바르게 인식할 수 있느냐를 점검하는 것이다. 직관적인 서열 인식이 어려운 경우,

등급별 차이를 이해하기 어렵고, 고객 커뮤니케이션시 혼선이 유발될 수 있기 때문이다. 그러므로, 내부직원 및 고객을 대상으로 등급 명에 대한 선호도와 등급체계에 대한 서열 인식이 뚜렷하게 이루어지는지를 확인하고, 최종적으로 등급 명을 결정하는 것이 좋다.

업체명	등급체계	업체명	등급체계	업체명	등급체계
CJ one	SVIP	스타벅스	골드	아모레퍼시픽 뷰티포인트	Platinum STAR
	VVIP		그린		Platinum
	VIP		웰컴		Gold
	일반				우수
Happy point	VIP	애슐리 멤버십	프리미엄플러스		일반
	일반		프리미엄		
	신규		클래식		

[그림 4.18] 보편적으로 많이 사용하는 계층적 등급 명 사용 예시

(4) 등급조정 정책

등급조정 정책은 1) 조정 주기와 2) 조정 방법에 대한 결정을 포함한다. 등급조정 주기는 등급을 조정하는 정기적인 주기로, 등급평가 기간과는 다른 개념이다. 과거 1년간의 거래기간을 평가하여 1년 단위로 등급을 조정한다고 했을 때, 전자는 등급평가 기간이 1년이라는 것이고, 후자는 등급조정 주기가 1년이라는 것이다. 등급조정 주기 결정의 가장 큰 영향요인은 비즈니스가 오프라인 상에서 이루어지는지, 아니면 온라인 상에서 이루어지는지이다. 똑같은 구매주기를 갖는 생필품을 판매한다면 소매점이든 인터넷쇼핑몰이든 등급조정 주기가 같아야 할 것 같지만, 매장사업의 경우에는 6개월, 12개월 단위가 일반적이고, 인터넷 쇼핑몰은 짧게는 1개월부터 길게는 6개월을 넘지 않는 것이 일반적이다. 점원과 문자, 이메일 등의 전통적인 커뮤니케이션 채널만을 이용하는 매장의 경우에는 등급 조정시마다 변경내용을 전 고객들에게 일괄 커뮤니케이션하기가 쉽지 않기 때문에 1년에 최대 2회 이상 조정하지 않는다. 반면, 국내 인터넷쇼핑몰은 전자상거래법상 1년간 거래가 없는

경우 휴면고객화 해야 하는 특수성을 갖고 있어, 온라인 비즈니스에서는 고객과의 접촉 빈도를 높여 휴면고객화 하는 것을 예방하기 위한 목적으로 등급조정 주기를 짧게 운영한다. 온·오프라인 통합 비즈니스인 경우에는 온라인을 기준으로 한다.

등급조정 주기를 결정한 다음에는 어느 시점을 기준으로 조정할 것인지에 대한 '등급조정 기준'을 정해야 한다. 기준점으로는 '가입일'과 '특정 시점'이 있다. 각각의 특성은 다음과 같다.

1) 회원 가입일 기준 개별 조정

회원 가입일을 기준으로 개인별로 조정하고, 등급조정 결과는 회원 개인별로 안내하는 방식이다. <표 4.9>와 같이, A 고객의 회원 가입일이 2020년 1월 1일이면, 등급평가 기간을 1년이라 했을 때, 해당 고객의 등급평가 기간은 2020년 1월 1일부터 2020년 12월 31일까지이며, 조정된 등급은 2021년 1월 1일부터 반영한다. B 고객의 회원 가입일이 2020년

〈표 4.9〉 등급조정 주기 1년 가정시, 개별 조정과 일괄 조정 간의 차이

구분		회원 가입일 기준 개별 조정	특정 시점 기준 일괄 조정
방법		• 회원 가입일 기준으로 개인별로 조정함 • 회원 개인별로 등급조정 결과를 안내함	• 특정 시점에 전 고객을 대상으로 일괄 조정함 • 전 고객 대상으로 등급조정 결과를 정기적으로 안내함
예	고객 A	• 가입일: 2020.1.1 • 등급평가 기간: 2020.1.1-2020.12.31(1년) • 조정 등급 반영: 2021.1.1	• 가입일: 2020.1.1 • 등급평가 기간: 2020.1.1-2020.12.31(1년) • 조정 등급 반영: 2021.1.1
	고객 B	• 가입일: 2020.9.1 • 등급평가 기간: 2020.9.1-2021.8.31(1년) • 조정 등급 반영: 2021.9.1	• 가입일: 2020.9.1 • 등급평가 기간: 2020.9.1-2020.12.31(4개월) • 조정 등급 반영: 2021.1.1
장점		• 개인별 거래기간을 완전하게 반영할 수 있음	• 고객 스스로 평가 방법을 이해하기 쉬움 • 고객 스스로 등급유지 또는 승급 요건을 계산하기 쉬움
단점		• 시스템적인 뒷받침이 반드시 필요함	• 신규가입 첫 해에 대한 등급 평가는 온전하게 평가 기준 기간을 완전히 반영하기 어려움
고려 사항		• 시스템적인 조정 및 개별 고지 자동화 필요함 • 매장에서 자동조정 내역 확인이 가능해야 함	• 가입한 해의 등급 산정 결과에 대한 고객 불만 제기 가능성 있음

9월 1일이면, 해당 고객의 등급평가 기간은 2020년 9월 1일부터 2021년 8월 31일까지이며, 조정된 등급은 2021년 9월 1일부터 반영한다. A 고객과 B 고객 모두 신규가입 첫 해부터 동일 기간에 대해 평가가 이루어지고, 그 결과가 1년 뒤 동일 시점에 반영됨을 알 수 있다. 개별 조정의 장점은 개인별 거래기간을 완전하게 반영할 수 있다는 것이다. 이 방법을 사용하려면, 개인별 자동 평가와 등급 조정에 대한 자동 안내, 그리고 매장 및 고객센터가 등급변경 사유 문의에 대응할 수 있도록 시스템적인 뒷받침이 있어야 한다.

2) 특정 시점 기준 일괄 조정

특정 일을 기준으로 전 회원 대상으로 일괄 조정하고, 등급조정 결과 또한 조정된 등급이 반영되는 시점에 전체 회원을 대상으로 일괄 고지하는 방식이다. <표 4.9>와 같이, A 고객의 회원 가입일이 2020년 1월 1일이면, 등급평가 기간을 1년이라 했을 때, 해당 고객의 등급평가 기간은 2020년 1월 1일부터 2020년 12월 31일까지이며, 조정된 등급은 2021년 1월 1일부터 반영한다. 반면, B 고객의 회원 가입일이 2020년 9월 1일이면, 해당 고객의 등급평가 기간은 2020년 9월 1일부터 2020년 12월 31일까지이며, 조정된 등급은 2021년 1월 1일부터 반영한다. 이 예시에서 A 고객은 거래기간 1년에 대해 평가가 이루어진 반면, B 고객은 거래기간 4개월에 대한 평가가 이루어졌다. 일괄 조정 방식은 전체 회원이 동일 기간에 대해 평가를 받기 때문에 가입한 첫 해에는 평가 결과가 불리한 회원이 발생할 수 있다.

일괄 조정 방식의 장점은 고객들이 평가 방법을 쉽게 이해할 수 있고, 고객 스스로 자신의 실적과 등급유지 또는 승급 요건 간의 차이를 쉽게 계산하고, 등급 유지 또는 상향을 위해 소비행동을 빠르게 수정할 수 있다는 것이다. 그러나, 신규가입 첫 해에 대한 등급 평가가 온전하게 평가 기준 기간을 완전히 반영하기 어렵다는 것이 단점이다. 특히, 고가이면서 구매 주기가 긴 내구성 소비재의 경우 가입한 해의 등급 산정 결과에 고객이 불만을 제기할 가능성이 있다. 따라서, 신규 가입 첫 해에 대해서는 이용기간의 누적 및 월평균 실적을 감안했을 때 우수고객의 자격이 있다고 판단되는 일부 회원에게 비공식적으로 상위 등급을 부여함으로써 고객 불만과 이탈을 예방하는 보완적 조치가 필요하다.

3.3 포인트제도

로열티 프로그램을 운영할 경우, 포인트의 적립−사용−소멸 정책을 포괄하는 포인트 제도의 설계가 필요하다. 소비자가 적립한 포인트는 미래에 소비자에게 환원해야 하는 부채로서 기업 입장에서는 비용 부담 요소이기 때문에 포인트 적립율 자체를 경쟁 우위 요소로 접근하기 어렵다. 그럼에도 불구하고, 포인트의 적립-사용 정책은 고객이 체감할 수 있는 직접적인 혜택이자 경제적 가치를 지니고, 멤버십의 수익성에 직접적인 영향을 주기 때문에 포인트 제도의 설계는 매우 민감하면서도 중요한 요소이다. 만일 타사와 제휴를 하지 않는 자체적인 브랜드 단일 멤버십을 운영할 계획이고, 비즈니스 모델의 특성상 포인트 정책으로 경쟁사와 차별화가 어려운 경우에는 로열티 프로그램이 아닌 여타의 멤버십 프로그램(예 할인 프로그램, 보상물 프로그램 등)을 대안으로 고려해 보는 것도 바람직하다.

포인트제도의 설계는 1) 포인트 적립 정책, 2) 사용 정책, 그리고 3) 포인트의 적립-사용-소멸 방법 및 절차를 대상으로 한다. 각 단계별로 살펴보면, 포인트 적립 정책 설계 단계에서는 '지급 대상과 지급 기준', '보상 수준', '적립구조'를 설계하고, 포인트 사용 정책 설계 단계에서는 '상환 유형', '포인트 사용 편의성 강화 방안', '소멸 정책'을 결정한다. 포인트 적립 및 사용 정책을 설계한 다음에는 마지막으로 포인트를 적립하고 사용하는 방법과 절차, 그리고 유효기간이 도래한 포인트의 소멸 방법과 절차를 정의한다.

(1) 포인트 적립 정책의 결정

포인트 적립 정책은 기업이 고객의 단위당 기여도를 화폐 단위로 환산했을 때의 금액을 제시하는 것으로, 적립율과 환율의 결정을 포함한다. 포인트 적립 정책을 결정하는 프로세스는 다음과 같다.

1) 지급 대상과 지급 기준의 결정

포인트는 기업과 고객이 상호 신뢰할 수 있는 보상점수로서, 기업에 대한 고객의 기여도를 계산하는 데 그 목적이 있으므로 기업과 고객 모두 수용할 수 있는 공정한 기준이어야 하고, 동시에 기업이 추구하고자 하는 목표와 연관성을 가져야 한다. 포인트 지급 기준은 곧 고객의 행동을 촉진하는 방향이 되기 때문이다. 예컨대, '구매금액'을 기준으로 포인트를 지급할 경우 고객은 '구매금액'을 늘리는데 집중하지만, '구매횟수'를 기준으로 하게되면 구매금액의 규모와 상관없이 자주 매장을 방문하는 방향으로 거래행동을 촉진하게된다.

따라서, 포인트제도의 설계는 '지급대상', 즉 '어떠한 행동'을 기준으로 포인트를 제공할 것인가에서부터 시작한다. 고객이 기업에 기여하는 방법은 크게 매출에 직접적인 영향을 주는 '구매행동' 그 자체와 지인 추천, 제품사용후기 공유 등과 같이 매출에 간접적인 영향을 주는 '특정행동'으로 구분할 수 있다. '구매행동'은 '구매금액, 구매횟수, 구매량'을 지급기준으로 사용하고, '특정행동'은 행동의 유형에 따라 '행동횟수, 행동의 양'을 지급기준으로 사용한다.

'구매행동'을 반영하는 지급기준은 제품 및 유통 채널의 특성에 따라 보다 적절한 기준이 달라질 수 있다. 예컨대, 취급 품목이 일정하고, 제품 간 가격 차이가 크지 않은 경우(예 카페, 이발소, 숙박업소 등)는 구매횟수로 매출 기여도를 평가할 수 있고, 이용거리가 구매금액을 대변하는 교통수단(예 비행기, 기차, 버스 등)은 이용거리로 매출 기여도를 사용하는 것이 보다 적합할 수 있다. 따라서, 각 지급 기준별 특성을 이해하고, 자사에 가장 적합한 지급 기준을 결정하는 것이 필요하다.

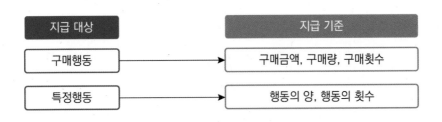

[그림 4.19] 지급 대상과 지급 기준의 범위

포인트 적립 기준별 특성

① 구매금액

'구매금액'은 결제금액의 일정 비율을 포인트로 적립해 주는 방식으로, 제조, 유통, 서비스 등 업종을 불문하고 가장 일반적으로 사용되고 있다. '구매금액'의 활용도가 높은 것은 매출 기여도의 평가는 물론 사용가치로의 환산이 쉽고 고객에게 익숙하기 때문이다. '구매금액'을 적립 기준으로 사용하는 것이 바람직한 경우는 두 가지이다. 우선, 취급 품목의 가격대나 개인별 구매금액대의 편차가 큰 경우이다. 편의점, 슈퍼마켓, 할인점, 백화점, 인터넷 종합쇼핑몰과 같이 다양한 카테고리의 제품들을 폭넓게 취급하는 유통점뿐 아니라, 특정 분야의 제품만을 취급하지만 품목별로 가격대가 다양한 화장품, 의류, 스포츠용품, 인테리어 소품, 그리고, 고가의 상품 위주로 판매가 이루어지는 가구, 자동차, 명품패션잡화, 악기 전문점들도 이에 해당한다. 두 번째는 유통채널과 제품의 계절성 등에 따라 이익률의 편차가 큰 경우이다. 많은 소비재 제조사들이 직영 가두매장 또는 인터넷쇼핑몰을 운영하면서, 판로확대를 위해 백화점과 할인점, 대리점, 오픈마켓, 종합인터넷쇼핑몰 등의 중간유통상을 통해 제품을 병행 판매하고 있는데 유통채널별 판매(입점) 수수료에 편차가 크다. 예컨대, 중간유통상보다는 직영점이 판매수수료 부담이 적어 수익률 면에서 더 유리하고, 중간 유통상 중에서는 백화점의 판매수수료 부담이 가장 큰 편이다. 그 밖에도 유행이나 판매시기에 민감한 제품들은 시간이 흐를수록 할인폭이 커져 동일 상품이더라도 구매시점에 따라 수익률이 다르다. 유행에 민감하고 계절성이 뚜렷한 의류전문점과 한정된 공급으로 인해 판매 시점(예 성수기·비수기)에 따라 동일 상품임에도 가격이 변동하는 여객운송업 등이 이에 해당한다.

② 구매횟수

'구매횟수' 또는 '방문횟수'도 많이 사용하는 적립 기준 중 하나이다. 판매하는 제품들의 금액대가 유사하거나, 한 번에 소비할 수 있는 수준이 한정되어 있기 때문에 방문빈도를 촉진하는 것이 고객자산을 형성하는 데 더 효과적인 경우에 해당한다. 커피숍, 식당, 숙박시설, 미용실, 문화체육시설 등이 대표적이다. '구매횟수'는 '구매금액'에 비하여 목표 도달에 필요한 숫자를 기억하기 쉽고, 적립되는 체감 속도가 빠르기 때문에 구매금액의 일정 비율을 포인트로 적립하는 것보다 모으는 재미도 있다. '구매횟수'만의 이러한 고유 속성은 소비자의 방문 행동을 촉진하는 데 효과적으로 작용한다. 기여도의 평가가 단순하여 지역 상권의 소형점포에서 활용하기에 좋은 것도 장점이다. 다만, 취급 품목과 서비스를 확장할 계획이 있을 때에는 중간에 적립기준을 변경하기보다 처음부터 구매금액을 적립 기준으로 고려하는 것이 정책 변경에 따른 혼선을 예방할 수 있다.

③ 구매량

'구매량'은 구매한 수량, 용량, 또는 이용거리를 기준으로 포인트를 적립해 주는 방식이다. 대용량의 소비재, 주유소, 여객운송사업이 해당된다. 생수, 화장지와 같이 대용량으로 반복적인 구매가 이루어지면서 가격 민감도가 높은 제품들을 구매하는 소비자의 이탈 방지와 기저귀나 분유와 같이 한 번 구매가 시작되면 해당 생애주기 동안 반복적으로 거래가 이루어지는 제품들의 고객을 유지하기 위한 목적으로 '구매량'을 사용한다. 예를 들어, 생수 1박스에 포인트 1천점, 분유 1캔에 포인트 1천점과 같은 방식이다. 용량을 사용하는 대표적인 업종은 주유소이다. 주유소는 외부적 환경요인에 의해 가격을 통제하기가 어려운 특성을 갖고 있다. 동일한 사람이 평균 50L를 주유한다고 했을 때, 유가가 L당 1천원인 경우는 5만원을 결제하지만, 1천 5백원인 경우는 7만 5천원을 결제하게 된다. 이러한 경우 외부의 영향 없이 일관되게 고객이 기업에 기여하는 바를 평가하기에 '주유량'이 '결제금액'보다 적합할 수 있다.

이용거리를 이용하는 경우는 비행기, 배, 기차, 버스와 같은 여객운송사업이 대표적이다. 예컨대 항공권으로 포인트를 적립할 때에는 탑승거리 1마일당 1마일을 지급하고, 국내선 편도 1장은 평수기 기준 1만 마일을 공제하고, 국제선 라운지는 4천마일을 공제하는 형태이다. 예컨대 멤버십 프로그램을 주로 벤치마킹하고 시스템을 도입했던 버스, 기차, 선박 등의 여객운송업에서 거리를 적립 기준으로 많이 사용하였다. 그런데 최근에는 티켓 유통 채널이 복잡해져 동일 타켓이라도 채널 간 판매가(수익률)에 차이가 있으며, 쇼핑, 금융업 등과의 파트너 제휴로 인해 '이용거리'와 '구매금액' 간의 가치 환산이 복잡해지면서, 이용 거리보다는 티켓의 발권금액을 선호하는 추세이다.

④ 특정행동

구매 이외에 고객의 충성도를 향상시킬 수 있는 특정행동에 대하여 '행동횟수 또는 양'을 기준으로 포인트를 지급하는 경우이다. 이는 고객전략 중 고객참여전략(CEM) 관점의 멤버십 운영과 관련이 있다. 인터넷쇼핑몰이나 소셜미디어상에 제품 사용후기를 올린다거나,

제품정보를 소셜미디어상에서 타인과 공유하는 것, 설문조사에 참여하는 것 등, 기업의 비즈니스 활성화에 기여할 수 있는 특정행동에 대한 참여와 동기부여가 필요할 때 적절하다. SNS 구전, 제품 후기 작성, 기부 참여, 지인 추천, 설문조사 참여 등은 고객들이 기업활동에 참여할 수 있는 기회이자 간접적인 매출 기여 방법일뿐 아니라, 포인트를 적립할 수 있는 다양한 경로를 제공함으로써 멤버십 프로그램에 대한 만족도를 향상시킬 수 있다. 따라서, 구매 기여도와 함께 병행 운영을 검토할 필요가 있다. 특히, 공공기관의 경우에는 사회서비스의 이용 촉진을 목적으로 멤버십 프로그램을 운영하므로, '특정활동'을 포인트 적립 기준으로 사용하는 것이 효과적이다.

포인트 적립 기준의 복합적 활용

구매행동과 특정행동에 대한 적립 병행 이외에도 구매행동에 대하여 '구매금액, 구매량, 구매횟수' 중 2개 이상의 적립 기준 사용을 검토할 필요가 있다. 포인트를 구매행동 촉진 도구의 관점에서 고려하게 되면, 다양한 형태의 복합 활용 방안을 마련할 수 있기 때문이다. 예컨대, 항공사의 경우 항공권 구매에 대해서는 1마일당 1마일을 지급하고, 제휴사를 통해 마일리지를 적립할 때에는 1천원당 1마일을 지급하는 형태를 병행한다. 항공권에 대해서는 이용거리를 적립기준으로 사용할 수 있지만, 신용카드사나 소매점 등 다수의 제휴사를 통해 적립된 포인트를 마일리지로 전환해 주기 위해 필요하다. 또, 특정 품목(카테고리)의 판매를 촉진하기 위해, 기본적으로는 구매금액의 일정 비율을 포인트로 지급하면서, 동시에 특정 품목에 대하여 구매량을 기준으로 추가적인 포인트를 지급할 수 있다.

<표 4.10>은 대표적인 포인트 적립 기준 변수인 구매금액, 구매량, 구매횟수, 특정활동의 예시와 특성을 요약한 것이다.

적립 기준	예시	특성
구매금액	• 결제 1천원당 1포인트	• 매출 기여도를 평가하는 가장 일반적인 기준 • 취급 품목의 가격대 또는 개인별 1회 구매량의 편차가 클 경우 • 유통채널, 제품의 계절성 등에 따라 이익률의 편차가 클 경우 • 제조, 유통, 서비스 등 다양한 업종에서 보편적으로 활용됨
구매량	• 1L당 1포인트 • 1km당 1포인트	• 제품 가격대가 유사하여 구매량만으로 구매 기여도 평가가 가능한 경우 • 구매량이 핵심적인 구매행동 촉진 요소인 경우 • 가격 변동성의 영향 없이 일관된 구매 기여도 평가가 필요한 경우 • 주유소, 여객운송사업(항공, 선박, 철도, 버스 등), 식음료, 생활용품 등
구매횟수	• 헤어컷트 1회당 1천포인트 • 커피 1잔당 스탬프 1개 • 숙박 1회당 스탬프 1개	• 구매빈도가 중요한 구매 기여도 평가지표인 경우 • 구매(방문)당 소비량이 한정적인 경우 • 지역상권의 소형점포에서 활용하기에 좋음
특정활동	• 댓글 1개당 1포인트 • 달리기 1km당 1포인트 • 에너지절약 1kw당 1포인트	• 특정 행동에 대한 참여와 동기 부여가 필요한 경우 고려 • SNS 구전, 제품후기, 사회적 마케팅, 모바일비즈니스, 공공기관 등

2) 보상 수준의 결정

지급 대상과 지급 기준을 결정한 다음에는 보상 수준을 정의한다. 보상 수준은 매출액 대비 포인트의 지급 규모를 결정하는 '보상 규모'와 '포인트 적립율', 적립한 포인트를 현물로 교환할 수 있는 '상환가치'의 결정을 포함한다. 예컨대, [그림 4.20]은 매출액의 1%~3%를 적정 보상 규모라고 결정하고, 이에 준하여 평균적인 포인트 적립율을 결제금액의 1%로, 적립한 포인트 1점은 보상물 상환시 현금 1원과 같은 가치를 갖는다고 정의한 사례를 보여준다.

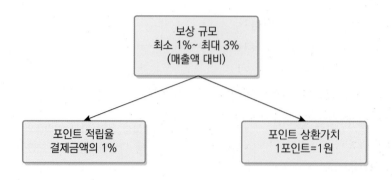

[그림 4.20] 보상 수준의 결정

보상 규모의 결정

　포인트 적립율을 설계하기 위해서는 우선 고객에게 인센티브로서 전체 매출액의 몇%를 보상하는 것이 적정 규모인지에 대한 결정이 필요하다. 보상 규모는 운영의 유연성과 등급별로 포인트를 차등 지급하기 위해 고려하는 포인트 적립율의 최소값과 최대값으로 이루어진 범주이다.

　업종에 따라 평균 수익율은 20% 미만부터 40% 이상까지 매우 다르다. 따라서, 보상수준을 결정할 때에는 기업의 전체 평균 수익률을 고려하도록 한다. <표 4.11>은 비즈니스의 평균 수익률을 고려하여 일반적으로 적용하는 포인트 적립율의 범주로서 보상 수준 결정에 참고할 수 있다.

〈표 4.11〉 수익률을 고려한 적정 보상 규모의 범주 예시

전체 평균 수익률	포인트 적립율
20% 미만	0.1% ~ 3%
20% ~ 40%	1% ~ 6%
40% 이상	3% ~ 10%

포인트 적립율의 결정

포인트 적립율을 결정할 때에는 '적립율의 경쟁력'과 '적립율의 적합성'을 동시에 고려해야 한다. '적립율의 경쟁력'은 자사 멤버십의 포인트 적립율이 타사 멤버십에 비해 얼마나 경쟁력이 있는가를 의미한다. 포인트 자체가 현금성을 갖고 있기 때문에, 타사보다 경쟁력 있는 적립율은 멤버십의 가치와 활성화에 기여한다. 그러나, 포인트 적립율 결정시 '적립율의 경쟁력'만을 우선시할 수 없고, 적립율이 수익성에 미치는 영향을 함께 검토해야 한다. 지급된 포인트는 고객이 사용하기 전까지 회계상 충당부채로 인식되어 기업에 재무적 부담을 주고, 포인트의 사용은 실질적인 비용 지출이 되므로, 포인트 적립율이 1%이냐, 2%이냐는 기업의 수익성에 직접적으로 영향을 주기 때문이다. 예컨대, 대한항공은 2019년 말 기준, 마일리지에 따른 부채가 2조 3천억 원, 아시아나항공은 7천억 원에 이른다.[3] '적립율의 적합성'은 지급 포인트가 기업의 수익율을 고려했을 때 적정한 수준인가에 대한 검토로, 기업의 입장에서 포인트가 마케팅 비용이라는 관점을 반영한다. 포인트의 적립율은 등급, 제품, 카테고리, 유통채널 등의 수익률과 추구하는 멤버십 전략을 고려하여 차등을 둘 수 있다. '보상 규모'를 결정하는 단계에서는 기본적인 적립율과 그에 따른 상환가치를 결정하는 데 집중하고, 포인트 적립율의 차등화 전략은 다음 단계인 '적립구조' 설계 단계에서 결정하도록 한다.

포인트 상환가치의 결정

포인트 상환가치는 상환 받을 수 있는 현물가치 대비 상환에 필요한 포인트 금액의 비율로 계산한다. 예를 들어, 1천포인트로 1만원 제품 구매시 사용할 수 있다면, 포인트의 상환가치는 1포인트당 10원이 된다. 계산의 용이성을 고려하여 1포인트당 1원의 등가로 환산하는 것이 일반적이다(예 1포인트＝1원).

<표 4.12>는 적립 기준에 따라 포인트 적립율과 포인트 상환가치를 어떻게 달리할 수 있는지를 예시로서 보여준다. 각 적립기준별로 포인트 적립율과 상환가치에 따라 보상 수준이 어떻게 변화하는지 살펴보자.

〈표 4.12〉 적립 기준에 따른 포인트 적립율과 상환가치 차이 예시

적립기준	포인트 적립율	포인트 상환가치	보상 수준
구매금액 기준	• 결제 1,000원당 10p → 10p/1,000원 = 0.01 → 적립율 1%	• 1,000p로 1,000원 결제 → 1,000원/1,000포인트 → 1p당 1원	• 1,000원당 10p = 10원 ∴ 1%
구매량 기준	• 구매 1L당 5p (1L당 1,000~1,500원 가정) → 5p/1,000~1,500원 = 0.003~0.005 → 적립율 0.3~0.5% 범위	• 1,000p로 1,000원 결제 → 1,000원/1,000포인트 → 1p당 1원	1L당 5p = 5원 ∴ 0.3~0.5%
	• 결제 1,500원당 1마일 → 1마일/1,500원 = 0.007 → 적립율 0.7%	• 5,000마일로 50,000~100,000 원 티켓 발권 → 50,000~100,000원 /5,000마일 = 10~20원 → 1마일당 10~20원	1,500원당 1마일 = 10~20원 ∴ 0.7~1.4%
구매횟수 기준	• 서비스 1회당 1,000p (평균 판매가 20,000원 가정) → 1,000p/20,000원=0.05 → 적립율 5%	• 10,000p 적립시 서비스 1회 무료 → 20,000원/10,000p → 1p당 2원	20,000원당 1,000p = 2,000원 ∴ 10%

	• 커피 1잔당 스탬프 1개
	(평균 판매가 4,000원 가정)
	→ 스탬프 1개(500p 가정)/
	  4,000원 = 0.125
	→ 적립율 12.5%
		• 스탬프 8개 모으면 커피 1잔
		무료
		→ 4,000원/스탬프 8개
		  (4,000p)
		→ 1p당 1원
			4,000원당 500p = 500원
			∴ 12.5%

특정행동 기준	• 고객 추천 1명당 500p	• 1,000p로 1,000원 결제 → 1,000원/1,000포인트 → 1p당 1원	500p=500원 ∴ 추천 1인당 500원

① 구매금액 기준

결제 1,000원당 10포인트 적립, 1,000포인트로 1,000원 결제하는 제도를 만들 경우, 포인트 적립율은 1%이고, 포인트 상환가치는 1포인트당 1원이다. 따라서, 결제 1,000원에 적립한 10포인트를 10원의 가치로 사용할 수 있으므로, 회원에게 제공하는 보상 수준은 포인트 적립율과 동일한 결제금액의 1%이다.

만일, 이 기업이 100포인트로 1,000원을 결제하는 정책으로 변경한다면, 포인트 상환가치가 1포인트당 10원이므로, 적립한 10포인트를 100원의 가치로 사용하게 되어 적립율이 1%이더라도 실질적인 보상 수준은 결제금액의 10%가 된다.

② 구매량 기준

주유소에서 1L당 5포인트 적립, 1,000포인트로 1,000원 결제하는 제도를 만들 경우, 유가가 1L당 1,000원인 경우에는 포인트 적립율은 0.5%이고, 포인트 상환가치는 1포인트당 1원이다. 따라서, 결제 1,000원에 적립한 5포인트는 5원의 가치로 사용할 수 있으므로, 보상수준은 포인트 적립율과 동일한 결제금액의 0.5%가 된다. 그러나, 유가가 상승하여 1L당 1,500원이 될 경우에는 동일한 회원이 동일한 양만큼 주유하더라도 포인트 적립율은 5p/1,500원이므로 0.3%가 되지만, 포인트 상환가치는 1포인트당 1원 그대로이므로, 보상수준은 0.3%로 낮아진다.

다른 예로, 항공권 1,500원당 1마일 적립, 5,000마일로 50,000~100,000원 범위의 항공권과 교환하는 제도를 만들 경우, 포인트 적립율은 0.7%이고, 포인트 상환가치는 1마일당 10~20원이 된다. 따라서, 결제 1,500원에 적립한 1마일은 10~20원의 가치로 사용할 수 있으므로, 회원이 5,000마일을 적립하여 항공권 50,000원권과 교환할 경우에는 0.7%를 보상받지만, 100,000원권과 교환할 경우에는 1.4%를 보상 받게 되어, 적립은 결제금액의 0.7%였지만, 회원에게 제공하는 보상수준은 1.4%로 2배가 된다.

③ 구매횟수 기준

평균 서비스 비용이 20,000원인 미용실에서 서비스 1회당 1,000포인트 적립, 10,000포인트 적립 시 무료 서비스 1회를 제공한다면, 포인트 적립율은 5%이고, 포인트 상환가치는 10,000포인트로 20,000원의 서비스를 이용할 수 있으므로, 1포인트는 2원의 가치를 갖는다. 따라서, 결제 20,000원에 적립한 1,000포인트는 2,000원의 가치로 전환되므로, 적립율이 5%이더라도, 실질적인 보상수준은 결제금액의 10%(2,000원/20,000원)가 된다.

　　다른 예로, 커피숍의 스탬프 제도를 생각해 보자. 예컨대, 커피 1잔당 평균 판매가가 4,000원인 커피숍에서 커피 1잔당 스탬프 1개를 제공하고, 스탬프 8개를 모으면 커피 1잔을 무료 제공하는 정책을 개발하며, 스탬프 1개의 가치를 500포인트로 설정하였다고 하자. 이 경우, 커피 1잔에 대한 스탬프 1개는 포인트 적립율로 환산하면 12.5%가 되며, 스탬프 8개로 커피 1잔과 교환할 수 있으므로, 4,000포인트(500포인트×8개)는 4,000원(커피 1잔)과 같아 1포인트당 1원의 가치를 갖는다. 따라서, 커피 1잔에 대해 제공한 스탬프 1개(500포인트)는 500원의 가치로 사용할 수 있으므로, 보상수준은 적립율과 동일한 12.5%가 된다.

　④ 특정행동 기준

　　신규회원 추천 1명에 대해 500포인트를 지급하고, 적립한 1,000포인트로 1,000원을 결제하는 고객추천제도를 운영한다면, 1포인트는 1원의 가치를 가지므로, 회원 1명의 추천은 실질적으로 500원의 가치를 갖는다.

3) 적립구조의 결정

　　포인트 적립구조는 동등 구조와 다양한 형태의 차등 구조를 고려할 수 있다. 동등 구조는 모든 회원들에게 지급되는 적립 기준 단위당 포인트 적립율이 동일한 구조를 의미하며, 차등 구조는 기여도에 따라 구간대별로 적립율을 달리하는 구조이다. 차별적 적립구조는 금액대별 차등과 등급별 차등, 제품 및 유통채널에 따른 차등이 가능하며, 이들을 조합하여 기업에 적합한 포인트 적립구조를 결정한다.

금액대별 차등 구조

　　금액대별 차등 구조는 주문 1회당 구매금액대에 따라 적립율을 차별화하는 구조이다. 금액대별 차등 구조는 취급 상품 가운데 구매금액대가 클수록 수익률이 높거나, 구매주기가 길어 한 번 방문했을 때 고객의 구매량을 촉진하는 데 효과적이다. 반면, 동등 구조는 1회 구매량에 한계가 있어 차등 구조를 적용한다고 해도 구매량을 촉진시키기 어렵거나,

제품 수익률이 전반적으로 낮을 때 적합하다.

등급별 차등 구조

등급별 차등 구조는 우수고객을 차별적으로 대우하는 멤버십 프로그램의 기본적인 운영 철학을 반영한다. 수익률 또는 매출 기여도가 높은 고객일수록 더 높은 포인트를 받을 수 있게 설계함으로써 우수고객을 관리하고, 일반고객의 구매촉진 동기를 부여하는 방식이다. 등급별 차등 구조는 크게 [그림 4.21]과 같이 선형 증가 구조, 체감 구조, 체증 구조로 구분할 수 있다. 선형 증가 구조는 상위등급으로 갈수록 포인트 적립율이 선형 비례하여 증가하는 형태로, 기여도에 비례하여 보상한다는 특성을 갖는다. 체감 구조는 우수/최우수 고객군보다 일반/단골 고객군의 포인트 적립율을 더 높여 이들의 우수고객화와 이탈방지가

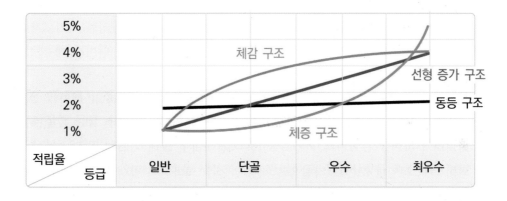

구분	일반	단골	우수	최우수
동등 구조	2%	2%	2%	2%
선형 증가 구조	1%	2%	3%	4%
체감 구조	1%	3%	3.5%	4%
체증 구조	1%	1.5%	2%	5%

[그림 4.21] 등급별 차등 구조 유형

중요할 때 적합하다. 반대로 체증 구조는 일반/단골 고객군보다 우수/최우수 고객군의 포인트 적립율을 더 높이는 구조로 우수고객군을 가시적으로 우대하고자 할 때 적합하다.

　　모든 등급에게 동일한 적립율을 제공하는 동등 구조가 바람직한 경우도 있다. 영화관이나 주유소와 같이, 1) 판매할 수 있는 상품이 제한적이면서 1회 평균 구매액과 소비 수준 또한 한정되어 있는 경우, 2) 기업의 수익률을 고려했을 때 등급별로 차별화된 포인트 적립율 제공이 수익성을 악화시킬 수 있을 때, 그리고 3) 포인트 적립율 자체가 경쟁력을 갖기 어려울 때에는 포인트 적립율을 동률 구조로 설계하고, 다른 보상물로 우수고객을 우대하는 것이 적합하다.

유통채널 또는 제품별 차등 구조

　　제품을 직영점이나 직영 인터넷쇼핑몰을 통해 유통하는 경우는 백화점이나 할인점, 대리점과 같은 중간유통상을 경유할 때보다 수익율이 높다. 입점 또는 판매수수료의 비용을 절감할 수 있기 때문이다. 이러한 수익률 차이를 고려하고, 직영점을 활성화 시키고자 하는 기업 내부의 경영전략이 있다면 직영점의 포인트 적립율을 중간유통상 대비 높게 책정하는 방향을 고려할 수 있을 것이다.

　　제품의 가치가 시점에 따라 변화하는 품목들에 대한 고려도 필요하다. 예컨대, 의류는 출시 후 일정 기간은 정상상품으로 정가에 판매하지만, 시간이 흐를수록 시즌오프, 이월의 단계를 거치면서 할인율이 커진다. 이는 동일한 제품이라도 판매 시점에 따라 수익성이 달라짐을 의미하며, 동일한 포인트 적립율을 적용할 경우 역마진이 발생할 수도 있어 포인트 적립율 결정시, 이들에 대한 고려를 필요로 한다.

　　<표 4.13>은 유통채널별로 포인트 적립율을 차등 적용한 사례이고, <표 4.14>는 제품유형에 따라 포인트 적립율을 차등 적용한 사례이다.

〈표 4.13〉 유통채널별 차등 적용 사례

등급	백화점	대리점	직영점	직영 온라인쇼핑몰
최우수				
우수	1% 적립	3% 적립	5% 적립	7% 적립
단골				
일반				

〈표 4.14〉 제품별 차등 적용 사례

제품 구분	할인율	적립율
이월상품	40%	0%
시즌오프 상품	20%	5%
정상상품	0%	10%

(2) 포인트 사용 정책의 결정

1) 상환 유형의 결정

포인트 상환 유형은 회원이 적립한 포인트를 보상물로 상환 받는 방법을 결정하는 것으로, 상품 구매시 구매금액의 전체 또는 일부를 포인트로 결제하는 포인트 결제와 현금으로 돌려 받는 캐시백, 그리고 상품권이나 보상물로의 상환이 있다. 포인트 상환 방법의 설계는 이들 중 하나를 적용하거나 다수를 조합하여 활용할 수 있다.

포인트 결제 방식

포인트 결제는 구매금액 결제시 포인트 사용액만큼 결제금액에서 차감해 주는 방식으로, 업종과 상관없이 가장 일반적으로 활용되는 포인트의 사용 방법이다. 포인트 결제 방식은 '최저-최대 사용가능 포인트'와 '사용 포인트 단위'의 결정이 필요하다. 최저 사용가능 포인트는 포인트를 차감하여 보상을 받을 수 있는 최소 적립 수준을, 최대 사용가능 포인트는 한 번에 사용할 수 있는 포인트의 한도 수준을 결정하는 것이다. 사용 포인트 단위는 포인트를 차감하는 최소 단위이다.

최저 사용가능 포인트는 평균 구매횟수를 고려했을 때 반복구매라고 정의할 수 있는 구매 횟수의 수준을 내부적으로 정의하고, 이 시점에 제공되는 누적 적립액을 최저 사용가능 포인트의 기준 정보로 고려한다. 2019년 10월, 신용카드 포인트 표준약관의 개정으로 모든 카드사의 포인트는 1원 단위부터 사용할 수 있지만, 그 밖의 업종은 최저 사용 가능 포인트의 수준에 대한 법적 제한은 아직 없다.

<표 4.15>는 최저 사용가능한 포인트를 도출하는 과정의 예시이다. 예컨대, 편의점 A의 1회 평균 구매액(객단가)이 5천원, 평균 구매횟수가 월 3회, 적립율이 1%라고 했을 때, 단골 기준을 3개월 이상 거래하는 시점인 10회로 정의할 경우 5백원만큼 적립되는 것을 참고하여 최저 사용가능 포인트를 5백점으로 도출하였다. 제과점 B는 월 평균 2회 구매하는 것을 고려하여 단골 기준을 5회 구매 시점을 정의하였으며, 적립율 3% 적용시 적립액이 1천 5백원이 되는 것과 빵류의 최저 금액이 1천원인 점을 고려하여 최저 사용가능 포인트를 1천점으로 도출하였다. 마지막으로 의류점 C는 3개월에 1회 정도 고객들이 거래하고 있어 단골 기준을 3회 거래 시점으로 정의하였다. 적립율 5% 적용시 적립액은 4천 5백원이 됨을 확인하고, 매장에서 판매하는 가장 저렴한 제품인 손수건과 양말이 5천원을 고려하여 최저 사용가능 포인트를 5천원으로 도출하였다.

〈표 4.15〉 최저 사용가능 포인트 도출 예시

(1포인트=1원)

기업	객단가	평균 구매횟수	적립율	단골 기준	적립액	최저 사용가능 포인트
편의점 A	5,000원	3회/월	1%	10회	500원	500점
제과점 B	10,000원	2회/월	3%	5회	1,500원	1,000점
의류점 C	30,000원	1회/3개월	5%	3회	4,500원	5,000점

최저 사용가능 포인트 수준이 낮으면 포인트 사용 경험 기회를 제공하기 쉬우나, 구매 시마다 소액의 포인트를 바로바로 소진하여, 포인트 적립을 유도하는 효과가 낮고, 조건이 너무 높으면 보상물을 얻을 수 있는 도달 가능성이 낮아져 아예 적립 행위에 대한 동기부여가 어려울 수 있다. 그러므로, 보상물 상환까지의 심리적 거리를 줄이면서 보상물 획득을 위해 반복적인 거래를 촉진할 수 있고, 또 적립한 포인트를 전환비용으로 지각할 수 있는 적정수준의 임계치 설정이 요구된다. 최대 사용 가능 포인트를 정해두는 경우도 있는데, 이

는 포인트를 나누어 사용하게 함으로써 사용 시점을 지연시켜 고객의 거래 단절을 예방하고, 재방문을 유도하기 위한 전략의 하나이다.

사용 포인트 단위는 결제시 발생할 수 있는 최저 금액 단위를 고려한다. 예컨대, 편의점은 십 원대, 제과점은 백 원대, 의류는 천 원대의 제품이 존재하므로 이를 사용 포인트 단위의 기준으로 고려할 수 있다. 최근에는 제휴 프로그램이 활성화 되면서, 화폐와 동일하게 1원 단위부터 사용할 수 있도록 정책을 마련하는 추세에 있다(<표 4.16> 참조>).

〈표 4.16〉 최저 사용가능 포인트 및 사용 포인트 단위 예시 (1포인트=1원)

기업	예시 1		예시 2	
	최저 사용가능 포인트	사용 포인트 단위	최저 사용가능 포인트	사용 포인트 단위
편의점 A	10포인트 이상	10포인트	100포인트 이상	10포인트
제과점 B	100포인트 이상	100포인트	1,000포인트 이상	100포인트
의류점 C	1,000포인트 이상	100포인트	5,000포인트 이상	1,000포인트

캐시백 방식

일정 금액 이상의 포인트가 누적되면 이를 현금으로 지급하는 방식이다. 할인 방식은 기업이 제공하는 재화 구입에만 사용 가능하나, 캐시백은 현금과 동일하므로 사용 범위에 제한이 없어 고객 입장에서는 포인트 보다 더 유용하다. 포인트 차감 방식으로 상환 받을 수 있는 보상물이 제한적인 업종(예 통신사, 금융권, 자동차)에서 주로 활용한다. 신용카드사의 경우에는 현행 여신전문금융업법상 1만 포인트 이상이면 캐시백으로 전환하여 사용할 수 있도록 해야 한다. <표 4.17>은 은행, 신용카드, 자동차 업종에서의 캐시백 활용 예시이다.

〈표 4.17〉 캐시백 적용 예시

업종	캐시백 기준	캐시백 방법
은행	• 전월 실적 25만원 이상시 월 최대 10만원 캐시백	• 결제계좌 혹은 지정계좌로 캐시백
신용카드	• 사용금액의 일정비율을 캐시백 • 5만 포인트 이상 보유시 1만원 단위로 캐시백	• 1만 포인트 이상시 도래하는 결제일에 지정계좌로 캐시백
자동차	• 제휴신용카드를 이용한 자동차 일시불 결제시 일정비율을 캐시백	• 지정계좌로 캐시백

상품권 방식

일정 금액 이상의 포인트가 누적되면 이를 상품권으로 지급하는 방식이다. 현금과 같이 사용할 수 있다는 점에서 캐시백과 유사하나, 상품권의 사용처가 한정되어 있어 기업에서 취급하는 재화 구입을 유도할 수 있다는 면에서는 할인 방식과도 유사하다. 상품권 방식이 적합한 업종은 1회 평균 구매금액이 상대적으로 크거나, 5천원 미만의 소액으로 구입할 수 있는 제품이 제한적인 경우, 그리고 상품권 이용이 활성화된 백화점이나 할인점 등이다.

지류 상품권은 유가증권의 일종으로 발행금액의 10% 범위 내 공탁 등의 발행이 까다로웠으나, 1999년 상품권법 폐지로 어느 기업이든 발행 및 유통이 가능하게 되었다. 그러나, 상품권을 발행하기 위해서는 인지세, 인쇄/유통비, 위변조방지책 마련 등 제반 비용이 수반되기 때문에 기존 고객들을 대상으로 상품권 유통이 이미 활성화 되어 있는 경우가 아니고서는 중소형 기업이 활용하는 것은 부적합하다. 2020년 기준, 인지세는 1만원권 미만은 면제이며, 1만원권은 장당 5십원, 1만원권 초과-5만원 이하는 장당 2백원, 5만원 초과-1십만원 이하는 4백원, 10만원 초과시에는 800원이다.

상품권은 5천원, 1만원, 5만원권 등 구간이 있기 때문에 소비자로 하여금 상품권으로 교환할 수 있는 만큼 포인트를 적립하고자 하는 동기를 자극한다. 소비자가 자신의 포인트를 상품권으로 교환 받는 것임에도 불구하고, 할인이나 통장으로 자동 입금되는 캐시백 방식에 비해 보상물의 실체를 경험할 수 있다는 점에서 보상의 효과가 할인이나 캐시백보다 상대적으로 높은 편이다. 최근에는 스마트폰이 대중화되면서 보관, 휴대, 양도가 용이한 전자상품권으로 지류 상품권이 대체되는 추세에 있다.

지류 상품권보다 모바일 상품권의 활용도가 높아지면서, 웹/모바일 멤버십을 운영하는 기업들은 모바일 상품권 발행 대행사의 상품권 발행시스템을 이용하여 모바일 상품권을 발행하고 있다. 흔히 '기프티콘'이라고도 불리는 모바일 상품권은 매년 20%씩 시장이 성장하고 있으며, 거래액은 2020년 기준 3조원에 이른다. 모바일 상품권은 2020년부터 5만원 이상의 상품권에 대한 인지세가 부과된다.[4] <표 4.18>은 종합인터넷쇼핑몰과 백화점에서 적립한 포인트를 상품권으로 교환하는 정책의 예시이다.

〈표 4.18〉 상품권 적용 예시

업종	상품권 교환 기준
종합인터넷쇼핑몰	• 분기마다 적립 포인트를 디지털 상품권으로 교환 • 1만 포인트당 디지털 상품권 1만원권으로 교환
백화점	• 지정 교환 수준 도달시 상품권 교환 　- 15,000포인트 = 5천원권 　- 25,000포인트 = 1만원권 　- 50,000포인트 = 3만원권

보상물 방식

포인트를 제품이나 서비스로 상환해 주는 방식이다. 보상물 방식에서는 보상물로 제공하는 재화에 대한 체감 가치가 사용할 포인트의 가치보다 더 높게 인식되는 것이 중요하다. 보상물 방식은 1) 특정 기한 내 재화가 판매되지 않을 경우 판매기회를 잃게 되는 재화 가운데, 고객의 체감가치가 실질적인 원가보다 매우 높은 경우, 2) 기업이 구매협상력을 보유하고 있어 저렴한 가격에 보상물을 매입하여 고객들에게 제공할 수 있는 경우, 그리고 3) 포인트몰을 직접 운영하거나 위탁하는 형태로 보상물을 제공했을 때 고객 만족도가 높을 것으로 평가되는 경우에 적합하다.

2) 포인트 사용 기능의 개발

포인트를 사용할 수 있는 다양한 기회를 제공하여 고객의 만족도를 향상시키는 것을 목적으로 한다. 대표적으로 '포인트 계좌 이체 기능', '그룹 합산 사용 기능', '포인트 충전 기능' 등이 있다.

포인트 계좌 이체 기능

　　포인트의 계좌 이체 기능은 고객이 지정한 본인 소유의 계좌로 포인트를 이체하여 현금처럼 사용할 수 있도록 하는 기능이다. 연간 1천억 원 규모로 소멸되는 신용카드 포인트의 사용을 활성화하기 위해, 현행 제도는 계좌이체를 통한 포인트의 현금화 및 카드사 연회비 납부, 국세 납부, 항공사 마일리지로의 전환 등에 사용할 수 있도록 하고 있다. 금융위원회는 2020년 10월부터 신용카드의 포인트 통합 조회서비스를 통해 카드사별 포인트 통합 조회뿐 아니라, 지정 계좌로의 이체 기능을 제공할 예정이다.[5]

　　금융권을 제외하고 포인트 계좌 이체 기능을 제공하는 것은 이종 업종 연합 프로그램이나 그룹사의 인-하우스 프로그램과 같이 국민의 상당수가 회원으로 가입하고 있고, 상당액의 포인트를 기업이 보유하고 있어 이들의 소멸이 소비자 재산권에 미치는 영향이 매우 큰 경우이다. 포인트 계좌 이체는 포인트를 직접적으로 현금화하여 지급하기 때문에, 일반적인 상거래 비즈니스 영역에서는 제품 구매시 포인트를 사용하도록 하는 것에 비해 기업 부담이 크다.

포인트 양도 · 판매 기능

　　포인트 계좌 이체 기능이 자신의 계좌로 이체하여 현금화하는 것이라면, 포인트 양도 기능은 타인의 계좌로 이체하여 현금화할 수 있도록 하는 방법과 특정 브랜드에서만 사용할 수 있는 전자화폐로 지급하는 방법이 있다. 후자는 해당 상점에서만 사용할 수 있다는 점에서 전자상품권의 성격을 갖는다. 포인트 판매는 포인트 거래소를 통해 자신이 보유하고 있는 포인트를 타인에게 판매하는 방식으로, 판매액의 일부를 거래소에 거래수수료로 지급한다. 블록체인 기술을 이용한 암호화폐 거래 생태계가 조성되고 있는 만큼, 멀지 않은 시일 내 멤버십 포인트에 블록체인 기술을 접목하여 전자화폐 거래소를 통해 코인으로 전환하거나, 거래가 가능할 것으로 전망되고 있다. 일본의 경우 암호화폐 거래소인 라쿠텐월렛이 멤버십 포인트를 암호화폐로 교환해 주는 서비스를 2019년에 출시한 바 있으며, 우리나라의 경우에는 OK캐쉬백이 블록체인 기술을 적용하여 가치가 안정화된 스테이블 코인으로 전환하는 것을 검토 중이다.[6]

그룹 합산 사용 기능

본인뿐 아니라 가족 구성원 혹은 특정 그룹 구성원이 포인트를 합산하여 적립하고 사용할 수 있는 것을 포인트 합산제도라고 한다. 타인에게 양도하지만, 현금화할 수는 없으므로 포인트의 타인 양도와는 구분된다. 합산제도는 그룹 단위의 소비가 이루어지는 항공사, 여행사, 할인점 등과 가족 구성원 중 포인트를 활발하게 사용하는 세대(예 자녀)와 사용에 소극적인 세대(예 부모)가 공존하여 포인트의 사용이 편향된 업종(예 통신사)에서 많이 활용하고 있다. 포인트 적립속도를 촉진하기 때문에 보상물 획득과의 심리적 거리를 줄여주는 장점이 있다.

포인트 충전 기능

현금을 포인트로 충전하고 체크카드처럼 사용하는 방식으로, 선불 충전의 성격을 갖는다. 공인인증서 등의 인증 절차 없이 간단하게 결제하는 간편결제 서비스의 기능으로 활용되고 있어 교통카드, 온라인·모바일 콘텐츠 구매 등 포인트의 소액결제 빈도가 높은 영역에서 소비자들의 선호도가 높다.

3) 소멸 정책의 결정

포인트는 제품 구매시 지급 받는 '현금성 포인트'와 이벤트 참여시 지급 받는 '무료 포인트'로 구분할 수 있다. 포인트 적립 기준 중 '구매금액', '구매량', '구매횟수'를 기준으로 적립된 포인트는 현금성 포인트이고, '특정활동'에 의해 적립된 포인트는 무료 포인트이다. 포인트의 소멸정책은 이 둘을 이원화하여 결정해야 한다(<표 4.19> 참조).

현금성 포인트는 상시 채권(상(商)행위로 발생한 채권)으로서 포인트의 소멸시효는 회원약관을 통해 고지하여야 하며, 사용기간이 만료된 시점으로부터는 보상을 받을 수 있는 소비자 권리가 박탈된다. 포인트 소멸시효에 대해서는 법적으로 강제한 기한이 없으나, 항공사는 10년, 기타 일반 업종은 1년~5년 내의 범위를 유효기간으로 지정하고 있다. 제품의 구매주기가 길수록 소멸기한 또한 길게 설정하는 것이 일반적이다. 반면, 무료 포인트는 '무상으로 제공'하기 때문에 법적인 규제 대상이 아니므로 기업에서 소멸기한을 주, 월 단위로 짧게 지정할 수 있다. <표 4.19>는 현금성 포인트와 무료 포인트를 모두 활용하고 있는 기업들의 운영 정책 예시이다.

〈표 4.19〉 '현금성 포인트'와 '무료 포인트' 정책 예시[7]

업종	기업명	현금성포인트		무료포인트	
		포인트명	유효기간	포인트명	유효기간
오픈마켓	G마켓	스마일캐시	없음	스마일포인트	이벤트에 따라 다름
	11번가	캐시	5년	포인트	
	인터파크	S-Money	5년	i-point	
소셜커머스	쿠팡	쿠팡캐시	5년	–	
	위메프	유료포인트	5년	무료포인트	
	티몬	티몬캐쉬	5년	적립금	

(3) 포인트 적립-사용-소멸 방법 및 절차

포인트의 적립, 사용, 소멸에 대한 기준과 이용 방법 및 절차를 정의하고, 이를 처리하는데 필요한 시스템 사항 등을 기획한다. 각 단계마다 이루어져야 할 적절한 고객 커뮤니케이션 내용과 프로세스를 정립할 때에는 고객 유형(신규고객, 기존고객 등) 또는 유통채널 유형(매장, 인터넷쇼핑몰, 모바일커머스 등)과 고객센터 등 고객 접점별 적절한 대응 방안을 함께 고려하도록 한다.

포인트의 적립 및 사용은 언제, 어디서든 다양한 매체(예 멤버십 카드, 스마트폰 앱, RFID 등)를 이용할 수 있도록 지원하고, 특정 매체를 소지하고 있지 않은 상태에서도 개인 확인 절차를 통해 포인트를 적립하고 사용할 수 있도록 지원하는 것이 필요하다.

포인트를 적립하고 사용하는 방법 및 절차는 프로그램 참여 과정의 편의성에 영향을 준다. 예컨대, 보상을 받기까지 너무 오랜 시간이 소요되거나 그 과정이 공정하지 못하고 번거롭다면 고객 불만족의 요인이 된다. 보상방법 및 절차에 대한 경험이 상호작용 불공정성 혹은 절차적 불공정성을 야기하는 경우, 이것이 관계유지에 장애가 되는 유의미한 요인으로 작용하는지 살펴볼 필요가 있다. 신용카드 포인트를 사용하지 않는 이유를 설문조사한 결과에 따르면, 32.4%가 포인트의 사용방법 및 사용처를 몰라서, 26.1%는 매월 적립되는 포인트를 확인하지 않아서, 22.2%를 포인트 사용절차가 번거로워서, 14.9%는 모으다 보니 포인트 유효기간을 초과해서, 4.4%는 기타로 나타났다.[8] 이는 포인트의 적립-사용-소멸에 대한 편의성과 적극적인 안내가 포인트의 사용을 활성화하는 데 꼭 필요한 요소임을 보여준다.

3.4 보상체계

　　보상정책은 멤버십 프로그램의 참여와 활성화를 결정짓는 가장 중요한 설계 영역이다. 보상설계의 핵심은 고객에게 매력적인 멤버십 프로그램으로 인식되면서, 기업의 수익성을 악화시키지 않는 적정 수준의 보상물과 보상방법을 설계하는 것이다. 보상물에 대한 열망은 보상물의 가치와 직결되는 것으로, 보상물 획득을 위한 소비자의 행동 수정에 영향을 주기 때문에 보상물의 실제가치에 비하여 지각된 가치가 더 높아야 한다.

　　멤버십 보상체계의 개발은 다양한 방법론이 있을 수 있는데, 본서에는 고객생애주기관리를 고려한 보상체계 개발 프로세스를 중심으로 설명하고자 한다. 고객생애주기관리는 신규회원부터 단골고객, 우수고객까지 고객의 생애주기 단계의 특성을 고려하여, 적정한 보상물을 배치하는 방법론으로, 관리해야 할 고객군에 대한 집중과 선택, 그리고 균형 잡힌 보상체계 개발에 효과적이다. 고객생애주기 관리 관점의 보상체계는 1) 보상물 후보의 개발, 2) 고객생애주기관리 프레임워크의 개발, 3) 고객생애주기관리 관점의 보상물 후보안 배치, 4) 보상체계 매트릭스의 개발, 그리고 5) 최적안 선정의 순으로 진행된다.

(1) 보상물 후보의 개발

　　보상체계 개발을 위해 첫 번째로 해야 할 일은 보상물로 사용가능한 다양한 후보안을 개발하는 것이다. 경쟁사와 차별화되고 고객들이 호응할 수 있는 보상물을 개발하기 위한 첫 단추로서, 이 단계에서는 어떠한 제약도 없이 보상물에 대한 다양한 아이디어를 최대한 많이 수집하는 것이 중요하다. 보상물 후보안을 도출할 때에는 '보상'뿐 아니라 '차별적 특전'에 대한 아이디어 발굴에 공을 들일 필요가 있다. 포인트 적립, 할인, 증정과 같은 '보상'

방식은 직접적으로 가격 할인과 부가적 비용이 발생하는 속성을 갖고 있어, '보상물' 중심의 과도한 경쟁은 '가격 할인' 경쟁처럼 기업의 수익성을 악화시키는 원인이 될 수 있다. 따라서, 적정 수준의 '보상'과 더불어 직접적인 비용을 발생시키지는 않으면서 고객의 만족도를 향상시킬 수 있는 '회원 우대 서비스' 중심의 특전으로 보상을 차별화하는 것이 매우 중요하다.

차별적 서비스의 효과적인 개발은 고객이 제품을 구매하고, 소비하며, 재구매하는 일련의 과정 전체를 세밀하게 관찰하여, 소비 과정에서 어떤 불편함과 어려움을 느끼는지를 도출하고, 이를 해결해 줄 수 있는 아이디어로부터 출발하는 것이 좋다. 회원 대상의 무료 반품 서비스, 회원 전용 체크인 창구, VIP 대상의 발렛파킹 등의 서비스는 이러한 소비 과정에 대한 관찰을 통해 개발된 서비스들이다. 얼마나 고객들이 필요로 하는 서비스인가, 얼마나 경쟁사와 차별화된 멤버십 서비스인가는 곧 멤버십 프로그램의 경쟁력이 될 수 있다.

차별화된 보상물 후보안 개발시 고려해야 할 두 번째 사항은 교환가치의 상호 공정성이다. 교환가치는 기업과 고객 간에 교환되는 가치로서, 기업이 고객에게 제공하는 가치(예 제품, 서비스)와 기업이 고객으로부터 얻는 가치(예 매출액)를 의미한다. 따라서, '교환가치의 상호 공정성'이란, 회원의 반복적 거래와 매출(또는 수익) 기여도에 상응하는 수준의 보상을 제공함으로써 기업-고객 간 교환가치가 서로 공정해야 한다는 것이다. 고객의 기여도 이상으로 과도한 수준의 보상과 특전을 제공하는 것은 기업의 수익성을 악화시키며, 반대로 고객의 기여도 대비 지나치게 낮은 수준의 보상과 특전은 멤버십 프로그램의 매력도를 낮추고 멤버십 프로그램의 기능을 상실시킬 수 있다.

보상물 후보안에 대한 아이디어를 도출하는 초기 단계에서는 보상물의 분류 기준을 활용하는 것이 보다 쉽게 다양한 관점에서 아이디어를 도출하는 데 도움이 된다. 멤버십 프로그램에서 활용되는 대표적인 분류 기준인 '보상시점, 브랜드 관련성, 금전성, 제품속성'에 대한 총 여덟 가지의 보상물 유형과 그 예시를 살펴보자. <표 4.20>은 아래에 설명할 보상물 각 유형에 대한 분류 기준과 관련 예시를 요약한 것이다.

〈표 4.20〉 멤버십 프로그램에서 활용하는 보상물 분류 기준

분류		기준	예
보상 시점	1. 즉시	보상물 상환 시점이 현재인 것	당일 10% 할인, 당일 커피 1잔 무료 제공
	2. 지연	보상물 상환 시점이 현재 이후인 것	다음 결제부터 사용가능한 10% 할인 쿠폰
브랜드 관련성	3. 관련	브랜드(기업) 관련 제품과 서비스	아이스크림 전문점에서 판매 중인 아이스크림 증정
	4. 비관련	브랜드(기업)와 무관한 것	주유소에서 곽티슈 증정
금전성	5. 금전	직접적으로 경제적 이득이 있는 것	할인, 상품권, 증정, 무료배송, 무료포장, 인출수수료 무료 등
	6. 비금전	직접적인 경제적 이득이 적은 것	임산부교실, 공장견학, 여행정보잡지 등
제품 속성	7. 필수재 (실용재)	일상생활에 필요한 것	곽티슈, 물티슈, 생수, 세제, 필기구 등
	8. 사치재 (쾌락재)	문화, 예술, 오락 등 오감자극과 관련된 것	공연관람권, 여행 숙박/항공권, 아이스크림, 향수 등

1) 보상시점(즉시 vs. 지연)

보상물 선택 시점과 소비 시점 사이의 시간적 거리에 대한 개념으로, 즉시 보상과 지연 보상으로 구분한다. '즉시 보상'은 현 결제 시점에서 바로 사용할 수 있는 보상인 반면,

회원가입시 즉시할인

회원가입시 지연할인

[그림 4.22] 회원가입시 즉시할인과 지연할인 예시

'지연 보상'은 다음 구매부터 사용이 가능한 보상을 말한다.

예컨대, '회원가입 즉시 5% 할인'은 현재의 결제분에 적용 가능한 즉시 보상이지만, '회원가입 후, 다음 구매부터 사용할 수 있는 5% 할인 쿠폰 증정'은 지연 보상이다([그림 4.22] 참조). 반면, '회원가입시 1천포인트 적립, 첫 구매부터 사용가능'은 포인트를 즉시 사용하거나, 좀 더 적립하여 사용할 수 있는 결정권이 사용자에게 있기 때문에 즉시 보상과 지연 보상 중 어느 하나라고 말하기 어렵다. 다만, 재구매 방문의도가 높을수록 즉시 사용보다 지연 사용을 선호하고, 회원가입시 지급 받은 포인트의 금액이 클수록 즉시 사용을 선호하는 경향이 있다. 소비자는 미래보다 현재의 효용 극대화를 더욱 중시하기 때문이다.

즉시 보상은 바로 사용이 가능하므로 신규고객 가입 유인책으로서 효과적이고, 지연 보상은 이후의 재방문을 유도하므로 고객유지 목적에 적합하다. 관련 연구에 따르면, 지금 즉시 보상하는 경우에는 생활용품과 같은 저관여 보상물인 경우 선호도가 높으며, 만족 상황에서는 지연 보상이 즉시 보상보다 더 선호되는 경향이 있다. 또한, 보상물 제공시점이 지연될수록 보상물에 대한 선호도가 하락하는데, 하락의 정도는 금전적 보상이 비금전적 보상보다 더 크게 나타난다.

2) 브랜드 관련성(관련 vs. 비관련)

브랜드와 관련이 있는 보상물을 '브랜드 관련 보상', 관련이 없는 보상물을 '브랜드 비관련 보상'이라 한다. 브랜드의 제품과 서비스를 경험할 수 있는 정상품이나 샘플의 증정, 제품을 저렴하게 구입할 수 있는 할인 쿠폰, 제품이 만들어지는 과정과 기업문화를 경험할 수 있는 공장이나 기업이 운영하는 체험관 등이 브랜드 관련 보상에 해당한다. 반대로, 기업이 판매하지 않는 상품의 증정은 브랜드 비관련 보상이다. 예컨대, 주유소에서 증정하는 무료 세차권은 브랜드 관련 보상물이나, 생수 또는 물티슈를 증정하는 것은 브랜드 비관련 보상이다. 멤버십 프로그램의 보상물은 가급적이면 브랜드 관련성이 높은 상품으로 구성하는 것이 좋다. 브랜드를 경험할 기회를 제공할 수 있고, 타사의 제품을 매입하여 증정품으로 제공하는 것보다 자사의 제품을 증정하는 것이 보상물 증정에 필요한 비용을 절감하는 데도 도움이 되기 때문이다.

[그림 4.23] 브랜드 관련 보상과 비관련 보상 예시 - SK 장기렌터카(www.skcarrental.com)

3) 금전성(금전 vs. 비금전)

직접적으로 금전적 가치의 계산이 가능한가를 기준으로 금전적 보상물과 비금전적 보상물로 분류한다. 할인, 캐시백, 상품권, 무료배송 등 현금처럼 사용할 수 있거나, 직관적으로 금전적 가치를 계산하기 쉬운 보상물이 '금전적 보상물'이다. 반대로, 공장 견학, 전문가 무료상담, 회원 초청행사 등 의미 있는 보상물이지만, 그 가치를 직접 계산하기는 어려운 보상물들이 '비금전적 보상물'이다. 일반적으로 소비자들은 현금성을 갖는 금전적 보상물을 비재무적 보상물보다 더 선호하는 경향이 있지만, 과도한 할인과 증정은 제품의 준거가격을 낮출뿐 아니라, 기업의 수익성을 낮추는 직접적인 원인이 될 수 있으므로 금전적 보상물과 비금전적 보상물의 속성, 소비자들의 선호 상황 등에 대한 이해를 바탕으로 금전적 보상물과 비금전적 보상물을 적절히 조합한 효율적인 보상물 설계가 중요하다.

제품을 구매하는데까지 많은 탐색과 조사, 제품 간 비교를 필요로 하는 고관여의 상품들은 특히 금전적 보상물의 선호도가 높다. 현금성 보상물과 증정품을 비교한 연구는 라면, 생수, 기저귀 등 가격 민감도가 낮은 필수재를 다량 구매하는 소비자들은 현금성 보상에 민감하게 반응하는 반면, 영화관람권, 유람선 티켓 등 가격 민감도가 높은 사치재를 구매하는 소비자는 현금성 보상보다 증정과 같은 비금전성 보상물을 더 선호한다고 보고하고 있다.

가입 여부를 결정하는 시점에는 어떤 금전적 보상물이 제공되는지가 프로그램의 가치

[그림 4.24] 금전적 보상과 비금전적 보상 예시 - 상하농원(www.sanghafarm.co.kr)

를 평가하는 데 매우 중요하게 작용하지만, 일단 프로그램에 가입하고 나면 금전적 보상물에 대한 민감도는 감소하는 경향이 나타난다. 따라서, 고객유지 단계에서는 기업의 다양한 제품과 서비스를 경험할 수 있도록 금전적 보상물과 비금전적 보상물을 적절히 조합하여 금전적 보상물로 인한 부작용을 최소화하면서 브랜드에 대한 긍정적 경험과 만족도를 향상시키는 방향으로의 보상설계 전략이 요구된다.

4) 제품속성(필수재 vs. 사치재)

보상물은 일상생활에 꼭 필요한 정도를 기준으로 필수재(또는 실용재)와 사치재(또는 쾌락재)로 구분할 수 있다. 상품의 가격 변화량에 따라 수요량이 변화하는 정도를 수요의 가격 탄력성이라고 하는데, 가격 변화에 민감하면 '가격 탄력성이 높다'고 하고, 가격 변화에 덜 민감하면 '가격 탄력성이 낮다'고 한다. 일상생활을 영위하는데 필요한 필수재는 가격의 인상 또는 인하에 수요가 민감하게 반응하지 않기 때문에 가격 탄력성이 낮은 제품들이다. 쌀, 생수, 화장지 등이 이에 해당한다. 반면, 사치재는 가격이 오르면 수요가 줄고 가격이 낮아지면 매출이 몇 배씩 증가할만큼 가격 변화에 민감하다. 주로 고가의 명품과 소장품, 문화생활과 오락적 요소를 갖는 관람 및 공연, 그리고 오감을 자극하는 제품과 서비스들이 이에 해당한다. 보상물 중에는 영화관람권이나 문화예술공연 초청권, 보너스항공권, 케이크/아이스크림 증정 쿠폰 등이 사치재에 해당한다. 사치재는 보상물을 획득하는데 많은 노력을 기울일수록 실용재보다 더 선호되는 특성이 있다.

[그림 4.25] 필수재 보상과 사치재 보상 예시 - LG U+(www.uplus.co.kr)

(2) 고객생애주기관리 프레임워크의 개발

고객생애주기관리(customer lifetime management)는 고객이 획득-유지-성장에 이르는 생애기간 동안의 거래과정을 의미 있는 단계로 구분하고, 모든 고객을 대상으로 각 단계에 있는 고객이 다음 단계로 이동할 수 있도록 일련의 흐름을 관리하는 CRM 전략이다. 고객 생애주기상의 이동 단계는 기업이 고객과 거래하는 방식과 환경에 따라 차이가 있을 수 있는데, 각 단계별 고객 유형의 정의는 <표 4.21>을 참조할 수 있다. 단, 각 단계에 대한 개념 정의는 기업의 거래 특성에 맞게 변경하여 사용하도록 한다.

멤버십 프로그램을 개선하기 위해 재설계 작업을 진행하는 경우에는 각 단계별, 정의된 고객 유형별 회원 수와 구성비를 측정하여, 집중적으로 관리가 필요한 '중점 관리 대상 고객 유형'을 정의하고, 해당 고객군에 대한 보상과 혜택을 강화함으로써 전략 고객군을 육성하도록 한다.

〈표 4.21〉 전자상거래 업종의 고객생애주기관리 프레임워크 예시

단계	고객 유형	정의	회원 수	구성비
잠재고객	미가입 · 구매	최근 6개월 내 비회원이지만 1회 이상 구매자		
	가입 · 미구매	최근 6개월 내 회원가입자이나, 구매이력이 없는 자		
신규고객	1차 구매	최근 6개월 내 회원가입하고, 첫 1회 구매자		
유지고객	단골고객	신규고객을 제외하고, 최근 6개월간 1–2회 구매자		
	핵심고객	신규고객을 제외하고, 최근 6개월간 3회 이상 구매자		
	이탈가망고객	최근 6개월간 구매이력이 없는 자		
이탈고객	휴면고객	최근 1년 이하 구매이력이 없는 자		
	이탈고객	최근 1년 초과 구매이력이 없는 자		
총 고객 수				

고객생애주기관리를 정의할 때 주의해야 할 점은 '개인정보 유효기간제'이다. 전자상거래업종은 정보통신망법의 '개인정보 유효기간제'에 근거하여 1년 동안 서비스를 이용하지 않은 이용자의 개인정보는 파기하거나 별도로 분리 보관하도록 하고 있다.[1] 따라서, 인터넷과 모바일 비즈니스 업종에서의 고객 생애주기 관리는 1년을 기준으로 정의하는 것이 적합하다. 이와 달리, 오프라인 매장 사업을 하는 경우에는 개인정보보호법의 '개인정보 유효기간제'에 근거하여 기 가입한 회원에 대하여 2년에 한 번, 수집에 대한 재동의 절차를 받아야 하며, 회원이 재동의하지 않을 경우에는 해당 개인정보를 파기 또는 분리보관해야 한다. 따라서, 오프라인 매장 사업에 대해서는 고객 생애주기 관리의 기간을 2년으로 설정하는 것 또한 가능하다.

(3) 고객생애주기관리 관점의 보상물 후보안 배치

고객생애주기관리 프레임워크를 이용하여 중점 관리 대상의 고객군을 선정한 다음에는 이들의 육성을 촉진할 수 있는 적절한 보상물과 혜택을 결정한다. 이때, 첫 단계에서 도

---

1 다만, 정보통신망법 시행령(제16조 제1항)은 이용자의 요청에 따라 기간을 달리 정한 경우 유효기간을 달리할 수 있도록 예외를 규정하고 있다. 따라서, 사업자가 이용자에게 선택권을 부여하고 이용자 스스로 유효기간을 선택할 수 있도록 하는 것은 가능하다.

출해 둔 보상물 후보 리스트를 활용하며, 균형 잡힌 보상물 개발을 위해 혜택의 유형을 경제적 혜택, 심리적 혜택, 상징적 혜택의 3개 차원으로 구분하고, 각 혜택별로 성격이 일치하는 후보안을 분류한다. 경제적 혜택은 현금으로 상환이 가능하거나 현금가치로의 직접적인 환산이 가능한 보상물들로서, 고객은 이러한 보상물을 통해 직접적인 비용 절감의 가치를 경험할 수 있다. 심리적 혜택은 현금성 가치는 갖고 있지 않으나, 이러한 보상물을 통해 브랜드에 대한 소속감, 자신을 알아주는 개인화와 처우에 심리적인 만족감을 가질 수 있다. 마지막으로 상징적 혜택은 보상물을 통해 자신의 사회적 위치를 가시화 함으로써 만족감을 얻을 수 있는 가치를 부여하는 보상물에 해당한다. <표 4.22>는 멤버십 혜택의 세 가지 유형에 대하여 보상물 후보안을 배치한 예시이다.

〈표 4.22〉 경제적 혜택, 심리적 혜택, 상징적 혜택의 핵심 가치와 보상물 예시

구분	핵심 가치	보상물 후보
경제적 혜택	비용 절약, 지출감소, 시간과 노력의 절약	현금성 포인트, 무료 포인트, 할인쿠폰, 증정, 무료 배송, 무료 포장, 무상수리
심리적 혜택	소속감, 개인화, 즐거움, 사회적 참여	컨시어지 서비스, 이름 불러주기, 개인화된 제품 추천, 개인화 된 제품 구매, 기념일 축하, 회원 모임, 독점적 정보, 전용 핫라인, 회원교실
상징적 혜택	독점적 사용, 특별 대우, 특별한 지위, 가치 공유	VIP 카드, 배지(아이콘), 전용라인, 전용 라운지, 신상품 선구매 우선권

혜택 유형 관점의 보상물 후보 목록이 준비된 다음에는 이를 참고하여, <표 4.23>과 같이 보상물 균형성 평가 프레임워크를 만든다. 보상물 균형성 평가 프레임워크에는 고객생애주기관리 측면에서 촉진해야 할 중점 관리 대상을 정의하고, 각 행동을 유도하는데 적절한 보상물 후보를 매칭하도록 한다. 해당 프레임워크는 중점 관리 대상별로 적절한 보상물을 매칭하고, 해당 보상물이 어떠한 유형의 혜택인지를 함께 살펴볼 수 있어 고객생애주기관리 측면에서 균형 잡힌 보상물을 설계하는데 유용하다.

〈표 4.23〉 고객생애주기관리 관점의 보상물 균형성 평가 프레임워크

중점 관리 대상		혜택 유형			보상물 후보
		경제적 혜택	심리적 혜택	상징적 혜택	
구매 유도	회원가입 유도	●			웰컴 무료 포인트, 증정품, 할인쿠폰
	첫 구매 유도	●			현금성 포인트, 증정품, 할인쿠폰, 무료배송
	2차 구매 유도	●			등급별 현금성 포인트, 할인쿠폰, 증정품, 승급 축하 무료 포인트, 할인쿠폰, 증정품
	단골고객 관리	●			등급별 현금성 포인트, 할인쿠폰, 증정품, 승급 축하 무료 포인트, 할인쿠폰, 증정품 무료배송, 무료반품, 무상수리, 무료포장, 멤버십데이, 더블포인트데이, 신상품 선구매 우선권, 쇼케이스 초청
추천 촉진	제품 추천	●			무료 포인트, 증정품, 할인쿠폰, 무료배송
	회원가입 권유	●			무료 포인트, 증정품, 할인쿠폰, 무료배송
특정활동 유도	제품 후기	●			무료 포인트
	후기 공유	●			무료 포인트
	출석	●			무료 포인트, 스탬프
	모바일 앱 이용	●			무료 포인트
	매장 방문 장려	●			무료 포인트, 할인쿠폰
고객만족 향상	결속		●		적립금 기부, 회원 초청 행사, 동호회
	우대		●		기념일 축하카드, 증정품, 할인쿠폰, 공연관람권
	개인화		●		제품 추천, 정보 제공, 맞춤제품
	전용		●	●	전용 상담실, 전용 라운지, 전용 핫라인
	지위		●	●	VIP카드

(4) 보상체계 매트릭스의 개발

고객 생애주기 관리 관점의 보상물 후보안 배치 과정이 완료된 다음에는, 실제 고객들에게 제시되는 보상체계 매트릭스를 개발한다. 보상체계 매트릭스는 중점 관리 대상에 대한 혜택, 등급별 혜택, 공통 혜택으로 구성하며, 보상과 혜택은 실제로 고객에게 제공되는 속성 수준(예 할인쿠폰→20% 할인쿠폰 3장)까지 제시한다. 보상체계 매트릭스는 2개 이상의 후보(안)을 만들어 기업과 고객 관점의 선호도 조사 과정을 통해 최적안을 선택하는 과정을

거치는 것이 바람직하며, 각 후보(안)에 투입되는 마케팅 비용을 함께 추정하도록 한다.

<표 4.24>에 제시된 기업은 등급별 혜택 중심으로 보상체계를 구성하기보다는 유의미한 특정 고객군 또는 특정 행동을 촉진하는 방향으로 보상을 강화하고 있다. 예컨대, '신규가입, 1차 구매, 장기 거래' 유도와 전체회원의 거래 촉진 및 고객 참여를 유도하기 위한 공통 혜택이 두드러진다. 이는 공통 혜택을 보강하여 전체 회원들의 만족 수준을 높이고, 제품 사용후기의 제공 또는 SNS 공유, 친구 추천, 멤버십 앱 활성화 등을 독려하는 전략이 내포되어 있음을 암시한다. 이 기업은 등급별 기여도에 상응하는 혜택 또한 포인트와 더불어 할인, 증정, 서비스로 다양화하고 있다.

〈표 4.24〉 보상체계 매트릭스의 예시

혜택 \ 등급		일반	단골	우수	최우수
신규 회원					
1차 구매 회원					
장기 거래 회원					
등급별 혜택	포인트				
	할인				
	증정				
	서비스				
공통혜택 (거래촉진)	할인				
	증정				
	서비스				
공통혜택 (참여)	제품사용후기				
	SNS 공유				
	친구 추천				
	모바일 앱 알람 기능 켜기				

3.5 최적안 선정

멤버십 프로그램은 한 번 보상체계를 결정하고 나면, 최소 1~2년은 해당 제도를 유지해야 하는 장기적인 프로그램이기 때문에 최적안의 선정에 신중할 필요가 있다. 멤버십 프로그램의 최적안은 (1) 보상체계(안)에 대한 선호도를 기업과 고객 관점에서 살펴보고, (2) 최적안으로 선정된 보상체계(안)을 적용했을때의 회원 개인별, 등급별, 전체 고객 대상의 투자 수익률(ROI) 분석, 그리고, (3) 새로운 멤버십 프로그램 도입시 예상되는 손익 계산서를 추정하는 일련의 과정을 통해 타당성을 검토하여 결정한다.

(1) 보상체계(안)에 대한 선호도 조사

멤버십 프로그램에 대한 전반적인 설계가 완료되고 나면, 멤버십 프로그램을 운영하는 당사자인 기업의 실무자와 실제 프로그램을 이용하게 될 고객을 대상으로 어떠한 후보 안이 가장 적절한지를 비교·평가하여 최종 안을 결정하는데 참고할 수 있도록 준비하는 것이 바람직하다.

1) 기업 관점의 선호도 조사

멤버십 프로그램 후보 안은 '가입자격, 등급제도, 포인트제도, 보상체계'를 고려하여 도출한다. 후보 안이 지나치게 많으면 평가자가 판단에 어려움을 느낄 수 있으므로, 선택 가능한 후보 안은 10개를 넘지 않는 것이 좋다. 평가는 서면평가 방식으로 진행하며, 응답자는 CRM, 마케팅, 영업, IT, 고객센터 등 멤버십 프로그램의 개발과 운영에 관련된 모든 부서의 실무자와 팀장을 대상으로 한다. 평가자 중 일부는 프로그램 설계에 직접적으로 관여하지 않아 제시한 후보 안에 대한 이해도가 부족할 수 있으므로, 평가 이전에 평가자 대상의 OJT(On-the-Job Training)를 통해 각 후보안에 대해 설명하고, 평가 방법과 숙지사항을 전달하는 시간을 마련하는 것이 조사 결과의 신뢰성을 높이는 데 효과적이다.

기업 관점의 선호도 조사 평가항목은 '신규고객 유입 효과, 기존고객 유지 효과, 기존고객 매출 증대, 경쟁사와의 차별성, 소요 예산, 시스템 개발 필요성'으로 구성된 6개 차원을 기본으로 하고, 각 기업의 특수성을 고려하여 평가 차원을 추가할 수 있다. 평가는 5점 또는 7점 리커드 척도를 사용하는 것이 적절하고, 점수가 가장 높은 것을 최적안으로 선정하기보다는 자사의 멤버십 프로그램이 추구하는 목표가 무엇인지를 고려하여 해당 영역에 대한 기대가 가장 큰 후보 안을 고려하도록 한다. 각 평가 차원에 대해 가중치를 부여하고, 그 결과를 비교·평가하는 것도 대안이 될 수 있다.

<표 4.25>에 제시된 기업의 경우에는 옵션 ⑤가 전반적인 평균 선호도가 가장 높은 것을 확인할 수 있는데, 해당 후보안은 특히 기존고객의 매출증대와 경쟁사와의 차별성 측면에서 효과가 있을 것으로 평가되고 있다. 반면, 옵션 ④는 옵션 ⑤만큼 기존고객 유지에 효과적일 것으로 기대되고 있는데, 시스템 개발 요건이 있을 것으로 추정되지만, 운영에 소요되는 예산은 옵션 ⑤보다 적을 것으로 평가한 것을 알 수 있다.

〈표 4.25〉 기업 관점의 선호도 조사 결과 예시

보상체계	신규고객 유입효과	기존고객 유지효과	기존고객 매출증대	경쟁사 차별성	소요 예산	시스템 개발 필요성	평균
옵션 ①	2.8	3.6	2.8	2.4	6.4	8.0	4.30
옵션 ②	3.6	6.0	4.4	3.6	5.2	6.4	4.87
옵션 ③	4.4	5.6	3.6	7.6	4.0	5.6	5.13
옵션 ④	6.4	6.8	6.4	6.4	2.8	4.4	5.53
옵션 ⑤	6.4	6.8	7.6	7.2	4.0	3.2	5.87

※ 5점 리커트 척도(1점-매우 나쁘다, 2점-나쁘다, 3점-보통이다, 4점-좋다, 5점-매우 좋다)

2) 고객 관점의 선호도 조사

컨조인트 분석(conjoint analysis)은 소비자가 제품을 선택함에 있어 제품을 구성하는 속성별로 어떠한 속성 수준을 선호하는지를 찾아서, 최적의 속성 수준을 적절히 조합한 신제품 개발에 활용하는 마케팅 조사 기법이다.

스마트워치 제조사에서 신제품을 개발하기 위해 '사용방식, 전력 효율성, 라이프케어 서비스, 가격'의 네 가지를 핵심 속성으로 정의하고, 아래의 속성별 수준을 조합한 신제품을 구상한다고 하자(<표 4.26> 참조).[9] 이 기업은 네 가지 주요 속성과 각 속성별 수준을 조합하여, 개발 가능한 스마트워치 60종($2\times2\times3\times5$)의 제품 프로파일(product profile)[2]을 만들고, 컨조인트 분석을 통해 사용자의 선호도가 가장 높은 이상적인 제품을 찾아낼 수 있다.[3]

〈표 4.26〉 컨조인트 분석을 위한 제품(스마트워치)의 속성과 속성 수준 예시

속성(속성 수준 개수)	속성 수준		
사용방식(2)	• 부분적 유연성	• 완전한 유연성	
전력효율성(2)	• 근거리 무선 충전	• 단말기 자체 충전 및 자가 발전	
라이프케어 서비스(3)	• 보조적 일상관리 수준 • 완전 지능화된 토탈 케어	• 반자동화된 라이프 케어	
가격(5)	• 50만원대 • 90만원대	• 60만원대 • 110만원대	• 80만원대

이처럼, 컨조인트 분석은 속성의 중요도와 속성별 효용가치를 측정하여 1) 소비자들이 가장 중요하게 생각하는 속성과 각 속성의 상대적 중요도를 파악하고, 2) 어떤 속성 수준으로 조합된 제품이 가장 선호도가 높은지를 평가할 수 있어, 사용자 관점에서의 보상체계 최적안을 찾아내는 데 응용되고 있다.

멤버십 프로그램의 보상체계 최적안을 결정하기 위해 컨조인트 분석을 사용한 몇 가지 사례를 살펴보자. <표 4.27>은 항공사의 멤버십 프로그램에 대한 컨조인트 분석 사례이다.[10] 총 4개의 핵심 속성(보상물, 이용시기, 이용지역, 예약 가능성)에 대하여 총 16개의 속성 수준을 갖고 있으므로, 보상물의 속성수준 8개, 이용시기 2개, 이용지역 3개, 예약 가능성 3개 등에 대한 총 144개($8\times2\times3\times3$)의 조합이 발생한다. 이처럼, 조합의 수가 너무 많아 현실적인 비교가 어려운 경우에는 부분요인설계(fractional factorial design)를 통해 비교 대상을 축소하여 조사를 실행한다. 속성과 속성 수준이 많아지면 평가해야 할 프로파일의 수가 많아져 신뢰성 높은 응답을 기대하기 어렵다. 따라서 부분요인설계기법을 적용하여 선택에

---

2 제품 프로파일은 서로 다른 속성 수준들로 구성된 '가상의 제품' 개념으로서, 컨조인트 분석에서는 그림이나 카드 형태의 제품 프로파일을 조사 참여자에게 제시하며, 참여자는 제시된 제품 프로파일 중 가장 좋아하는 것부터 가장 마음에 들지 않는 것까지 순위를 기록한다.
3 컨조인트 분석에 대한 상세한 방법론은 '마케팅 조사' 또는 '마케팅 통계 분석' 관련 전문 서적을 참고하도록 한다.

영향을 줄 수 있는 주요 속성으로 구성된 대표적인 프로파일을 도출하여 선호도를 조사하는 것이다. 본 예시에서는 <표 4.28>과 같이 총 6개의 프로파일이 사용되었다.

〈표 4.27〉 항공사 멤버십 프로그램 대상 컨조인트 분석에 사용된 속성과 속성 수준 예시

속성(속성 수준 개수)	속성 수준	속성(속성 수준 개수)	속성 수준
보상물(8)	• 무료 항공권 • 좌석 승급 • 호텔 예약 • 렌터카 예약 • 초과화물 수수료 • 항공사 라운지 이용 • 문화/관광 상품권 • 외식 상품권	이용시기(2)	• 성수기 • 비성수기
		이용지역(3)	• 국내 • 단거리 국제 • 장거리 국제
		예약 가능성(3)	• 가능성 높음 • 가능성 보통 • 가능성 낮음

다음 <표 4.28>은 상기 예시에 대한 컨조인트 분석 결과로서, 마일리지의 보유 수준(2만 마일, 6만 마일, 15만 마일)별 마일리지 적립 경로(탑승, 제휴)와 성별(남, 여)에 따라 가장 선호도가 높은 프로파일 6개를 제시하고 있다. 결과를 보면, 2만 마일을 보유하고 있는 경우(시나리오 1)에는 프로파일 1, 2에 대한 선호도가 약간의 성별 차이가 있으나 전반적으로 높게 나타나고 있다. 반면, 6만 마일을 보유하고 있는 경우(시나리오 2)는 프로파일 3대비 프로파일 4에 대한 선호도가 압도적으로 높고, 15만 마일을 보유하고 있는 경우(시나리오 3)는 전체적으로 다른 시나리오에서 제시된 프로파일 대비 선호도가 낮게 나타나고 있다. 따라서, 이 사례를 통해 보상체계를 보완한다면, 적립한 마일리지가 15만 마일 이상되는 고객들을 위한 보상과 혜택 부분일 것이다.

✎ 〈표 4.28〉 항공사 멤버십 프로그램 대상 컨조인트 분석 결과 예시

구분	프로파일	선호도 가치			
		탑승		제휴	
		남	여	남	여
시나리오 1 (2만 마일 적립)	1. 성수기에 예약 가능성 낮은 국내선 무료 항공권	0.916	0.993	0.948	0.803
	2. 비수기에 예약 가능성 높은 국내선 좌석 승급	0.519	0.804	0.821	0.997
시나리오 2 (6만 마일 적립)	3. 성숙기에 예약 가능성 낮은 국내선 무료 항공권	0.638	0.584	0.724	0.323
	4. 비수기에 예약 가능성 높은 장거리 국제선 좌석 승급	1.067	0.911	1.024	1.059
시나리오 3 (15만 마일 적립)	5. 성수기에 예약 가능성 낮은 국내선 무료 항공권	0.732	0.588	0.641	0.464
	6. 비수기에 예약 가능성 높은 장거리 국제석 좌석 승급	0.692	0.706	0.669	0.814

※ 탑승 · 제휴: 마일리지 적립 경로

보상체계 최적안을 선정함에 있어 고객 선호도 조사는 컨조인트 분석과 함께 고려할 수 있는 고객 조사 기법이다. [그림 4.26]은 기존에 멤버십 프로그램을 운영한 기업에서 고객들을 대상으로 새로 설계한 보상체계에 대한 고객 선호도를 설문조사한 결과의 예시이다. [그림 4.26]의 '멤버십 유형 선호도'는 적립한 포인트를 결제시 차감하여 사용하는 방식의 '로열티 프로그램'과 적립한 포인트를 보상물과 교환하는 '보상 프로그램', 그리고 구매시마다 회원 우대 할인을 적용하는 '할인 프로그램'에 대한 고객 등급별 선호도를 보여준다. '등급체계 선호

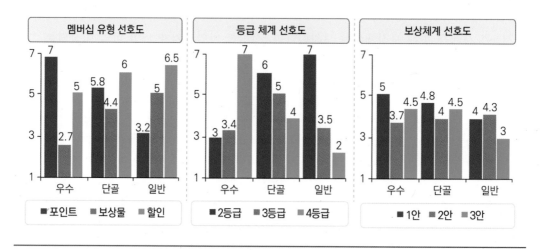

[그림 4.26] 멤버십 프로그램에 대한 선호도 조사 예시

도'는 고객 등급별로 어떠한 등급체계(2등급, 3등급, 4등급 중)를 선호하는지를 살펴본 것이며, '보상체계 선호도'는 새롭게 도입할 멤버십 프로그램의 보상물과 보상물의 속성 수준을 조합한 3개의 안을 제시하고 어떤 보상체계 옵션을 가장 선호하는지를 살펴 본 것이다.

(2) 멤버십 프로그램 ROI 추정

마케팅 투자 수익률(ROI)은 투입된 마케팅 비용 대비 수익의 비율을 구하는 것으로, 투자 효익성을 검증하기 위한 지표이다. 멤버십 프로그램을 통해 제공되는 보상물과 혜택은 고객의 고객 충성도 증진을 목표로 하는 '투자 금액'으로서, 기획한 멤버십 프로그램을 운영했을 때 1) 어느 수준의 ROI를 기대할 수 있는지와 2) 필요시, ROI 관점에서 비용을 적정하게 재분배하기 위해 추정한다. 멤버십 프로그램을 통해 지급되는 보상과 혜택은 개인 수준에서 차등 적용되므로, ROI 또한 개인 수준(회원 1인당), 그룹 수준(등급별), 전체 수준(고객 전체 대상)에 이르는 3단계의 ROI 추정을 진행하여, 각 수준의 관점에서 적절한 마케팅 자원 할당이 이루어졌는지를 평가한다.

$$\text{마케팅 ROI} = \frac{(\text{매출액} - \text{마케팅 비용})}{(\text{마케팅 비용})}$$

1) 개인별 ROI 추정

각 회원에게 투입되는 마케팅 비용과 그로부터 기대할 수 있는 수익률의 적절성을 평가하는 개인 수준의 ROI 추정이다. <표 4.29>는 개인별 ROI 추정 표 예시이다. 해당 표에서 '열'은 등급체계 관점에서 정의한 고객들의 유형을, '행'은 목표와 제공할 보상과 혜택의 내역, 목표 대비 투입될 비용, 그리고 마케팅 ROI로 구성한다. 추정에 사용할 기간은 회계연도를 기준으로 하는 것이 일반적이며, 매출에 계절성이 뚜렷하거나 등급 평가 주기가 매우 짧은 경우에는 분기 또는 반기로 구분하여 보는 것도 필요하다.

✎ 〈표 4.29〉 개인별 1인당 마케팅 ROI 추정 표 예시

항목	고객 그룹	첫 구매	일반	단골	우수	최우수
목표	평균 구매금액(1회)					
	평균 구매횟수					
	평균 구매금액(1년)					
보상과 혜택	포인트 사용액					
	증정					
	할인					
	기타					
비용	최대 수혜시 총 비용(1년)					
	평균 구매금액 대비 투입비용 비율(1년)					
	평균 투입비용(1회)					
	평균 구매금액 대비 투입비용 비율(1회)					
개인별 ROI	(평균 구매금액(1년)−총 비용(1년))/총 비용(1년)					

※ 포인트사용액: 포인트 적립액의 80~90% 가정

① 고객 그룹

고객 그룹은 '고객등급체계'와 외부적으로 드러나지는 않지만 '전략적으로 관리가 필요한 고객군'을 함께 고려한다. 예시로 제시한 〈표 4.29〉에서는 고객 그룹을 '첫 구매, 일반, 단골, 우수, 최우수'로 구분하였다. 첫 구매 고객을 구분하는 것은 기존 고객을 유지시키는 것보다 잠재고객을 첫 구매 고객으로 전환시키는데 상대적으로 더 많은 마케팅 비용이 투입되므로 그 규모의 적절성을 별도로 확인하기 위함이다. 첫 구매자에 대한 ROI 평가시에는 주어지는 보상물의 이득만 챙기고 재구매 단계로 이행되지 않는 체리피커의 규모를 감안해야 한다. 첫 구매 고객과 함께 등급별로 구분하는 이유는 멤버십 프로그램의 혜택과 보상이 고객의 매출 기여도에 따라 차등 지급되므로, 각 등급의 기여도 대비 투입이 적정한지를 살펴보기 위함이다.

② 목표

각 고객 그룹별로 '1회 평균 구매금액과 평균 구매횟수, 이 둘을 곱한 년 평균 구매금액'을 설정한다. 멤버십 프로그램을 개선하는 기업의 경우에는 기존의 고객 전체를 대상으로 재설계한 등급체계를 반영하여 그룹별 '1회 평균 구매금액과 평균 구매횟수'를 산출하여

사용하고, 멤버십 프로그램을 처음 도입하는 기업은 참고할 수 있는 내부 고객 데이터가 부재하므로, 시장 조사를 통해 확보한 참고 자료와 사업계획서를 바탕으로 신규고객과 등급별 예상치를 설정하여 ROI 추정에 사용한다.

③ 보상과 혜택

크게 '포인트', '증정', '할인'으로 구분하고, 각각에 대한 상세 내역을 하위 항목으로 삽입하여 고객에게 지급되는 모든 비용을 상세히 입력하는 것이, 역으로 비용을 조정하는데 용이하다.

④ 비용

각각의 고객 그룹에 대하여 세부 항목별 비용을 입력한 다음에는 이를 바탕으로 1) 최대 수혜시(모든 보상물과 혜택을 이용하는 경우) 연간 총 비용, 연간 평균 구매금액 대비 총 비용의 비율, 연간 총 비용을 평균 구매횟수로 나눈 1회 평균 투입비용, 1회 평균 구매금액 대비 1회 평균 투입 비용의 비율을 계산한다.

⑤ 마케팅 ROI

각 고객군별로 1인당 마케팅 ROI를 추정하고, 각각에 대해 기대 수익률과 투입비용이 적절한지를 평가한다. 고객군별 적정 비용 수준의 결정은 기업의 평균 수익률과 전략적인 관리 대상인지 아닌지의 관점에서 고려한다.

2) 등급별·전체 고객 대상의 ROI 추정

등급별, 그리고 전체 고객 대상의 ROI 추정은 개인별 추정을 바탕으로 하며, 각 등급별 추정 회원 수의 정보를 필요로 한다. 멤버십 프로그램을 재설계하는 기업의 경우에는 기존의 고객 전체를 대상으로 재설계한 등급체계를 반영하여 그룹별 고객 수를 추정한 다음, 추정한 값에 목표치(예 등급별 15% 증가)를 반영한다. 멤버십 프로그램을 처음 도입하는 기업은 등급별 목표 고객 수를 설정하여 ROI 추정에 사용한다. 총 투입 비용 추정 표는 등급별 투입 비용과 이들을 합산한 총 비용으로 구성한다. 등급별·전체고객 ROI 추정 표의 형태는 <표 4.30>과 같다.

〈표 4.30〉 등급별·전체고객 마케팅 ROI 추정 표 예시

구분		일반	단골	우수	최우수	합계	비율 (매출액 대비)
목표	총 회원 수						
	총 매출액						
	총 구매횟수						
	평균 구매금액(1회)						
보상과 혜택	포인트 사용액						%
	증정						%
	할인						%
	기타						%
비용	최대 수혜시 총 비용(1년)						%
	평균 구매금액 대비 투입비용 비율(1년)						
	평균 투입비용(1회)						
	평균 구매금액 대비 투입비용 비율(1회)						
그룹별 ROI	(평균 구매금액(1년)-총 비용(1년))/총 비용(1년)						

※ 포인트사용액: 포인트 적립액의 80~90% 가정

3) 멤버십 프로그램의 손익 계산서 추정

멤버십 프로그램의 손익 계산서는 멤버십 프로그램을 통해 증가할 회원 수와 그에 따른 매출액 대비 비용과 마케팅 ROI를 추정하는 것으로, 멤버십 프로그램의 장기적 운영 특성을 반영한다. 손익 계산서의 추정에는 회원, 매출액, 포인트의 적립-사용-소멸 비율, 원가 및 고정비에 대한 합리적인 가정이 필요하며, 회원 수, 매출액, 포인트의 적립-사용-소멸 비율은 멤버십 프로그램의 운영 목표로서 지침이 됨을 인식할 필요가 있다.

◇ 〈표 4.31〉 멤버십 프로그램의 손익 계산서 추정 표 예시

구분			1년차		2년차		3년차	
회원		총 유효회원 수		1.00		1.00		1.00
		구매회원 수						
		신규회원 수						
		1차 구매회원 수						
매출		총 매출액						
		구매횟수						
		1회 평균 구매금액						
보상 비용	포인트	적립						
		구매포인트						
		이벤트포인트						
		사용						
		소멸						
	증정							
	할인							
	기타							
보상비용 총계								
원가 및 고정비								
마케팅 ROI								

⊙ Summary

이번 장에서는 멤버십 프로그램의 핵심 설계요소인 가입자격, 등급제도, 포인트제도, 보상체계에 대한 구체적인 설계 방법론과 최적안을 도출하는 과정을 살펴보았다.

가입자격
회원 가입비와 가입대상을 고려할 때, 멤버십 프로그램의 기본 구조는 크게 1) 무료-무제한, 2) 무료-구매자(계약자), 3) 무료-VIP, 4) 유료-무제한, 5) 무료(또는 유료)-특정 집단의 5가지 조합을 고려할 수 있다.

등급제도
고객의 고객자산 기여도(예 매출, 구매횟수, 신규고객 추천 등)에 기반하여 고객 처우와 혜택을 등급별로 차별화하여 상위 등급은 현재의 등급을 유지시키고, 하위 등급은 상위 등급으로 전환을 촉진시키는 전략이다. 등급제도는 소비에 한계가 없는 상품을 취급할 때, 취급 상품군이 다양하여 교차구매의 기회가 충분할 때, 가족 단위로 구매의 범위를 확장할 수 있을 때 특히 효과적이다.

포인트제도
포인트제도의 설계는 포인트 적립 정책, 사용 정책, 그리고 포인트의 적립-사용-소멸 방법 및 절차를 대상으로 한다. 포인트의 적립-사용 정책은 고객이 체감할 수 있는 직접적인 혜택이자 경제적 가치를 지니고, 멤버십의 수익성에 직접적인 영향을 주기 때문에 매우 민감하면서 중요한 요소이다.

보상체계
보상정책은 멤버십 프로그램의 참여와 활성화를 결정짓는 가장 중요한 설계 영역이다. 보상설계의 핵심은 고객에게 매력적인 멤버십 프로그램으로 인식되면서, 기업의 수익성을 악화시키지 않는 적정 수준의 보상물과 보상 방법을 설계하는 것이다. 보상물로 활용할 수 있는 제품과 서비스는 보상시점과 브랜드 관련성, 금전성, 제품 속성의 관점에서 총 여덟 가지로 분류할 수 있으며, 이들을 경제적, 심리적, 상징적 혜택으로 적절히 조합한 균형 잡힌 보상 설계를 하는 것이 중요하다.

최적안 선정
멤버십 프로그램은 한 번 보상체계를 결정하고 나면, 최소 1-2년은 해당 제도를 유지해야 하는 장기적인 프로그램이기 때문에 최적안의 선정에 신중할 필요가 있다. 따라서, 전반적인 설계가 완료되고 나면, 기업의 실무자와 실제 프로그램을 이용하게 될 고객을 대상으로 어떠한 후보 안이 가장 적절한지를 비교·평가하여 최종 안을 결정하는데 참고할 수 있도록 준비하는 것이 바람직하다.

성과지표 개발

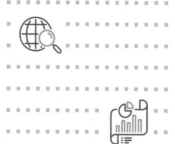

　　운영목표와 기대효과에 부합하는 마케팅 활동을 전개하기 위해서는 명확한 핵심 성과지표(Key Performance Index, KPI)의 설정과 성과에 대한 지속적인 관찰을 통해 적절한 운영이 이루어지고 있는지를 평가 및 개선하는 일련의 과정이 필요하다. 멤버십 프로그램의 핵심 성과지표는 크게 1) 멤버십 프로그램이 얼마나 활발하게 이용되고 있는가를 평가하는 '멤버십 프로그램의 활성 지표', 2) 멤버십 프로그램의 직접적 운영 목표인 고객 충성도 관점에서 멤버십 프로그램의 기여도를 평가하는 '멤버십 프로그램의 운영성과 지표', 마지막으로 3) 멤버십 프로그램이 재무적으로 기업의 매출 및 수익성 증진에 얼마나 기여했는가를 평가하는 '멤버십 프로그램의 기업성과 지표'로 구분할 수 있다. 멤버십 프로그램을 통해 도달하고자 하는 전략적 목표에 부합하는 성과지표를 개발한 다음에는 현재를 기준으로 평가가 가능한 항목에 대해서 현재 시점의 수준을 평가해 둠으로써, 멤버십 프로그램 런칭 후 성과를 비교하는 참고 수치로 활용하는 것이 좋다.

　　멤버십 프로그램의 성과지표 선정 과정은 다음과 같다([그림 4.29] 참조).

1단계: 성과평가 프레임워크 선정

　　멤버십 프로그램의 성과평가 프레임워크는 멤버십 프로그램 운영을 통해 달성하고자 하는 목표와 전략을 반영한 평가 차원을 결정하는 것이다. 기업성과, 운영성과, 고객생애주기관리, CRM 전략 프로세스, 고객정보 수집 및 활용, 고객지식 활용 등으로 차원을 구분하며, 이들의 선후행 관계를 고려하도록 한다.

2단계: 평가 영역 결정/가중치 수립

성과평가 프레임워크가 선정되면, 각 차원별 평가 영역과 평가 영역별 가중치를 설정한다. 예컨대, 기업성과 차원의 평가 영역은 '고객자산, 매출액, 수익률'을 고려하고, 운영성과 차원의 평가 영역은 '멤버십 프로그램 만족도, 멤버십 프로그램에 대한 충성도, 고객충성도'를 포함한다.

3단계: 성과 측정 지표 개발

성과 측정 지표는 각 평가 영역에 대한 실질적인 지표로서, 개발 범위는 1) 지표명, 2) 지표의 정의, 3) 지표를 계산하는 방법, 4) 측정 주기 등의 관리 방법을 포함한다. 예컨대, 매출액의 성과 측정 지표는 '매출액 기여도'를 사용할 수 있으며, '매출액 기여도'의 계산법은 '(당기 회원 매출 비중 − 전기 회원 매출 비중)/전기 회원매출 비중'으로 정의할 수 있다. 성과 측정 지표와 계산법의 개발은 후보 지표를 도출하고, 이들 중 가장 대표성을 갖는 1~2개를 확정하는 과정을 거치도록 한다.

4단계: 성과평가 목표 설정

고객 거래 데이터를 확보하고 있는 경우에는 각 지표에 대한 실제값을 계산하고, 이에 기초하여 지표별 목표를 수립하도록 한다.

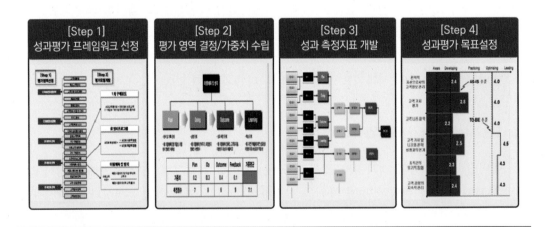

[그림 4.27] 성과평가 지표 개발 프로세스 예시

4.1 멤버십 프로그램 활성 지표

　멤버십 프로그램의 활성 수준은 전체 고객 중 회원비중이 얼마나 되는가, 회원들이 얼마나 포인트를 적립하고 사용하는가, 멤버십 프로그램을 통해 얼마나 신규고객이 증가했는가, 기존고객이 유지되고 있는가를 평가함으로써 파악한다. <표 4.32>에 제시된 관련 핵심 지표를 참고하여 기업의 특성을 반영한 지표를 개발하도록 한다.

유효회원 수준

① 회원 구성비
- 전체 고객 중 멤버십 프로그램에 참여하고 있는 고객의 비율
- 회원 구성비＝회원 고객 수/전체 고객 수

② 유효회원 비율
- 평균적인 반복거래 수준의 유지고객 비중 평가
- 유효회원 비율＝최소 유효기준 이상 거래 회원 수/전체 회원 수

회원 매출 기여도

① 회원 매출 비중
- 전체 고객 중 멤버십 프로그램에 참여하고 있는 고객의 매출 비율
- 회원 매출 비중＝회원 총 매출액/총 매출액

② 구매 리프트
- 유지고객 중 멤버십 프로그램 회원 비중 평가
- 구매 리프트＝회원의 평균 평균 구매금액(빈도)/비회원의 평균 구매금액(빈도)
- 비회원 고객집단의 구매이력 파악이 가능한 경우에 활용 가능

포인트 활성 수준

① 프로그램 활성도
- 멤버십 프로그램에 참여하는 회원들이 얼마나 포인트 적립/사용을 병행하는지를 통해 프로그램 활성화 수준을 평가
- 프로그램 활성도＝(포인트 적립횟수＋포인트 사용횟수)/총 구매횟수

② 효용지수
- 회원의 멤버십 프로그램 포인트 적립 대비 사용 수준 평가
- 효용지수＝평균 포인트 사용금액(빈도)/평균 포인트 적립금액(빈도)

회원 유지율 기여도

① 기존회원 유지율
- 멤버십 프로그램을 통한 기존회원 유지율 평가
- 기존회원 유지율＝(최소 유효기준 이상 거래 회원 수)/(전체회원 수－당기 신규회원 수)

② 우수고객 유지율
- 멤버십 프로그램 우수회원 유지율 평가
- 우수고객 유지율＝우수회원 평균 유지율/전체회원 평균 유지율

③ 유지율 리프트
- 유지고객 중 멤버십 프로그램 회원 비중 평가
- 유지율 리프트＝회원 그룹 유지율/비회원 그룹 유지율
- 비회원 고객집단의 구매이력 파악이 가능한 경우에 활용 가능

④ 등급 상승률
- 회원들의 구매 증대로 인한 등급 상승이 얼마나 많이 발생했는지를 나타내는 지표
- 등급 상승률＝(전기 회원 중 당기 등급 상승한 고객 수)/(전기 총 회원 수)×100

신규가입 기여도

① 신규회원 신장률
- 멤버십 프로그램을 통한 신규고객 증가율 평가
- 신규회원 신장률 = (당기 가입자 수 − 전기 가입자 수)/당기 가입자 수

〈표 4.32〉 멤버십 프로그램 활성 지표 예시

평가 영역	평가 지표	측정 방법
유효회원 수준	회원 구성비	회원고객 수/전체고객 수
	유효회원 비율	최소 유효기준 이상 거래회원 수/전체회원 수
회원 매출 기여도	회원 매출 비중	회원 총 매출액/총 매출액
	구매 리프트	회원의 평균 평균 구매금액(빈도)/비회원의 평균 구매금액(빈도)
포인트 활성 수준	프로그램 활성도	(포인트 적립횟수+포인트 사용횟수)/총 구매횟수
	효용지수	평균 포인트 사용빈도/평균 포인트 적립빈도
회원 유지율 기여도	기존회원 유지율	(최소 유효기준 이상 거래 회원수)/(전체회원 수−당기 신규회원 수)
	우수고객 유지율	우수회원 평균 유지율/전체회원 평균 유지율
	유지율 리프트	회원 그룹 유지율/비회원 그룹 유지율
	등급 상승률	(전기 회원 중 당기 등급 상승한 고객 수)/(전기 총 회원 수) × 100
신규가입 기여도	신규회원 신장률	(당기 가입자 수−전기 가입자 수)/당기 가입자 수

4.2 멤버십 프로그램 운영성과 지표

멤버십 프로그램의 운영성과는 멤버십 프로그램의 궁극적인 운영목표인 고객 충성도를 측정하는 것으로, <표 4.33>과 같이 고객 충성도를 형성하는 과정을 매개하는 프로그램 만족도, 프로그램에 대한 충성도를 함께 측정한다. 멤버십 프로그램의 운영성과 지표 설정시, 고객 충성도만을 고려하기 보다는 선후행 관계에 있는 프로그램 만족도와 프로그램

충성도를 함께 측정함으로써, 멤버십 프로그램의 운영성과가 예상한 고객 충성도 수준에
도달하지 못했을 때 원인을 파악하는 데 도움을 줄 수 있다.

멤버십 프로그램 만족도

① 멤버십 프로그램 만족도
- 멤버십 프로그램의 고객 만족도 평가
- 사용가치, 브랜드가치, 관계가치, 프로그램 전반에 대한 만족도 평가 결과의 평균

멤버십 프로그램 충성도

① 회원 지갑 점유율
- 지출할 수 있는 최대치 대비 회원들의 평균 지출 수준
- 당기 회원 구매액/당기 최우수 고객군 평균 구매액

② 멤버십 프로그램 충성도
- 멤버십 프로그램에 대한 충성도 평가
- 정성적 평가 지표로서 멤버십 프로그램 지속 사용 의도와 타인 추천 의도를 평가

고객 충성도

① 고객 충성도
- 멤버십 프로그램의 고객 충성도 평가
- 브랜드 재구매 의향과 추천 의향에 대한 평가 결과의 평균

② 프로그램 충성도-고객 충성도간 회귀계수
- 멤버십 프로그램 충성도와 고객 충성도간 상관관계 평가
- 프로그램 충성도와 고객 충성도 간 상관관계는 회귀분석기법을 사용하여
  회귀계수 도출

〈표 4.33〉 멤버십 프로그램 운영성과 지표 예시

평가 영역	평가 지표	측정 방법
멤버십 프로그램 만족도	사용 가치에 대한 만족도	설문조사(7점 척도)
	브랜드가치에 대한 만족도	설문조사(7점 척도)
	관계 가치에 대한 만족도	설문조사(7점 척도)
	프로그램 전반에 대한 만족도	설문조사(7점 척도)
멤버십 프로그램 충성도	회원 지갑 점유율	당기 회원 평균 매출액/당기 최우수 고객군 평균 매출액
	프로그램 충성도	설문조사(7점 척도)
고객 충성도	재구매 의향	설문조사(7점 척도)
	추천 의향	설문조사(7점 척도)
	프로그램 충성도- 고객 충성도간 회귀계수	회귀분석기법을 사용하여 회귀계수 도출

4.3 멤버십 프로그램 기업성과 지표

멤버십 프로그램의 기업성과 지표는 멤버십 프로그램이 기업의 재무적 성과에 얼마나 기여했는가를 측정하는 것으로, <표 4.34>와 같이 고객자산과 매출액 기여도, 수익 기여도를 평가한다.

고객자산

① 고객자산
  • 전체 회원 대상 고객 수익성 평가
  • 고객자산가치 = 현재가치(Present Value, PV) + 미래가치(Future Value, FV)

매출액

① 매출액 기여도
- 전기 대비 회원매출 비중 신장률 평가
- (당해년도 회원매출 비중 − 전년도 회원매출 비중)/전년도 회원매출 비중

이익률

① 이익 기여도
- 회원 고객의 이익률 우위 수준 평가
- 회원 고객의 회원 평균 이익률/비회원 고객 평균 이익률
- 비회원 고객의 평균 이익률 평가가 가능한 경우 활용

② 멤버십 ROI
- 멤버십 운영 비용이 얼마나 기업 이익에 기여하는지를 나타내는 평가
- (당기 멤버십 총 매출액) − (당기 멤버십 총 운영비용)/(당기 멤버십 총 운영비용) × 100

〈표 4.34〉 멤버십 프로그램 기업성과 지표 예시

평가 영역	평가 지표	측정방법
고객자산	고객자산(CE)	현재가치(PV)의 총 합 + 미래가치(FV)의 총 합
	현재가치(PV)	현재가치(PV)의 총 합
	미래가치(FV)	미래가치(FV)의 총 합
매출액	매출액 기여도	(당해년도 회원매출 비중 − 전년도 회원매출 비중)/전년도 회원매출 비중
이익율	이익 기여도	회원 평균 이익률/비회원 고객 평균 이익률
	멤버십 ROI	(당기 멤버십 총 매출액) − (당기 멤버십 총 운영비용)/(당기 멤버십 총 운영비용) × 100

한편, 기업성과 지표 중 고객자산의 경우 원칙적으로는 고객생애가치와 고객추천가치를 측정하여 합산해야 하지만, 실제 국내 대부분의 기업의 경우 이 두 가지 고객가치를 모두 제대로 측정하는 경우가 드물기 때문에 고객생애가치 영역만을 포함한 것이며, 고객생애가치 역시 고객의 현재가치와 미래가치의 합산으로 평가하는 방식으로 예시하였다.

멤버십 프로그램 성과 모니터링 도구의 활용

멤피스(MemPIS; Membership program Performance Indication System)

출처: 고객경영기술원 www.customer.re.kr

[그림 4.28] 멤피스(MemPIS®) 주요 화면

「멤피스」는 고객경영기술원에서 개발한 멤버십 프로그램의 성과를 자동으로 모니터링 및 진단하는 인공지능형 고객전략관리 시스템이다. 기업에서 운영하는 멤버십 프로그램의 전반적인 운영 상황을 데이터 분석을 통해 면밀히 진단하고, 그 성과를 정량적으로 정확히 평가하는 도구이다. 멤버십 프로그램을 재설계하고자 하는 기업의 경우에는 설계와 전략 관점에서 문제점을 파악하고 개선 방향을 찾는 데도 효과적으로 활용할 수 있다.

모니터링의 결과는 궁극적으로 등급체계, 포인트정책, 보상체계와 같은 핵심적인 멤버십 프로그램의 재설계 방향과 운영방식을 확연하게 개선시킬 수 있는 중대한 시사점을 제공한다. 멤피스의 강점은 국내 40여 개 기업에 대한 CRM 및 멤버십 프로그램 컨설팅 경험과 노하우를 바탕으로 멤버십 전략의 재무적, 비재무적 성과와 문제점을 빠짐없이 도출한다는 데 있다. 멤버십 운영 실무자는 측정지표 값을 직접 입력하는 방식으로 단시간에 멤버십에 대한 자가 진단을 손쉽게 완료할 수 있다.

멤피스는 전형적인 기업평가 방법론과 같이 재무적 평가와 비재무적 평가로 구성되어 있다. 재무적 평가영역에서는 멤버십 프로그램의 경영성과를 멤버십 프로그램의 수익성, 안정성, 성장성, 활동성 등 네 가지 평가 주제로 구분하여 분석하고, 비재무적 평가영역에서는 멤버십 프로그램의 구조적 설계와 전략 현황의 적합성을 적립, 보상, 등급, 운영관리의 네 가지 평가 주제로 구분하여 분석한다. 이들 여덟 가지 주제는 다시 각 주제별로 여섯 개의 하위 평가지표를 통해 요약되고, 각 평가지표는 2~3개의 개별 측정지표를 통해 도출된다. 따라서, 멤피스는 2개의 평가영역, 8개의 평가주제, 48개의 평가지표, 100여 개의 측정지표를 통해 멤버십 프로그램의 설계와 운영에 대해 촘촘하고, 입체적인 분석을 수행한다. 또한, 모든 평가주제에 대해 100점 만점으로 측정하여 사용자가 이해하기 쉽도록 시각화 하고, 중요도에 의한 가중 평균 방식을 통해 고객사의 멤버십 현황에 대한 종합적인 총점을 부여한다. 또한, 자사, 동종업종, 국내 평균, 최우수 사례 등과 비교한 객관적인 운영 수준에 대한 정보도 확인할 수 있다.

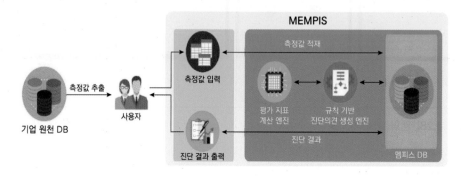

[그림 4.29] 멤피스(MemPIS®) 멤버십 성과 자가진단 프로세스

멤피스의 각 진단 영역에 대한 주요 평가 주제 및 지표는 다음과 같다.

1) 재무적 평가 영역

주제	평가 지표
안정성	회원규모 적절성, 회원 매출빈도 비율, 유효 회원율, 충성 회원율, 등급 유지율 등
수익성	멤버십 ROI, 회원 매출액 비율, 적립금 매출촉진 지수, 회원 평균 구매금액 리프트 등
성장성	회원 증가율, 회원 매출 증가율, 적립금 증가율, 신규회원 증가율, 회원 교차구매 지수 등
활동성	적립금 순환율, 회원 재구매율, 회원 구매빈도 리프트, 적립 활용률, 차감 활용률, 등급 하락율 등

2) 비재무적 평가 영역

주제	평가 지표
적립금	결제 효용성, 적립율 적합성, 포인트 경쟁력, 등급간 적립 증분성, 적립금 다양성 등
보상	매출 보상 비율, 등급간 보상 증분성, 보상 가분성, 보상물 다양성, 보상 차별성 등
등급	등급 수 적합성, 등급 비율 적합성, 고객평가기준 적합성, 등급 분할 기준 적합성 등
운영관리	운영 적극성, 고객 생애주기 캠페인 수행율, 제휴 균형성, 등급 산정 주기 적합성 등

⊕ Summary

이번 장에서는 멤버십 프로그램이 성공적으로 운영되고 있는지를 점검하는데 필요한 성과지표 개발 방법론을 프로그램 활성지표, 운영성과 지표, 기업성과 지표로 구분하여 설명하였다.

멤버십 프로그램의 성과지표 선정 과정

1단계. 성과평가 프레임워크 선정

멤버십 프로그램 운영을 통해 달성하고자 하는 목표와 전략을 반영한 복수의 평가 차원을 결정하는 것이다. 성과평가 차원에는 기업성과, 운영성과, 고객생애주기관리, CRM 전략 프로세스, 고객정보 수집 및 활용, 고객지식 활용 등이 있으며, 성과 분석시 차원간, 지표간 선후행 관계를 함께 고려할 수 있도록 설계한다.

2단계. 평가 영역 결정/가중치 수립

성과평가 프레임워크가 선정되면, 각 차원별 평가 영역과 평가 영역별 가중치를 설정한다. 기업성과 차원의 평가 영역은 '고객자산, 매출액, 수익률'을 고려할 수 있으며, 운영 성과 차원의 평가 영역은 '멤버십 프로그램 만족도, 멤버십 프로그램에 대한 충성도, 고객 충성도'를 고려할 수 있다.

3단계. 성과 측정 지표 개발

성과 측정 지표는 각 평가 영역에 대한 실질적인 지표로서, 개발 범위는 1) 지표명, 2) 지표의 정의, 3) 지표를 계산하는 방법, 4) 측정 주기 등의 관리 방법을 포함한다.

4단계. 성과평가 목표 설정

고객 거래 데이터를 확보하고 있는 경우에는 각 지표에 대한 실제값을 계산하고, 이에 기초하여 지표별 목표를 수립하도록 한다.

멤버십 프로그램의 핵심 성과지표

• **멤버십 프로그램 활성 지표**: 전체고객 중 회원 비중이 얼마나 되는가, 회원들이 얼마나 포인트를 적립하고 사용하는가, 멤버십 프로그램을 통해 얼마나 신규고객이 증가했는가, 기존고객이 유지되고 있는가를 평가한다.

• **멤버십 프로그램의 운영성과 지표**: 멤버십 프로그램의 궁극적인 운영목표인 고객 충성도를 측정하는 것으로, 고객 충성도를 형성하는 과정을 매개하는 프로그램 만족도, 프로그램에 대한 충성도를 함께 측정한다.

• **멤버십 프로그램의 기업성과 지표**: 멤버십 프로그램이 기업의 재무적 성과에 얼마나 기여했는가를 측정하는 것으로, 고객자산과 매출액 기여도, 수익 기여도를 평가한다. 멤버십 프로그램을 통해 도달하고자 하는 전략적 목표에 부합하는 성과지표를 개발한 다음에는 데이터를 통해 평가가 가능한 항목에 대해 현재 시점의 수준을 측정하여, 멤버십 프로그램 런칭 이후의 성과와 비교하는 참고 수치로 활용하는 것이 좋다.

멤버십 프로그램 시스템 개발

과거 종이카드에 도장을 찍어주던 스탬프 프로그램이 아닌 이상, 현대의 멤버십 프로그램은 대부분 정보시스템에 기반하여 운영된다. 멤버십 프로그램의 시스템 개발은 멤버십 회원과 보상(예 포인트) 관리에 필요한 시스템 개발뿐 아니라, 고객접점이 되는 웹, 모바일 앱, 매장에서의 회원 식별 기술의 결정과 회원정보의 통합 방법, 온오프라인의 판매관리시스템과의 연동, 포인트 회계처리를 위한 ERP 시스템과의 연동, 고객 데이터베이스의 설계 등을 포함한다. 이에 본 장에서는 효과적인 멤버십 프로그램을 구축하고 운영하는데 필요한 정보기술 요소를 살펴보고, 멤버십 시스템을 구축하는 대표적인 방법들에 대해 살펴보도록 한다.

5.1 마케팅 및 CRM 관련 경영정보시스템의 이해

경영정보시스템은 기업의 경영 활동에 필요한 시스템들의 총체로서, 경영활동의 영역별로 관련 데이터(data)[4]의 입력을 받아 이를 데이터베이스(database)에 저장 관리하고, 축적된 데이터를 정보(information)[5]로 변환시켜 단위 업무의 효율성을 높이고, 데이터에 기반한 과학적인 의사결정을 지원한다. 경영정보시스템은 크게 관리지원시스템(management support systems)과 운영지원시스템(operations support systems)으로 분류할 수 있다. 관리지원시스템은

---

4 가공되지 않은 사실 그대로의 자료이다.
5 자료를 의미있는 형태로 가공한 것이다.

기업의 주요 자산에 대한 관리와 의사결정을 지원하는 시스템으로, 재무·회계·인사·재고 등의 관리업무 지원 시스템과 의사결정 지원 시스템, 중역정보 시스템 등의 하위 시스템으로 구성된다. 반면, 운영지원시스템은 기업의 실질적인 영업활동을 지원하는 시스템으로, 기업 내·외부의 효율적인 거래관계와 커뮤니케이션 관리, 협력 지원, 각종 데이터베이스 갱신 등의 기능을 담당한다. 운영지원시스템은 영업지원 관리 시스템(Sales Support Management, SSM), 공급망 관리 시스템(Supply Chain Management, SCM), 그리고 정보기술 처리를 위한 처리제어 시스템 등으로 구성된다.

기업의 CRM 활동과 관련이 있는 경영정보시스템의 운영 구조는 다음 [그림 4.30]과 같다. 우선 고객과의 거래가 이루어지는 프론트 오피스(front office)인 '오프라인 매장'과 온라인 거래를 위한 '웹사이트/인터넷쇼핑몰', 그리고 모바일 거래에 활용되는 '모바일 앱'을 통해 고객, 매출, 커뮤니케이션에 대한 데이터가 영업지원 관리 시스템으로 들어오고, 역으로 기업의 마케팅 및 CRM 활동은 영업지원 관리 시스템을 통해 프론트 오피스에서 고객에게 전달된다. 공급망 관리 시스템은 영업지원 관리 시스템 및 고객 접점 채널과의 시스템 연동을 통해 실시간으로 각 영업 채널의 판매 현황, 물류창고의 재고 현황, 택배사의 배송 흐름을 통합 관리하여 프론트 오피스의 원활한 영업 활동을 지원한다. 마지막으로, 영업지

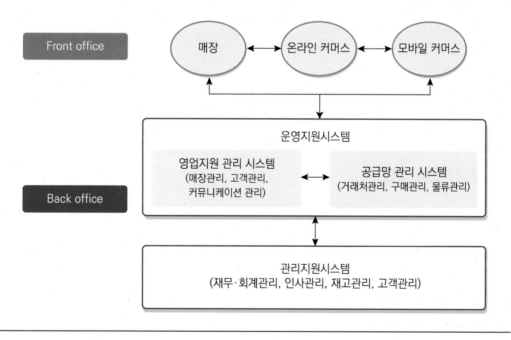

[그림 4.30] CRM 관점의 경영정보시스템의 운영 구조

원 관리 시스템과 공급망 관리 시스템을 통해 수집된 고객, 매출, 재고 관련 데이터는 집계 정보의 형태로 관리지원시스템에 전달되어, 거래처와의 대금 정산, 고객에 대한 포인트 정산, 회계 결산, 재고와 고객의 현황 관리 등을 파악하는 데 활용된다.

(1) 관리지원시스템

경영정보시스템의 관리지원시스템 영역은 기업의 자산과 이에 관련된 관리 및 의사결정을 지원하기 위한 정보시스템이다. 그 중 ERP(Enterprise Resources Planning)는 기업의 주요 자원인 금전, 직원, 제품, 고객을 통합적으로 관리하는 대표적인 관리지원시스템으로, 금전을 관리하는 '재무·회계관리', 직원을 관리하는 '인사관리', 제품을 관리하는 '재고관리', 고객을 관리하는 '고객관리'가 ERP의 핵심 기능이다. 각 영역의 운영 지원 시스템을 통해 입력된 데이터들 가운데 의사결정에 필요한 데이터만을 수집하고, 시스템을 통해 의사결정을 지원하는 가공된 정보가 제공되는 상위 개념의 시스템이다.

〈표 4.35〉 관리지원시스템 주요 기능

구분	관련 정보시스템	주요 기능
재무·회계관리	ERP	일반전표, 매입채무, 매출채권, 외화관리, 회계보고서 등
인사관리		인사정보, 급여정보, 사회보험, 근태정보, 퇴직금, 정산관리, 세무신고 등
재고관리		재고현황, 상품별재고현황, 재고수불관리, 재고현황 보고서 등
고객관리		고객현황, 고객매출현황, 고객포인트수불현황, 고객현황 보고서 등

(2) 운영지원시스템

경영정보시스템의 관리지원시스템 영역은 기업의 자산과 이에 관련된 관리 및 의사결정을 지원하기 위한 정보시스템이다. 그 중 운영지원시스템은 크게 공급망 관리 시스템과 영업지원 관리 시스템으로 구분할 수 있다. SCM은 부품, 원재료, 제품 공급자로부터 물건을 인도 받아 중간상 또는 고객에 이르는 물류의 흐름을 하나의 가치사슬 관점에서 파악하고 필요한 정보가 원활히 흐르도록 지원하는 시스템[11]으로, 핵심 기능에는 거래처관리, 구매관리, 그리고 공급자-물류창고-매장을 연결하여 통합관리하는 물류관리가 있다.

✎ 〈표 4.36〉 공급망 관리 시스템 주요 기능

구분	관련 정보시스템	주요 기능
거래처관리	공급망 관리 시스템	거래처 정보, 계약서, 거래내역, 매출순위표 등
구매관리		구매·발주등록, 입고관리, 반품·교환·환불관리, 전표작성, 주문양식 변경·발송·알림, 거래명세표·세금계산서 발행, 거래처별 거래내역 통계집계 처리 등
물류관리		재고관리, 상품별 재고현황, 매장별 재고현황, 입출고 관리, 재고이동관리, 재고수불관리 등

반면, 영업지원 관리 시스템은 고객 접점에서의 제품 판매와 계약, 고객커뮤니케이션, 영업 및 마케팅 활동을 지원하는 시스템으로, 매장관리(backoffice management) 시스템, 고객관계 관리(CRM) 시스템, 가맹점 관리(Merchant Relationship Management, MRM) 시스템, 콜센터 CTI(Computer Telephony Integration) 시스템, 커뮤니케이션 채널 통합(Communication Channel Integration, CCI) 시스템 등이 있다. 이들은 기업의 운영 규모와 비즈니스 모델의 특성에 따라, 통합 또는 개별 운영할 수 있다. 소규모의 점포 또는 인터넷쇼핑몰을 운영하는 경우에는 매장관리 시스템을 이용하여 매장관리, 고객관리, 커뮤니케이션 관리를 진행하지만, 중견기업 이상의 기업들은 각각의 기능을 분화시켜 개별적인 시스템으로 구축하고, 시스템 간의 연동을 통해 정보처리를 한다.

✎ 〈표 4.37〉 영업지원 관리 시스템 주요 기능

구분	관련 정보시스템	주요 기능
매장관리	매장관리 시스템	• 매장의 매출, 상품, 주문내역, 고객 관리 • 오프라인매장: 판매 시점 관리(Point Of Sale, POS) 시스템 • 온라인/모바일 자사몰: 쇼핑몰 관리 시스템 • 온라인 외부몰: 온라인 쇼핑몰 통합 관리 솔루션
고객관리	고객관계 관리 시스템	• 고객정보 수집·관리, 고객매출현황 집계, 고객데이터 분석, 고객캠페인 관리/실행 등
	멤버십 관리 시스템	• ID관리, 회원관리, 등급관리, 포인트관리, 스탬프관리, 쿠폰관리 등
	가맹점 관리 시스템	• POS, 전자메뉴판, 수발주 연동, 가맹점 매출 및 현황 분석, 가맹점 고객관리, 가맹점 캠페인 실행 등
	콜센터 시스템	• 착신전환, 통화녹취, Call back, 고객정보 팝업, 상담원 간 연결, 실시간 통계 등
커뮤니케이션 관리	커뮤니케이션 채널 통합 시스템	• 전화, 이메일, 문자, 알림톡, 푸쉬, 챗봇, 화상채팅 등 커뮤니케이션 채널 관리, 발송 세팅, 자동발송, Short URL 자동생성, 캠페인 효과 측정 보고서 등

PART Ⅳ 멤버십 프로그램의 설계와 구축 257

5.2 멤버십 운영 관련 경영정보시스템

멤버십 프로그램의 운영 관련 정보시스템은 하나의 독립적인 시스템으로 정의되기 보다는 멤버십 관리 시스템을 중심으로 멤버십 프로그램의 운영을 위해 참여 혹은 관련되어 있는 유관 시스템 영역들의 유기적인 결합체라고 보는 것이 타당하다. [그림 4.31]은 멤버십 프로그램 운영과 관련된 경영정보시스템과 정보의 흐름에 초점을 둔 구조도이다.

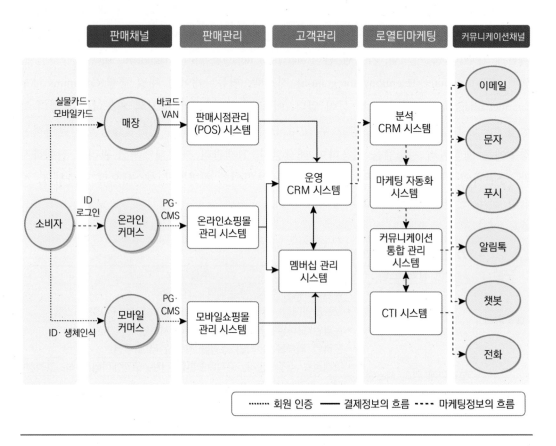

[그림 4.31] 멤버십 프로그램 운영 관련 정보시스템

기업은 회원의 인증을 통해 결제 및 포인트 적립-사용 정보와 회원 식별 ID를 결합하여 개인별 거래 및 포인트 이력을 수집하고 처리할 수 있다. 회원 인증 방식은 채널마다 다

르다. 매장은 플라스틱 실물카드 또는 모바일 멤버십에 내장된 디지털 카드를 이용하며, 웹 기반의 온라인 커머스는 회원 ID 로그인 방식을 사용한다. 반면, 모바일 앱 기반의 모바일 커머스는 회원 ID 또는 스마트폰에 내장된 지문, 안면 인식 등의 생체인식 서비스와 연동하여 본인 인증을 한다. 웹과 모바일의 경우에는 로그인 오픈 API(Application Programming Interface) 기술을 이용해 소셜네트워크 플랫폼(예 페이스북, 링크드인, 카카오톡 등) 또는 포털 사이트(예 구글, 네이버)의 ID로 로그인할 수 있는 서비스를 제공하기도 한다.

한편, 결제와 구매내역 정보를 실시간으로 수집하는 기능을 갖고 있는 판매관리 시스템은 구매시점마다 회원임을 인증하고, 개인별 거래이력을 수집하며 고객에게 포인트를 부여하고 차감하는 데 활용된다. 결제의 90% 이상을 차지하는 신용카드 결제는 온·오프라인 매장과 신용카드사 간의 결제 대행 서비스를 이용한다. 매장은 오프라인 VAN(Value Added Network)사에서 제공하는 신용카드 결제용 단말기를 이용하며, 온라인/모바일커머스는 PG(Payment Gateway)사의 결제 프로토콜을 사용하여 신용카드와 핸드폰 결제를 처리한다. 온라인/모바일커머스에서 페이사(예 삼성페이, 구글페이, 애플페이 등)를 이용한 결제는 매장-페이사-신용카드사 간의 결제를 처리하는 온라인 VAN 서비스를 이용한다.

구독서비스나 후원금과 같은 정기적인 현금의 자동이체는 금융결제원의 현금 자동이체 서비스(Cash Management Service, CMS)의 연동이 필요하다. 기타 현금 및 포인트 결제는 판매관리시스템 내 현금과 포인트 결제 기능을 이용한다. VAN, PG, CMS 등의 결제 프로토콜은 온·오프라인 매장의 판매시점 관리 시스템인 POS 및 쇼핑몰 관리 시스템과 연동되어 결제시점에 거래데이터가 수집된다.

추가적으로, 매장은 구매한 제품을 식별하는데 바코드 스캐너와의 연동을 필요로 한다. 판매 관리 시스템을 통해 수집된 모든 거래이력은 실시간으로 데이터베이스의 거래관리용 테이블로 전송되고 회원관리에 필요한 정보는 운영 CRM 또는 멤버십 관리 시스템과 연동된다.

고객관리는 운영 CRM과 멤버십 관리 시스템을 이용하는데, 기업의 구축 환경에 따라 두 시스템을 통합하거나, 개별 운영한다. 둘의 기능을 구분하자면, 운영 CRM은 고객정보와 고객 개인별 거래이력의 관리 및 조회가 핵심 기능이고, 멤버십 관리 시스템은 회원가입, 회원정보의 저장·생성·갱신, 등급관리(상향·하향), 포인트관리, 쿠폰, 스탬프 제공을 주요 기능으로 한다. 운영 CRM 및 멤버십 관리 시스템에서 수집 및 처리하는 개인정보와 개인별 거래이력, 로열티 마케팅 실행 내용과 결과는 분석 CRM과 데이터를 공유한다.

한편, 분석 CRM은 수집된 고객 데이터의 분석을 지원하는 정보기술 요소로 구성되어 있다. 분석 CRM은 데이터웨어하우스에 보다 효과적으로 접근할 수 있도록 구축하는 데이터마트, OLAP, 데이터마이닝 도구와 같은 분석 도구를 내장하여 타깃 마케팅에 필요한 데이터의 추출, 통계 분석 및 예측을 수행한다. 분석 CRM을 통해 분석된 결과는 고객 개인별로 맞춤화된 제품 추천, 할인/증정 등의 판촉행사, 즉 로열티 마케팅을 수행하는데 활용된다.

마케팅 자동화 시스템과 고객 커뮤니케이션 통합 관리 시스템을 연동한 경우에는 로열티 마케팅을 위한 대상과 접촉 채널, 접촉 시점을 사전에 정의해 두고, 조건에 부합하는 고객들에게 자동으로 개인화된 마케팅이 적용된다. 해당 기능이 없는 경우에는 타깃 마케팅할 대상을 엑셀로 추출하고, 이를 이메일, 문자 등의 접촉 채널별 발송 시스템에 업로드하여 타깃 마케팅을 실행한다. CRM에서는 로열티 마케팅 실행 기능을 협업 CRM(collaboratve CRM)으로 분류하기도 한다.

5.3 시스템 구축의 이해

멤버십 운영에 필요한 CRM 시스템 또는 멤버십 관리 프로그램의 도입은 1) 클라이언트-서버 방식을 기업에서 자체 개발하는 방법과 표준화된 기능과 프로세스로 특화한 2) 기성 솔루션의 구입, 3) 클라우드 서버 방식으로 제공되는 CRM 소프트웨어를 사용하는 SaaS(Software as a Service) 방식이 있다.

(1) 기성 솔루션

개인 사업자나 소형 점포, 스타트업과 같이 관리해야 할 회원의 수가 적고, 직접적인 시스템 구축과 운영 역량이 부족한 기업들은 OK캐쉬백과 같은 이종 업종 연합 프로그램과 가맹 제휴를 통해 매장 방문 고객이 포인트를 적립하고 사용할 수 있도록 서비스하거나 기성 제품을 매월 정액제로 저렴하게 이용하는 방식을 선호한다. 기성 제품에는 온·오프라인의 판매관리시스템(예 POS, 쇼핑몰판매관리시스템) 내 탑재된 고객관리 기능을 사용하는 방법과 소형 비즈니스 전용 멤버십 관리 프로그램을 매월 정액제로 이용하는 방법이 있다. 오프라인 매장은 주로 태블릿 또는 모바일 앱 방식이고, 온라인 매장은 쇼핑몰과 연동하여 사용하는 플러그-인 방식으로 운영한다. 이들은 표준화된 프로세스와 기능만을 제공하므로, 기업이 원하는 형태의 운영은 어렵지만 저렴한 비용에 회원을 관리할 수 있다는 장점이 있다.

(2) 소프트웨어형 서비스(SaaS)

클라우드 서비스(cloud service)는 컴퓨팅 자원을 가상으로 제공하는 비즈니스 모델로, 기업 대상으로는 네트워크, 저장공간, 서버 등 웹과 앱 서비스에 필요한 인프라를 제공하는 인프라형 서비스(Infra as a Service, IaaS)와 인프라에 추가적으로 운영체제 기능을 함께 제공하는 플랫폼형 서비스(Platform as a Service, PaaS), 그리고 데이터베이스와 운영 프로그램을 제공하는 소프트웨어형 서비스(Software as a Service, SaaS)의 세 가지 형태가 있다.

SaaS 방식의 CRM 및 멤버십 관리 프로그램은 소프트웨어 및 관련 데이터는 프로그램을 제공하는 기업의 클라우드 서버에 설치 및 저장하고, 사용자는 웹 브라우저나 모바일 앱을 통해 접속하여 사용하는 형태이다. 기성 제품을 사용하는 것과 가격대는 유사하지만, 다운로드 또는 컴퓨터 설치 방식처럼 업그레이드나 패치 작업 등이 불필요하고, 비즈니스의 성장 수준에 맞게 사용하고자 하는 스토리지, 데이터베이스의 수준, 사용하고자 하는 기능의 범위 등을 유연하게 조정할 수 있어 인프라를 보다 효율적으로 운영할 수 있다는 장점이 있다.

(3) 자체 구축

관리해야 할 회원의 규모가 크거나 연동해야 할 시스템이 복잡하고 다양한 경우에는 자체적인 구축을 통해 기업의 IT 운영 환경에 가장 적합한 형태를 구축하는 것이 적합하다. 예컨대, 멤버십 프로그램을 운영하기 위해서는 기본적으로 고객과의 인터페이스가 되는 웹과 모바일 앱, 매장의 개인 식별 디바이스, 결제 및 포인트 적립·사용 이력이 수집되는 온·오프라인 및 모바일 판매관리시스템, 고객정보를 수집하고 관리하는 데이터베이스, 포인트 적립·사용 내역의 회계 처리를 위한 ERP 시스템, CRM 운영-분석 시스템, 마케팅자동화 솔루션 등 다양한 내·외부 시스템과의 연동을 필요로 한다.

기업 고유의 특성과 전략에 부합하고 실사용자들이 편리하게 이용할 수 있는 시스템을 구축하기 위해서는 IT 부서에서 주도적으로 시스템의 설계와 구축을 진행하지만 멤버십 프로그램을 설계하고 이용할 기업 내부의 관리 부서와 고객 접점에서 실제 시스템을 사용하게 될 영업 및 CS 조직이 시스템 개발 TFT에 참여하는 방식의 개발이 바람직하다.

자체 구축시 고려해야 할 또 다른 사항은 인터넷 쇼핑몰, 다수의 매장, 모바일 앱, 고객센터 등 다양한 경로를 통해 수집되는 분산된 고객 데이터를 채널별로 수집하여 이를 통합한 다음 현업 부서에서 원하는 데이터를 쉽게 조회, 추출, 분석할 수 있도록 데이터베이스를 구축하고, 분석할 수 있는 환경을 함께 지원하는 것이다. 데이터베이스 설계는 데이터 모델을 통해 구현되는데, 데이터 모델은 업무에서 발생되는 객체와 사건의 관계성을 다양한 방법으로 시각화하여 표현한 것이다. 설계된 데이터 베이스는 데이터베이스 선정을 거쳐 구축으로 이어진다. 구축된 데이터베이스는 데이터 사용자나 응용프로그램에 의해 활용된다.

과거 회원 수가 적은 소형 비즈니스에서는 저렴한 보급형 기성 제품을 정액제 방식으로 주로 이용하고, 중견기업은 기성 제품을 자사에 맞게 변경한 맞춤형 솔루션, 규모가 큰 기업은 직접 개발하는 방식을 선호하였다. 현재는 컴퓨터 클라우딩 기술이 발전하면서 CRM과 멤버십 관리 프로그램 또한 SaaS 방식의 도입이 증가하는 추세에 있다.

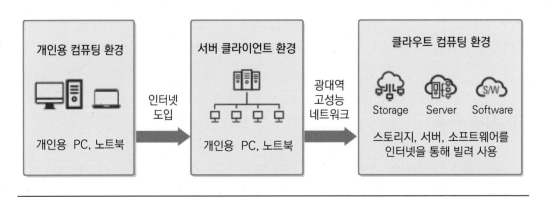

[그림 4.32] 시스템 구축 환경의 변화[12]

⏱ Summary

이번 장에서는 멤버십 프로그램 운영자가 이해하고 있어야 할 유관 경영정보 시스템의 종류와 기능을 살펴보고, 멤버십 프로그램 운영 시스템의 구축 방법을 알아보았다.

멤버십 관리 시스템

멤버십 관리 시스템은 회원가입, 회원정보의 저장·생성·갱신, 등급관리, 포인트관리, 쿠폰, 스탬프 제공을 주요 기능으로 한다. 반면, CRM 시스템은 고객정보와 고객 개인별 거래이력의 관리 및 조회가 핵심 기능이고, 멤버십 관리 시스템에서 수집 및 처리하는 개인정보와 개인별 거래이력, 로열티 마케팅 실행 내용과 결과를 분석한다.

멤버십 프로그램 운영 관련 경영정보시스템

• **프론트 오피스**: '오프라인 매장'과 온라인·모바일 거래를 위한 '웹사이트와 모바일 앱'은 고객과의 접점으로서, 고객, 매출, 커뮤니케이션에 대한 데이터가 영업지원 관리 시스템으로 들어오고, 역으로 기업의 마케팅 및 CRM 활동은 영업지원 관리 시스템을 경유하여 프론트 오피스를 통해 고객에게 전달된다.

• **공급망 관리 시스템**: 영업지원 관리 시스템 및 고객 접점 채널과의 시스템 연동을 통해 실시간으로 각 영업 채널의 판매 현황, 물류창고의 재고 현황, 택배사의 배송 흐름을 통합 관리하여 프론트 오피스의 원활한 영업 활동을 지원한다.

• **관리지원 시스템**: 영업지원 관리 시스템과 공급망 관리 시스템을 통해 수집된 고객, 매출, 재고 관련 데이터는 관리지원시스템에 전달되어, 거래처와의 대금 정산, 포인트 정산, 회계 결산, 재고와 고객 현황 등을 파악하는 데 활용된다.

• **운영 CRM과 멤버십 관리 시스템**: 운영 CRM은 고객정보와 고객 개인별 거래이력의 관리 및 조회가 핵심 기능이고, 멤버십 관리 시스템은 회원가입, 회원정보의 저장·생성·갱신, 등급관리, 포인트 관리, 쿠폰, 스탬프 제공을 주요 기능으로 한다.

• **분석 CRM**: 분석 CRM을 통해 분석된 결과는 고객 개인별로 맞춤화된 제품 추천, 할인/증정 등의 판촉행사, 즉 로열티 마케팅을 수행하는 데 활용된다.

• **마케팅 자동화 시스템과 고객 커뮤니케이션 통합 관리 시스템**: 로열티 마케팅을 위한 대상과 접촉 채널, 접촉 시점을 사전에 정의해 두고, 조건에 부합하는 고객들에게 자동으로 개인화된 마케팅이 적용된다.

멤버십 관리 시스템의 구축

과거에는 회원 수가 적은 소형 비즈니스는 저렴한 보급형 기성 제품을 정액제 방식으로 이용하고, 중견기업은 기성 제품을 자사에 맞게 변경한 맞춤형 솔루션, 규모가 큰 기업은 직접 개발 방식을 선호하였다. 그러나, 최근에는 컴퓨터 클라우딩 기술이 발전하면서 기업 규모와 상관없이 SaaS 기반의 멤버십 관리 시스템을 도입하는 것이 증가하는 추세에 있다.

[**Reference**] PART Ⅳ 미주

1) https://www.businessinsider.com/amazon-prime-membership-should-cost-785-2018-5
2) https://www.businessinsider.com/amazon-prime-members-spend-more-money-sneaky-ways-219-9
3) 기한내 쓰기 힘든 항공마일리지 "양도 허용·소멸시한 중단" 목소리, 한겨레신문(2019. 11. 20)
4) 모바일 상품권 인지세 직격탄 … "발행 80% 줄었다", 아시아경제(2020. 1. 13)
5) 매년 1000억 원씩 소멸되는 카드포인트 … "쓸줄 몰라서", 국민일보(2020. 4. 29)
6) 日라쿠텐 "로열티포인트, 암호화폐로 교환하세요", 조선일보(2019. 12. 25)
   '국가대표 포인트' OK캐쉬백 암호화폐 전환 검토, 한겨레(2018. 7. 2)
7) 온라인몰 현금 구매 포인트 유효기간 5년, 무료는 제각각, 소비자가 만드는 신문(2018. 4. 29)
8) 매년 카드포인트 1,000억 원씩 남아도는 이유?, 이데일리(2020. 4. 29)
9) 정재영, 이주석, 곽승준(2017), "3세대 디바이스의 속성별 소비자 선호 분석", 한국산학기술학회논문지, 18(3), 703-710. 참조
10) 박광식, 윤문길(2010), "항공사 마일리지 적립의도에 따른 FFPs 보상서비스 선호가치 분석," 경영과학, 149-160.
11) ko.wikipedia.org '공급망 관리'
12) 클라우드 서비스 특징 및 보안위협(한국인터넷진흥원, 2011. 10)

PART

V >> >

멤버십 프로그램의 운영

Part V는 멤버십 프로그램의 원활한 운영에 필요
한 요소로서, 고객 데이터의 수집 및 활용, 포인트
의 회계 및 과세 처리, 고객 포트폴리오의 관리
방법, 그리고 모바일 기반의 멤버십 전략을 살펴
본다.

1. 고객 데이터의 수집·관리·활용

    고객 빅데이터의 개념과 유형, 활용방법, 개인
    정보보호법 하에서 고객 데이터를 안전하게
    관리하는 방법을 알아본다.

2. 포인트의 회계 및 과세 처리

    로열티 프로그램 운영시 요구되는 포인트의
    회계 및 세무 업무에 필요한 법령과 관련 지
    침, 기장 방법 등을 살펴본다.

3. 고객 포트폴리오 관리

    고객 포트폴리오 관리(CPM)의 개념을 이해하
    고, CPM에 필요한 고객 세분화 기법과 CPM
    실행 절차 및 방법론을 알아본다.

4. 모바일 멤버십 전략

    모바일 마케팅 전략의 특성과 모바일 멤버십
    앱의 설계 전략, 모바일 멤버십 앱에서 활용할
    수 있는 로열티 마케팅 기법에 대해 살펴본다.

CHAPTER

01

고객 데이터의
수집 · 관리 · 활용

멤버십 전략은 기본적으로 고객의 데이터를 다루는 활동이다. 따라서, 고객정보의 수집과 관리, 그리고 활용에 있어서 관련 법규의 준수는 물론 최근 중요시 되고 있는 고객 빅데이터의 활용방안 역시 기업에게 매우 중요한 사안이 되었다.

이번 장에서는 멤버십 프로그램과 직접적으로 관련 있는 개인정보보호법의 이해를 통해 법적 테두리 안에서 고객 빅데이터를 활용할 수 있는 방안을 모색해보고자 한다.

1.1 개인정보보호법의 이해

개인정보의 유출은 불법매매, 명의도용, 프라이버시 침해, 범죄 등에 연루될 수 있는 심각한 사안이다. 개인정보 침해시, 개인은 정신적 피해, 명의도용이나 보이스피싱에 의한 금전적 손해, 유괴 등 각종 범죄에 노출될 수 있고 기업은 이미지가 실추되고 소비자단체 등의 불매운동과 다수의 피해자에 대한 집단적 손해 배상 등으로 인해 막대한 손실이 발생할 수 있기 때문이다. 개인정보보호를 위해 각 국가는 자국의 개인정보보호법에 준하여 제도적, 기술적으로 고객정보를 관리·감독하도록 의무화하고 있음에도 불구하고, 대규모 개인정보 유출 사건은 국내외를 막론하고 고객정보를 보유하고 있는 민간기업들(예 신용카드, 통신사, 인터넷쇼핑몰, 보험회사 등)을 중심으로 매년 꾸준히 발생하고 있는 실정이다([그림 5.1] 참조).

모바일 중심의 멤버십 프로그램 운영이 일반화되면서, 기업들은 회원 개개인의 식별정보와 거래정보는 물론 위치정보나 생체정보와 같이 유출되어서는 안될 다양한 개인정보에 쉽게 접근할 수 있는 상황이 되었다. 따라서, 멤버십 프로그램을 운영하는 기업들은 고객정보 유출이 피해 당사자는 물론 기업에 얼마나 큰 타격을 줄 수 있는지에 대한 경각심을 갖고, 고객정보의 수집과 관리에 필요한 정책과 기술적 조치에 만전을 기해야할 뿐 아니라, 관련 실무자들 모두 개인정보보호법을 숙지하고 고객 데이터를 관리하는데 각별히 주의를 기울일 필요가 있다.

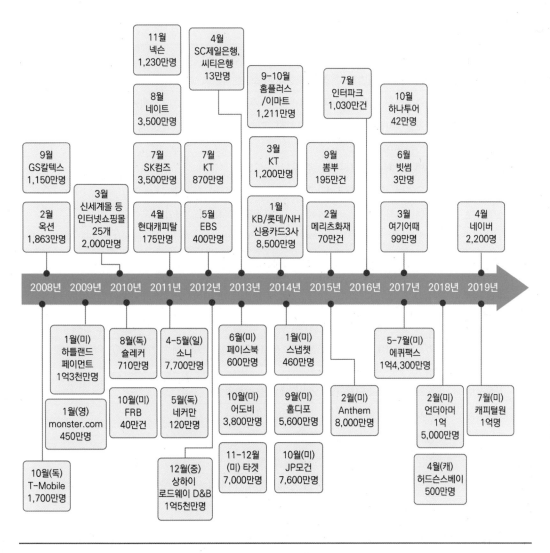

[그림 5.1] 국내외 주요 개인정보 유출 사고 현황[1)]

(1) 개인정보

개인정보보호법에서 정의하는 '개인정보'는 살아 있는 개인에 관한 정보로서, <표 5.1>과 같다. 특정 정보에 성명, 주민등록번호 등이 포함되어 있거나, 다른 정보와 결합하여 개인을 식별할 수 있는 정보라면 개인정보로 간주한다(개인정보보호법 제2조 2항).

〈표 5.1〉 개인정보 유형

구분	개인정보 유형
일반정보	이름, 주민등록번호, 운전면허번호, 주소, 전화번호, 생년월일, 출생지, 본적지, 성별, 국적
가족정보	가족구성원 이름, 출생지, 생년월일, 주민등록번호, 직업, 전화번호
교육 및 훈련정보	학교출석사항, 최종학력, 학교성적, 기술 자격증 및 전문 면허증, 이수한 훈련 프로그램, 동아리활동, 상벌사항
병역정보	군번 및 계급, 제대유형, 주특기, 근무부대
부동산정보	소유주택, 토지, 자동차, 기타소유차량, 상점 및 건물 등
소득정보	급여, 경력, 보너스 및 수수료, 기타소득, 이자소득, 사업소득
기타 수익정보	보험(건강, 생명 등) 가입현황, 회사의 판공비, 투자프로그램, 퇴직프로그램, 휴가, 병가
신용정보	대부잔액 및 지불상황, 저당, 신용카드. 지불연기 및 미납의 수, 임금압류 통보에 대한 기록
고용정보	현재의 고용주, 회사주소, 상급자의 이름, 직무수행평가기록, 훈련기록, 출석기록, 상벌기록, 성격 테스트 결과, 직무태도
법적정보	전과기록, 자동차교통위반기록, 파산 및 담보기록, 구속기록, 이혼기록, 납세기록
의료정보	가족병력기록, 과거의 의료기록, 정신질환기록, 신체장애, 혈액형, IQ, 약물테스트 등 각종 신체테스트 정보
조직정보	노조가입, 종교단체가입, 정당가입, 클럽회원
통신정보	전자우편, 전화통화내용, 로그파일, 쿠키
위치정보	GPS나 휴대폰에 의한 개인의 위치정보
신체정보	지문, 홍채, DNA, 신장, 가슴둘레 등
습관 및 취미정보	흡연, 음주량, 선호하는 스포츠 및 오락, 여가활동, 비디오 대여기록, 도박성향

개인정보는 정보의 민감성 수준에 따라 등급 1부터 5까지 5개 등급으로 분류되고 있는데, 등급 5를 제외하고는 모두 개인을 식별할 수 있는 정보와 함께 조합될 경우 개인의 특성을 식별할 수 있으므로, 개인정보보호법의 관리 규정에 맞게 관리해야 한다(<표 5.2> 참조).

〈표 5.2〉 민감정보 등급 분류 예시[2]

등급	등급 설명	항목
L1	개인을 식별할 수 있으며, 악용할 경우 위험이 매우 큰 정보	주민등록번호, 여권번호, 운전면허번호, 신용카드정보, 계좌정보, ID/PW
	서비스 관련 정보	상담내용, 녹취내용, IP정보, 위치정보, 영상정보, 시스템(홈페이지) 이용내역
L2 (L3+L4)	개인을 식별할 수 있으며, 악용할 경우 위험이 높은 정보	이름, 주소, 전화번호, 핸드폰번호, 이메일 주소, 인종, 종교, 방역, 사회단체활동, 보건 등
L3	개인을 식별할 수 있으며, 악용할 경우 위험이 낮은 정보	이름, 주소, 전화번호, 핸드폰번호, 이메일 주소 등
L4	개인을 식별할 수 없으나, 개인을 식별할 수 있는 정보와 같이 노출 시 위험이 높은 정보	인종, 종교, 방역, 사회단체활동, 보건 등
L5	정보가치가 낮은 정보	일반정보(개인정보없음)

(2) 개인정보의 유출과 노출

개인정보 관리 관점에서 프라이버시 침해 이슈는 개인정보의 '노출'과 '유출'에 의한 사건으로 구분할 수 있다. 개인정보 '유출'은 정보주체의 개인정보에 대하여 개인정보처리자가 통제를 상실하거나 또는 권한 없는 자의 접근을 허용한 경우(고의와 부주의) 모두를 포함한다. 한편, 개인정보 '노출'은 유출의 한 부분으로, 홈페이지 이용자가 해킹 등 특별한 방법을 사용하지 않고, 인터넷을 이용하면서 타인의 개인정보를 취득할 수 있도록 인터넷상에서 관련 '정보가 방치'된 상태이다. 주로 홈페이지 관리자 및 이용자의 부주의로 발생한다. 개인정보의 '유출'은 관련 법령이 있고 사고시 법적 책임이 발생하지만, 개인정보의 '노출'은 관련 법령이 없고, 사고시 법적 책임도 발생하지 않는다. 그러나, 기업은 고객 개인의 정보를 취급하는 만큼 이 두 가지 프라이버시 침해 이슈를 모두 주의 깊게 관리할 필요가 있다.

개인정보 유출 예시

- 개인정보가 저장된 DB 등 개인정보처리시스템에 정상적인 권한이 없는 자가 접근한 경우

- 개인정보처리자의 고의 또는 과실로 인해 개인정보가 포함된 파일, 문서, 저장매체 등이 잘못 전달된 경우
- 개인정보가 포함된 서면, 이동식 저장장치, 휴대용 컴퓨터 등을 분실하거나 도난을 당한 경우

개인정보 노출 예시

- 게시판 상담요청 및 처리 시, 개인정보가 포함된 내용을 그대로 답변 등으로 게시할 경우
- 검색엔진 등을 통한 사이트 내에 개인정보가 수집/저장되어 일반인이 노출된 개인정보에 접근하게 하는 경우

〈표 5.3〉 개인정보 유출과 노출의 비교[3]

구분	유출	노출
정의	통제를 상실하거나 권한이 없는 자의 접근 허용	정보통신망 등을 통하여 공중에 노출
관련 법령	개인정보보호법	법적 정의 없음
법적 책임	형사처벌 대상(고의, 과실)	형사처벌대상 아님(부주의)
주체	내부자, 외부자, 내부+외부자	내부자, 외부자(이용자)

(3) 개인정보보호법

개인정보보호법은 개인으로부터 수집되는 개인정보의 보호와 관리에 관한 규정으로, 관련 법령과 고시는 <표 5.4>와 같다.

〈표 5.4〉 개인정보보호 관련 법령 및 고시

구분	명칭	비고
법령	개인정보보호법	개인정보보호 관련 규정을 위반한 경우 처벌과 관련된 사항은 「개인정보보호 관련 규정 위반시 처벌(개인정보보호법 기준)」과 「개인정보
	정보통신망 이용촉진 및 정보보호 등에 관한 법률	
	전자정부법	
	정보통신기반 보호법	
	위치정보의 보호 및 이용 등에 관한 법률	

	신용정보의 이용 및 보호에 관한 법률	보호 관련 규정 위반 시 처벌(정보통신망법 기준)」 참고
고시	개인정보의 안전성 확보조치 기준(행정자치부 고시, 제2014-7호)	
	표준 개인정보 보호지침(행정안전부 고시, 제2011-45호)	
	개인정보 영향평가에 관한 고시(행정안전부 고시, 제2012-59호)	
	개인정보의 기술적·관리적 보호조치 기준(방송통신위원회 고시, 제2012-50호)	

고객 데이터의 취급과 관련된 실무자가 알아야 할 개인정보보호법 관련 주요 용어는 다음과 같다.

① 개인정보
  • 성명, 주민번호 등을 통하여 살아있는 개인을 알아볼 수 있는 정보
  • 다른 정보와 용이하게 결합하여 개인을 알아볼 수 있는 정보
  • 성명, 주소, 전화번호 등 이외에 컴퓨터 IP주소, 이메일 등도 개인정보에 포함됨

② 처리
  개인정보의 수집, 생성, 기록, 저장, 보유, 가공, 편집, 검색, 출력, 정정, 복구, 이용, 제공, 공개, 파기, 기타 이와 유사한 행위

③ 정보주체
  처리되는 정보에 의해 알아볼 수 있는 그 정보의 주체가 되는 사람

④ 개인정보 처리자
  업무를 목적으로 개인정보파일을 운용하기 위하여 개인정보를 처리하는 공공기관, 법인, 단체, 개인 등

⑤ 영상정보 처리자
  개인정보를 쉽게 검색할 수 있도록 일정한 규칙에 따라 체계적으로 배열하거나 구성한 개인정보 집합물

⑥ 개인정보파일
- 일정한 공간에 지속적으로 설치되어 사람 또는 사물의 영상 등을 촬영하거나 이를 전송하는 장치
- 폐쇄회로 텔레비전(CCTV), 네트워크 카메라

⑦ 고유식별정보
- 민간 분야에서 DB 매칭키 등으로 남용되어 개인 프라이버시 침해 가능성이 높은 정보
- 법령에 따라 개인을 고유하게 구별하기 위하여 부여된 식별정보로서 주민등록번호, 여권번호, 운전면허번호, 외국인등록번호로 정하고 있음

우리나라의 개인정보보호법은 1) 개인정보의 관리와 2) 접근권한, 3) 정보의 파기, 그리고 4) 정보관리의 책임을 의무화 하고 있다.

1) 개인정보의 관리

- 개인을 식별할 수 있는 정보(이름, 전화번호, 주소, 생년월일, 사진 등), 고유식별정보(주민등록번호, 운전면허번호, 외국인등록번호, 여권번호 등), 생체정보(지문, 홍채, DNA 정보 등)에 대해서는 정보의 접근 권한을 최소화해야 한다.
- 다른 정보와 결합하여도 개인을 식별할 수 없도록 가명처리, 총계처리, 데이터 값 삭제, 범주화, 데이터 마스킹 등의 비식별 기술을 이용하여 비식별화하여 관리해야 한다.

2) 정보의 접근

- 정보의 접근권한은 업무 수행에 필요한 최소한의 범위로 업무 담당자에 따라 차등 부여하고, 담당자가 전보 또는 퇴직 등 인사이동이 발생할 경우 접근권한을 변경 또는 는 말소해야 한다.
- 비밀번호의 경우 비밀번호 작성규칙을 수립하여 적용해야 하며, 접근통제 시스템을 설치하고 운영해야 한다.

- 개인정보를 암호화 하여야 하고, 보안프로그램을 설치하고 운영해야 한다.
- 전산실, 자료 보관실 등 개인정보를 보관하고 있는 물리적 장소를 별도로 두고 있는 경우, 이에 대한 출입통제 절차를 수립하고 운영해야 한다.

3) 정보의 파기

서비스 제공자 등은 1) 개인정보의 수집·이용 목적을 달성한 경우, 2) 개인정보의 보유 및 이용 기간이 끝난 경우, 그리고 3) 사업을 폐업하는 경우 해당 개인정보를 지체 없이 파기해야 하며, 서비스를 이용하지 않는 자의 개인정보는 파기 등의 조치를 해야 한다.

4) 정보 관리의 책임

- 기본적으로 내부관리계획을 수립하고 시행해야 한다. 이를 위해 개인정보보호책임자를 뽑아야 한다. 개인정보보호책임자는 개인정보보호 계획의 수립 및 시행을 담당하고, 개인정보 처리 실태 및 관행을 정기적으로 조사 및 개선해야 한다.
- 개인정보 처리와 관련한 불만의 처리 및 피해 구제를 해야 하며, 개인정보 유출 및 오·남용 방지를 위한 내부통제시스템을 구축해야 한다.
- 개인정보보호 교육 계획을 수립하고 시행해야 하며, 개인정보 파일의 보호 및 관리 감독을 해야 한다. 법 제30조에 따른 개인정보 처리방침의 수립·변경 및 시행을 해야 한다.
- 개인정보보호책임자는 개인정보 보호 관리 자료의 관리와 처리 목적이 달성되거나 보유기간이 지난 개인정보의 경우 파기의무가 있다.

개인정보보호법에서 규정하는 핵심적인 가이드라인은 다음과 같다.

- 개인정보는 필수정보만 최소한으로 수집하고, 추가적인 정보를 수집할 때는 반드시 동의를 받아야 한다.
- 주민등록번호와 건강정보 등 민감정보는 수집을 금지하며, 법령의 근거가 있는 경우만 수집이 가능하다.
- 수집한 목적과 다르게 사용하거나 제 3자에게 제공하는 것을 금지한다.

- 개인정보를 처리할 경우 개인정보 처리방침을 공개해야 한다. 또한 개인정보를 위탁한 경우 위탁사실을 포함한 처리방침을 홈페이지나 사업장에 공개해야 한다.
- 내부관리계획, 방화벽, 백신, 접근통제 등 안전성 확보 조치를 철저히 해야 한다.
- 개인정보의 이용이 끝난 후에는 반드시 파기해야 한다.
- 개인정보가 유출되었을 경우 즉시 정보주체에게 5일 이내에 서면, 전화, 이메일 등의 방법으로 통보해야 한다.
- CCTV를 운영할 경우 안내판을 설치해야 한다.

한편, 멤버십 관련 실무자는 지금까지 기술한 개인정보보호법의 주요 내용과 더불어 2020년 개정된 데이터 3법도 이해하고 있어야 한다. 데이터 3법은 앞에서 언급한 '개인정보 보호법' 외에도 개인의 정보에 관련된 '정보통신망법'과 '신용정보법'에 대한 개정안을 의미한다. 데이터 3법에 대한 개정안은 개인정보 보호에 관련된 법이 소관 부처별로 나뉘어 있어서 발생하는 중복 규제를 제거함으로써 개인과 기업이 정보를 활용할 수 있는 폭을 넓히기 위해 마련됐다. 개인의 정보는 개인정보, 가명정보, 익명정보로 구분할 수 있는데, 개인정보(홍길동, 28세)는 개인의 모든 정보가 그대로 담겨있는 것이고, 가명정보(홍XX, 20대)는 개인정보에 내용 일부를 확인할 수 없도록 바꾼 형태이며, 익명정보는 식별자가 완전히 삭제된 정보이다. 데이터 3법 개정은 이 중에서 가명정보에 대해 통계작성, 연구, 공익적 기록 보존의 목적이라면 정보 주체의 동의가 없더라도 처리가 가능하도록 하고, 정보통신망법과 신용정보 보호법은 이러한 개인정보 보호법을 뒷받침 하는데 초점이 맞춰져 있다. 또한, 정보통신망법 중 개인정보 관련 항목을 개인정보 보호법 개정안으로 이관하고, 신용정보 보호법은 가명 정보를 당사자 동의 없이 쓸 수 있도록 개정됐다. 그리고, 데이터 3법은 행정안전부, 금융위원회, 방송통신위원회 등으로 분산된 개인정보보호 감독기관을 통합하기 위해 개인정보보호위원회로 일원화하고, 개인정보보호위원회는 국무총리 소속 중앙행정기관으로 권한이 강화되어 운영된다.

1.2 고객 빅데이터의 개념과 유형

이제 빅데이터는 모든 사람에게 익숙한 용어가 되었다. 기업이 활용할 수 있는 다양한 빅데이터 유형 중에서 고객에 관련된 빅데이터, 즉 고객 빅데이터는 기업의 모든 역량을 쏟아부어 집중해야 할 만큼 4차 산업혁명 시대에 핵심적인 기업의 자원이자 역량이 되었다. 멤버십 전략에 직접적으로 연관되어 있는 고객 빅데이터의 개념과 유형을 살펴보자.

(1) 고객 빅데이터의 개념

과거 CRM에서 활용한 데이터는 고객이 제공한 개인정보(예 이름, 나이, 성별, 전화번호, 주소, 이메일 등)와 기업과의 거래이력(예 구매일, 구매상품, 수량, 결제금액 등)과 같은 정형화된 데이터를 이용하여 고객을 세분화하고 고객에 적합한 제품을 추천하거나, 타깃 마케팅에 활용하였다. 그러나, 최근의 민간기업들은 고객으로부터 생성되는 다양한 비정형 데이터(예 웹로그, SNS 텍스트, 사진, 동영상, 센서데이터, 위치데이터, 음성채팅 데이터 등)를 수집하여 기존의 정형 데이터와 유기적으로 연계하여 분석함으로써 고객에 대한 이해도를 높이고, 그에 기반하여 CRM 기능을 보다 고도화하는 데 집중하고 있다.

현재의 고객 데이터는 사실상 '고객 빅데이터'에 해당하는 방대한 양의 정형·비정형 데이터의 총체인 상황이다. 따라서, 본서에서는 '기업이 CRM·마케팅 활동 관점에서 수집하는 기업 내·외부의 정형·비정형 데이터'를 '고객 빅데이터(customer big data)'라 정의하고, 개인정보를 포함하지 않는 기업 내·외부의 빅데이터와 구분 짓도록 한다(예 제품 생산용 기계 센서데이터).

일반적으로 빅데이터는 데이터의 형태, 생성주체, 저장방식, 원천위치 등 데이터의 특성 관점에서 분류되어 왔다(<표 5.5> 참조). 그런데, 이러한 분류만으로는 고객 빅데이터를 관리하는 데 한계가 있다. 고객 빅데이터는 외부에 유출되어서는 안되는 개인정보를 포함하고 있으면서, 동시에 마케팅 목적의 데이터 분석과 활용을 필요로 하기 때문이다.

〈표 5.5〉 데이터 특성 관점에서의 빅데이터 유형

분류기준	유형	데이터 종류
데이터 형태[4]	정형 데이터	RDBMS, 스프레드시트
	반정형 데이터	HTML, XML, JSON, 웹문서, 웹로그, IoT 센서 데이터
	비정형 데이터	텍스트(소셜 데이터, 문서(워드, 한글)), 멀티미디어(이미지, 오디오, 비디오)
데이터 생성주체[5]	사람	트위터, 블로그, 이메일, 사진, 게시판 글 등
	사람-사람 관계	페이스북, 링크드인 등
	컴퓨터	애플리케이션 서버로그(웹사이트, 게임 등), 센서 데이터(날씨, 스마트 그리드 등), 이미지, 비디오(트래픽, 보안 카메라 등)
데이터 저장방식[6]	3V 데이터	관계형 DB에 저장하기 어려운 3V(volume, variety, velocity) 특성을 갖는 데이터
	기업 데이터	CRM, ERP, DW, MDM 등과 같이 주로 관계형 데이터베이스에 저장된 데이터
	이산 데이터	스프레드시트, 파일 데이터베이스, 이메일, JSON/XML 데이터 등 개별적으로 관리되는 데이터
데이터 원천위치[7]	기업내부	고객프로필, 구매이력, 서비스 사용이력, 홈페이지 게시판 등
	기업외부	SNS, 클라우드서비스, IoT 센서데이터, 동영상, 위치정보 등

(2) 고객 빅데이터의 유형

고객 빅데이터는 기업이 수집하는 개인의 정보로서, 회원약관을 통해 소비자로부터 수집하게 되는 데이터를 사전에 고지한다. 그러나, 일반적으로 소비자는 회원가입 시점에 본인이 직접 제공한 개인정보 이외에는 소비자 스스로 본인의 정보가 기업에게 제공되고 있음을 인식하지 못하는 상태에서 수집되고 있다. 예를 들어, 쇼핑몰 회원가입을 위해 제공하는 이름, 연락처, 이메일, 주소 등은 소비자 스스로 기업에게 제공한 사실을 인식할 수 있는 데이터이지만, 쇼핑몰에 로그인하고, 상품들을 둘러보며 장바구니에 담고, 결제하면서 남기는 발자취(foot print)인 로그 데이터는 소비자가 기업에게 제공하고 있다고 인식하지 않은 상태에서 수집되는 데이터이다. 기업은 이렇게 수집된 데이터를 정형·비정형 데이터의 저장과 분석에 적합한 솔루션과 분석도구를 이용하여 마케팅 및 CRM 활동에 활용한다.

현재는 기업 내부에서 수집한 고객 빅데이터만을 분석할 수 있지만, 앞으로는 타 기업들이 수집한 고객 빅데이터와 개인들이 제공하는 데이터가 시장에서 거래될 전망이다. 이러한 빅데이터 산업 환경의 변화는 민간기업들이 자사의 제품 및 서비스를 개발 및 개선하는데 외부의 고객 빅데이터를 적극적으로 활용할 수 있는 기회를 제공하게 된다. 정부는 빅데이터 산업 활성화 및 민간기업들의 빅데이터를 통한 부가가치 창출을 지원하기 위해 개인의 사생활을 침해하지 않으면서 안전하게 고객 빅데이터를 활용하는 방안을 적극적으로 검토해 왔으며, 데이터 3법의 핵심이 '개인정보의 가명화'와 '전문기관을 통한 데이터 결합 지원'에 있어 민간의 고객 빅데이터 활용에 기여할 것으로 평가되고 있다.[8]

고객 빅데이터가 안전하게 유통 및 활용되기 위해서는 개인정보보호 관점에서 기업 내부에서 관리하는 고객 빅데이터를 유형화하여 위험 수준에 맞게 관리 및 감독하는 것이 필요하다. 저자는 민간기업들의 고객 빅데이터 수집 및 활용 현황을 조사 및 분석하여 고객 빅데이터 유형 및 범주를 정의하고, 각 수준별 고객 빅데이터를 안전하게 관리 및 활용하기 위한 법적, 제도적, 기술적 가이드라인을 제시한 바 있다.[9]

민간기업이 활용하는 고객 빅데이터는 '데이터 수집 기준'과 '데이터 활용 기준'을 고려하여 다음과 같이 유형화할 수 있다.

1) 데이터 수집 기준

데이터의 수집 기준은 고객 빅데이터가 기업에 수집되는 방법을 기준으로 데이터를 구분한 것이다. 고객 빅데이터는 데이터의 수집 방식을 기준으로 1) 공개된 개인정보, 2) 고객이 기업에 제공한 개인정보, 3) 이용내역 정보, 4) 새롭게 생성된 정보로 구분할 수 있다.

① 공개된 개인정보

'이용자 및 정당한 권한이 있는 자에 의해 공개 대상이나 목적의 제한 없이 합법적으로 일반 공중에게 공개된 정보'이다. 공개형 SNS 메시지, 인터넷 게시글과 같이 인터넷, 신문, 방송, 출판물, 그 밖의 매체에 공개되어 있어 누구든지 접근이 가능한 상태에 있기 때문에 다른 정보와의 연동·연계·조합으로 개인을 유추할 수 있는 가능성이 있어 프라이버시 침해 등의 이슈가 존재한다.

② 고객이 기업에 제공한 개인정보

'정보주체인 고객의 동의 하에 정보처리주체인 기업이 고객으로부터 수집한 정보로서 생존하는 개인을 식별할 수 있는 정보'이다. 대표적으로 이름, 연락처, 주소, 성별, 취미, 월 수입 등의 정보 등이 이에 해당한다. 이 역시 그 자체로서 개인정보 유출 및 프라이버시 침해 이슈가 있다.

③ 고객 활동 정보

'기업과 고객의 상호작용에 의해 생성된 정보'이다. 고객의 거래이력뿐 아니라, 고객이 기업의 제품과 서비스를 이용하는 과정에서 자동으로 발생되는 서비스 이용기록, 인터넷 접속정보 등이 해당한다. 생존하는 개인을 식별할 수 있는 정보 및 다른 정보와 쉽게 결합하여 개인을 식별할 수 있다.

④ 새롭게 생성된 정보

'정보처리주체인 기업 또는 제 3자가 비식별화 조치하여 수집한 공개된 개인정보, 고객이 기업에 제공한 정보 및 이용내역정보 등을 정보처리시스템을 통해 조합·분석하여 새롭게 생성된 정보'이다. 기업이 마케팅, 서비스, 거래유지 등의 목적으로 수집한 공개된 개인정보, 고객이 기업에 제공한 개인정보, 그리고 이용내역정보 등을 변환한 정보들로써 내부분석을 위한 일종의 파생변수이기 때문에 활용 목적에 따라 매우 다양해질 수도 있고, 또 별다른 필요성이 없다면 생성하지 않을 수도 있다. 대표적으로 고객의 등급, 평균 구매주기, 신용등급 등이 이에 해당한다.

〈표 5.6〉 데이터 수집 기준 유형별 정의 및 예시

유형	정의	예시
공개된 개인정보	이용자 및 정당한 권한이 있는 자에 의해 공개 대상이나 목적의 제한 없이 합법적으로 일반 공중에게 공개된 부호, 문자, 음성, 음향 및 영상 등의 정보로서, 생존하는 개인을 식별할 수 있는 정보 및 다른 정보와 쉽게 결합하여 개인을 식별할 수 있는 정보	SNS 메시지, 동영상, 인터넷 게시판 글, 공개된 개인이력
고객이 기업에 제공한 정보	정보주체인 고객의 동의 하에 정보처리주체인 기업이 고객으로부터 수집한 정보로서, 생존하는 개인을 식별할 수 있는 정보	성별, 가족 수, 가계소득, 주거유형, 취미
고객 활동 정보	고객이 기업의 제품과 서비스를 이용하는 과정에서 자동으로 발생되는 서비스 이용기록, 인터넷 접속정보, 거래기록 등의 정보로서, 생존하는 개인을 식별할 수 있는 정보 및 다른 정보와 쉽게 결합하여 개인을 식별할 수 있는 정보	구매일, 구매상품, 구매수량, 결제금액, 쿠키, 로그, 센서
새롭게 생성된 정보	정보처리주체인 기업 또는 제 3자가 비식별화 조치하여 수집한 공개된 개인정보, 고객이 기업에 제공한 정보 및 이용내역정보 등을 정보처리시스템을 통해 조합·분석하여 새롭게 생성된 정보	고객등급, 평균구매주기, 평균구매금액, 주거래점포, 신용등급

2) 데이터 활용 기준

데이터의 활용 기준은 고객 빅데이터가 기업에서 활용되는 목적을 기준으로 데이터를 구분한 것이다. 고객 빅데이터는 1) 집단 수준의 통계분석 목적, 2) 개인 수준의 통계분석 목적, 3) 1:1 마케팅 활용 목적, 4) 개인 식별 목적으로 활용되고 있다. 집단 수준의 통계분석을 제외한 2), 3), 4)는 모두 개인 수준의 개인정보에 해당되므로 외부 유출 및 누출 방지를 위한 기술적 조치와 관리가 필요하다.

① 개인 식별 목적

'기업이 고객을 확인하는데 필요한 개인 고유의 식별 목적'으로, ID, 이름, 주민등록번호, 여권번호 등이 이에 해당한다.

② 집단 수준의 분석 목적

'시장환경, 소비자 선호, 마케팅 성과 평가 등을 위해 개인 수준의 데이터를 집단 수준으로 합친 데이터(aggregated data)를 분석하는 목적'이다. 개인 수준이 아닌 집단 수준의 분석을 수행하기 때문에 개인 식별성이 없는 정보의 특성을 갖는다. 예컨대, 매장별 거래고객의 남녀비율, 상품별 매출 등이 이에 해당한다.

③ 개인 수준의 통계분석 목적

'개인을 대상으로 맞춤화된 개별 마케팅을 실행하기 위해 개인 수준에서 데이터를 통계분석하는 목적'이다. 집단 수준이 아닌 개인 수준의 분석을 수행하기 때문에 집단 수준보다는 개인 식별성이 저감된 정보의 특성을 갖는다. 예컨대, 개인별 선호 상품, 개인별 총결제금액, 개인별 주거래 점포 등이 이에 해당한다.

④ 1:1 마케팅 활용 목적

'이메일 발송, 문자 발송, 텔레마케팅 등 기업이 고객에게 직접적으로 마케팅 활동을 수행하는데 필요한 개인별 접촉 목적'으로 개인 식별성이 있는 정보의 특성을 갖는다. 이메일, 전화번호, 주소 등이 대표적이다.

✎ 〈표 5.7〉 데이터 활용 기준 유형별 정의 및 예시

유형	목적	예시
개인 식별 목적	기업이 고객을 확인하는데 필요한 개인 고유의 식별 목적	이름, 주민등록번호, 여권번호
집단 수준의 통계분석 목적	시장 환경, 소비자 선호, 마케팅 성과 평가 등을 위해 개인 수준의 데이터를 집단 수준으로 합친 데이터를 통계 분석하는 목적	브랜드별 매출액, 매장별 매출액, 신규고객 가입율
개인 수준의 통계분석 목적	개인을 대상으로 맞춤화된 개별 마케팅을 실행하기 위해 개인 수준에서 데이터를 통계 분석하는 목적	개인별 선호 브랜드, 개인별 선호 매장
1:1 마케팅 목적	이메일 발송, 문자 발송, 텔레마케팅 등 기업이 고객에게 직접적으로 마케팅 활동을 수행하는 데 필요한 개인별 접촉 목적	이메일, 연락처, 주소

<표 5.8>은 '데이터 수집 기준'과 '데이터 활용 기준'을 이용하여 민간기업이 수집하는 고객 빅데이터를 유형화한 것이다. 개인정보 유출시 유발될 수 있는 위험은 고객이 기업에 제공한 개인정보 중 '1:1 마케팅'과 '개인 식별' 목적으로 활용되는 셀로, 개인식별정보

✎ 〈표 5.8〉 데이터 수집 및 활용 관점의 고객 빅데이터 유형

구분		데이터 수집 기준			
		공개된 개인정보	고객이 기업에 제공한 개인정보	고객 활동 정보	새롭게 생성된 정보
데이터 활용 기준	집단 수준의 통계분석	동영상, 이미지, 위치정보, SNS 게시글, 블로그, 게시글, 커뮤니티 게시글, 기업 홈페이지, 게시판 게시글 등	생년월일, 성별, 나이, 거주지, 학력, 직업, 소득, 가족 수, 결혼기념일, 습관 및 취미정보 등	결제정보, 거래내역 정보, 클레임 정보, 콜센터 이용 정보, 이벤트 참여 정보, 서비스 사용 정보, IoT 센서 정보, 웹 로그, RFID 이용 정보 등	신제품 개발을 위한 정보, 고객만족도 점수, 고객가치 측정 정보, 매출성과 측정 정보, 세일즈프로모션 효과 측정 정보, 고객거래 패턴 추이 정보 등
	개인 수준의 통계분석				개인별 고객가치, 개인별 추천상품, 개인별 고객등급, 개인별 신용도, 개인별 선호매장, 개인별 선호 채널 등
	1:1 마케팅		접촉정보		거주지
	개인 식별		고유식별정보		성별

와 접촉정보는 반드시 기업 내부에서도 접근 권한을 제한해야 하며, 비식별화하여 관리할 필요가 있다. 한편, 개인 수준의 분석 목적으로 처리한 정보는 비식별화 조치를 하였더라도 개인을 재식별할 가능성을 전혀 배제할 수 없다. 반면, 공개된 개인정보, 고객이 기업에 제공한 개인정보, 이용내역 정보, 그리고 새롭게 생성된 정보를 집단 수준의 통계 분석 목적으로 비식별화 조치를 한 경우에는 전혀 개인을 재식별할 수 없기 때문에 개인정보 및 프라이버시 침해로부터의 위험은 적다.

기업의 개인 수준의 고객 빅데이터가 비식별화 되지 않은 상태에서 외부에 유출될 경우, 유발될 수 있는 위험은 크게 세 가지이다(<표 5.9> 참조). 첫째, ID와 비밀번호, 주민번호 도용이다. 음성적인 개인정보 거래 등을 통해 개인 신분을 위조하는 데서 비롯되는 제 3의 위험을 유발할 수 있고, 소비자가 인출하지도 않은 금액이 인출된다거나, 이용하지 않은 곳에서 결제가 이루어진다거나 하는 방식으로 직접적인 경제적 위험을 유발하기 때문에 통제하지 못했을 때 유출에 따른 파급력은 매우 크다. 둘째, 원치 않는 정보의 수신이다. 이메일, 전화번호 등의 유출은 원치 않는 이메일, 문자, 음란물, DM 등이 소비자에게 전달되면서 소비자 피해를 유발할 수 있고, 요구하지 않은 정보의 빈번한 수신은 개인화된 마케팅 전반에 대한 소비자 불신을 초래하게 된다. 셋째, 생활감시이다. 기업이 수집하는 고객 빅데이터(공개된 개인정보, 고객이 기업에 제공한 개인정보, 고객 활동 정보, 새롭게 생성된 정보)가 개인식별 및 접촉정보와 결합하는 모든 경우를 포함하며, 소비자와 기업 모두 막대한 피해를 유발할 수 있다.

〈표 5.9〉 기업의 개인정보 유출시 유발될 수 있는 위험

위험 유형	소비자 피해 방식	관련 데이터
ID·비밀번호·주민번호 도용	• 개인 신분 위조 • 이용하지 않은 계좌 인출 • 이용하지 않은 인터넷 쇼핑몰 결제 청구 • 이용하지 않은 유료서비스 결제 청구	ID, 비밀번호, 주민번호
원치 않는 정보의 수신	• 스팸 광고메일 수신 • 스팸 문자 수신 • 원치 않는 음란물 수신	이메일, 전화번호, 주소
생활감시	• 프라이버시 침해 • 위치추적	기업이 수집한 고객 빅데이터가 개인식별정보와 결합된 모든 경우

1.3 고객 빅데이터의 수집 및 활용

관련 법령을 위반하지 않고, 효과적으로 고객 빅데이터를 사용하기 위해서는 멤버십을 통한 고객 빅데이터의 수집과 활용에 대한 가이드라인을 이해하고 있어야 한다.

(1) 고객 빅데이터 수집 가이드라인

빅데이터를 구성하는 수많은 정보들은 다양한 소스를 통해 다양한 방식으로 수집된다. 현행법상 이들 정보는 어떤 경로를 통해 수집되느냐에 따라 법적 규제의 내용이 다르므로 각각의 경우에 따라 기업이 적법하게 개인정보를 수집해야 한다.

1) 정보주체로부터 수집시

고객 빅데이터의 1차적인 정보 소스는 정보주체 그 자신이다. 물품이나 서비스를 사고 팔거나 회원에 가입할 때 정보주체는 일정한 개인정보를 개인정보처리자에게 직접 제공해야 한다. 예컨대 슈퍼마켓에서 신용카드로 물건을 구입하면 신용카드정보(신용카드번호, 유효기간 등)가 제공되고, 구입한 물품을 집까지 배달 요청하면 집 주소와 전화번호가 추가로 제공되어야 한다. 인터넷쇼핑몰에서 상품을 구입하면 각종 회원정보(이름, 생년월일, 주소, 전화번호, 생일, 결혼기념일 등)와 함께 결제정보(신용카드정보 등)가 제공된다. 쇼핑몰에서 물건을 구입하고 상품 후기를 해당 웹사이트에 남기는 경우에도 정보주체는 본인의 이름 또는 닉네임과 함께 글을 제공하게 된다.

따라서, 기업은 고객이 자신의 개인정보를 제공하는 경우를 목록화하고, 정보주체에게 수집하는 개인정보의 항목을 모두 알려야 한다. 또한, 빅데이터 분석의 목적, 이용 및 보유 기간(제 3자 제공시에는 제 3자의 이용 및 보유 기간), 동의를 거부할 수 있는 권리가 있다는 사실 및 동의 거부시의 불이익 등을 명확히 알리고 동의를 받아야 한다.

2) 제 3자로부터 수집시

　　기업이 마케팅 등에 필요한 데이터를 수집하는 또 다른 경로는 다른 사람의 개인정보를 보유하고 있는 제 3자(데이터 판매상, 데이터 브로커, 신용정보회사, 계열사, 협력회사 등)이다. 기업은 기꺼이 대가를 지불하고 제 3자로부터 개인정보를 매입하거나 무상으로 증여를 받거나 임차할 수 있다. 데이터 브로커 등은 대부분 정보주체로부터 개인정보의 제 3자 제공 또는 대여에 대하여 사전에 동의를 받고 적법하게 개인정보를 매매하거나 제공하지만, 불법적으로 개인정보를 수집하고 판매하는 경우도 발생한다.

　　데이터 브로커뿐만 아니라, 일반기업들도 자사 고객의 동의를 받아 고객의 개인정보를 제 3자에게 판매하거나 제공하는 경우가 있다. 해외의 경우에는 일반인들로부터 직접 개인정보를 사고 파는 사이트도 있다. 예컨대 2019년 11월 서비스를 종료한 미국의 개인정보 거래 플랫폼인 Datacoup(datacoup.com)은 일반 이용자의 소셜미디어 계정과 신용카드 거래내역을 한 달에 8달러씩에 구입하여, 해당 정보를 필요로 하는 민간기업에 판매하는 서비스를 운영하였다.

　　기업이 제 3자로부터 개인정보를 수집할 때에는 정보주체로부터 직접 개인정보 수집, 이용, 제공 등에 관하여 동의를 받을 수 없기 때문에 어쩔 수 없이 제 3자를 통해 간접적인 방법으로 동의를 받아야 한다. 하지만, 제 3자가 정보주체로부터 적법하게 동의를 받아 수집·제공한 것인지 확인하기 어려운 측면이 있다. 이 때문에 유럽연합에서는 개인정보를 정보주체로부터 직접 수집하지 않고 제 3자로부터 간접적으로 수집한 경우에는 개인정보를 수집한 시점에 관련 정보의 범주, 처리 목적 등을 알리도록 하고 있다. 법적 책임으로부터 안전하기 위해서는 가능한 정보주체에게 수집 출처를 알려 동의 여부를 재확인하는 것이 바람직하다.

3) 공개매체로부터 수집시

　　기업은 누구든지 제한 없이 접근이 가능한 공개매체를 통해서도 개인정보를 수집한다. 방송, 신문, 잡지, 서적 등 전통적인 언론매체나 출판물을 포함하여, 인터넷 검색사이트, 공개 게시판, 기업 및 기관의 홈페이지, 인터넷 쇼핑몰 등의 전자적 매체가 있고, 부동산등기부등본, 토지대장, 가옥대장 등과 같이 누구든지 원하는 사람이면 열람이 가능하도록 한 공공 데이터베이스도 있다. 최근에는 정부가 공공데이터포털(www.data.go.kr)을 구축하여 국가가 보유하고 있는 다양한 공공정보를 국민이 쉽게 접근하여 이용할 수 있도록 개방하고 있다. 블로그, 커뮤니티사이트, SNS 등은 원칙적으로 공개 장소가 아니지만, 이용자가 공개로 설정한 정보는 공개정보로 볼 수 있다.

그러나, 공개된 개인정보를 수집할 때에는 특별한 주의가 필요하다. 해당 정보가 공개되어 있다고 해서 아무 목적으로나 수집 및 이용할 수 있는 것은 아니기 때문이다. 공개된 정보라도 이를 영리목적 또는 업무목적으로 수집 및 이용할 때에는 제한이 따른다. 예컨대 연예인 기획사가 자사 소속 연예인의 사진 또는 활동을 언론이나 홈페이지를 통해 공개한 경우 누구든지 그 사진이나 정보를 이용할 수 있지만, 만약 그 연예인의 사진을 영리 목적으로 이용하고자 한다면 개인정보 침해 또는 퍼블리시티권(Right of publicity)[1] 침해가 문제될 수 있다. 따라서, 빅데이터 분석 목적으로 공개된 정보를 수집하고자 할 때에는 완전히 식별성을 제거해서 수집하거나, 공개의 목적 범위 내로 이용을 제한하여야 한다. 단지 정보주체의 이름, 사진, 연락처, 이메일 주소 등을 제거했다고 해서 식별성이 제거되는 것은 아니다. 그 같은 정보의 삭제만으로는 익명화에 그치는 경우가 많다. 추적이 가능한 익명화와 추적이 불가능한 비식별화는 다른 것이다.

4) 개인정보의 생성시

고객 빅데이터를 수집하고 있는 기업 자체가 개인정보를 생성하는 주체이기도 하다. 슈퍼마켓이나 쇼핑몰에서 기록·보관 중인 구매고객의 일자별 구매상품 리스트 및 구매가격, 병원에서 기록·보관 중인 진료기록, 은행의 입출금 내역 및 대출상환 내역 등이 대표적이다. 기업과 고객이 거래하는 장소인 매장의 계산대나 주차장 등에 설치된 CCTV 영상기록들도 기업이 직접 생산한 개인정보로 볼 수 있다. 기업이 개인정보를 스스로 생성 또는 생산하는 것은 원칙적으로 계약의 체결 및 이행을 위하여 필요한 최소한의 범위 내에서만 가능하다. 특히 문제가 되는 것은 기존 데이터의 결합, 조합, 연동, 연계 등을 통해 새로운 데이터를 생성하는 경우인데, 국내법상 이에 대한 명확한 기준이 부재한 상태이다. 개인정보보호법의 해석상 계약의 체결 및 이행을 위하여 필요한 범위 내에서의 개인정보 생성 또는 생산은 문제되지 않으나, 데이터 분석 목적의 개인정보 생성 또는 생산에 대해서는 정보주체의 동의가 필요하다고 보는 것이 전문가 집단의 견해이다.

---

1 본인의 이름이나 초상에 대한 독점적 권리이다. 초상사용권 혹은 인격표지권이라고도 한다.

5) 로그정보, 쿠키정보 등의 수집시

빅데이터 환경에서는 인터넷 또는 각종 디지털장비에 남겨진 디지털 흔적들이 중요한 정보자원이 된다. 각종 인터넷 검색기록, 페이지뷰(page views), 홈페이지 방문기록, 로그기록, 접속 IP주소, 쿠키정보, 송수신 내역, 이메일 송수신 내역 등이 이에 속한다. 디지털 흔적은 온라인 서비스의 제공이나 이용 과정에서 기술적으로 불가피하게 생성된 것도 있지만(접속 IP주소, 위치정보 등), 기업이 서비스의 품질 향상 또는 이용자를 추적하기 위해 의도적으로 생성하거나 수집한 경우도 있다. 예컨대 이용자가 SNS에 사진을 올릴 때 생성되는 사진 촬영장소, 일시 및 시각, 촬영장비, 해상도 등의 각종 메타데이터(metadata)는 서비스 기능도 수행하지만, 서비스 제공자가 해당 정보를 활용하고자 하는 측면이 강하다. 쿠키정보도 통신의 전송이나 이용자가 요구하는 서비스의 제공을 위해 불가피하게 필요로 하는 것(technical cookie)이 있는가 하면, 이용자의 행태를 분석해서 맞춤형 광고를 시행하기 위해 기업이 불요불급하게 생성한 것(profiling cookie)도 있다.

현행법상 로그정보, 쿠키정보 등의 수집·이용에 대하여는 명확한 기준이 없다. 따라서 계약의 체결 및 이행을 위하여 불가피한 것이라면 수집·이용이 가능하지만, 빅데이터 분석 목적이라면 원칙적으로 정보주체의 동의가 있어야 한다. 다만 법률의 규정에 의한 수집·보관의 경우(개인정보처리시스템에 대한 접속기록 보존 의무 등)와 개인 식별성을 완전히 제거한 경우에는 동의가 필요 없다.

(2) 고객 빅데이터 분석 및 활용 가이드라인

고객 빅데이터 분석은 고객 빅데이터의 활용 목적, 즉 1) 집단적 통계분석, 2) 개인화된 통계분석, 3) 일대일 마케팅에 따라 개인 동의 및 관리 방법에 차이가 있다.

1) 집단 수준의 통계분석 목적

빅데이터를 이용한 집단적 통계분석은 실시간으로 소비자의 행동을 분석할 수 있어 기업의 마케팅 전략이나 경영판단, 예산집행 등에 있어서 매우 유용하다. 소비자 트렌드를 분석하여 신제품을 개발하거나, 신제품 광고에 대한 소비자의 선호도를 분석하는데 사용할 수 있으며, SNS에 올라 온 대화글을 연령대별로 분석해서 세대별 관심사를 실시간으로 분석하는 것도 가능하다. 그러나, 집단적 통계 분석에서는 분석에 소요되는 데이터들에 대한 개인 식별성이 요구되지 않는다. 개인 식별성이 제거되어 있으므로 이들 데이터는 개인정보라고 할 수 없고, 따라서 개인정보보호법의 적용 문제도 발생하지 않는다. 예컨대 집단적 통계분석의 경우에는 이름 대신 무작위의 난수가 이용되고, '생년월일'이 아닌 '나이' 또는 '생년월'이 이용되며, 주소 대신 우편번호가 이용되거나, 직장명 대신 직업유형이 사용되기 때문이다.

2) 개인 수준의 통계분석 목적

기업은 신상품 개발, 차별화된 마케팅, 잠재고객 발굴, VIP 고객관리 등 다양한 목적으로 고객들에 관한 정보를 분석할 필요가 있다. 예컨대 자사와 거래를 중단한 VIP 고객들의 마지막 1년간의 구매패턴을 분석해 VIP 고객의 이탈을 방지하기 위한 마케팅 전략을 수립한다거나, 소득별, 지역별, 연령별, 성별 등에 따른 개별 소비자들의 구매패턴 변화를 지속적으로 추적하고 분석하여 차별화된 상품을 개발하는 데 활용할 수도 있다. 이와 같이 고객의 소비행태나 구매패턴을 개인별로 분석하기는 하지만, 해당 정보를 일대일 마케팅에는 이용하지 않고 오로지 신상품 개발, 마케팅전략 수립 등 내부적으로만 활용하는 경우에는 해당 고객의 이름이나 연락처가 불필요하다. 따라서 이런 경우에는 일정한 사생활 보호조치(익명화, 코드화, 암호화 등)를 취한 다음 분석에 데이터를 활용한다. 개인정보가 유출되더라도 쉽게 정보주체를 알지 못하게 하거나 내부자가 데이터에 접근하더라도 데이터를 불법적으로 활용할 수 없게 하기 위한 것이다. 주소나 생년월일을 우편번호나 생년으로 대체하고, 그밖에 개인의 식별성이 들어날 수 있는 정보들을 코드화 또는 마스킹하거나 일괄 수정(bulk redaction)하는 방식이 대표적이다.

그런데, 만일 통계분석의 목적상 대칭코드, 암호키 등을 이용하여 필요시 개인 추적이 가능하도록 데이터를 가공하였다면, 식별 가능성은 현저히 저감된 상태이나 법률상으로는 여전히 개인정보에 해당된다는 사실을 주지할 필요가 있다. 이 경우, 기업 내부에서의 활용을 전제로 진행되는 개인화된 통계분석이라 하더라도 현행법상으로는 원칙적으로 목적 외 이용에 대한 동의가 필요하므로, 약관의 명시 및 외부유출에 대비한 관리감독이 필요하다.

3) 일대일 마케팅 활용 목적

일대일 맞춤형 마케팅을 위한 빅데이터 분석을 위해서는 개인 식별성이 있어야 한다. 개인 식별성이 요구되므로 이들 정보는 개인정보로 취급되며 개인정보 보호법의 규제를 받게 된다. 때문에 빅데이터에서 주로 개인정보보호법이 문제되는 것은 일대일 마케팅을 위한 고객 빅데이터의 수집·분석이라고 할 수 있다. 예컨대 SNS 사진을 통해 몸무게가 많이 나간 사람들을 찾아내고 신용카드 분석을 통해 고가의 대형 TV를 구입한 사람들을 찾아내 서로 매치시키면, 소득이 높고 몸무게가 많이 나가는 사람들을 특정할 수 있고 이들에게 비만과 관련된 고가의 제품을 타킷 판매하면 마케팅 비용을 줄이면서 매출을 기대할 수 있게 된다.

이처럼 빅데이터는 고객이나 제 3자를 통해서 수집한 3~4개의 개인정보만으로는 판단이나 예측이 어려웠던 마케팅 포인트의 정확성을 훨씬 높여주고, 이름이나 연락처를 모르는 경우에도 여러 데이터를 조합하여 특정인의 이름이나 연락처는 물론 그 사람의 취향, 고민, 관심사까지 분석이 사실상 가능하므로 고객 명단을 가지고 있지 못한 중소기업이나 신생기업에게 매우 유용한 마케팅 수단이 될 수 있다. 실무적으로는 일대일 마케팅을 위한 정보는 고객의 사생활 보호를 위하여 모든 데이터를 하나의 테이블에 저장하지 않고 연락처, 주소, 이메일 등 개인의 식별성이 드러나는 중요 정보들은 이를 분리해서 별도로 보관하는 방법을 취해야 한다. 또한, 일대일 마케팅 목적의 정보 수집 및 분석에 대하여 정보주체의 명시적인 동의를 받아야 한다.

4) 개인 식별 목적

고객의 사생활 보호를 위하여 모든 데이터를 하나의 테이블에 저장하지 않고 ID, 비밀번호, 이름, 주민등록번호, 여권번호 등의 개인정보는 이를 분리해서 철저하게 비식별화하여 관리해야 한다.

1.4 고객 빅데이터의 관리 실무

개인정보 유출 사건은 해킹에 의한 외부 공격과 내부관리 미흡에 의해 발생된다. '2019년도 홈페이지 개인정보 유출·노출 사례 및 후속 조치에 관한 보고서10)'에 따르면, 최근 4년간 개인정보 유출의 80.5%는 웹셀 업로드, 파라미터 변조, 지능형 지속 공격, SQL 인젝션 등의 외부 해킹 공격에 의한 것이었으며, 나머지는 이메일 오발송, 검색엔진상의 인트라넷 게시글 노출, 보안조치 미흡, 퇴사시 USB를 이용한 데이터의 반출 및 외부 판매, 개인정보가 담긴 서류의 미파기 및 방치 등 기업의 실무적 관리 부주의가 주된 원인으로 나타났다.

〈표 5.10〉 개인정보 유출 사고 주요 원인(2015~2018년)

외부공격	시스템오류	내부직원 유출	관리자 부주의	기타
80.5%	6.9%	1.8%	9.0%	1.8%
291건	25건	7건	33건	7건

본 절에서는 관리 부주의로 인해 개인정보가 유출되기 쉬운 사각지대인 '오프라인 매장'에서의 지류 회원가입 신청서의 관리 방법과 기업 내부에서 데이터 분석 및 타깃 마케팅 활용시 주의해야 할 개인정보의 비식별화 문제, 그리고 고객 데이터 수집부터 저장-처리-활용에 이르는 일련의 과정에서 각 단계별로 개인정보 보안을 위해 적용해야 할 기술 등 주의가 필요한 사항을 중심으로 고객 데이터 관리 방안을 살펴 보도록 한다.

(1) 오프라인 매장 회원가입 신청서의 관리

많은 기업들이 웹사이트 또는 모바일 앱에서의 회원가입 방식을 활용하고 있지만, 오프라인 매장 사업을 하는 경우에는 웹사이트나 모바일 앱을 이용한 회원가입 절차를 번거롭게 느끼는 고객들이 여전히 많기 때문에 지류 형태의 회원가입 신청서를 비치하여 회원가입을 유도하는 경우가 있다. 소수의 인력에 의해 바쁘게 돌아가는 매장 실무자들에게 고객들이 제출한 회원가입 신청서의 정보를 매일 멤버십 관리 시스템에 입력하고, 회원가입 신청서를 관리하는 일은 부가적이고 귀찮은 일이 될 수 있다. 그러나, 만일 고객 접점에 있는 매장에서 적극적으로 회원가입 신청을 받지 않으면 원활한 회원 모집에 차질이 생기고, 정확하고 성실하게 회원정보를 입력하지 않으면 입력된 회원정보를 신뢰할 수 없으며, 더 나아가 회원가입 신청서를 소홀히 관리하게 되면 자칫 개인정보 유출 문제가 발생할 수 있다. 따라서, 매장을 관리하는 본사에서는 매장에서의 회원가입 신청서의 접수와 수집, 관리 과정을 지원할 수 있는 내부적인 관리 프로세스와 모니터링 체계를 마련할 필요가 있다. 이와 함께 멤버십 프로그램의 필요성과 매장에서의 회원가입 권유 및 회원가입 신청서의 수집 및 관리의 중요성에 대한 직원 교육을 정기적으로 실행하는 것이 중요하다.

<표 5.11>은 매장에서 수집한 회원가입신청서의 수집-보관-폐기-모니터링에 이르는 내부적인 관리 프로세스의 사례를 보여준다.

〈표 5.11〉 회원가입 신청서의 관리 방안 예시

구분	담당	업무	기간	비고
1단계 수집·입력	매장	• 가입신청서 수집 • 가입신청서 입력 • 가입신청서 본사 이관	• 당일 접수분 당일 입력 • 월 단위 정기 이관	• 관리대장의 전산 관리 (점포, 발송일, 수집기간, 수량, 발송자, 날인 포함)
2단계 보관	본사	• 본사에서 접수 • 가입신청서 스캐닝 • 입력정보 재확인/오류정정	• 지류 1년 보관 • 스캔본 전산 관리	• 전산상의 관리대장에 수령일/수령자 날인 입력
3단계 폐기	본사	• 본사에서 폐기	• 지류 1년 뒤 폐기 • 스캔본 2년 이상 관리	• 회원정보 관리 책임자의 승인 필요 • 전산상의 관리대장에 폐기일/폐기자 날인 입력
4단계 모니터링	본사	• 수집/보관/폐기 수 집계	• 월 단위 정기 집계	• 매장-본사 상호 모니터링 가능해야 함

① 수집·입력

매장에서는 회원가입 담당자를 지정하고, '당일 접수-당일 입력' 원칙 하에 담당자가 회원가입 신청서를 성실하고 정확하게 멤버십 관리 시스템에 입력할 수 있도록 담당 업무 시간을 배정한다. 가입 신청서는 최대한 빠르게 전산화하여 고객의 불편함을 최소화하고, 본사 이관 날짜를 지정하여 정기적인 이관이 진행될 수 있도록 한다. 시스템상에 지류 회원가입신청서의 보관-폐기 이력을 관리할 수 있는 기능을 만들어 매장에서 본사 이관시, 또는 본사에서 폐기시 담당자와 처리일이 기록될 수 있도록 관리하면 책임 소재를 명확히 할 수 있다. 매장의 여건상 회원정보의 수기 입력이 어려운 경우에는 신청서를 타 부서(예 물류센터, 본사)로 이관하고, 이관 받은 부서에서 입력하거나, 문자를 인식하여 디지털로 변환하는 OCR 기술이 적용된 앱으로 촬영하고, 이를 시스템에 업로드하는 방법도 고려할 수 있다.

② 보관

회원 정보의 수집과 관리를 담당하는 부서(예 CRM 팀, 고객센터 등)에서 매장으로부터 인계 받은 회원가입신청서를 관리한다. 보관 담당자는 가입신청서를 스캐닝하여 시스템에서 언제든 열람할 수 있도록 전산관리하며, 입력한 내용에 오류가 없는지 재검토하고, 오기를 정정하여 입력한 데이터에 대한 신뢰성을 높이도록 한다.

③ 폐기

스캔본을 전산 관리하므로, 지류 회원가입신청서 원본을 장기 보관할 필요는 없다. 지류는 1년, 스캔본은 관계 부처의 권고에 준하여 관리하도록 한다. 보관 기간은 웹사이트나 모바일 앱을 통해 입력된 회원 데이터와 동일하게 유지하는데, 일반적으로 일반 소비재 기업은 2년, 금융업은 5년간 보관한다. 회원가입신청서 폐기는 회원정보 관리 책임자의 승인 하에 진행하고, 폐기한 날짜와 담당자의 정보를 전산상에 등록하도록 한다.

④ 모니터링

정기적으로 수집-보관-폐기한 회원가입신청서의 수를 매장과 본사가 상호 모니터링하여 입력이 누락되거나, 유실된 신청서가 없도록 한다.

아울러, 고객 접촉 정보는 정보의 최신성과 무결성을 확보하는 것이 중요하다. 고객 접촉 정보가 올바르지 않으면, 커뮤니케이션이 불가능하기 때문이다. 고객 접촉 정보의 갱신은 기업의 지속적인 노력을 필요로 하는 영역으로, 1) 핸드폰 번호, 이메일 등의 접촉 정보에 변동이 생겼을 경우 고객이 자발적으로 이를 수정할 수 있는 채널을 상시 오픈해 두고, 2) 갱신을 독려하는 보상물을 제공하며, 3) 접촉 정보의 갱신을 요청하는 캠페인을 최소 연 2회 정기적으로 운영하도록 한다. 또한, 4) 이메일 또는 문자 발송시 도달에 실패한 고객들에 한해 다른 접촉 가능한 채널을 통해 회원 정보의 갱신을 독려할 필요가 있다.

(2) 개인정보의 비식별화

고객 정보가 외부에 유출되지 않도록 관리하는 주요 방법 중 하나는 업무상 고객 정보의 수집, 저장, 관리, 처리, 활용, 열람 등이 필요한 실무자들을 고려하여 고객정보의 접근 권한 부여에 관한 지침을 마련하는 것이다. 어떤 부서에서, 어떤 담당자가, 어떤 목적으로, 어떤 정보를 필요로 하는지를 정리하여, 각각에 대한 접근 권한 부여 대상과 접근 가능한 개인정보의 범위를 사전 정의해 두면, 규칙에 기반한 고객 정보의 관리가 용이해진다.

고객 정보를 식별 가능한 상태로 추출하거나, 고객 정보에 접근하는 경우는 고객에게 우편으로 홍보물 또는 증정품을 직접 또는 외주 발송하는 경우와 고객 응대시 회원 정보의 확인이 필요한 경우, 그리고 회원의 요청으로 회원 정보를 수정하는 경우가 전부이다. 따라서, 이러한 업무를 담당하는 관리자에게는 별도의 개인정보보호 관리에 대한 교육과 관리가 필요하고, 그 밖의 담당자들에게는 식별가능한 상태의 회원 개인정보가 노출되지 않도록 시스템상의 조치가 요구된다.

그러나, 현재 많은 기업들의 멤버십 프로그램 관리자 모드는 회원 정보를 조회하면 누구나 회원의 개인 접촉 정보를 쉽게 확인할 수 있는 형태로 운영되고 있다. 또한 분석용으로 고객 데이터를 관계 부서에 요청했을 때, ID와 함께 이름, 연령, 주소 등의 원시 데이터를 있는 그대로 다운로드하여 전달하는 경우도 있다. 개인정보는 관련 업무 담당자를 제외하고는 열람 또는 다운로드 할 수 없어야 하며, 어떠한 경우에도 노출 및 유출되지 않도록 비식별화 하여 관리해야 한다.

개인정보의 비식별화 방법에는 가명처리, 데이터 값 삭제, 총계처리, 범주화, 데이터마스킹 등이 있다.

① **가명처리**
- 개인정보 중 주요 식별요소를 다른 값으로 대체하여 식별을 할 수 없도록 변경한다. 이전 데이터와 완전 무관한 데이터를 입력하여 식별 요소를 제거한다.
  예 홍길동, 35세, 서울 거주, 한국대 재학 → 임꺽정, 30대 서울 거주, 국제대 재학

② **데이터 값(가치) 삭제**
- 데이터 값 삭제는 식별 가능한 개인정보를 삭제하는 것이 비식별화를 위한 가장 확실한 방법 중 하나이지만, 정보를 삭제하면 원하는 결과를 얻을 수 없는 경우

가 발생할 수 있다. 그렇다 보니 해당 정보가 필요하지 않은 상황에서만 제한적으로 사용할 수 있다. 또한 다수의 개인정보를 활용하는 경우 개인정보에 대해 총합 또는 평균값으로 대체하여 비식별화를 할 수 있다.

📗 홍길동, 35세, 서울 거주, 한국대 졸업 → 35세, 서울 거주

📗 개인과 관련된 날짜 정보(자격 취득일, 합격일 등) → 연 단위로 처리

③ 총계 처리 또는 평균값 대체
- 데이터의 총합 값을 보임으로서 개별 데이터의 값을 보이지 않도록 함
  📗 임꺽정 180cm, 홍길동 170cm, 이콩쥐 160cm, 김팥쥐 150cm → 물리학과 학생 키 합 660cm, 평균키 165cm

④ 범주화
- 데이터의 값을 범주의 값으로 변환하여 명확한 값을 감춤
  📗 홍길동, 35세 → 홍씨, 30−40대

⑤ 데이터 마스킹
- 식별이 가능한 데이터의 일부를 보이지 않도록 처리하는 방법으로, 비식별화 방법 중에 가장 비식별화 정도가 낮다고 볼 수 있다. 마스킹 처리가 되지 않는 일부 정보가 보여지다 보니 다른 정보 또는 공개된 정보와 결합하여 재식별이 가능할 수 있다. 안전한 마스킹을 위해서는 마스킹 데이터에 따라 재식별이 불가능하도록 마스킹 자릿수, 위치 등을 적절히 선택해야 한다.
  📗 홍길동, 35세, 서울 거주, 한국대 재학 → 홍**, 35세, 서울 거주, **대학

〈표 5.12〉 개인정보의 비식별화 방법

처리기법	주요 내용
가명처리	개인정보 중 주요 식별요소를 다른 값으로 대체하여 개인식별을 곤란하게 함
데이터 값 삭제	데이터 공유·개방 목적에 따라 데이터 세트에 구성된 값 중에 필요 없는 값 또는 개인식별에 중요한 값을 삭제
총계 또는 평균값 대체	데이터의 총합(또는 평균값)으로 대체하여 개별 데이터 값이 보이지 않도록 함
범주화	데이터의 값을 범주의 값으로 변환하여 명확한 값을 감춤
데이터 마스킹	공개된 정보 등과 결합하여 개인을 식별하는 데 기여할 확률이 높은 주요 개인식별자가 보이지 않도록 처리하여 개인을 식별하지 못하도록 함

(3) 데이터 관리를 위한 보안기술의 적용

　수집한 데이터를 안전하게 관리하고 활용하기 위해서는 데이터의 수집-저장-처리 및 분석-활용에 이르는 각각의 단계마다 관리적 측면에서 프라이버시를 침해하거나, 개인정보가 유출될 수 있는 위험 요소를 선제적으로 파악하여 이를 예방하거나, 관리할 수 있는 보안 기술을 적용하는 것이 중요하다. 예컨대, 구글은 자사의 소셜네트워크 서비스인 '구글플러스'의 기본 코드 오류로 구글 플러스 이용자 5천2백만 명의 이메일과 이름, 직업, 실거주지 주소, 나이 등의 프로필 데이터가 버그에 의해 앱 개발자들에게 노출되는 사고가 발생한 바 있다. 오류는 외부 개발자들이 구글 플러스 프로파일 데이터에 접근할 수 있도록 해주는 API에서 발견되었는데, 이 취약점은 3년이나 존재했던 것으로 알려져 있다. 이 사건은 구글에 대한 불신을 크게 키우고, 구글 플러스 서비스를 조기 폐쇄하는데 결정적인 원인이 되었다.[11] 페이스북은 2018년 소프트웨어 버그로 인해 사용자들의 게시글이 전부 '전체 공개'로 전환되면서, 1천4백만 명의 사용자가 '친구들에게만' 공개하려고 했던 내용을 '모두'에게 보여주는 피해를 입은 바 있다.[12]

1) 개인정보 유출 관점의 단계별 위험 요인

① 데이터의 수집 단계

　1) 사용자가 인지하지 못하는 소프트웨어 등을 이용하여 개인정보를 수집한다거나, 개인정보가 포함된 콘텐츠를 크롤링하여 수집하는 등 부적절한 방법으로 개인정보를 수집하는 행위, 2) 개인정보 소유자의 접속정보를 지속적으로 수집 및 분석하는 행위, 3) 허가 없이 개인의 위치정보를 수집하는 등 본인 동의 없이 사생활을 모니터링하는 행위, 그리고 4) 상업적 목적 혹은 관리 편의성을 이유로 불필요한 개인정보를 수집하거나, 정당한 목적 없이 민감정보를 수집하는 등의 행위가 없는지 점검해야 한다.

② 저장 단계

　1) 개인정보가 저장된 DB/시스템의 관리 소홀에 따른 개인정보의 유출, 2) 시스템 불법 침입 및 실수, 그리고 3) 권한 오류 등 부주의로 인한 개인정보 유출에 대해 점검해야 한다.

③ 처리 및 분석 단계

1) 사용자의 동의 없이 구매내역 등을 분석하여 맞춤형 서비스에 이용하는 행위, 2) 사용자의 이동경로를 분석하여 악의적 목적에 사용하는 행위 등 부적절한 분석에 대한 점검이 필요하다.

④ 활용 단계

1) 사전 동의를 거치지 않고 상품 광고나 광고성 정보를 제공하는 행위, 2) 사용자 동의 없이 개인정보를 제 3자에게 제공하여 광고성 스팸메일, SMS 문자, 전화 발송 등 광고성 정보 제공에 사용되는 행위에 대한 주의가 필요하다.

2) 개인정보 보안을 위한 주요 기술

개인정보 보안을 위해 적용할 수 있는 기술에는 사용자 인증, 접근 제어, 암호화, 개인정보 비식별화, 개인정보 암호화가 주로 사용된다.

① 사용자 인증
- 누가 어떤 데이터에 어떤 조치를 취할 수 있는가를 미리 정한 바에 따라, 데이터나 데이터 관리 시스템에 접근하는 사람의 접근 자격을 확인한다
- 세부기술: ID/Password 방식/일회용 패스워드(OTP) 방식, 전자인증

② 접근제어
- 어떤 주체가 어떤 객체를 읽고자 하거나, 객체에 기록하고자 하거나, 객체를 실행(객체가 실행파일일 경우) 시키고자 할 때 그 주체가 그 객체에 대한 권한을 가지고 있는지를 체크하고 통제한다.
- 세부기술: 강제 접근제어, 임의 접근제어, 역할기반 접근제어

③ 암호화
- 평문을 해독 불가능한 형태로 변형하거나 또는 암호화된 암호문을 해독 가능한 형태로 변형하기 위한 원리, 수단, 방법 등을 취급한다.
- 암호화는 복호화 가능 여부에 따라 양방향 암호화와 단방향 암호화로 분류되며,

양방향 암호화는 암/복호화 시 사용되는 키의 대칭 여부에 따라 대칭키 암호화와 비대칭키 암호화로 나뉜다.

- 암호화 알고리즘: DES, AES, RSA, MDS, SHA 등

④ 개인정보 비식별화

- 수집된 데이터에 포함된 개인정보의 일부 또는 전부를 삭제, 다른 정보로 대체 또는 다른 정보와 결합(mash-up)해도 특정 개인을 식별하기 어렵도록 하는 일련의 조치이다.

⑤ 개인정보 암호화

- 데이터베이스 전체에 대한 보호가 아닌 개인정보가 포함된 특정 필드에 대한 보호기술이다.
- 개인정보의 암호화 저장 후 데이터베이스에 저장된 개인정보의 정상적인 이용을 위해 데이터베이스를 안전하고 효율적으로 인덱싱하는 기술을 사용한다.

Summary

이번 장에서는 고객 빅데이터의 개념과 유형, 활용방법, 개인정보보호법 하에서 고객 데이터를 안전하게 관리하고 활용하는 방법을 알아보았다.

개인정보보호법의 이해

멤버십 프로그램을 운영하는 기업들은 고객정보 유출이 피해 당사자는 물론 기업에 얼마나 큰 타격을 줄 수 있는지에 대한 경각심을 갖고, 고객정보의 수집과 관리에 필요한 정책과 기술적 조치에 만전을 기해야 할 뿐 아니라, 관련 실무자들 모두 개인정보보호법을 숙지하고 정부의 가이드라인 이상으로 고객 데이터를 관리하는데 각별히 주의를 기울일 필요가 있다.

고객 빅데이터의 개념과 유형

고객 빅데이터는 '기업이 CRM·마케팅 활동 관점에서 수집하는 기업 내외부의 정형·비정형 데이터'를 말한다. 고객 빅데이터는 수집 방법(공개된 개인정보, 고객이 기업에 제공한 개인정보, 고객 활동 정보, 새롭게 생성된 정보)과 활용 목적(개인 식별 목적, 집단 수준의 통계분석 목적, 개인 수준의 통계분석 목적, 1:1 마케팅 목적)을 고려하여 유형화 할 수 있다. 기업의 고객 빅데이터가 비식별화 되지 않은 상태에서 외부에 유출될 경우 유발될 수 있는 위험은 1) ID·비밀번호·주민번호의 도용, 2) 원치 않는 정보의 수신, 3) 생활감시가 있다.

고객 빅데이터의 수집 및 활용

빅데이터를 구성하는 수많은 정보들은 다양한 소스를 통해서 다양한 방식으로 수집된다. 현행 법상 빅데이터 정보는 어떤 경로를 통해 수집되느냐에 따라 법적 규제의 내용이 다르므로 각각의 경우에 따라 기업이 적법하게 개인정보를 수집해야 한다.

• 정보주체로부터 수집시: 고객 빅데이터의 1차적인 정보 소스는 정보주체 그 자신이다. 물품이나 서비스를 사고팔거나 회원에 가입할 때 정보주체는 일정한 개인정보를 개인정보처리자에게 직접 제공해야 한다.

• 제 3자로부터 수집시: 기업이 제 3자로부터 개인정보를 수집할 때에는 정보주체로부터 직접 개인정보 수집, 이용, 제공 등에 관하여 동의를 받을 수 없기 때문에 어쩔 수 없이 제 3자를 통해 간접적인 방법으로 동의를 받아야 한다. 하지만, 제 3자가 정보주체로부터 적법하게 동의를 받아 수집제공한 것인지 확인하기 어려운 측면이 있다.

• 공개매체로부터 수집시: 공개된 정보라도 이를 영리목적 또는 업무목적으로 수집 및 이용할 때에는 제한이 따르므로, 공개된 개인정보를 수집할 때에는 특별한 주의가 필요하다.

CHAPTER

02
포인트의 회계 및 과세 처리

기업이 고객에게 지급한 포인트는 '지급시점'에는 고객이 사용하고자 할 때 무상으로 상품이나 서비스를 제공해야 하는 '부채'에 해당하고, 고객의 포인트 '사용시점'에는 보상의 무가 이행되면서, 기업은 보상금액을 회수하며 '수익'이 발생한다. 따라서, 멤버십 프로그램을 운영하는 기업의 회계 담당 부서는 포인트를 기업의 회계처리에 반영하고, 관련 세법 규정에 준하는 적법한 절차를 따라야 한다.

멤버십 프로그램의 포인트 관련 회계 및 세무는 담당 부서에서 수행하지만, 멤버십 프로그램 운영자 또한 관련 부서 및 외부 제휴사와의 원활한 커뮤니케이션과 적절한 의사결정을 위해 포인트의 회계처리 방법과 부가가치세 및 법인세의 관련 법령을 이해할 필요가 있다. 포인트의 적립 및 사용 방식이 점차 복잡하고 다양해지고 있는 상황이므로, 관련 법령의 개정 등 기업이 적용받게 될 규정 변화에 대해서도 꾸준한 관심이 요구된다.

2.1 포인트의 회계 처리

포인트 회계 처리는 기업회계기준서(GAAP)와 기업회계기준해석서(K-IFRS)의 처리 규정이 다르다. 본 절에서는 GAAP와 K-IFRS의 포인트 회계처리 차이를 살펴보도록 한다.

(1) GAAP와 K-IFRS

　　포인트의 회계처리는 기업의 유형에 따라 적용받는 규정이 다르다. '주식회사의 외부 감사에 관한 법률'에서 정한 외부감사 대상 법인과 코넥스 상장법인은 기업회계기준서 (Generally Accepted Accounting Principle, GAAP) 제1073호 '충당부채' 규정에 의거하여 회계처리를 해야 한다. 반면, 상장기업과 상장기업의 자회사들, IPO(기업공개, 주식 상장)를 준비하고 있는 기업과 같이 한국채택국제회계기준(Korean International Financial Reporting Standards, K-IFRS) 의무적용대상 법인은 K-IFRS 제2113호 '고객충성제도'에 의거하여 회계처리를 해야 한다. 외부감사의 대상이 아닌 중소기업은 중소기업 회계기준을 따르지만, 포인트의 처리는 GAAP의 규정과 동일하다. 단, 기업의 규모와 상관없이 선택적으로 K-IFRS를 따를 수 있다.

　　한국회계기준원은 2004년 GAAP 제1037호 '충당부채와 우발부채·우발자산'에 관한 법령을 제정하고, 2004년 12월 31일이 속하는 회계연도부터 기업에서 고객에게 지급하는 포인트를 해당 규정에 의거하여 재무제표에 반영 및 처리하도록 하였다. 이후, 2007년 국제회계기준(International Financial Reporting Standard, IFRS)을 우리나라의 법 체계에 맞춰 형식을 다소 변경한 한국채택국제회계기준을 도입하였다. 이에 따라, 포인트 회계처리 또한 관련 국제회계기준 조항인 'IFRIC 13 Customer Loyalty Programmes'에 맞춰 K-IFRS 제2113호 '고객충성제도'를 제정하고, 2008년 12월 31일 공표하였다. 관련 자료와 최신 정보는 한국회계정보원(www.kasb.or.kr)을 통해 확인할 수 있다.

관련 지침

- 기업회계기준서(GAAP) 제1008호 '회계정책, 회계추정의 변경 및 오류'
- 기업회계기준서(GAAP) 제1018호 '수익'
- 기업회계기준서(GAAP) 제1037호 '충당부채, 우발부채 및 우발자산'
- 한국채택국제회계기준 기업회계기준해석서(K-IFRS) 제2113호 '고객충성제도'

(2) 포인트의 회계 및 과세 처리 관련 법령 용어[2]

로열티 프로그램을 운영할 때에는 회계 등 유관 부서와의 원활한 커뮤니케이션을 위해 충당부채, 공정가치, 이연수익, 리베이트, 매출 에누리와 같은 포인트의 회계 및 과세 처리와 관련된 주요 용어를 숙지할 필요가 있다.

1) 고객충성제도

한국회계기준원[3]은 '고객충성제도'를 "재화나 용역을 구매하는 고객에게 인센티브를 제공하기 위하여 사용되는 것"으로 정의하고, 포인트와 관련된 적법한 회계처리를 하도록 다음과 같이 규정하고 있다:

고객이 재화나 용역을 구매하면 기업은 고객보상점수를 부여하고, 고객은 보상점수를 사용하여 차후에 재화나 용역을 무상 또는 할인 구매하는 방법으로 보상 받을 수 있다.

① 보상점수는 개별적인 구매나 일련의 구매, 특정 기간의 지속된 거래와 연계될 수 있다.

② 이 제도는 다양한 방법으로 운영되며, 고객이 보상점수를 사용하기 위해서는 보상점수의 특정 최소 수량이나 최소 금액을 적립해야 하는 경우도 있다.

③ 법인은 고객충성제도를 독자적으로 운영하거나 제 3자가 운영하는 충성제도에 참여할 수도 있으며, 제공하는 보상은 해당 법인이 공급하는 재화나 용역을 포함할 수도 있고 제 3자에게 재화나 용역을 요구할 수 있는 권리를 포함할 수도 있다.

2) 고객보상점수

다음을 모두 충족하는 경우 고객보상점수라 하며, 고객보상점수에는 포인트, 마일리지, 쿠폰, 보너스카드, 교환권 등이 포함된다.[4]

---

2 국세법령정보시스템(https://txsi.hometax.go.kr/docs/customer/dictionary/wordList.jsp)과 네이버 지식백과(www.naver.com) 참조.

3 한국회계기준원은 기업의 재무보고를 위한 회계처리기준의 제정을 목적으로 설립된 대한민국 금융위원회 소관 사단법인이다.

4 한국채택국제회계기준(K-IFRS) 제 2113호 정의이다.

① 매출거래(즉, 재화의 판매, 용역의 제공 또는 고객에 의한 기업 자산의 사용)의 일부로 고객에게 보상점수를 부여한다.
② 추가적인 적격 조건이 있다면, 이를 충족하는 경우에 고객이 미래에 재화나 용역을 무상 또는 할인 구매하는 방법으로 보상점수를 사용할 수 있다.

3) 충당부채[5]

과거 사건이나 거래의 결과에 의한 현재의 의무로, 지출할 시기와 금액이 불확실하지만 그 의무를 이행하기 위해 자원이 유출될 가능성이 매우 높고 신뢰성 있게 추정할 수 있는 의무이다.

충당부채의 요건은 다음과 같다:
① 기 사건이나 거래의 결과로 현재 의무가 존재한다.
② 당해 의무를 이행하기 위하여 자원이 유출될 가능성이 매우 높다.
③ 의무의 이행에 소요되는 금액을 신뢰성 있게 추정할 수 있다.

4) 공정가치

포인트를 별도로 판매할 경우의 금액, 즉 시장가격에 해당한다. 공정가치를 측정하는 목적은 현행 시장 상황에서 측정일에 시장 참여자 사이에 자산을 매도하거나 부채를 이전하는 정상거래가 일어나는 경우의 가격(즉, 자산을 보유하거나 부채를 부담하는 시장 참여자의 관점에서 측정일의 유출가격)을 추정하는 것이다.

예 1) 포인트 1% 적립시
매출액 1,000원 + 포인트 10원 제공 → 원가 70% 가정시, 포인트 10원의 공정가치는 7원
예 2) 커피 주문시 스탬프 1개 증정, 스탬프 10개에 5,000원 커피 1잔 무료 증정시
커피 1잔 5,000원/10개 = 500원 → 스탬프 1개의 공정가치는 500원

---

5 일반회계기준 제14장 문단 14.3

5) 선수수익, 이연수익, 인식된 수익

① '선수수익'은 대가의 수입은 이루어졌으나, 수익의 귀속시기가 차기 이후인 것을 말한다. 일종의 부채이기는 하나, 금전으로 변제되는 부채가 아니라 계속적인 용역의 제공을 통해 변제되는 부채이다.

② '이연수익'은 이미 수입되어 수익으로 기장한 것 중 기간손익계산의 관점에서 당해 기간의 수익으로 인정할 수 없는 초과분을 말한다. 결과적으로 대차대조표의 부채로서 이연된다. 미래에 수익을 인식하기 위해 현재의 현금 유입액을 부채로 기록하는 '미수익'에 해당한다.

③ '인식된 수익'은 판매가 완료되면 회계장부에 소득으로 기록하는 '실질 수익'이다.

6) 리베이트

지급한 상품이나 용역의 대가 일부를 다시 그 지급자에게 되돌려 주는 행위 또는 금액으로, 대금의 지급 수령 후 별도로 이루어진다. 일단 정해진 금액을 사업자에게 전액 지급한 후 그 중 일부를 다시 소비자가 되돌려 받거나, 아예 처음부터 정해진 금액에서 일정 금액을 깎은 후 사업자에게 지불하는 두 가지 유형이 있다. 대금·요금 자체를 감액하는 후자를 '에누리' 또는 '할인'이라고 한다. 에누리에는 '매출 에누리'와 '매입 에누리'가 있다.

7) 매출 에누리

물품의 판매에 있어서 그 품질·수량 및 인도·판매대금 결제, 기타 거래조건에 따라 그 물품의 판매 당시에 통상의 매출가액에서 직접 공제한 일정액을 말한다. 손익계산서 작성시 매출 에누리는 총 매출액에서 차감하는 형식으로 기재한다. 법인세법 및 소득세법도 매출 에누리를 기업회계기준과 동일하게 취급한다. 부가가치세법상으로도 과세표준계산시 포함하지 않는다. 반대로, 매입 에누리는 물품의 매입에 있어서 수량부족, 품질불량, 파손 등의 이유로 인해 매매 대금에서 차감되는 액수이다.

8) 손금

법인의 사업과 관련하여 발생하거나 지출된 손실 또는 비용을 일컫는 법인세법 용어이다.

9) 유보처분

'유보처분'이란 세무조정상 익금(손금)의 산입(불산입) 금액이 사외로 유출되지 않는 것으로 규정하여, 법인세의 귀속 대상을 법인으로 정의하고 법인세를 부과하기 위한 세무조정 요소이다. '유보처분'은 '가산조정', '△유보처분'은 '차감조정' 대상이다.

(3) 보상 유형별 포인트 회계 처리

포인트의 회계처리는 보상 방법에 따라 총 다섯 가지의 형태로 구분된다(K-IFRS해석서 제2113호):

① 차후 법인이 현금보상하는 경우
캐시백 프로그램이 이에 해당한다. 이때의 현금보상은 리베이트로 보아, 보상금액의 공정가치를 측정하여 매출시점에는 매출(차감)/충당부채 처리하며, 이후 현금보상 시점에 충당부채를 감소시킨다.

② 사용액과 비례하지 않는 정액보상의 경우
고객등급에 따라 연초에 일괄 지급하고, 사용하지 않은 잔여 포인트는 연말에 자동 소멸되는 통신사의 멤버십 프로그램이 대표적이다. 이때는 판촉비 등으로 처리한다.

③ 차후 법인이 직접 재화나 용역으로 보상하는 경우
기업에서 자체 운영하는 대다수의 로열티 프로그램이 이에 해당한다. GAAP와 K-IFRS의 회계처리 방식에 차이가 있다.

- GAAP에서는 포인트를 매출액을 증대시키기 위한 '마케팅 비용'으로 간주한다. 따라서, 매출 시점에 지급된 포인트는 미래에 지출될 판매비와 충당부채로 인식하고, 포인트가 회수되고 보상 의무가 이행되면 포인트에 배분된 대가를 수익으로 인식한다.
- K-IRFS에서는 포인트를 매출거래 시점에 고객에게 부여된 식별가능한 '부채'로 간주한다. 따라서, 매출거래 발생 시점에는 포인트의 공정가치에 해당하는 금액을 이연수익으로 인식하고, 보상 점수가 회수되고 보상 의무가 이행되는 보상 제공 시점에는 포인트에 배분된 대가를 수익으로 인식한다.

④ 법인이 아닌 제 3자가 보상을 제공하는 경우

타사와 포인트 사용처 제휴를 맺는 파트너십 프로그램이 이에 해당한다. 제휴사 간에 이해관계가 없는 개별 법인 간 제휴 형태인 전사 통합 프로그램, 동종 업종 연합 프로그램, 이종 업종 연합 프로그램, 가맹 프로그램 모두가 대상이다.
- 제 3자가 보상을 제공할 의무를 지고 그것에 대한 대가를 받을 권리를 가질 경우에는 수익을 자기의 계산으로 보유하는 순액(포인트에 배분되는 대가와 제 3자가 제공한 보상에 대해 법인이 지급할 금액 간의 차액)으로 측정한다.
- 법인이 자기의 계산으로 대가를 회수하는 경우에는 보상점수에 배분되는 총 대가로 수익을 측정하고 보상과 관련하여 의무를 이행한 때의 수익으로 인식한다.

⑤ 기타

손실부담계약(보상원가가 이연매출액과 추가 기대수입의 합계액을 초과하는 경우)인 경우에는 그 초과금액만큼을 충당부채로 인식하도록 규정하고 있다.

<표 5.13>은 회계처리의 대상이 되는 보상 유형별 개념과 예시, 회계처리 방법을 요약한 것이다.

〈표 5.13〉 보상 유형별 포인트 회계처리 비교

보상 유형		내용
현금보상	개념	차후 법인이 현금보상하는 경우로, 리베이트로 간주
	예	캐시백 프로그램
	회계처리	매출시점: 보상금액의 공정가치를 측정하여 매출(차감)/충당부채 처리 보상시점: 충당부채 감소
정액보상	개념	사용액과 비례하지 않는 정액보상의 경우로, 마케팅비용으로 간주
	예	고객등급에 따라 연초에 일괄 지급하고, 사용하지 않은 잔여 포인트는 연말에 자동 소멸되는 통신사의 멤버십 프로그램
	회계처리	판촉비 등으로 처리
직접 재화보상	개념	차후 법인이 직접 재화나 용역으로 보상하는 경우
	예	기업에서 자체 운영하는 대다수의 로열티 프로그램
	회계처리	GAAP에서는 마케팅비용으로, K-IFRS에서는 이연수익으로 간주
제 3자 재화보상	개념	법인이 아닌 제 3자가 보상을 제공하는 경우
	예	타사와의 제휴 형태인 파트너십 프로그램
	회계처리	제 3자가 보상을 제공할 의무를 지고 그것에 대한 대가를 받는 경우와 자기의 계산으로 대가를 회수하는 경우에 따라 회계처리 방식에 차이가 있음

(4) 직접 재화 보상시 GAAP와 K-IFRS의 회계 처리

앞서 살펴본 것처럼, 차후 법인이 직접 재화나 용역으로 보상하는 경우에는 어떠한 회계처리 기준을 따르느냐에 따라 포인트의 회계처리 방식도 달라진다(〈표 5.14〉 참조).

포인트를 '마케팅비용'으로 규정하는 현행 GAAP는 포인트의 회계처리에 대해 '판매촉진을 위하여 시행하는 환불정책, 경품, 포인트적립·마일리지 제도의 시행 등과 관련된 부채'로 규정하고 있다. 부채의 성격을 지니는 포인트는 지출의 시기 또는 금액이 불확실하지만 해당 금액을 신뢰성 있게 추정할 수 있는 충당부채 개념과 일치한다.

이와 달리, K-IFRS는 매출거래(즉, 상품의 판매, 서비스의 제공 또는 고객에 의한 기업 자산의 사용)의 일부로 고객에게 포인트를 부여하고, 미래에 상품이나 서비스를 무상취득하거나 할인 구매하는 방법으로 고객이 포인트를 사용할 수 있도록 한다는 점에 근거하여 포인트를 '고객에게 지불해야 할 부채'로 규정하고 매출거래로 인한 유입액 중 포인트의 공정가치에 해당하는 부분을 구분하여 '이연수익'으로 인식하도록 하고 있다(〈표 5.15〉 참조).

◇ 〈표 5.14〉 직접 재화나 용역으로 보상하는 경우의 포인트 회계 처리 비교

구분	기업회계기준(GAAP)	한국채택국제회계기준(K-IFRS)
적용대상	외부감사 대상과 코넥스 상장법인	한국채택국제회계기준 의무적용대상 주식회사
적용 규정	제1073호 '충당부채' 적용	제2113호 '고객충성제도' 적용
포인트	매출액을 증대시키기 위한 마케팅 비용	매출의 일부분으로 고객에게 부여된 이연수익
회계처리 (매출시점)	• 최초 매출이 발생한 시점에 의무이행에 필요한 금액을 측정하여 비용으로 인식 • '원가 기준'의 '충당부채'로 평가	• 최초 매출과 관련하여 수취한 대가 중 일부를 보상점수로 반영하고, 고객에게 보상을 제공하기 전까지 부채로 인식 • '공정가치' 기준의 '부채'로 평가
회계처리 (보상제공시점)	최초 매출이 발생하는 시점에 대가 전액을 수익으로 인식	최초 매출을 각 부분별로 나누고, 인식기준에 따라 개별 반영
포인트의 소멸	포인트를 제공한 법인은 당해 포인트가 소멸되는 시점에 별도의 회계처리를 하지 않고 대차대조표일마다 대차대조표일 현재 최선의 추정치를 반영하여 충당부채의 금액을 증감조정한다(일반회계기준 제14장 문단 14.14)	

〈표 5.15〉 재무제표 상의 포인트 회계처리 예시

예 1) 포인트를 '마일리지(포인트) 충당부채'로 인식한 예시

(단위: 천원)

구 분	마일리지 충당부채	반품 충당부채	복구 충당부채	하자보수 충당부채	기타 충당부채	합계
기초 금액	10,918,392	8,300,837	1,135,835	3,291,550	10,968,705	34,615,319
추가 충당부채 전입	48,342,711	2,685,033	–	918,614	1,948,167	53,894,525
미사용금액 환입	–	(255,759)	–	(545,700)	(318,868)	(1,120,327)
연중 사용액	(48,285,783)	(6,251,579)	–	(781,767)	(4,396,116)	(59,715,245)
환율변동효과	57	4,496	23,634	–	–	28,189
기말 금액	10,975,377	4,483,030	1,159,469	2,882,697	8,201,888	27,702,461
유동항목	3,994,677	4,483,030	500,000	–	827,750	9,805,457
비유동항목	6,980,700	–	659,469	2,882,697	7,374,138	17,897,004

예 2) 포인트를 '이연수익'으로 인식한 예시

(단위: 천원)

계정과목	당기말	전기말
기타비유동부채		
미지급비용	27,440,803	22,736,642
선수수익	115,953,964	120,342,430
이연수익	21,812,677	17,843,237
기타	3,291,269	366,762
소 계	168,498,713	161,289,071

GAAP와 K-IFRS 각각의 포인트의 회계처리 방식이 대차대조표에 어떻게 서로 다르게 기장되는지를 알아보자.

대차대조표 기장 내용 차이(〈표 5.16〉 참조)

(가정)
- 매출 1,000,000원에 대해 포인트 10,000점 부여
- 포인트 사용액 1,000원
- 사용률을 반영하기 전 1포인트의 공정가치는 1원, 관련 원가는 0.9원
- 사용률 10%

① GAAP 기준 적용시

매출액 1,000,000원, 포인트 비용은 원가 9,000원, 포인트 충당부채는 8,100원(10,000포인트의 원가 9,000원-포인트 사용액 1,000원에 대한 원가 900원)이 된다. 따라서, 대차대조표 차변은 현금 1,000,000원과 포인트 비용 9,000원, 그에 따른 대변은 매출 1,000,000원, 재고자산 900원, 포인트 충당부채 8,100원으로 기장한다.

② K-IFRS 기준 적용시

매출액 1,000,000원은 판매에 의한 매출 990,000원, 사용한 포인트에 의한 수익 1,000원을 합하여 총 매출은 991,000원이다. 포인트 비용은 포인트 사용액 1,000원에 대한 원가 900원이며, 지급한 포인트 10,000점 중 1,000점을 사용하였으므로, 이연수익은 9,000원이 된다. 따라서, 대차대조표 차변은 현금 1,000,000원과 그에 따른 대변 매출 990,000원, 포인트 이연수익 9,000원을 기장하며, 포인트 사용 시점에는 차변에 포인트 사용액에 따른 부채 1,000원과 포인트 비용 900원, 그에 따른 대변은 포인트 수익 1,000원과 재고자산 900원으로 기장한다.

〈표 5.16〉 직접 재화 보상시 GAAP와 K-IFRS 포인트 회계처리 비교

〈GAAP 기준〉

매출	1,000,000원	(차)현금	1,000,000	(대)매출	1,000,000
포인트 비용	9,000원	(차)포인트 비용	9,000	(대)재고자산(현금)	900
포인트 충당부채	8,100원			*포인트 충당부채	8,100

〈K-IFRS 기준〉

매출	990,000원	(차)현금	1,000,000	(대)매출	990,000
포인트 수익	1,000원			*포인트 이연수익	9,000
매출 계	991,000원	(차)부채	1,000	(대)포인트 수익	1,000
포인트 비용	900원	(차)포인트 비용	900	(대)재고자산(현금)	900
포인트 이연수익	9,000원				

부채 비율의 차이(〈표 5.17〉 참조)

상기 사례에 대한 2차년도의 부채비율을 비교하여 보았다. 포인트의 공정가치가 원가보다 높으면 K-IFRS의 적용시 부채비율이 더 높아짐을 알 수 있다.

〈표 5.17〉 직접 재화 보상시 GAAP와 K-IFRS 포인트 회계처리에 따른 부채 비율 비교

년도		GAAP			K-IFRS		
1차 년도	현금	1,000,000	포인트 충당부채	8,100	현금	1,000,000	포인트 이연수익 9,000
			자본금	900,000			자본금 900,000
			이익잉여금	91,900			이익잉여금 91,000
	합계	1,000,000	합계	1,000,000	합계	1,000,000	합계 1,000,000
2차 년도	현금	991,900	자본금	900,000	현금	991,900	자본금 900,000
			이익잉여금	91,900			이익잉여금 91,900
	합계	991,900	합계	991,900	합계	991,900	합계 991,900
부채 비율		0.82% (=8,100/991,900)			0.91% (=9,000/991,000)		

(5) 제 3자 재화 보상시 회계 처리

'(2) 보상 유형별 포인트 회계처리'에서 네 번째 유형은 당사가 아닌 제 3자가 보상을 제공하는 경우로, 당사의 제품을 구입한 고객들에게 타사의 포인트를 부여하고, 타사에서 보상물을 제공한다.

여기에는 1) 제 3자 대신 대리인으로서 대가를 회수하는 경우와 2) 자기의 계산으로 대가를 회수하는 두 가지 형태가 있다. 전자는 포인트를 제 3자(제휴사)로부터 위탁 받아 고객에게 위탁 판매하는 형태로, 대행 수수료 수익만 인식한다. 후자는 고객에게 제 3자의 보상물을 제공하기 위해 제 3자로부터 포인트를 구매하는 형태로, 전액 포인트 매출로 인식한다(<표 5.18> 참조).

〈표 5.18〉 제 3자 재화 보상시 회계처리 유형

구분	대리인으로서 대가 회수	자기계산으로 대가 회수
개념	포인트를 제휴사로부터 위탁 받아 고객에게 위탁 판매하는 형태로 수수료 수익의 성격을 가짐	고객에게 제 3자의 보상물을 제공하기 위해 제 3자로부터 포인트를 구매하는 형태
매출시점	보상점수에 배분된 거래가격은 계약부채(선수금)의 과목으로 하여 부채로 인식	
수익 인식시기	제 3자가 보상을 제공할 의무를 지고, 그에 대한 대가를 받을 권리를 가지게 될 때	포인트가 회수되고 보상을 제공할 의무를 이행한 때
	보상점수를 부여한 즉시 수익 인식 요건을 만족할 수 있음	
수익 인식금액	보상점수에 배분되는 대가와 제 3자가 제공한 보상에 대해 기업이 지급할 금액 간의 차액(대행수수료 수익)만 인식	보상점수에 배분되는 총 대가(전액 포인트 매출로 인식)

대리인으로 대가를 회수하는 경우와 자기계산으로 대가를 회수하는 경우 각각의 포인트 회계처리 방식이 대차대조표에 어떻게 서로 다르게 기장되는지를 알아보자.

대차대조표 기장 내용 차이(《표 5.19》 참조)

(가정)

- 매출 100,000원에 대해 포인트 10,000점 부여
- 포인트 사용액 10,000원
- 자기계산: 1포인트당 0.8원 지급

① 대리인으로서 대가 회수시

대리인으로서 대가를 회수할 경우에는 매출시점에는 부여한 포인트 10,000점을 계약부채로 기장하고, 회원에게 보상물을 제공하는 수익인식 시점에는 제휴사에 지급할 금액 8,000원을 미지급금, 차액 2,000원을 수수료수익으로 기장한다. 그 다음 제휴사에 대금을 지급하게 되면 미지급금 8,000원을 지급한 현금 8,000원으로 기장한다.

② 자기계산으로 대가 회수시

자기계산으로 대가를 회수할 경우에는, 매출시점에는 부여한 포인트 10,000점 전체를 이연매출로 인식하고, 회원에게 보상물을 제공하는 수익인식 시점에는 제휴사에 지급하였거나 지급할 8,000원을 비용으로 별도로 기장한다.

《표 5.19》 제 3자 재화 보상시 회계처리 예시

구분	대리인으로서 대가 회수				자기계산으로 대가 회수			
매출 시점	(차)현금	100,000	(대)매출	90,000	(차)현금	100,000	(대)매출	90,000
			(대)계약부채	10,000			이연매출	10,000
수익인식 시점			(대)수수료수익	2,000	(차)이연매출	10,000	(대)매출	10,000
			(대)미지급금	8,000	(차)매출원가	8,000	(대)현금	8,000
제휴사에 대금지급	(차)미지급금	8,000	(대)현금	8,000			–	

2.2 포인트의 과세 처리

포인트는 회계 처리뿐 아니라, 부가가치세와 법인세를 위한 과세 처리 및 세무조정을 필요로 한다. 포인트의 부가가치세 처리는 포인트의 유형(자기 마일리지, 그 외의 마일리지)에 따라 과세 대상에 차이가 있고, 법인세법과 기업회계상의 손금 인식 시기, 손금 산입 여부가 다르고 보상방식(직접 보상, 제 3자 보상)에 따라 세무조정에 차이가 있으므로 법인세 처리에 주의가 필요하다.

(1) 부가가치세

부가가치세법에서는 포인트를 '마일리지'라 일컫고, 포인트로 결제한 금액에 대한 부가가치세 적용에 관한 법령을 다음과 같이 다루고 있다:

1) 「부가가치세법」 제29조 제6항

사업자가 재화 또는 용역을 공급받는 자에게 지급하는 장려금이나 이와 유사한 금액 및 대손금액은 과세표준에서 공제하지 아니한다.

2) 「부가가치세법시행령」 제61조 제4항

사업자가 고객에게 매출액의 일정 비율에 해당하는 마일리지를 적립해 주고, 향후 그 고객이 재화를 공급받고 그 대가의 일부 또는 전부를 적립된 마일리지로 결제하는 경우 해당 마일리지 상당액은 공급가액에 포함한다.

부가가치세법상의 '마일리지' 개념과 종류는 다음과 같다.

마일리지

마일리지, 포인트, 그 밖에 어떤 명목이든 상관없이 재화 또는 용역의 구입실적에 따라 적립 받으며, 이후 다른 재화 또는 용역 구입시 결제 수단으로 사용할 수 있는 것과 재화 또는 용역의 구입 실적에 따라 별도의 대가 없이 교부 받으며 전산시스템 등을 통해 여타 상품권과 구분 관리되는 상품권을 포함한다.

마일리지 종류

① 자기 적립 마일리지
- 당초 재화, 용역 공급 후 마일리지를 적립해 준 사업자에게서 구입시에만 사용가능한 마일리지이다.
- 고객별, 사업자별로 적립·사용 실적을 구분하여 관리함으로써 당초 적립하여 준 자와 이후 공급자가 동일하다는 것이 확인되어야 한다.
- 결제 받은 마일리지에 대하여 공급받는 자 외의 자로부터 보전 받지 않아야 한다.

② 그 외의 마일리지
- 사업자가 마일리지로 결제받은 부분에 대해 신용카드사 등으로부터 보전 받을 금액이다.

포인트로 결제한 금액에 대한 부가가치세 적용 여부는 부가가치세 산정의 기초가 되는 대가가 무엇인지에 따라 달라진다. 포인트 사용액이 공급가액(대가)에 포함되는지, 아니면 에누리(할인)에 해당하여 그만큼을 공급가액에서 차감한 것인지가 기준이 된다.

2017년 4월 1일자 기준으로 변경된 마일리지·상품권 결제금액에 대한 부가가치세 과세 조항(부가령 §61)에 따르면, 자기 적립 마일리지, 즉 점포 A에서 적립한 마일리지로 결제 받은 금액은 '에누리'의 개념으로 보고 과세 대상에서 제외한다. 반면, 그 외의 마일리지, 예컨대 점포 A에서 적립한 마일리지를 제휴사 B에서 제품 구매시 사용한 금액은 '매출'로 보고 사업자가 실제 받을 대가만큼 부가가치세를 과세하도록 되어 있다(<표 5.20> 참조).

〈표 5.20〉 포인트의 부가가치세 과세 기준

구분	자기 적립 마일리지 등으로 결제한 금액	그 외의 마일리지 등으로 결제한 금액
대상	점포 A에서 적립한 마일리지를 점포 A에서 제품 구매시 결제에 사용	점포 A에서 적립한 마일리지를 제휴사 B에서 제품 구매시 결제에 사용
현행	사업자가 마일리지로 결제 받은 금액에 대해 부가가치세 과세	사업자가 실제 받을 대가만큼 부가가치세 과세
개정	마일리지로 결제 받은 금액은 부가가치세 과세 제외	현행과 동일

부가가치세 적용 예시

① 자기 적립 마일리지로 결제시

점포 A에서 1,000원짜리 상품을 구매하면서, 900원은 신용카드로 결제하고, 100원은 점포 A에서 적립한 포인트 100점(1점＝1원)을 사용하였다. 이 소비자는 할인 받은 후의 금액 900원을 상품의 대가로 지급하고, 점포 A는 포인트 차감 후 금액 900원을 지급 받는 경우이다. 이때에는 포인트로 사용한 100원을 에누리로 간주하고 부가가치세 공급 대가에서 차감한다. 따라서 점포 A는 실제 결제된 900원에 대한 90원(900×10%＝90)의 부가가치세를 납부한다.

② 그 외의 마일리지로 결제시

고객 A는 신용카드사 B를 통해(1차 거래), 점포 A의 포인트를 10,000점(1점＝1원) 적립하고, 점포 A에서 1만원짜리 상품을 구매하는 데 포인트 10,000점을 사용(2차 거래)하였다. 점포 A는 1점당 0.7원의 포인트 비용을 신용카드사 B로부터 보전 받는 제휴 계약을 맺고 있다.

이는 점포 A에서 포인트를 적립한 것이 아니라, 신용카드사 B에서 적립해 준 포인트를 사용한 경우로, 점포 A는 제 3자 적립 마일리지로 보전 받은 7,000원(10,000×0.7)에 대한 700원(7,000×10%＝700)의 부가가치세를 납부한다.

(2) 법인세

기업회계와 법인세법은 손금 인식 시기 등에 차이가 있고, 포인트의 성격이 '판매부대비용' 유무에 따라 손금 산입 여부가 결정되므로 주의가 필요하다. 법인세법에서는 고객보상점수가 부여된 매출이라 하더라도 법인세법 제40조에 따른 귀속사업연도에 전액 익금에 산입하여야 하며, 고객충성제도에 따른 이연매출액이나 충당부채를 익금에서 차감하거나 손금에 산입할 수 없도록 규정하고 있다.[6]

법인세법 상의 포인트 세무 처리

① 손금 귀속시기
- 마일리지가 판매부대비용에 해당하는 경우 손금에 산입한다.
- 법인세법에서의 손금 인식 시기는 기업회계와 다르므로 세무조정이 필요하다.
- 기업회계에서는 포인트 부여시점에 관련 비용 및 충당부채를 인식하지만, 세법에서는 충당부채가 의무 확정 이전에 손금으로 계상되는 것이므로, 포인트가 실제 사용된 날이 속하는 사업연도의 손금으로 처리해야 한다.
- 포인트 부여 또는 결산 시점은 지급의무가 확정되지 않았으므로 손금 불산입한다.
- 포인트 사용 시점은 지급의무가 확정된 것이므로 세무조정을 통해 손금에 산입한다.

② 손금 산입 여부
- 법인이 모든 거래처를 대상으로 동일한 약정에 의해 거래실적(마일리지)에 따라 지급하는 판매장려금이 기업회계기준에 의한 매출 에누리에 해당하는 경우에는 법인세법 시행령 제11조 제1호에 의해 당해 법인의 각 사업에서 생기는 수입금액에서 차감한다.
- 거래실적(마일리지)에 따라 지급하는 판매장려금은 법인세법 제19조에 의해 판매부대비용은 전액 손금인정되는 것이다.
- 판매부대비용 여부의 판단: 사전약정의 지급 기준이 거래처별로 상이하게 차등적이거나, 모든 거래처에 동일한 조건으로 차별없이 계속적으로 지급한 것으로 정

---

6 '익금(손금)'의 '산입(불산입)'은 기업회계상에서는 '수익(비용)' 요소로 간주하지 않으나, 세무회계상에서는 과세 대상으로 '포함(불포함)' 하는 것을 말한다.

상적인 거래로 인정될 수 있는 범위 안의 금액이 해당된다(서이-724.2006.5.2). 즉, 사전 약정에 의해 정해진 지급기준에 의한 지급 또는 사전 약정이 없더라도 모든 거래처에 동일한 조건으로 차별없이 계속적으로 지급한 경우는 판매부대비용의 요건을 갖춘 것이다.

③ 증빙수취 대상이 아니다

법인이 고객에게 지급하는 마일리지는 재화나 용역의 대가로 볼 수 없어 법인세법 제116조에 규정한 증빙수취 대상이 아니다. 따라서, 지출증빙으로 고객에게 보상금을 지급한 근거(마일리지 기록)와 지출증빙(입금증 등)을 보관하면 된다(서면2팀 -1105, 2005.07.15)

법인세법상의 회계처리(K-IFRS 기준)

① 기업이 직접 재화 보상시

포인트 부여 시점에는 이연매출 100원에 대하여 익금 산입하고, 포인트 사용 시점에는 세무조정을 통해 실제 매출이 발생한 40원에 대해 익금 불산입한다.

〈표 5.21〉 직접 재화 보상시 세무조정 예시

구분	회계처리				세무조정
매출 시점 (포인트부여)	(차)현금	10,000	(대)매출	9,900	• 이연매출 100 익금 산입 • 유보처분
			(대)이연매출	100	
	• 보상점수의 공정가치를 매출과 분리하여 이연매출 계상				
보상 시점 (포인트사용)	(차)이연매출	40	(대)매출	40	• 매출 40 익금 불산입 • △ 유보처분 • 원가는 조정 없음
	• 회수예측율에 따라 매출 대체 • 교환된 제품/상품 등의 원가는 비용 계상				

② 제 3자가 재화 보상시

비용 90원에 대하여 포인트 부여 시점은 지급의무가 확정되지 않았으므로 손금불산입하고, 포인트 사용 시점은 지급의무가 확정된 것이므로 세무조정을 통해 손금에 산입한다.

✎ 〈표 5.22〉 제 3자 재화 보상시 세무조정 예시

구분	회계처리				세무조정
매출 시점 (포인트부여)	(차)현금	10,000	(대)매출	9,900	• 비용 90 손금 불산입 • 유보처분
			(대)포인트매출	100	
	(차)비용	90	(대)미지급비용	90	
	• 보상점수의 공정가치를 포인트매출로 분리 계상하는 동시에 제 3자에 대한 보상대가를 비용으로 계상 • 자기의 계산이 아닌 제 3자를 대신하여 보상대가를 회수하 는 경우에는 포인트 매출 100과 비용 90의 순액 10을 포인 트 매출로 계상				
보상 시점 (포인트사용)	(차)미지급비용	90	(대)상품 등	90	• 비용 90 손금 산입 • △ 유보처분

2.3 포인트의 분담

앞서 언급한 바와 같이 멤버십 프로그램 운영을 통해 발생되는 포인트는 회계 및 세무처리 대상의 재화이다. 따라서, 발생된 포인트(재화)는 누군가가 부담을 해야 하는 일종의 비용이다. 이 점에서 멤버십 프로그램이 100% 자사만의 비용으로 운영될 경우에는 특별히 고려해야 할 사항이 없지만, 제휴사나 공동운영, 심지어 대리점과 같은 개별 사업자와 연계되는 멤버십 운영의 경우 적립 또는 사용 포인트에 대한 비용 분담을 고려해야 한다.

특히, 파트너십 프로그램의 경우에는 소비자의 포인트 적립 또는 사용분에 대한 분담 및 정산이 필요하다. 포인트 분담율은 기업의 매출 및 수익성과 직결되는 부분이기 때문에 제휴 협상 단계에서 가장 첨예한 부분에 해당하며, 적정 분담에 대한 이슈가 항상 문제로 제기 되고 있다. 예컨대, 국내 이동통신 3사의 경우 멤버십 프로그램의 제휴할인액 중 제휴사(참여사)가 떠맡고 있는 부분이 76~100%에 이르러 언론을 통해 문제가 제기

된 바 있다.

〈표 5.23〉 통신사 멤버십 제휴할인(일반등급) 평균 분담 비율[13]

구분	가맹본부	가맹점	통신사	제휴사 부담
P사 베이커리	41.1%	34.9%	24.0%	76.0%
T사 베이커리	44.2%	44.2%	11.6%	88.4%
M사 피자	0.0%	100.0%	0.0%	100.0%
P사 피자	0.0%	100.0%	0.0%	100.0%
L사 패스트푸드	0.0%	80.0%	20.0%	80.0%

출처: 전국가맹점주협의회연석회의 자료(2016.11)

포인트의 분담과 관련된 의사결정 사항의 핵심은 포인트 정산 방식과 포인트 분담율이다. 포인트 정산 방식이란 '포인트 적립액'을 기준으로 '선정산' 할 것인지 아니면 '포인트 사용액'을 기준으로 '후정산' 할 것인지에 대한 결정을 말하며, 포인트 분담율은 결정된 분담 대상에 대하여 상호 분담할 '비율'을 결정하는 것이다.

포인트 정산 대상의 결정

선정산은 적립 포인트를 기준으로 포인트에 대한 소유권을 갖는 운영사에게 소비자들이 적립한 포인트만큼 제휴사가 비용으로 지급하는 것이다. 제휴사가 적립포인트 중 분담율만큼을 멤버십 프로그램 운영사에 선지급하고, 멤버십 프로그램 운영사는 제휴사에서 사용된 사용포인트만큼을 제휴사에 지급한다. 예컨대, OOO 가맹 프로그램(운영사)과 선정산 계약을 맺은 점포 A(제휴사)에서 소비자들이 이달에 1천만 포인트를 적립하였다면, A사는 OOO 가맹 프로그램에 1천만원을 지급한다. 이 경우, A사에서 소비자들이 이달에 상품 구매에 사용한 포인트가 500만 포인트라면, 실제 A사가 OOO 가맹 프로그램에 지급하는 결제금액은 500만원이 된다(설명을 단순화하기 위해 적립 수수료, 사용 수수료, 원가, 포인트 분담율 등을 고려하지 않음). 선정산 방식은 적립포인트를 바로 현금화할 수 있어 멤버십 프로그램 운영에 필요한 비용을 확보할 수 있다. 그러나, 적립액과 사용액, 수수료 등을 모두 정산해야 하므로 시스템과 운영인력의 뒷받침이 필요하다. 주로, 이종 업종 연합 프로그램이나 전사 통합 프로그램에서 많이 활용된다.

후정산은 소비자가 상품 구매에 사용한 포인트에 대해서만 제휴사에 매입액으로 지급하는 형태이다. 예컨대, OOO 가맹 프로그램과 후정산 계약을 맺은 점포 B에서 소비자들이 이달에 1천만 포인트를 적립하고, 500만 포인트를 사용했다면, B사는 OOO가맹 프로그램으로부터 500만원을 지급 받는다(설명을 단순화하기 위해 적립 수수료, 사용 수수료, 원가, 포인트 분담율 등을 고려하지 않음). 후정산 방식은 제휴사에서 사용된 포인트 중 분담율만큼을 운영사가 제휴사에 지급하는 방식이다. 사용포인트에 대해서만 정산하므로 정산이 단순하지만, 운영사 입장에서 적립포인트를 현금화하여 충당하기 어렵다. 그러나, 선정산 방식은 고객이 포인트를 적립만 해도 운영사에 비용을 지불해야 하기 때문에 운영사의 적극적인 포인트 적립 권유를 저해할 수 있어 패션, 외식 등 대리점 또는 프랜차이즈 사업을 하는 기업과 멀티-파트너 멤버십 프로그램에서는 후정산 방식을 주로 활용한다.

〈표 5.24〉 포인트 정산 유형

구분	선정산	후정산
정산 기준	포인트 적립 시점	포인트 사용 시점
운영방식	• 제휴사는 적립포인트 중 분담율만큼을 운영사에 마케팅비용으로 선지급함 • 운영사는 사용포인트만큼을 제휴사에 비용으로 지급함	• 제휴사는 적립포인트에 대하여 운영사에 선지급하지 않음 • 제휴사는 운영사에 사용포인트 중 분담율만큼을 운영사에 지급함
적용예시	가맹 프로그램, 멀티-파트너 프로그램	본사-가맹점(대리점) 관계
장점	적립포인트의 조기 현금화	제휴사의 운영 부담 적음
단점	정산을 위한 시스템/인력 지원 필수	적립포인트의 조기 현금화가 어려움

포인트 분담율의 결정

포인트 또는 할인율의 분담에 대해 정해진 가이드라인은 없다. 다만, 공정거래위원회에서는 포인트를 판매촉진의 일환으로 보고 표준 가맹계약서에서 제시하고 있는 '광고판촉비의 균등 분담'이 포인트 분담에도 적절하다고 권고하고 있고, 이에 준한 운영사-제휴사 간의 포인트 분담율을 정하는 것이 일반적이다. 통상 선정산시에는 포인트 적립액을 기준으로 운영사-제휴사 간에 0:100, 40:60, 50:50, 70:30, 60:40의 분담 비율을 적용하고, 포인트 사용액에 대해서는 대리점 공급가 기준으로 보상액을 보전해 준다. 제휴사가 포인트 적립액을 모두 부담하는 경우에는 운영사가 제휴사에 포인트 적립 수수료를 지급하기도 한다. 반대로 후정산시에는 포인트 사용액에 대해 공급율을 반영하여 운영사에서 제휴사에 포인트 사용 금액을 지급하고, 제휴사에서 포인트 사용 수수료를 운영사에 지급하기도 한다. 포인트 분담율의 또 다른 이슈는 소멸 포인트에 대한 처리 부분이다. 운영사-제휴사 간에 적립 포인트를 분담하는 경우 포인트 소멸액에 대해서도 제휴사의 분담율만큼을 운영사에서 지급하는 것이 맞지만, 실질적으로 이 부분에 대한 고려가 적으며, 멤버십 프로그램 운영 관련 가맹점주들의 주요 불만요인으로 작용하고 있다.[14]

2.4 부정적립의 관리

매장을 운영하는 업종에서는 계산원들이 포인트를 부정적립하여 개인의 이익으로 취하는 사례가 적발되곤 한다. 고객이 적립하지 않은 포인트를 자신 또는 지인의 명의로 포인트를 적립하여 사용하는 형태가 일반적이다. 따라서, 기업에서는 일별·주별로 포인트 적립 추이를 지속적으로 모니터링 하여 의심 사례를 추출하고, 부정적립 여부의 파악 및 적절한 조치를 취하는 시스템과 매뉴얼을 준비할 필요가 있다.

① 부정적립 이슈 관리 정책의 수립

고객들의 일반적인 구매 패턴을 고려하여 포인트 적립 이력이 이러한 패턴을 벗어나는지를 모니터링하여 부정적립 의심 내역을 조회하고 자동 추출할 수 있는 정책 마련과 시스템 적용이 필요하다.

예 부정적립 의심 적용 기준
- 일 3회 이상 적립 및 3000포인트 이상 적립 시 부정적립 의심 거래로 정의
- 주 15회 이상 적립 시 부정적립 의심 거래로 정의

② 부정적립 의심 거래 적발 방안

해당 고객을 대상으로 거래 내역을 확인하고, 고객에게 실거래 여부를 확인하는 절차를 마련한다. 이러한 단계를 통해 확인된 부정적립 의심 거래에 대해서는 포인트 적립·사용 취소 프로세스를 적용하고, 포인트 도용 방지를 위해 거래 내역 SMS자

동 발송 프로세스 및 이상 발생 시 고객센터 신고 번호 안내 등을 정책화하는 것이 바람직하다.

③ 부정적립 적발 조치

기업 내부적으로 부정적립 적발 시 이를 어떻게 처리할 것인가에 대한 정책을 사전에 정립하고, 고객 접점의 직원들에게 교육을 통해 안내하고 문제를 예방하도록 한다.

〈표 5.25〉 부정적립 적발에 대한 방안 예시

횟수	부정적립 고객 및 매장 관리 방안
1회 적발(월 기준)	• 허위 멤버십 포인트 사용 차단 • 조치 내역에 대한 SMS 발송(해당 고객) 및 해당 매장 경고문 발송
2회 적발(월 기준, 누적)	• 부정적립 관련 사항 사업부장 보고
3회 적발(월 기준, 누적)	• 관련 인원 인사조치

④ 부정적립 이슈 관리 프로세스

부정적립은 직원윤리와 직결되는 문제이고, 방치할 경우 기업에 큰 손실을 야기할 수 있다. 그러므로, 이러한 상황이 발생했을 때 관할 영업부서는 물론 인사, 기업윤리 등을 담당하는 유관 부서들과의 유기적 협력 체제를 마련하도록 한다.

⊕ Summary

이번 장에서는 로열티 프로그램 운영시 요구되는 포인트의 회계 및 세무 업무에 필요한 법령과 관련 지침, 기장 방법 등을 살펴보았다.

포인트의 회계 처리

포인트의 회계 처리는 기업의 유형에 따라 적용 받는 규정이 다르다. 외부감사 대상과 코넥스 상장법인은 기업회계기준서(GAAP) 제1073호 '충당부채' 조항에 따라, 상장기업 등 한국채택국제회계기준(K-IFRS) 의무적용대상 법인은 제2113호 '고객충성제도'에 의거하여 회계처리를 해야 한다. 포인트의 회계처리 유형에는 1) 차후 법인이 현금 보상하는 경우, 2) 사용액과 비례하지 않는 정액 보상의 경우, 3) 차후 법인이 직접 재화나 용역으로 보상하는 경우, 4) 법인이 아닌 제 3자가 보상을 제공하는 경우 등이 있다.

포인트의 부가가치세 처리

포인트로 결제한 금액에 대한 부가가치세법(제29조 제6항과 제 61조 제4항)의 적용은 마일리지, 포인트, 그밖에 어떤 명목이든 상관없이 '1) 재화 또는 용역의 구입 실적에 따라 적립 받으며, 이후 다른 재화 또는 용역 구입 시 결제 수단으로 사용할 수 있는 것과 2) 재화 또는 용역의 구입 실적에 따라 별도의 대가 없이 교부 받으며 전산시스템 등을 통해 여타 상품권과 구분 관리되는 상품권'을 모두 포함한다. 또한, 포인트의 부가가치세 과세는 자기 적립 마일리지인지, 그 외(제 3자)의 적립 마일리지인지에 따라 과세 방법이 상이하다.

포인트의 법인세 처리

기업회계와 법인세법은 손금 인식 시기 등에 차이가 있고, 포인트의 성격이 '판매부대비용' 유무에 따라 손금 산입 여부가 결정되므로 주의가 필요하다. 법인세법(제40조)에서는 고객보상 점수가 부여된 매출이라 하더라도 귀속사업연도에 포인트를 전액 익금 산입하여야 하며, 포인트의 지급-보상물 상환에 따른 이연매출액이나 충당부채를 익금에서 차감하거나 손금에 산입할 수 없도록 규정하고 있다. 또한, 법인세법상의 세무조정 방법은 기업의 직접 재화 보상과 제 3자 재화 보상에 따라 차이가 있다.

파트너십 프로그램의 포인트 분담 정책

포인트 분담율은 기업의 매출 및 수익성과 직결되는 부분이기 때문에 제휴 협상 단계에서 가장 첨예한 부분 중 하나이다. 포인트의 분담과 관련된 의사결정 사항의 핵심은 포인트 정산 방식과 포인트 분담율이다. 포인트 정산 방식이란 '포인트 적립액'을 기준으로 '선정산' 할 것인지 아니면 '포인트 사용액'을 기준으로 '후정산' 할 것인지에 대한 결정을 말하며, '포인트 분담율'은 상호 분담할 비율을 결정하는 것이다.

고객 포트폴리오 관리

고객 포트폴리오 관리는 고객 개개인의 기업에 대한 재정적 가치를 평가하여, 각 고객 또는 고객 그룹에 대해 효과적으로 자원을 할당하고, 각 고객의 자산적 가치를 향상시키는 데 활용되는 핵심적인 CRM 전략 프레임워크이다. 멤버십 회원 고객을 대상으로 CPM을 활용하게 되면, 기업은 회원들을 포트폴리오의 형태로 세분화함으로써 각 고객이 나타내는 상대적 중요성을 더 잘 이해할 수 있게 된다. 본 장에서는 고객 포트폴리오의 개념과 CPM에서 사용하는 '고객 세분화 기법'과 타깃 마케팅을 실행할 우선순위의 도출 방법론, 그리고 전략적 마케팅 실행 기법을 알아본다.

3.1 고객 포트폴리오 관리의 개념 이해

포트폴리오 관리(portfolio management, Markowitz, 1952)의 개념은 투자 수익률을 극대화하고 위험율은 최소화하기 위한 재무관리 방법론으로 등장하여, 공급자 관리, 제휴 관리, 정보기술관리 등 다양한 영역에서 효과적인 자원할당과 그를 위한 실질적인 가이드라인을 제공하는 경영전략 방법론으로 적용되고 있다. 마케팅 분야에서는 대표적인 마케팅 자산인 제품, 브랜드, 고객을 관리하는 관점에서 활용되어 왔다. 그 중 하나가 고객 포트폴리오 관리(Customer Portfolio Management, CPM)이다. 포트폴리오 관리가 투자 수익률을 극대화하고 위험율은 최소화하기 위해 자산을 다양한 유형, 즉 목록(portfolio)으로 분산 투자하는 재무관리 방법론이라면, CPM은 고객을 일종의 자산의 개념으로 포트폴리오화 함으로써 다양한 유형의 고객 그룹에 대해 자원 할당을 차별화하고, 중요한 고객군을 중점적으로 관리하고자 하는 CRM 전략 프레임워크이다. CPM의 궁극적인 목적은 포트폴리오의 질, 즉 고객 기반의 자산적 가치를 향상시킴으로써 매출과 수익을 증가시키는 데 있다. 고객 포트폴리오를 이용한 개인화된 마케팅의 실행은 고객 기반 전체의 품질 관리뿐 아니라, 집중해야 할 고객 집단에 대한 우선순위의 결정, 타깃 고객별 특성을 고려한 가장 적절한 커뮤니케이션 접근을 가능케 한다. 따라서, CPM은 멤버십 프로그램을 이용하는 회원들의 자산적 가치를 향상시키기 위한 핵심적인 CRM 전략 기법으로 고려될 필요가 있다.

CPM을 수행하기 위해서는 다음과 같은 질문에 답할 수 있어야 한다:
(1) 고객가치에 따라 고객을 분류할 수 있는가?
(2) 고객의 가치를 측정할 수 있다면, 그룹별로 서로 다르게 관리할 것인가?
(3) 효과적으로 관계를 형성하고 포트폴리오를 발전시킬 수 있는 방법을 개발하고 실행할 것인가?

CPM은 고객과 기업 간의 가치교환 공정성을 고려할 때, 가치있는 고객에게 더 많은 자원 할당이 이루어져야 한다는 데 초점을 둔다. 여기서 자원 할당이란 고객에게 제공되는 서비스(비용, 인력)의 수준을 말한다. CPM은 CRM 전략 실행에 가치를 부여하는데, 각 고객에 대한 지식을 바탕으로 전략 실행에 가장 적합한 수준의 자원을 할당하도록 기여하기 때문이다. 고객가치에 기반하여 고객을 세분화한 고객 포트폴리오는 전체 매출과 수익에 상대적으로 각 그룹의 고객들이 어떻게 중요한지, 어떤 고객들이 부가적인 가치를 창출할 수 있는지 이해할 수 있도록 해준다. 따라서, 기업은 고객 관리 대상에 대한 우선순위의 정보를 얻고, 적절한 자원할당의 의사결정을 할 수 있다.

3.2 CPM을 위한 고객 세분화

CPM에서는 두 가지의 고객 세분화가 진행된다. 하나는 고객가치 평가를 위한 고객가치 기반 세분화(customer value based segmentation)이고, 다른 하나는 타깃 마케팅을 실행하기 위한 전략적 고객 세분화(strategic customer segmentation)이다. 고객가치 기반 세분화는 고객의 거래이력을 바탕으로 고객의 자산적 가치를 평가한 다음 1차원 또는 2차원으로 살펴볼 수 있다. 고객가치 기반 세분화의 결과는 현재의 고객가치 수준과 집단별 특성을 이해하고, 반복적이고 동일하게 고객가치를 평가함으로써 고객기반 전체와 포트폴리오를 구성하는 각 집단별 고객자산가치의 성장수준을 관찰 및 추적하는 데 적합하다. 반면, 전략적 고객 세분화는 고객들의 욕구, 구매행동 특성 등에 따라 동질적인 고객을 그룹화하고, 그룹별로 차별화된 욕구를 충족시킬 수 있는 마케팅전략을 적용함으로써, 한정된 자원으로 효율적인 고객 로열티 증진을 도모하는 데 활용한다.

CPM에서 사용하는 세분화 기법은 전통적인 마케팅 전략 기법으로 활용되는 시장 세분화와 구분된다. 시장 세분화는 "서로 다른 마케팅 믹스를 요구하는 집단으로 고객을 구분하고 나누는 과정"으로서, '모든 소비자가 동일하지는 않다'라는 고객 이질성 관점에서 활용된 전략 기법으로, ① 소비자는 같은 상품에 대해 다른 평가를 내리고, ② 상품 결함의 위험에 대한 태도에 있어서도 소비자 간 차이가 있으며, ③ 제품의 사용빈도 또는 습관도 소비자에 따라 달라질 수 있음을 전제로 한다. 시장 세분화는 인구통계적 특성, 매출액 기반, 상품유형 등을 이용하여 시장을 발굴하고, 시장의 니즈와 특성에 맞는 4P 전략을 개발하는 데 사용한다. 주로 시장의 경쟁구도 분석을 통해 틈새시장을 발굴하는 방식으로 설문조사나 2차 자료를 활용한다.

〈표 5.26〉 고객 세분화의 유형과 정의

구분	개념 정의	방법론
고객가치 기반 세분화 (customer value based segmentation)	고객 포트폴리오 분석에서 고객 포트폴리오 관리를 위해 고객가치를 기준으로 고객 집단을 나누는 것	내부 고객 데이터를 이용하여 고객자산가치 평가 기법 사용
전략적 고객 세분화 (strategic customer segmentation)	전사 고객 전략 실행을 위해 고객의 가치를 향상시킬 수 있는 변수를 이용하여 고객 집단을 나누는 것	기존고객으로부터 수집된 인구통계적 정보 및 거래정보 중심의 분석 수행
시장 세분화 (market segmentation)	새로운 시장, 신제품 개발 등 마케팅 기회를 발견하고 4Ps전략을 실행하기 위해 소비자의 구매행동이나 니즈 등 유의미한 기준에 따라 시장을 나누는 것	설문조사, 외부 2차 자료, 빅데이터 등을 이용하여 소비자 트렌드, 경쟁구도 등 종합적인 시장분석 수행

3.3 CPM 절차와 방법론

CPM은 다음 [그림 5.2]와 같이 1) 고객의 재무적 가치 평가, 2) 고객 포트폴리오 개발, 3) 전략적 고객 세분화, 4) 고객 세그먼트 전환 전략 개발, 5) 마케팅 실행을 위한 4Rs 정의, 6) 타깃 마케팅 실행에 이르는 총 6단계의 프로세스로 진행된다.

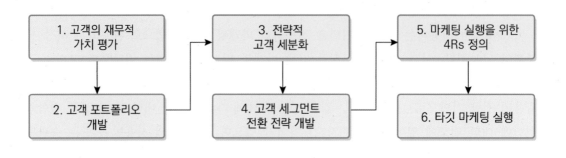

[그림 5.2] 고객 포트폴리오 관리 프로세스

1단계: 고객의 재무적 가치 평가

전체 고객을 대상으로 개인별 가치를 평가한다. 가치 평가는 매출액, 수익률, 현재가치, 미래가치, 고객생애가치 등을 이용한다. 현재가치는 현 시점까지 고객들이 기업에 기여한 실질적인 수익성을 평가하며, 미래가치는 고객이 향후 잔여 생애기간 동안 기업에 기여할 재무적 가치를 평가하는 것으로 이 둘의 합이 고객생애가치이다.

2단계: 고객 포트폴리오 개발

각 집단별 특성을 이해하는 데 도움이 되는 고객 전략 변수들을 정의하고 고객별로 평가한다(예 교차구매 지수, 구매 채널, 누적 포인트, 평균 구매주기, 회원등급 등). 그 다음 현재가치와 미래가치의 2×2 매트릭스에 대하여, 고객 전략 변수들을 이용하여 그룹별 특성을 정의한다([그림 5.3] 참조).

고객 전략 변수로는 다음을 고려할 수 있다.

① 고객 충성도

고객 충성도가 높은 고객 집단 분석을 통해 충성고객의 특성, 그들의 라이프스타일, 니즈, 시장 트렌드 등을 파악할 수 있으며, 충성도가 높은 고객으로 육성해야 할 고객을 정의할 수 있다. 고객생애가치 평가값을 고객 충성도의 값으로 평가한다.

② 거래 수준

거래규모와 거래빈도, 거래금액 등, 구매행동 분석을 통해 고객 집단을 구분하는 것으로, CRM의 프로세스 전략(획득, 유지, 강화) 관점에서 고객을 세분화하고 양질의 고객으로 육성하는 데 효과적이다. 고객 측면에서도 평가의 방식과 결과가 직관적이기 때문에 멤버십 프로그램의 등급 기준으로 많이 활용된다.

③ 거래 행동

주로 이용하는 유통 채널, 커뮤니케이션 선호 시간대 및 선호채널, 자주 구매하는 카테고리, 구매하는 요일 및 시간대 등 거래행동 분석을 통해 고객의 경제적/심리적 편익을 증진시킬 수 있는 차별화된 고객가치 개발에 도움이 된다.

④ 인구통계정보

성별, 나이, 소득수준, 거주지 등의 변수를 이용하는 가장 대중적인 고객 세분화 기준이다. 특히 성별과 나이의 결합은 생애주기와 관련성이 깊기 때문에 욕구, 심리적 특성 등을 정의하고 이를 해소할 수 있는 차별화된 편익 개발에 도움이 된다.

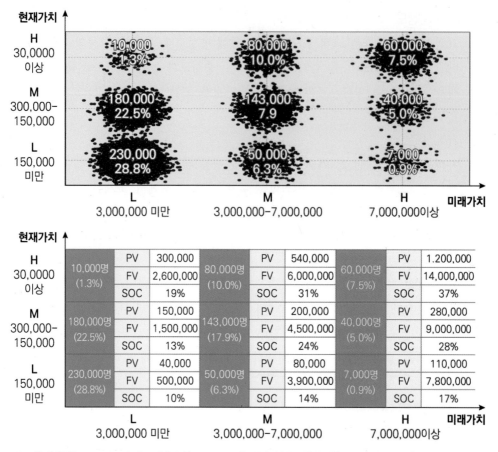

* PV: 현재가치(Present Value), FV: 미래가치(Future Value), SOC: 카테고리점유율(Share of Category)

[그림 5.3] 고객 포트폴리오 예시

3단계: 전략적 고객 세분화

전략적 고객 세분화는 자원 할당을 위해 타깃팅해야 할 대상의 우선순위를 결정하는 과정이다. 프로파일에 사용된 변수 가운데, 고객가치를 향상시킬 수 있는 핵심 변수를 이용하여 전략적 고객 세분화를 실행한다. 전략적 고객 세분화 매트릭스는 [그림 5.4]와 같이 9개의 그룹으로 분류하고, 각 집단별 프로파일을 정의한다.

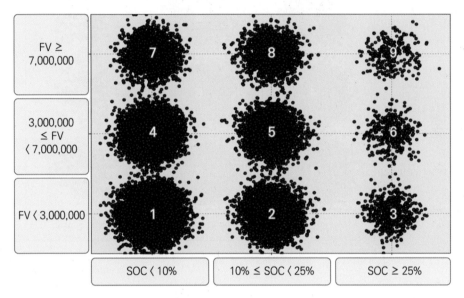

* FV: 미래가치(Future Value), SOC: 카테고리점유율(Share of Category)

[그림 5.4] 전략적 고객 세분화 예시

4단계: 고객 세그먼트 전환 전략 개발

고객 세그먼트 전환 전략은 기업의 재무적 성과를 고객 세그먼트 간의 이동패턴으로 모두 설명할 수 있기 때문에 전사적인 관점의 CRM 전략 기반이 된다. 세그먼트의 우-상향 이동 촉진은 고객과의 관계를 강화하고, 기업의 성과에 직접적으로 영향을 미칠 수 있는 활동이다. 개별 세그먼트 내에는 충분히 상위 단계 혹은 상위 세그먼트로 이동할 만한 고객이 존재하고 있으므로, 이들을 어떻게 찾아내느냐와 무엇을 제안할 것인가가 핵심과제가 된다. CRM 전략 세분화에서 총 아홉 가지 세그먼트가 있으므로, 고객전환이 가능한 세그먼트별 이동패턴 수는 총 12개가 된다.

총 12개의 이동패턴 중 최우선적으로 집중해야 할 이동패턴을 선정한다. 예컨대, [그림 5.5]의 경우 그룹 8을 그룹 9로 이동시키는 것이 최우선 대상인 반면, 그룹 4를 그룹 5로 전환하는 것은 가장 우선순위가 낮은 것을 알 수 있다.

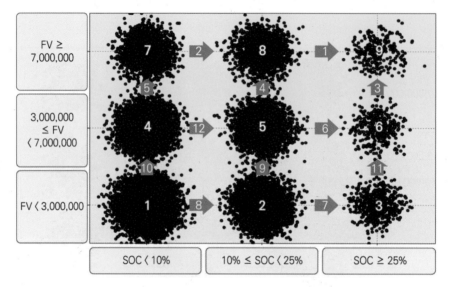

* FV: 미래가치(Future Value), SOC: 카테고리점유율(Share of Category)

[그림 5.5] 고객전환 우선순위 정의 예시

5단계: 마케팅 실행을 위한 4Rs 정의

4Rs 기법의 장점은 가장 적절한 고객을 대상으로, 그들이 필요로 하는 상품을, 필요로 하는 시점에, 주로 이용하는 커뮤니케이션 채널을 이용하여 오퍼를 제안하고, 가장 적절한 순간에 고객과 커뮤니케이션하거나 고객의 문제를 해결하고, 고객의 소비과정을 지원할 수 있다는 것이다. 판매활동으로 제공되는 각종 메시지가 광고성 내용이 되느냐 정보가 되느냐는 고객이 원하는 정보를 얼마나 시의적절하게 전달하느냐에 달려있기 때문이다. 개인별 4Rs의 정보를 마케팅 자동화를 위한 시스템상에 미리 정의해 두면 이것이 마케팅 자동화의 기반 정보가 된다.

4Rs은 적절한 고객에게, 적절한 제품 및 서비스를, 적절한 채널을 통해, 적절한 시기에 제공해 주고자 하는 CRM의 마케팅 믹스개념으로서 멤버십 프로그램의 캠페인 전략에 직접적으로 활용된다.

- 적절한 고객(Right Customer): 고객 세그먼트를 통해 필요한 고객에게 정보 제공
- 적절한 제품 및 서비스(Right Product): 해당 고객에게 그들이 원하는 제품 및 서비스에 관한 정보 제공
- 적절한 시기(Right Time): 고객의 필요한 시기를 고려해서 정보 제공
- 적절한 채널(Right Channel): 제품 판매나 프로모션을 위한 물리적 장소(place)뿐만 아니라 고객과의 의사소통이 이루어질 수 있는 다양한 수단(communication)까지도 포함

각각의 절차와 방법은 다음과 같다.

① Right customer

4R 전략 중 전환전략을 수행할 적절한 고객을 선별하기 위해 이동시킬 인접 세그먼트와 유사한 특성을 가진 고객을 추출하기 위한 의사결정 나무분석(decision tree)을 통해 선별 규칙을 도출하며, 이동시킬 세그먼트 고객들을 대상으로 선별 규칙에 따라 전환 대상 리스트를 추출하는 방법을 사용한다. 이때, 유사한 고객 특성을 파악하기 위한 변수로는 인구통계학적 변수와 고객 프로파일링에 사용한 여러 변수들을 이용한다. 전환 유도 대상자의 추출 방법은 전환시키고자 하는 그룹(⑩ 그룹 8)의 고객 가운데, 전환 목표 그룹(⑩ 그룹 9)에 속하는 고객들과 가장 유사성을 갖고 있는 대상들을 추출하여, 마케팅의 성공률을 높이는 접근법이다.

② Right product

고객별 특성을 거리, 계절, 구매상품유형, 동반인유형의 특성을 기준으로 사전 정의한다. 정의한 고객별 특성을 고려하여 고객성향에 적합한 상품을 제안함으로써 구매율을 높이게 된다.

③ Right time

고객별 최종구매일과 평균구매주기를 고려하여 마케팅 오퍼시점을 결정한다. 2회 이상 구매고객의 평균구매주기의 0.5배 기간과 0.7배 기간에 오퍼시점을 부여한다. 이는 평균적인 구매시점보다 앞선 커뮤니케이션으로 마케팅 오퍼의 효과를 높이기

위함이다. 한편, 1회성 고객은 평균구매주기가 없기 때문에, 오퍼 시점을 일관적으로 동일하게 부여한다.

④ Right channel

고객별 채널 성향을 정의하고, 고객 성향에 맞는 채널을 통해 마케팅 활동을 진행하도록 한다. 고객별 채널 성향은 적절한 접촉횟수를 고려하여 1단계부터 3단계까지 정의할 수 있다.

3.4 CPM을 위한 고객 빅데이터의 분석

고객 빅데이터 분석은 고객 관련 데이터를 축적한 데이터베이스로부터 분석에 적합한 데이터셋을 준비하고 분석을 실행하는 과정이다. 데이터베이스에 어떤 데이터가 존재하는지를 파악하고 있는 경우에는 관련 부서에 해당 데이터를 요청하거나, 데이터베이스 접근 권한이 있는 경우에는 직접 추출할 수 있다. 그러나, 기업 외부 전문가에 의뢰하여 데이터를 분석할 경우에는 기업 내부에서 어떤 데이터를 보유하고 있는지 알지 못하기 때문에 ERD(Entity Relationship Diagram)에 대한 파악부터 시작하게 된다.

(1) 데이터 추출

ERD는 데이터베이스 상의 테이블(entities) 및 테이블 간의 관계를 보여주는 데이터 구조에 대한 스냅샷이다. 관련 부서로부터 ERD를 전달 받으면 분석에 필요한 테이블의 구조와 각 테이블이 담고 있는 데이터의 종류를 파악할 수 있다. 이 때, 테이블 명세서를 함께 수령하여 각 테이블과 데이터가 의미하는 내용을 정확히 이해해야 한다. 만일 테이블 명세서를 보아도 테이블이나 변수명이 모호하거나, 유사한 것들이 발견될 경우에는 반드시 담당자를 통해 각각의 차이를 확인한다.

ERD를 통해 필요한 테이블과 데이터가 결정되었으면, 담당자로부터 해당 테이블과 데이터를 수령한다. 데이터의 추출은 명령문을 이용한 기계적인 추출이기 때문에, 간혹 다른 테이블이나 데이터가 추출될 수도 있다. 따라서, 데이터를 수령한 다음에는 요청한 데이터가 맞는지 반드시 확인이 필요하다. 멤버십 프로그램 진단을 위해 추출하는 핵심 테이블은 회원 정보, 거래 이력, 상품 정보, 포인트 이력, 등급 조정 이력, 이벤트 참여 이력에 관한 것이며, 성과의 추세 분석 및 계절성을 고려하기 위해 최소 2년 이상의 데이터를 추출하는 것이 바람직하다.

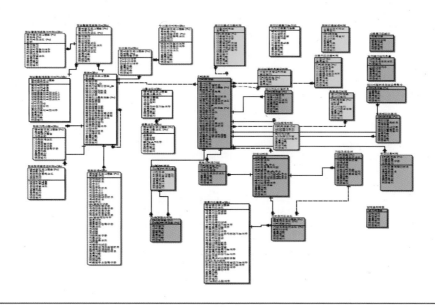

[그림 5.6] 회원 관리용 데이터베이스의 ERD(Entity Relationship Diagram) 예시

(2) 데이터 전처리

데이터 전처리란 통계분석에 적합한 형태와 구조로 데이터를 추출하고, 결합 및 전환하는 일련의 작업을 의미한다. 여기에는 표본 추출, 특정 레코드 및 필드 추출, 데이터의 분할, 추가 또는 병합작업을 포함한다.

표본 추출하기

　표본 추출(sampling)은 어떤 대상, 즉 모집단의 특성을 파악하기 위해 모집단 전체가 아니라 그 중 일부를 선택하여 추출하는 것을 의미한다. 표본 추출을 통해 우리는 모집단 전체를 분석하지 않아도 모집단에 대한 특성을 가설검증이라는 과정을 통해 효과적으로 파악할 수 있다. <표 5.27>은 여러 가지 다양한 표본 추출방법을 제시하고 있다. 확률표본 추출 방법은 무작위 또는 비율과 같이 확률적인 방법에 의하여 표본을 추출하는 방식이고, 비확률 표본 추출은 확률적인 방법이 아닌 분석자의 의도에 따라 표본을 추출하는 방법을 총칭한다.

〈표 5.27〉 표본 추출 방법

유형		특징
확률 표본 추출	단순무작위추출 (random sampling)	• 결정된 표본의 수만큼 무작위로 표본을 추출 • 장점: 모든 요소가 독립적인 추출기회를 가지므로 표본이 모집단을 대표하게 되어 편견(bias)이 들어갈 가능성이 낮음. • 단점: 분석자가 모집단에 대해 가지고 있는 지식을 충분히 활용할 수 없음.
	층화표본추출 (stratified sampling)	• 모집단이 다수의 그룹들로 구분될 수 있는 경우, 각 그룹에서 무작위로 추출 • 장점: 중요한 집단을 빠짐없이 포함시킬 수 있음. • 단점: 분석자가 모집단에 대한 성격을 완벽히 파악해야 하며, 층을 나누는 데 있어 분석자의 주관이 들어갈 수 있음.
	계층(계통)적 표본추출 (systematic sampling)	• 표본추출 구간 내에서 첫 번째 번호만을 무작위로 선택하고 다음부터는 일정한 간격으로 선택하는 방법 • 장점: 비교적 쉽고, 공평하게 표본이 추출되므로 모집단을 잘 대표할 수 있음. • 단점: 모집단의 배열이 일정한 주기성과 경향이 있으면 편견이 개입될 수 있음.
	군집표본추출 (cluster sampling)	• 개인이 아닌 집단을 표본단위로 하여 무작위로 집단을 추출한 후 해당 집단에 대해 전수 혹은 일부를 조사하는 방법 • 장점: 모집단 규모에 비해 시간과 비용이 절약됨. • 단점: 군집 간 차이가 이질적이고 군집 속의 표본요소가 동질적일 경우에는 표본오차가 커질 수 있음.
비 확률 표본 추출	편의표본추출 (convenience sampling)	• 편리한 장소와 시간에 접촉하기 편한 대상들을 표본으로 추출 • 장점: 적은 비용과 시간이 듦. • 단점: 표본의 모집단 대표성이 매우 낮음.
	할당표본추출 (quota sampling)	• 모집단이 다수의 그룹들로 구분될 수 있는 경우, 각 그룹에서 임의로 추출 • 장점: 적은 비용으로 신속한 결과를 얻을 수 있음. • 단점: 접촉하기 쉬운 사람을 선정할 수 있어 표본오차가 커질 수 있음.
	판단표본추출 (judgement sampling)	• 조사자가 조사목적에 적합하다고 판단하는 대상을 직접 선택하여 추출 • 장점: 편리하고 조사목적을 충족시키는 요소를 정밀하게 고려할 수 있음. • 단점: 표본의 대표성을 확인할 수 없어 모집단에 대한 사전지식이 필요

보다 구체적으로 살펴보면, 확률표본추출법에는 결정된 표본의 수만큼 무작위로 표본을 추출하는 단순무작위추출법과 모집단이 다수의 그룹들로 구분될 수 있는 경우 각 그룹에서 무작위로 표본을 추출하는 층화표본추출법, 표본을 추출하는 일정 구간 내에서 첫 번째의 번호만을 무작위로 선택하고 그 다음부터는 일정한 간격으로 선택하는 계층적표본추출법, 그리고 표본의 단위를 개인이 아닌 집단으로 하고, 무작위로 집단을 추출한 후 해당 집단에 대해 전수 혹은 일부의 개인을 조사하는 군집표본추출법이 있다. 한편, 비확률표본추출법에는 조사자가 특정 장소와 시간에 접촉한 대상만을 표본으로 하는 편의 표본추출법과 다수의 그룹으로 구성되어 있는 모집단에 대하여 각 그룹별로 표본을 임의 추출하는 할당표본추출법, 그리고 조사자가 조사목적에 적합하다고 판단한 특정 대상을 직접 표본으로 선택하는 판단표본추출법이 있다. 각각의 장단점은 <표 5.27>을 참조한다.

추출한 데이터는 기술통계분석을 통해 데이터의 구조를 이해하고, 결측치나 이상치에 대한 전처리를 진행한다. 기술통계분석은 각 변수별로 레코드의 수(N), 평균값, 중앙값, 최대값, 최소값, 표준편차, 첨도와 왜도, 결측치의 수 등의 정보를 제공하여 각 변수들의 데이터가 어떠한 형태인지를 보여준다. 이 때, 기술통계량 정보를 히스토그램이나 박스플랏(box plot), 산포도와 같은 도표로 데이터를 시각화 하면 데이터 구조에 대한 이해가 쉽다.

파생변수의 생성

원본 데이터에 없는 새로운 변수를 '파생변수'라고 한다. 파생변수는 사용자가 기존 변수에 특정조건이나 특정함수를 사용하여 새롭게 파생시킨 변수(필드)를 의미한다. 관찰기간 동안의 총 구매금액을 총 구매횟수로 나누어 '평균 구매금액'이라는 변수를 만들면 이것이 파생변수가 된다. 파생변수는 사용자의 분석목적에 따라 만들어진 항목이기 때문에 전략적 활용도가 높으나, 일반적인 마케팅 운영업무를 통해 자동적으로 획득되기보다는 내부적인 데이터처리 과정을 통해 후속적으로 생성된다는 특징을 가지고 있다. 파생변수를 생성하는 방법은 다음과 같이 크게 네 가지로 구분할 수 있다.

〈표 5.28〉 파생변수 생성 방법

방법	의미	예시
표현형태 변환	기존 변수의 표현방식을 단순히 다른 형태로 전환하여 표현	• 날짜로부터 요일 계산 • 상품번호를 상품이름으로 변환
척도 변환	특정 변수의 척도를 변환하여 새로운 척도로 나타내는 방식	• 나이로부터 나이대 계산 • 구매액으로부터 고객등급 산출
여러 변수를 활용한 모델링	각종 함수나 기존 변수들의 수학적 결합을 통한 새로운 변수를 모델링하여 새로운 변수를 생성	• 매출액과 방문횟수를 활용하여 1회 평균 매출액 변수 생성 • R, F, M 변수를 활용하여 RFM 점수 계산
거래 이력 요약	특정 레코드의 누적 거래이력을 요약하여, 요약 통계량 등을 제공하는 방식	• 고객별 누적 구매액 계산 • 고객별 총 방문횟수 계산

(3) 분석용 데이터 셋 준비

원본 데이터의 정보들은 기업이 고객들을 관리하기 위한 목적으로 수집한 것이기 때문에, 진단에 적합한 형태로 변수를 생성하거나, 기존 변수의 분류를 재정의하거나, 분석에 적합한 형태로 데이터를 합치는 등의 작업을 필요로 한다. 기존 변수의 분류를 재정의하는 것은 관리 목적의 분류를 진단에 맞게 재정의하고 분류하는 것이다. 예컨대, 10여 개 이상의 이벤트 적립금 유형이 있다고 할 때, 이를 2~3개의 유형으로 축소하는 것이 이에 해당한다. 분석에 적합한 형태로 데이터를 축소할 필요도 있는데, 초 단위로 생성되는 고객의 구매이력과 포인트 거래이력을 관찰하고자 하는 주기(예 월 단위)로 데이터를 합하는 것이 대표적이다.

데이터 셋에는 운영성과와 모델 적합성을 분석하는데 필요한 모든 변수가 포함되며, 새롭게 생성한 변수를 파생변수로 구분해 두면 좋다. 이렇게 준비된 분석용 데이터 셋에 대한 기술통계량 분석을 실행하여 실질적인 진단을 위한 기초자료로 제공한다. 아울러 각 변수의 정의와 계산 방법이 설명되어 있는 데이터 명세서를 함께 작성한다. 데이터 명세서에는 데이터 관찰 기간, 회원 수, 관찰 단위(월, 분기, 반기, 년), 그리고 변수별 이름과 정의, 계산식, 레코드 수가 포함되어야 한다.

데이터 명세서는 데이터 분석을 위한 참고자료이므로, 여러 사람이 동시에 분석할 때 잘못된 변수 선택으로 인한 분석 오류를 줄일 수 있고, 추후 제 3자가 분석 결과가 어떤 변수로 어떻게 계산된 것인지를 이해하는 데 도움을 줄 수 있다. 멤버십 프로그램 진단에 사용하는 변수는 기업의 회원, 제품, 멤버십 프로그램 정책에 따라 달라지기 때문에 기업에 맞게 사전 정의가 필요하다. 진단에 필요한 형태로 가공하는 변수 또는 분류로는 다음과 같은 것들이 있다.

- 회원 유형: 비구매 회원, 구매 회원, 신규구매 회원, 구매유지 회원, 충성 회원, 휴면 회원, 이탈 회원
- 포인트 유형: 현금성 포인트, 무료 포인트, 사용 포인트, 잔여 포인트, 유효기간 만료 포인트, 소멸 포인트
- 보상 유형: 할인, 증정, 초대권, 기타
- 구매 관련 변수: 평균 구매금액, 평균 구매횟수, 평균 구매주기

결측치(missing value)와 이상치(outlier)는 데이터 분석의 결과를 왜곡시킬 수 있기 때문에 기술통계분석을 통해 이들의 존재 여부를 확인하고 정제하는 과정이 필요하다. 결측치는 레코드에 정보가 없는 누락된 값이고, 극단값인 이상치는 논리적으로 존재할 수 없는 해석이 불가능한 값이다. 지나치게 결측치가 많은 변수는 분석이 불가능하고, 이상치가 많은 경우에는 정상 범주를 넘어선다 할지라도 이상치가 아닐 수도 있기 때문에 해당 값들이 어떻게 입력된 것인지를 세심하게 파악하고 제거 여부를 결정해야 한다. 이상치와 결측치까지 모두 정제를 하고 나면 분석의 기초 자료인 원본 데이터가 확정된 것이다.

	A1	A6	A7	A7_S	D1	D2	D3	D3_S	D4	D5	D6	A4
1	1	20100822	3000		20100714	20100817	3000	3000	6	29980	4997	0
2	1	20100907	2000	2030	20100926	20111226	1000	1000	42	655680	15611	0
3	2	20100907	0	0	20100909	20111117	1000	1000	8	603570	75446	1
4	3	20100907	4000	4000	20100908	20110717	1000	1000	10	127000	12700	0
5	4	20031205	1000		20090110	20090828	1000	1000	3	42000	14000	1
6	4	20090402	2000		20090403	20100504	2000	2000	21	158000	7524	1
7	4	20100907	2000	2010	20101015	20111218	1000	1000	25	300000	12000	1
8	5	20090718	3000		20090530	20100824	3000	3000	47	266940	5680	0
9	5	20100907	3000	3000	20101022	20111119	2000	2010	50	261550	5231	0
10	6	20021022	5000		20091208	20091208	5000	5000	1	89000	89000	0
11	6	20030205	1000		20080915	20100326	1000	1000	6	138000	23000	0
12	6	20100907	3000	3000	20110503	20110518	5000	5000	2	247800	123900	0
13	7	20100907	2000	2040	20101008	20110526	1000	1000	3	164080	54693	0
14	8	20070212	1000		20081227	20090826	1000	1000	13	241500	18577	0
15	8	20100321	3000		20100320	20100713	3000	3000	4	99000	24750	0
16	8	20100907	3000	3000	20110115	20111105	1000	1000	16	406950	25434	0
17	9	20100907	0	0	20100921	20111224	1000	1000	15	142850	9523	1
18	10	20030206	1000		20081226	20100618	1000	1000	2	75000	37500	0
19	10	20090610	3000		20090430	20090910	3000	3000	3	38100	12700	0
20	10	20100907	3000	3000	20100930	20111224	1000	1000	117	1956950	16726	0
21	11	20100907	2000	2010	20101118	20110213	2000	2010	2	28600	14300	0

[그림 5.7] 분석용 데이터셋 준비 화면 예시

(4) 데이터 분석

마케팅 영역에서의 데이터 분석 기법이 해석 중심의 통계 분석에서 예측 중심의 머신러닝(machine learning)으로 빠르게 전환하고 있다. 머신러닝의 장점은 1) 정형 데이터뿐 아니라 비정형·반정형 데이터의 분석이 가능하고, 2) 입력한 데이터에 대한 결과만을 제시하는 것이 아니라 컴퓨터가 데이터를 '학습'하여 그 속에 숨겨진 '일련의 규칙성을 발견'할 수 있으며, 이에 기반하여 3) 새로운 데이터가 입력되었을 때 어디에 속하는지 '자동으로 분류하거나 예측'까지 지원한다는 데 있다.

고객 빅데이터 분석 영역에서는 데이터 요약과 함께 아홉 가지의 지도학습 모형과 네 가지의 비지도 학습 모형을 주로 활용한다. 종속변수가 있는 경우에는 지도학습 모형(supervised learning)을 사용하고 종속변수가 없는 경우에는 비지도학습 모형(unsupervised learning)을 사용한다. 지도학습 모형을 사용하는 분석 기법에는 선형회귀, 로지스틱 회귀, K-최근접 이웃 알고리즘, 의사결정나무, 서포트 벡터 머신, 나이브 베이즈, 인공신경망, 딥러닝, 앙상블 기법 등이 있다. 한편, 비지도 학습 모형을 사용하는 분석 기법은 군집분석, 연관규칙 분석, 협업 필터링, 텍스트 마이닝이 대표적이다. 각 분석 기법의 개념과 고객 빅데이터 영역에서의 활용 예시는 <표 5.29>에 제시하였다.

표에서 제시된 머신러닝 기법들은 멤버십 프로그램의 운영을 한 차원 높은 고차원적인 전략으로 승화시키는 데 매우 유리하다. 저자의 경우에도 고객 빅데이터를 중심으로 머신러닝 모형을 사용하여 고객 충성도 기반의 다차원 세분화나 회원들의 이탈을 사전에 예측하고, 세그먼트별 고객들을 자동으로 분류하여 개인화 상품 추천을 자동으로 실행하는 인공지능형 멤버십 프로그램을 여러 기업에게 제공해왔다. 머신러닝 기법은 앞으로도 멤버십 프로그램의 데이터 분석 영역에서 가장 전략적 활용가치가 높은 방법이 될 것이다.

구분	분석 기법	개념	예시
데이터 요약	기술통계 분석	• 평균, 분산, 표준편차, 최소값, 최대값 등을 이용하여 데이터의 형태를 파악하는 데 사용 • T-Test, ANOVA 등을 이용하여 그룹 간 평균차이 비교 분석을 포함함	기업성과(매출액, 수익률), 멤버십 프로그램 운영 성과(회원수, 회원 유지율, 고객 충성도 등), 퍼널분석(웹 로그 분석, 광고효과 분석), A/B 테스트 등
지도 학습 모형	선형회귀	• 독립변수들의 값이 주어졌을 때 종속변수의 값을 예측하는 데 사용 • 개별 독립변수의 변화가 종속변수의 변화에 어떻게 영향을 미치는지 판단함	마케팅 활동의 성과 측정, 포인트 적립율 변화에 따른 매출 변화율 예측 등
	로지스틱 회귀	• 종속변수가 범주형 또는 명목형 지표일 때 적용하는 회귀분석 기법 • 로지스틱함수(Logistic function)를 사용하여 특정 집단 또는 범주에 속할 확률값을 추정하는 방법으로 관측치가 속할 범주를 예측하는 데 사용	고객 등급 분류, 이탈 예측 등
	K-최근접 이웃	• 기존 데이터와 가장 가까운 위치에 있는 최근접 이웃을 찾는 기법 • 예측하고자 하는 데이터가 주어졌을 때, 기존 데이터 가운데 가장 유사한 데이터를 분류하는 데 사용	타깃 마케팅을 위한 유사 고객 분류 등
	의사결정나무	하나의 나무에서 분리되는 나뭇가지처럼 순차적으로 투입되는 독립변수들을 이용하여 유사집단끼리 분류하는 데 사용	고객 세그먼트 및 프로파일링 등
	서포트 벡터 머신	두 카테고리 중 어느 하나에 속한 기존 데이터를 바탕으로 새로운 데이터가 어느 카테고리에 속할지 판단하는 비확률적 이진 선형 분류 모형을 만들어 분류하는 기법	개인별 특성 분석(할인 민감도, 쿠폰 반응도, 신제품 수용도 등)
	나이브 베이즈	변수들 사이의 독립을 가정하는 베이즈 정리(Bayes' Raw)를 이용하여 분류를 수행하는 예측 모형	구매 유무 예측 모델 등
	인공신경망	뉴런(neuron)과 시냅스(synapse)로 구성된 인간의 신경망처럼 노드(Node)와 링크(link)로 모형화한 네트워크 형태의 예측모형	개인별 미래 행동 예측(개인별 평균 구매액, 이탈율 등)

	딥러닝	• 여러 은닉층을 중첩하여 더 많은 계층으로 만든 인공신경망을 학습하는 방법을 총칭함. • 심층 신경망(DNN), 합성 신경망(CNN), 순환신경망(RNN) 등이 있음	소셜 행동 분석(이미지, 동영상, 텍스트 특성)
	앙상블 기법	• 주어진 자료로 여러 개의 예측 모형을 만들고, 예측력이 떨어지는 모형까지 결합하여 총체적인 예측 모형을 만들어 예측 성능을 향상시키는 기법. • 배깅(bagging), 부스팅(boosting), 랜덤포레스트(random forest) 등이 있음.	신규고객별 향후 고객등급 예측 등
비지도 학습 모형	군집분석	• 주어진 관측값을 사용하여 전체를 몇 개의 유사한 집단으로 분류하는 기법 • 서로 다른 집단을 분류하고, 각 집단의 성격을 파악하는 데 사용	고객 세분화, 고객 등급 개수 및 기준 설정 등
	연관규칙 분석	실제 판매된 거래이력 데이터를 바탕으로 함께 구매한 품목들 간의 연관성을 파악하는 기법	구매 상품 연관성 분석, 교차판매 규칙 생성 등
	협업 필터링	많은 사용자로부터 얻은 기호 정보에 따라 사용자들의 관심사들을 자동으로 예측하는 모형	상품 및 서비스 추천 등
	텍스트 마이닝	자연어 처리 기술을 활용하여 비정형/반정형 데이터를 정형화하고, 이로부터 정보를 도출하는 데 사용	소셜 미디어 바이럴 분석, VOC 분석, 검색 키워드 분석 등

ⓖ Summary

이번 장에서는 고객 포트폴리오 관리(CPM)의 개념을 이해하고, CPM에 필요한 고객 세분화 기법과 CPM 실행 절차 및 방법론을 알아보았다.

고객 포트폴리오 관리(Customer Portfolio Management, CPM)

멤버십 프로그램을 이용하는 회원들의 자산적 가치를 향상시키기 위한 전략적 관리 기법이다. 고객 포트폴리오는 전체 매출과 수익에 상대적으로 각 그룹의 고객들이 어떻게 중요한지, 어떤 고객들이 부가적인 가치를 창출할 수 있는지에 대한 정보를 제공하므로, 고객 관리 대상에 대한 우선순위와 최적화된 자원 할당 의사결정을 지원한다.

CPM의 고객 세분화 기법

- 고객가치 기반 세분화(customer value based segmentation): 기업의 고객가치 수준과 집단별 특성을 이해하고, 반복적이고 동일하게 고객가치를 평가함으로써 고객기반 전체와 포트폴리오를 구성하는 각 집단별 고객자산가치의 성장 수준을 관찰하고 추적하는데 필요하다.
- 전략적 고객 세분화(strategic customer segmentation): 고객들의 욕구, 구매행동 특성 등에 따라 동질적인 고객을 그룹화하고, 그룹별로 차별화된 욕구를 충족시킬 수 있는 마케팅 전략을 적용하여 한정된 자원으로 효율적인 고객 로열티 증진을 도모하는데 활용한다.

CPM의 실행 절차

- 1단계. 고객의 재무적 가치 평가: 전체 고객을 대상으로 개인별 가치를 평가한다. 가치 평가는 매출액, 수익률, 현재가치, 미래가치, 고객생애가치 등을 이용한다.
- 2단계. 고객 포트폴리오 개발: 각 집단별 특성을 이해하는데 도움이 되는 고객 전략 변수들을 정의하고 고객별로 평가한다. 그 다음 고객 전략 변수들을 이용하여 그룹별 특성을 정의한다.
- 3단계. 전략적 고객 세분화: 전략적 고객 세분화는 자원 할당을 위해 타겟팅해야 할 대상의 우선순위를 결정하는 과정이다. 프로파일에 사용된 변수 가운데, 고객가치를 향상시킬 수 있는 핵심 변수를 이용하여 전략적 고객 세분화를 실행한다.
- 4단계. 고객 세그먼트 전환 전략 개발: 고객 세그먼트 전환 전략은 고객과의 관계를 강화하고, 기업의 성과에 직접적으로 영향을 미칠 수 있다. 기업의 재무적 성과를 고객 세그먼트 간의 이동패턴으로 모두 설명할 수 있다.
- 5단계. 마케팅 실행을 위한 4Rs 정의: 4Rs은 적절한 고객에게, 적절한 제품 및 서비스를, 적절한 채널을 통해, 적절한 시기에 제공해 주고자 하는 CRM의 마케팅 믹스 개념으로서 멤버십 회원 대상의 캠페인 전략에 직접적으로 활용된다.

04

모바일 멤버십 전략

지난 10여 년간 모바일 환경의 발전은 개인의 생활방식은 물론 기업의 경영방식에도 거대한 변화를 일으켜 왔다. 이제 모든 것이 모바일로 통하는 시대인 만큼 멤버십 프로그램도 모바일 운영 환경을 고려하지 않을 수 없다. 본 장에서는 멤버십 프로그램을 모바일 환경에 접목시키기 위해 고려해야 할 주요 이슈들을 다루고 있다.

4.1 모바일 마케팅 전략

모바일 마케팅은 모바일 디바이스(예 스마트폰, 태블릿, 스마트워치 등)가 제공하는 서비스(예 모바일 앱, 문자, 푸시 알림 서비스 등)에 디지털 마케팅 기술을 접목하여 마케팅 믹스 전략(제품, 가격, 유통, 커뮤니케이션)을 실행하는 것이다. 여기서, 디지털 마케팅 기술이란 모바일 디바이스를 중심으로 온·오프라인의 유통 채널 및 커뮤니케이션 채널을 연결하고, 사물인터넷, 인공지능, 기계학습 등 고객에게 보다 나은 고객 경험을 제공할 수 있는 관련 디지털 기술들을 포괄한다.

성공적인 모바일 마케팅의 핵심은 모바일 마케팅 환경의 특성을 활용하고 자사의 비즈니스 모델에 적합한 디지털 기술들을 접목하여 고객의 제품 소비 행동 과정 동안 보다 개인화 되고, 편리한 쇼핑 환경을 제공하여 브랜드에 대한 긍정적인 경험을 극대화하는 데 있다. 이를 위해서는 마케팅 영역에서 활용할 수 있는 디지털 기술에 관한 정보를 지속적으로 수집하고, 적절한 기술을 자사의 서비스에 접목시키려는 자세가 필요하다. 예컨대, 언

342   CRM과 마케팅의 콜라보, 멤버십 전략

제 어디서나 커뮤니케이션 할 수 있는 모바일의 장점은 고객의 문제를 실시간 대응하고 해결할 수 있는 챗봇 서비스로 연결 지을 수 있으며, 사용자의 현 위치를 파악할 수 있는 특성은 비콘을 이용한 위치 기반의 모바일 타겟팅 푸쉬 광고에 활용할 수 있을 것이다. 또한, 인공지능 스피커와 같은 디바이스를 이용하여 음성만으로도 자사 인터넷 쇼핑몰의 제품을 쉽게 검색하는 서비스를 적용할 수 있을 것이다.

모바일 마케팅 환경은 다음과 같은 여섯 가지 특성으로 인해 고객과의 상호작용에 있어 기존의 온·오프라인 마케팅 환경과는 다른 새로운 차원의 개인화된 마케팅을 가능하게 하고 있다.

모바일 마케팅 환경의 여섯 가지 특성

① **도달성**(Reachability): 사용자가 항상 휴대하고 있어, 언제 어디서나 커뮤니케이션 할 수 있다.
② **위치 확인성**(Localization): 사용자의 현 위치를 파악하고, 그에 맞는 서비스를 제공할 수 있다.
③ **접속성**(Instant Connectivity): 필요할 때 신속하게 접속하여 정보를 탐색할 수 있다.
④ **개별성**(Personalization): 개인의 위치, 시간, 날씨, 주변 환경, 과거 구매이력, 검색 키워드, 접속한 웹사이트, 검색어, 실행 중인 앱 등을 고려한 정교한 타깃 마케팅을 실행할 수 있다.
⑤ **편재성**(Ubiquity): 오프라인 ATM, 주유기, 셀프계산대, 키오스크, 가전제품, 자동차, 휴대용 단말기 등의 비컴퓨터기기와의 자유로운 접속을 지원한다.[7]
⑥ **초연결성**(hyper-connection): 가상의 공간에서 24시간 언제든 제품을 경험하거나, 직원과 소통할 수 있다.

상품을 구매하고 소비하는 과정에 접목할 수 있는 디지털 마케팅 기술은 크게 1) 생체 인식 기술, 2) 사물 인식 기술, 3) 위치 인식 기술, 4) 디지털 체감 기술로 구분할 수 있다. 각각의 특성과 용도를 살펴보자.

---

7 유비쿼터스(Ubiquitous)는 컴퓨터와 유무선 인터넷, 그리고 비컴퓨터 기기 간의 무선 통신을 통해 사물 간의 네트워크화, 사물이 지능화·정보화되는 것을 말한다. 모바일 디바이스는 사용자와 비컴퓨터 기기 간의 커뮤니케이션을 지원하는 매개체이다.

생체 인식 기술

바이오 정보를 통해 개인을 식별하는 기술로 디지털 ID로 활용, 매장에서의 회원 인증 또는 모바일 체크인(비행기, 호텔, 박람회장, 공연장)에 활용된다.

- 지문인식: 최근 손에 물이 묻거나, 고온/영하의 기온에 노출되는 실사용 환경에서의 지문 인식율과 보안성이 개선되고, 디스플레이화면 공간을 방해하지 않는 내장형 센서기술이 도입되면서, 스마트폰 잠금해제 이상으로 본인인증 영역에서의 활용도가 높아질 것으로 전망되고 있음.
- 안면인식: 스마트폰 전면부에 센서를 삽입할 수 있어 풀스크린 디자인에 방해가 되지 않고, 지문인식보다 인식률이 높은 것으로 평가되어, 모바일 환경에서의 본인 인증 수단으로 지문인식보다 더 선호되고 있음.
- 홍채인식: 지문이나 안면인식에 비하여 소비자들의 거부감이 높고, 홍채 인식용 카메라를 위한 공간 확보가 필요하여 스마트폰의 기술 탑재율은 낮음. 그러나, 오인식율이 낮고, 보안성이 높으며, 위조가 어려운 등 장점이 여전해 이중 인증수단으로 주목받고 있음.

사물 인식 기술

사물을 인식하여 제품의 정보나 경험을 제공하는 기술로 제품 위치 추적, 오프라인상에서의 특정 웹페이지 접속, 개인 인증, 모바일 결제 등에 활용된다.

- 바코드(Bar Code): 굵기가 다른 흑과 백의 막대로 조합시켜 만든 1차원 코드
- QR코드(Quick Response Code): 제품 정보를 인식하여 제품에 관한 정보와 혜택 제공
- RFID(Radio Frequency Identification): 저장된 태그 정보(제품정보, 원산지, 이동과정, 현재상태, 구매이력 등)를 리더기로 인식
- NFC(Near Field Communication): 양방향통신으로 사진, 음악, 영상, 모바일결제, 전자티켓, 신분증 등 다양한 용도로 활용
- KINECT: 음성·동작 인식 기술, 쇼핑 카트 내 주문 상품 자동 인식, 매장 체크아웃시 자동결제에 활용
- OCR(Optical Character Reader): 문자 판독 기술, 영수증 촬영시 구매상품 내역을 데이터화함

위치 인식 기술

신호 도달 범위 내의 사용자 스마트폰에 스마트폰 앱이 설치된 경우 사용자에게 서비스나 혜택을 주고 인근 매장 또는 서비스센터에 연결된다.

- 지오펜싱(Geo-Fencing): 가상의 경계로 구획된 영역 내 디바이스의 진입/진출을 감지하는 측위 기반 기술로 GPS와 인접 WiFi AP 정보를 활용하여 위치 기반 획득, 상권 및 거대매장 대상
- 와이파이(WiFi AP): 무선 인터넷 근거리 통신망으로 방문고객과의 인터넷 연결 통해 상품정보, 상품위치, 쿠폰 등 혜택 제공, 백화점, 마트 규모에 적용
- 비콘(beacon): 위치나 상황 등을 알리기 위해 일정한 신호를 전송하는 기기, 소규모 매장 적합

디지털 체감 기술

인공적인 기술로 실제와 유사한 환경이나 상황을 만들어 사람들이 실제와 같은 체험을 느낄 수 있는 기술로 상품의 간접경험 및 개인 맞춤형 상품을 제작 및 지원한다.

- 가상현실(Virtual Reality): 자신(객체)과 배경·환경 모두 현실이 아닌 가상의 이미지, 그 주체가 허상
- 증강현실(Augmented Reality): 카메라, 웹캠 등에 비춰지는 실제 사물이나 공간 등의 현실의 이미지나 배경에 가상의 정보를 부가하는 혼합현실
- 혼합현실(Mixed Reality): 가상현실 기술의 몰입도와 증강현실 기술의 현실감을 결합한 차세대 기술로서, 시각과 청각, 촉각 등의 영역에서 활용될 것으로 전망됨
- 3D 프린팅 기술: 3D 프린터를 이용하여 개인 맞춤형 제품 생산의 다품종 소량생산, 유통 및 배송과정 단축시킴

[그림 5.8]은 소비자가 제품을 구매하는 심리의 변화 과정을 설명하는 것으로, 전통적인 마케팅 환경에서의 소비자 행동 모델(Attention Interest Desire Memory Action, AIDMA)과 디지털 마케팅 환경에서의 소비자 행동 모델(Attention Interest Search Action Share, AISAS)을 비교하고 있다. 기존의 마케팅 환경에서는 '주의-관심-욕구-기억'의 단계를 거쳐 구매의사결정이 이루어지지만, 디지털 마케팅 환경에서는 '주의-관심' 단계 다음에 '검색'의 과정이 추가되고, 구매에서 끝나는 것이 아니라 경험한 브랜드에 대한 '정보공유' 행동이 두드러짐을 알 수 있다.

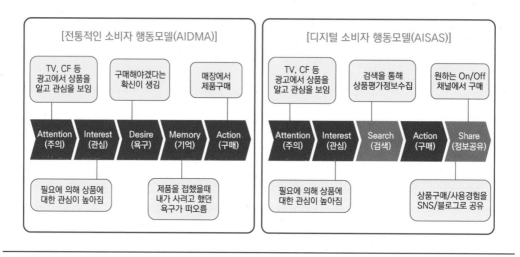

[그림 5.8] 전통적인 소비자 행동 모델과 디지털 소비자 행동 모델의 비교

하루가 다르게 빠르게 발전하고, 다양화하는 디지털 마케팅 기술 가운데 기업의 환경에 맞는 기술만을 선별하고 접목시키는 효과적인 방법은 <표 5.30>과 같이 기업 고유의 소비자 행동 특성을 고려한 모바일 마케팅 전략 프레임워크를 사용하는 것이다. 디지털 시대의 소비자 구매의사결정 과정은 주의/관심, 검색/탐색, 구매, 소비/재구매, 공유/추천의 반복과정이다. 이에 기반하여 각 단계별로 고객의 니즈와, 기업이 고객에게 제공하고자 하는 가치를 단계별 마케팅 실행 방향으로 정의하고, 이를 구현하는데 필요한 디지털 마케팅 기술을 접목하여 멤버십의 서비스 개선에 활용하도록 한다.

소비자행동	마케팅의 전략적 방향	디지털 마케팅 기술
주의 · 관심	매장 인근에 고객이 위치하면 매장 안내/쿠폰 발송	위치 기반 서비스
	인터넷 쇼핑몰 장바구니 미결제 상품 알림 문자	마케팅자동화
검색 · 탐색	개인 맞춤형 상품 추천/정보 제공	개인화 추천 알고리즘
	모바일 전단/쿠폰북	모바일 DM
	즉시 사용 쿠폰 발송	마케팅자동화 솔루션

구매	• 쇼루밍 지원
	  (매장에서 상품 경험 후 온라인 · 모바일 구매)
	• 역쇼루밍 지원
	  (온라인 · 모바일 구매 후 매장에서 상품 픽업)
		• 스마트물류
		• 온 · 오프라인 유통 채널 판매 정보 통합

	매장 방문 전 선주문/예약 서비스	스마트 오더
	• 매장 체크인시 고객 인식 • 매장 체크인시 상품 추천, 행사 안내, 즉시 사용가능 쿠폰 발송 • 매장 체크인시 잔여 포인트 현황 안내	• 개인 안면 인식 기술 • 디지털 ID 인증 • 마케팅자동화
	• 매장 내 쿠폰북 다운로드 • 매장 계산대 체크아웃 · 자동 결제 • 매장 체크아웃시 영수증 이메일/문자 발송	• NFC • 키넥트 • 스마트 영수증
	인터넷쇼핑몰 상품 간접경험 지원(온라인 피팅 서비스)	가상현실, 증강현실
	인터넷쇼핑몰 개인 맞춤형 상품 주문(3D 프린팅 서비스)	3D 프린팅 기술
	대화형 라이브쇼핑	챗봇, 스트리밍 서비스
소비 · 재구매	온오프라인 통합 반품 서비스	스마트 물류
	포인트 적립 못한 영수증 촬영 – 포인트 적립	OCR
	제품 사용만족도 설문조사	마케팅자동화
	• 주문 이력 기반 재구매 시점 도래 안내 • 센서 기반 고객센터 방문 시점 도래 안내	• 마케팅자동화 • 사물인터넷
	잔여/소멸예정 포인트 안내	마케팅자동화
	신상품 정보 안내	마케팅자동화
	음성 인식 자동 재주문	음성 인식 기술
공유 · 추천	• 상품후기 등록 독려 • 상품후기 SNS 공유 • 지인 추천 독려	소셜CRM

4.2 모바일 멤버십 전략

모바일 마케팅 전략의 관점을 조금 더 멤버십 서비스 환경에 맞게 응용하는 것이 모바일 멤버십 전략이라고 할 수 있다. 본 절에서는 모바일 멤버십 전략의 유형과 범위, 그리고 모바일 멤버십 전략을 위한 포인트 및 보상 설계에 대해 알아본다.

(1) 모바일 멤버십의 유형

자사에 적합한 모바일 멤버십 프로그램을 운영하기 위해서는 모바일 멤버십의 유형과 특성에 대한 이해가 필요하다. 본 절에서는 모바일 멤버십의 유형을 업종 관점에서 소매와 제조, 기업의 니즈 관점에서 스마트월렛과 포인트 플랫폼으로 구분하여 각각의 특성을 살펴보도록 하겠다.

1) 소비재 소매업

소매점의 모바일 멤버십 운영의 주된 목적은 실물 회원카드를 대체하고, 포인트의 관리, 회원 우대 혜택 제공, 비대면 주문을 강화하는 데 있다. 회원 식별은 모바일 앱 로그인 기능과 매장에서 회원임을 식별할 수 있는 바코드 또는 QR코드 방식의 디지털 ID 카드 두 가지로 구성한다.

쇼핑 편의성을 높이기 위해 매장 방문 전에 선 주문 또는 예약하여 매장에서의 쇼핑 시간을 단축시켜주고, 회원 전용의 쿠폰, 증정 등의 판촉행사 등을 안내하며, 이전에 주문했던 상품들에 대한 내역을 쉽게 관리할 수 있도록 하고 있다.

포인트의 적립은 구매 포인트와 앱 활동에 대한 이벤트 포인트 모두에 제공될 수 있다. 구매 포인트는 매장과 인터넷쇼핑몰에서 적립한 포인트의 통합 및 영수증 업로드시 포인트 적립 기능을 제공하고, 앱 출석, 친구추천 등의 활동에 대한 이벤트 포인트를 지급하도록 한다. 상품을 구매할 수 있는 점포 비즈니스이므로, 포인트는 온·오프라인 상품 결제시 현금처럼 차감 사용하는 방식이 적절하다.

무인점포에서는 매장 방문시 개인을 식별하는 안면 인식 또는 디지털 ID 카드 인식 기술을 사용하여 소비자 개개인의 매장 방문 일시와 체류시간 등에 정보를 확보하고, 계산대 체크아웃시 자동 결제되는 시스템을 연동하기도 한다.

소매점은 고객의 매장 방문 전 위치 기반 푸시 마케팅과 모바일 앱을 통한 제품 추천 DM의 발행 등을 적용하고, 매장 방문 중에는 제품 촬영시 제품 상세 정보가 제공되는 QR 코드의 활용, VR 기술을 이용한 제품 사용 시점의 가상 경험 기술들의 적용, 방문 후에는 제품 사용 후기 등을 지인과 공유할 수 있는 소셜 미디어의 활용 등이 필요하다.

[그림 5.9]는 CVS 편의점의 모바일 멤버십 앱이다. 매장에서 사용하는 바코드 방식의 디지털 ID카드와 개인 맞춤형 추천 상품 리스트, 회원 전용의 쿠폰과 전단 제공, 매장 방문 전 사전 쇼핑, 배달 예약 등을 제공한다.

[그림 5.9] 소매점의 모바일 멤버십 예시 - CVS

[그림 5.10]은 던킨도너츠의 모바일 멤버십이다. 매장에서 사용하는 회원카드는 QR코 드 방식이며, 매장 방문 전 사전 주문할 수 있는 기능을 제공하고, 포인트의 적립 및 관리, 회원 전용 혜택(예 무료 음료)을 제공한다.

[그림 5.10] 식음료 매장의 모바일 멤버십 예시 - 던킨 디디퍽스(Dunkin DDPERKS)

2) 소비재 제조업

직영 점포 사업을 하지 않는 소비재 제조업의 모바일 멤버십은 브랜드에 대한 고객 충성도 증진을 목표로 한다. 매장에서의 고객식별이 불필요하므로 회원식별은 모바일 앱 로그인 형태를 사용하며, 포인트의 적립과 사용이 모바일 멤버십 앱을 통해 이루어진다.

실구매 여부의 확인은 영수증 또는 제품에 표기된 고유 번호의 촬영 방식이 많이 활용된다. 영수증 촬영 방식은 구매 일시, 구매 상품, 구매 금액에 대한 정보를 식별할 수 있지만, 고유 번호의 촬영 방식은 구매 상품에 대한 정보만 수집할 수 있다.

소비재 제조업 멤버십의 주요 기능은 신제품 소개나 제품 추천 등 브랜드와 관련된 정보 제공과 어느 점포에서나 사용할 수 있는 쿠폰 지급, 포인트의 적립과 사용 기능이다. 포인트를 사용할 수 있는 매장이 없기 때문에 멤버십 앱 내에 포인트몰을 운영하여 포인트를 자사 제품으로 교환할 수 있게 하거나, 인터넷 종합쇼핑몰의 디지털 상품권, 문화상품권, 영화 초대권과 같이 디지털로 전송할 수 있으면서 동시에 보편적으로 선호도가 높은 보상물과의 교환 방식을 이용한다.

[그림 5.11]은 하기스의 모바일 멤버십으로, 영수증으로 실구매를 식별하고, 적립한 포인트는 모바일 멤버십 앱의 포인트몰에서 자사 상품과 교환하거나, 타 쇼핑몰의 상품권으로 교환할 수 있는 방식으로 운영하고 있다.

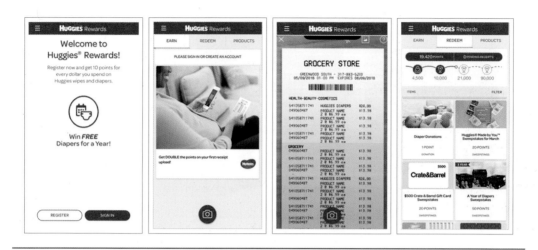

[그림 5.11] 소비재 제조업의 모바일 멤버십 프로그램 예시 - 하기스 리워즈(Huggies Rewards)

3) 스마트월렛

스마트폰에 모바일 신용카드·멤버십카드·쿠폰·전자화폐 등을 담아두고 결제·관리하는 전자 지불 시스템이다. 브랜드마다 개별 멤버십 앱을 설치할 필요가 없고, 포인트의 적립과 사용 또한 전자지갑을 이용하면 되기 때문에 소비자가 편리하게 멤버십을 관리하고 사용할 수 있는 이점이 있다.

스마트월렛이 확보하고 있는 사용자 집단을 대상으로 신규회원을 유치할 수 있어 멤버십 프로그램을 처음 운영하는 기업들이 스마트월렛과의 제휴 방식을 선호하며, 자체적으로 멤버십 앱을 운영하는 기업의 경우에는 스마트월렛을 마케팅 도구의 하나로 활용하기 위해 스마트월렛 제휴를 병행한다.

스마트월렛은 가입 회원 수에 따라 사용료가 과금되는 형태이기 때문에 누적 회원 수가 증가하게 되면 운영 비용에 대한 부담도 커지므로, 어느 시점까지 스마트월렛과 제휴하고 자체적인 멤버십 운영 단계로 전환할 것인지에 대한 사전 계획을 필요로 한다.

[그림 5.12] 스마트월렛 예시 - 시럽월렛

4) 포인트 플랫폼

포인트 플랫폼은 쇼핑 영수증을 매개로 소비자와 브랜드를 중개하는 플랫폼이다. 소비자에게는 포인트를 적립해주고, 소비재 브랜드에게는 마케팅 채널을 제공하는 방식이다. 소비자가 소매점에서 결제한 영수증을 촬영하여 업로드하면, 포인트 플랫폼은 문자 판독 기술로 영수증의 구매 내역을 데이터로 변환하여 포인트 계산 알고리즘에 따라 포인트를 계산하고, 적정 포인트를 실시간으로 소비자에게 지급한다. 소비자는 어떤 소매점이든 구매 영수증에 대한 포인트를 적립하여 보상물로 상환 받을 수 있으며, 자신이 제출한 영수증을 바탕으로 언제 어디서 얼마나 결제했는지 소비 이력을 관리할 수 있다.

반대로, 브랜드는 제출한 영수증에 자사 제품을 구매한 이력이 있거나, 자사 브랜드를 포인트 플랫폼을 통해 지인에게 추천하게 되면 포인트 플랫폼을 통해 더 많은 포인트를 지급해 줌으로써 소비자의 재구매와 지인 추천을 유도할 수 있다. 또한, 소비자들이 자사의 제품으로 포인트를 상환할 경우 부가적인 매출도 확보하게 된다.

포인트 플랫폼은 소비자와 브랜드의 중개를 통한 중개수수료가 주된 수익원이지만, 방대한 양의 소비자 구매 데이터를 확보하여 마케팅 대행에 활용하는 또다른 비즈니스 모델을 운영할 수 있는 장점이 있다. 자체적인 멤버십 운영은 부담스럽지만, 멤버십 프로그램처럼 자사 제품 구매에 대해 보상을 해줌으로써 고객의 재구매를 유도하고, 이와 더불어 잠재고객 대상의 브랜드 마케팅 홍보 채널이 필요한 기업들이 주로 활용하고 있다.

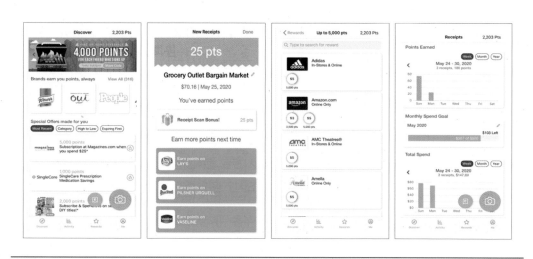

[그림 5.13] 포인트 플랫폼 예시 – 패치 리워즈(Fetch Rewards)

(2) 포인트 · 보상 설계

모바일 앱은 스마트폰의 저장공간을 일부분 차지하기 때문에 유용한 가치를 제공하지 못하면 쉽게 삭제될 수 있다. 따라서, 모바일 앱 기반의 멤버십 프로그램을 운영할 경우에는 회원이 지속적으로 앱을 방문하고, 기업이 추구하는 특정 고객 행동을 유도할 수 있는 보상 설계가 매우 중요하다. 포인트는 모바일 앱에서의 다양한 고객 활동을 금전적 가치로 환산하기가 용이하기 때문에 모바일 멤버십의 보상 설계에서는 포인트에 기반하는 것이 효과적이다.

모바일 멤버십의 포인트 정책 설계는 1) 포인트 적립 대상, 2) 포인트 지급 방법, 3) 포인트 지급 수준, 4) 포인트 사용 방법, 5) 포인트 소멸 기준에 대한 결정을 필요로 한다.

1) 포인트 적립 대상

포인트를 지급하여 촉진할 활동의 유형과 상세 대상을 결정하는 단계이다. 모바일 앱의 특성을 고려하여, 탐색-구매-방문활동-참여활동으로 구분할 수 있다.

① 탐색

모바일 앱 내에서 제품 구매 이전에 이루어지는 활동들을 촉진하기 위한 것으로, 상품 검색, 모바일 전단 검색, 쿠폰 다운로드, e카탈로그 열람, 게임 참여, 채팅 상담 등을 포함한다.

② 구매

실질적인 매출을 촉진하기 위한 것으로, 상품별, 등급별, 구매유형별(예 신상품, 할인 상품 등, 새벽배송 상품) 적립율을 차별화한다. 모바일 앱 이외에 오프라인 매장이나 인터넷 쇼핑몰 등의 유통 채널이 존재하고, 유통 채널별로 구매 기여도에 대한 포인트 정책을 이원화할 경우에는 고객의 혼란과 불만을 야기할 수 있으므로 주의가 필요하다.

③ 방문활동

모바일 앱 방문을 촉진하고, 고객과 커뮤니케이션 할 수 있는 환경 조성을 유도하기 위한 것이다. 모바일 앱의 설치, 푸시알림 켜기, 출석 체크, 앱 체류시간 등이 해당한다.

④ 참여활동

앱 이용에 대한 동기부여, 앱 활성화 등 매출 창출을 간접 지원하는 활동에 대한 보상으로, 상품사용후기의 등록, 상품 또는 후기에 좋아요, 공유하기 등 호의 표현, 상품 또는 후기를 친구에게 추천하기, 설문조사 또는 투표(poll) 참여, 초청 행사 참여 등이 포함된다.

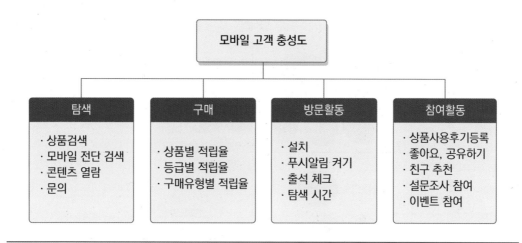

[그림 5.14] 모바일 멤버십 앱 포인트 적립 대상

2) 포인트 지급 방법

포인트를 어떠한 형태로 지급할 것인지 기여도의 평가 방법을 결정하는 것으로, 점수제 방식과 스탬프 방식을 고려할 수 있다. 점수제 방식을 기본으로 하고, 출석 체크나 구매 횟수와 같이 집중적으로 관리가 필요한 요소를 스탬프 방식으로 주목도를 높이는 것이 효과적이다.

3) 포인트 지급 수준

매출 창출에 도움이 되는 수준(sales support level)과 사용자의 노력 수준(user effort level)을 고려하여, 포인트 적립 대상별 포인트 지급 수준의 체계를 정의하는 단계이다([그림 5.15] 참조). 실구매 또는 영업에 직접적으로 기여하는 소비자 행동이나 타인에게 추천 또는 공유하는 행동에 대해 높은 포인트가 지급되도록 설계하는 것이 핵심이다. 지급 수준의 설계시, 항목별 포인트 점수, 지급 시점(예 이벤트 발생(설치, 알람-온, 클릭, 입력 등)시, 배송 완료 시점으로부터 1주일 후 등), 지급 횟수(예 1회, 반복 지급), 지급 기간의 설정 등을 함께 고려한다. 이렇게 설정한 값들은 모바일 멤버십 관리 기능에서 포인트 지급을 위한 적용 규칙이 된다([그림 5.16] 참조).

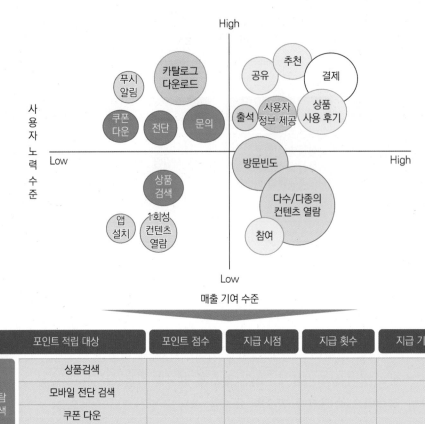

포인트 적립 대상		포인트 점수	지급 시점	지급 횟수	지급 기간
탐색	상품검색				
	모바일 전단 검색				
	쿠폰 다운				
	문의				
구매	상품별 적립율				
	등급별 적립율				
	구매유형별 적립율				
방문 활동	설치				
	푸시알림 켜기				
	출석 체크				
	탐색 기간				

참여활동	상품사용후기 등록(100자 이내)			
	상품사용후기 등록(100자 이상)			
	상품사용후기 등록(이미지)			
	상품사용후기 등록(동영상)			
	좋아요			
	공유하기			
	친구 추천			
	친구 추천 실구매			
	설문조사 참여			
	이벤트 참여			

[그림 5.15] 모바일 멤버십 포인트 지급 수준의 결정

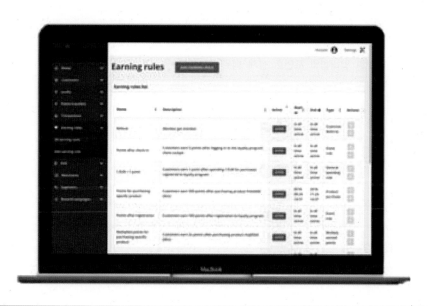

[그림 5.16] 모바일 멤버십 포인트 적립 룰 세팅 화면 예시

4) 포인트 사용 방법

적립한 포인트로 상환할 수 있는 보상물과 보상 방법, 상환 가치 등 포인트를 언제 어디에서 어떻게 사용할 수 있는지에 대한 결정이다. 매장이나 고객센터 등 고객을 직접 만날 수 있는 거점이 존재하는 경우에는 실물 증정이 가능하지만, 그렇지 않은 경우에는 디지털 상품권 등 온라인·모바일 상에서 상환이 가능한 보상물이 적합하다. 포인트의 상환가치는 1p＝10원, 100원, 1000원 등의 단위를 결정하는 것으로 포인트의 적립 대상, 활동의 매출 기여 가치, 적립 속도, 상환물의 가격대 등을 고려한다.

5) 포인트 소멸 기준

포인트의 유효기간과 소멸 예정을 어느 시점에, 어떠한 채널을 통해, 어떠한 내용을 안내할 것인지에 대한 결정을 포함한다. 관련 규정이 있지 않은 일반 소비재의 경우 구매에 의해 발생한 '거래 포인트'는 2년, 기타 활동들에 대해 지급한 '이벤트 포인트'는 6개월, 1년 등으로 거래 포인트보다 짧게 설정하는 것이 일반적이다.

〈표 5.31〉 모바일 멤버십의 포인트 설계 범위

구분	설계 범위와 대상
포인트 적립 대상	• 어떠한 활동에 대하여 포인트를 지급할 것인지에 대한 결정 예 탐색, 구매, 방문활동, 참여활동
포인트 지급 방법	• 기여도의 평가 예 점수, 스탬프
포인트 지급 수준	• 포인트의 지급 수준 결정 예 구매 기여도와 사용자 노력 수준 고려
포인트 사용 방법	• 포인트의 상환가치, 사용처, 사용방법의 결정 예 1p=100원, 포인트몰에서 상품구매시 차감
포인트 소멸 기준	• 포인트의 유효기간, 소멸예정 안내의 고지 방법 결정 예 거래 포인트는 2년, 이벤트 포인트는 1년

6) 보상 설계

회원들에게 어떤 보상과 혜택을 제공할지를 결정하는 것은 멤버십의 활성화에 직결되는 중요한 요소이며, 효과적인 마케팅 비용 집행과 운영관리의 표준화를 위해 필요하다. 모바일 멤버십은 스마트폰을 이용한 회원가입 방식이기 때문에 매장을 방문하여 회원가입하는 형태보다는 회원가입이 쉽다. 따라서, 모바일 앱 설치자의 상당수가 이벤트만 참여하고 나가는 체리피커들인 점을 고려할 필요가 있다.

예컨대, 실제 매출 창출에 기여한 것으로 평가할 수 있는 기준을 설정하고, 그 이상 포인트가 적립되어야 보상물 획득에 사용할 수 있는 구조가 되어야 한다. 보상 설계시에는 보상물별로 제공 대상, 제공 방법, 제공 기간, 제공 여부의 확인 방법 등을 함께 고려한다. 또한, 브랜드 관련성과 혜택 유형을 고려한 보상물 설계 프레임워크에 준하여 포인트 구간별 적용 가능한 것들을 도출하는 형태가 적합하다.

〈표 5.32〉 보상 설계 프레임워크

구분	실용적 혜택	심리적 혜택
브랜드 관련성 High	• 자사 제품 구매/이용시 금전적 혜택을 제공하는 보상물 • 소비자를 훼손하지 않으면서 할인 효과 유발 • 제품구매의사결정에 직접적인 영향을 줌 예 선할인, 상품권 등	• 자사 제품 구매·이용시 신뢰/만족/쾌락을 제공하는 보상물 • 브랜드에 대한 긍정적인 경험 효과 유발 • 제품구매의사결정에 간접적인 영향을 줌 예 브랜드 액세서리, 행사 초청, 잡지 등
브랜드 관련성 Low	• 자사 제품과 직접적인 관련성이 없는 금전적 혜택 • 실용성과 범용성을 갖춘 보상물 • 저비용의 보상물 제공이 필요한 경우 적합 • 제품구매의사결정에 영향을 주지 않음 예 스크래치복권, 기프티콘 등	• 자사 제품과 직접적인 관련성이 없는 무형의 혜택 • 희소성을 갖춘 보상물 • 추첨을 통해 일부에게 제공하는 경우 적합 • 제품구매의사결정에 영향을 주지 않음 예 공연티켓 등

4.3 모바일 기반 로열티 마케팅

모바일 환경에서 멤버십 프로그램이 운영되기 시작하면 기본적인 멤버십의 운영뿐만 아니라 멤버십 회원을 대상으로 한 다양한 마케팅 활동 전개가 가능하다. 실제로 최근 모바일 멤버십을 운영하는 기업들은 모바일 방식의 DM이나 이벤트로써 스크래치 또는 스탬프 카드 등과 같이 고객의 충성도를 자극하는 디지털 마케팅을 실행할뿐만 아니라, 과거의 서베이 방식보다 훨씬 응답율이 높은 모바일 서베이를 통해 고객들의 의견을 효과적으로 수집하기도 한다.

(1) 모바일 DM

모바일 DM(direct mail)은 상품과 매장 판촉 행사를 홍보하는 정보지(예 전단)와 증정이나 할인을 제공하는 상품 정보를 모아 놓은 쿠폰북을 모바일 앱을 통해 제공하는 것으로, 매장 사업을 하는 소매유통업에서의 활용도가 높다. 모바일 DM은 인쇄물 제작과 배포에 필요한 비용을 절감하면서 보다 효과적인 커뮤니케이션 도구가 될 수 있기 때문에, 핵심적인 모바일 판촉도구가 될 것으로 전망된다. 우리나라의 대형 쇼핑몰들은 연간 1백억 원이 넘는 비용을 DM 제작과 배포에 할애해 왔는데, 모바일 DM을 사용하면서 이러한 비용을 절감할 수 있게 되었다. 통상 종이 전단은 제작 비용이 50만부 기준 약 5천만 원이 소요되고, 모바일 DM은 그에 비해 1/3 – 1/2의 비용으로 최소 2배 이상 효과적인 것으로 평가되고 있다.

모바일 DM은 마케팅 활용 측면에서 다양한 장점을 갖고 있다. 가장 큰 장점은 시간과 지면의 제약 없이 필요시 실시간으로 전단의 내용을 변경할 수 있어 즉흥적으로 준비되는 작은 규모의 행사까지 실시간으로 소개하는 것이 가능하다는 데 있다. 동영상으로 된 정보도 담을 수 있어 소비자의 관심을 유발하는 데도 효과적이다. 반면, 인쇄물로 된 전단지나 쿠폰북은 인쇄물로 제작하고 배포하는데 통상 1개월이 소요되고, 한정된 지면에 담을 수 있는 행사 내용도 한계가 있다. 두 번째는 모바일 DM은 개인별 관심 브랜드와 제품을 고려한 맞춤화된 서로 다른 형태의 전단과 쿠폰북을 소비자에게 제시할 수 있다. 각 개인이 언제 어떤 전단의 어떤 상품을 클릭했는지, 쿠폰을 사용했는지, 누가 누구에게 행사를 공유하고 전달했는지를 정확하게 실시간 분석할 수 있기 때문에 개인 사용자를 중심으로 타인에게 전파된 경로와, 내용, 그 결과까지 확인할 수 있어 보다 정교한 개인별 고객 충성도의 측정과 맞춤형 타깃 마케팅을 실행할 수 있다. 마지막으로, 모바일 DM은 챗봇과의 연동을 통해 행사 내용을 문의할 수도 있고, 매장 내 키오스크와의 연동을 통해 행사 내용에 재미 요소를 가미할 수도 있어 단순 정보지를 넘어 기업과 고객, 온라인과 오프라인 간의 쌍방향 네트워킹을 가능하게 한다.

모바일 DM의 효과를 극대화하기 위해서는 소셜 미디어, 메신저, 이메일, 챗봇 등 다양한 커뮤니케이션 채널과의 연동 및 사용자가 자발적으로 모바일 전단을 타인에게 홍보할 수 있는 장치(예 '좋아요' 버튼, '카카오톡 친구에게 알림' 기능, '공유하기' 등)를 추가하고, 푸시 메시지를 이용한 전단 노출과 URL-SMS 방식의 문자 메시지를 통해 전단이 열람될 수 있는 채널을 다양화하도록 한다. 일반적으로 행사 종료 3일 전 리마인드 LMS 발송은 내점 유도에 효과적이다.

[그림 5.17] 모바일 DM 예시 - 세이브어라운드(Savearound.com)

(2) 모바일 게임형 이벤트

[그림 5.18] 모바일 게임형 이벤트 예시(www.beeliked.com)

랜덤한 경품 제공이 아니라, 타깃팅 그룹별 경품 매칭을 통해 고객 관리 목적으로 활용한다. 예컨대, 이벤트 기간 50만원 이상 구매고객 그룹에게는 경품 A를 지급하고, 30만원 이상 구매고객 그룹은 경품 B를 세팅하여 구매 기여도에 따라 지급 받을 수 있는 경품에 차등을 둘 수 있다. 예컨대, 모바일 스크래치 복권은 판매관리시스템(예 POS시스템)과 연동하여, 결제시 구매금액에 맞게 사전정의된 대로 구매고객에게 스크래치복권 URL-SMS를 발송하고, 고객은 수령한 URL-SMS의 경로에서 스크래치 복권의 당첨 여부를 확인한다.

(3) 모바일 스탬프 카드

재방문 유도, 신규고객 추천, 제품 사용후기 등록, 소셜미디어에서의 제품 정보 공유, 모바일 앱 출석 등 특정 행동을 촉진하는 데 효과적이다. 커피 10잔 스탬프를 모으면 1잔 무료와 같은 내점 유도뿐 아니라, 소셜 미디어 플랫폼에서 공유한 자신의 식당 이용후기가 10개의 호응(예 '좋아요')을 받을 때마다 스탬프를 1개씩 지급하고, 100개를 모으면 무료 식사권을 제공한다거나, 실제 구매까지 이루어진 추천친구의 수가 10명에 이르면 5만원권 상품권을 지급하는 등에 사용할 수 있다. 스탬프는 직관적이고 재미적인 요소를 내포하고 있어, 소비자들의 특정 행동을 촉진하는 도구서로 유용하다.

[그림 5.19] 모바일 스탬프 카드 예시(attidomobile.com)

(4) 모바일 서베이

마케팅에 동의한 고객에게 모바일로 단체문자 혹은 메신저를 발송해 이미지나 영상화된 질문으로 쉽고 간편하게 물어보고 다수의 고객으로부터 응답을 얻은 후 통계적 기법을 사용해 고객의 니즈를 깊게 확인하는 판촉활동이다. 고객의 성별, 나이를 알 수 있는 것은 물론 다수의 고객으로부터 해당 내용을 평가받아 통계학적 수치로 분석이 가능하다.

설문조사는 두 가지 측면에서 유용하다. 하나는, 설문조사를 끝까지 완료하면 자연스럽게 해당 기업의 광고 전단지를 정독한 효과가 나타나, 기업의 제품과 서비스, 행사 내용을 이해하고 구매 단계로 이행시키는 데 효과적이라는 것이다. 다른 하나는 설문조사를 통해 고객에게 적합한 제품을 추천하거나, 고객에 대한 다양한 정보를 수집할 수 있다는 것이다. 이러한 목적의 설문조사는 게임을 하는 것처럼 소비자가 가벼운 마음으로 접근할 수 있게 설계하는 것이 필요하다.

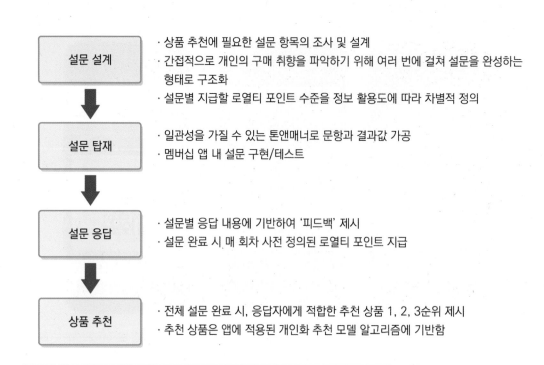

[그림 5.20] 상품 추천 목적의 설문조사 설계 예시

☺ Summary

본 장에서는 모바일 마케팅 전략의 특성과 모바일 멤버십 앱의 설계 전략, 모바일 멤버십 앱에서 활용할 수 있는 대표적인 로열티 마케팅 기법을 다루었다.

모바일 마케팅 환경의 특성
모바일 마케팅 환경은 1) 정보가 소비자에게 도달되기 쉽고, 2) 위치 기반 마케팅이 가능하며, 3) 언제 어디서나 즉각적인 커뮤니케이션이 가능하고, 4) 개인 맞춤화된 추천이 용이하며, 5) 사물인터넷을 이용한 비컴퓨터 기기와의 자유로운 접속을 지원한다.

모바일 멤버십에 접목 가능한 디지털마케팅 기술
모바일 멤버십에 접목하여 상품을 구매하고 소비하는 과정을 지원하는데 활용할 수 있는 디지털마케팅 기술에는 1) 생체 인식 기술, 2) 사물 인식 기술, 3) 위치 인식 기술, 4) 디지털 체감 기술 등이 있다.

모바일 멤버십의 포인트 정책 설계
모바일 멤버십의 포인트 정책 설계는 1) 포인트 적립 대상, 2) 포인트 지급 방법, 3) 포인트 지급 수준, 4) 포인트 사용 방법, 5) 포인트 소멸 기준에 대한 결정을 필요로 한다.

모바일 기반 로열티 마케팅
• **모바일 DM**: 모바일 앱을 통해 제공되는 쿠폰북의 형태로, 내점 유도에 효과적이다. 모바일 DM 적용 시에는 소셜 미디어, 메신저, 이메일, 챗봇 등 다양한 커뮤니케이션 채널과의 연동 및 사용자가 자발적으로 모바일 전단을 타인에게 홍보할 수 있는 장치를 다양화 하도록 한다.

• **스크래치 카드**: 모바일 스크래치 카드는 조건값을 세팅하여 경품을 받을 대상을 정의할 수 있다. POS시스템과 연동하여, 결제시 구매금액에 맞게 사전 정의된 대로 구매고객에게 스크래치복권 URL-SMS를 발송하고, 고객은 수령한 URL-SMS의 경로에서 스크래치 복권의 당첨 여부를 확인한다.

• **모바일 스탬프 카드**: 재방문 유도, 신규고객 추천, 제품 사용후기 등록, 소셜미디어에서의 상품 정보 공유, 모바일 멤버십 출석 등 특정 행동을 촉진하는데 효과적이다. 스탬프는 직관적이고 흥미 요소를 내포하고 있어 소비자들의 특정 행동을 촉진하는 도구서로 유용하다.

• **모바일 서베이**: 고객에 대한 정보를 수집하는 목적 이외에, 기업의 제품과 서비스, 행사 내용을 간접 홍보하고 구매 단계로 이행시키는데 효과적이다. 또한, 설문조사의 결과를 바탕으로 고객에게 적합한 제품을 추천하는데 활용할 수 있다. 모바일 서베이는 게임을 하는 것처럼 접근할 수 있도록 설계하는 것이 중요하다.

[**Reference**] PART V 미주

1) 2019 홈페이지 개인정보 유노출 위반사례 및 후속조치(한국인터넷진흥원, 2019), 표 업데이트함

2) 이연우, 장현미, 홍승필(2012),빅데이터 환경개인정보보호를 위한 대용량 개인정보 관리 모델 설계방안

3) 2019 홈페이지 개인정보 유노출 위반사례 및 후속조치(한국인터넷진흥원)

4) 빅데이터 활용 단계별 업무절차 및 기술 활용 매뉴얼(Version 1.0)

5) 새로운 미래를 여는 빅데이터 시대, 한국정보화진흥원, 2013

6) 새로운 미래를 여는 빅데이터 시대, 한국정보화진흥원, 2013

7) 『고객전략리더를 위한 CRM 에센셜』, 한나래플러스, 김형수(2014).

8) 개인정보 거래 '데이터 3법' 입법 예고(미디어오늘, 2020. 3. 30)

9) 빅데이터 시대 개인정보 보호와 활용의 균형을 위한 정책방안 연구(미래창조과학부 방송통신정책연구, 2014)

10) 2019 홈페이지 개인정보 유노출 위반사례 및 후속조치(한국인터넷진흥원, 2019)

11) 구글플러스 8년만에 '사망 선언' … 개인정보 유출에 일찍 접어(연합뉴스, 2019. 4. 3)

12) 2018년을 얼룩지게 했던 대규모 정보 유출 사건들(보안뉴스, 2018. 12. 26)

13) 통신사 멤버십 포인트의 민낯 … 할인액 상당부분 가맹점이 떠맡아 '가격인상 요인'(아시아경제, 2017. 6. 21)

14) 정관장 가맹점주 뿔났다 … "포인트 쌓을 때마다 인삼공사로 '돈 줄줄'"(전자신문, 2017. 10. 16)

15) 『Step by Step 비즈니스 머신러닝 in 파이썬』, 프레딕스, 김형수(2020).

VI ›› ›

업종별 멤버십 프로그램

Part VI은 멤버십 프로그램의 운영 형태를 소비재 제조업, 소비재 유통업, 서비스업, 산업재 제조업, 사회 서비스로 구분하고, 업종별로 접목할 수 있는 멤버십 전략과 멤버십 프로그램의 특성 및 사례 등을 알아본다.

1. BtoC – 소비재 제조업

   전문품, 선매품, 편의품의 멤버십 프로그램 특성과 운영 사례를 다룬다.

2. BtoC – 소비재 유통업

   소비재 유통업의 멤버십 특징, 운영 유형, 멤버십 프로그램을 지원하는 관련 기술 및 서비스, 운영 사례를 살펴본다.

3. BtoC – 서비스업

   여행 · 문화, 식음료 · 외식업의 멤버십 프로그램 특성과 운영 사례를 알아본다.

4. BtoB – 산업재 제조업

   멤버십 프로그램 운영 관점에서의 산업재 제조업 특성과 멤버십 운영 방향, 운영 사례를 살펴본다.

5. GtoC – 사회 서비스

   시민을 대상으로 하는 정부기관의 사회 서비스 특성과 이를 고려한 사회적 보상 프로그램의 전략과 운영 사례를 알아본다.

CHAPTER

01

BtoC – 소비재 제조업

　지금까지 본서에서 언급한 멤버십 프로그램의 원리나 설계 기준, 전략들이 그대로 모든 기업에 적용될리 만무하다. 이론적인 멤버십의 설계 가이드와 운영 전략은 해당 업종과 기업이 갖는 독특한 특성에 따라 변화되어 적용되어야 할 것이다. 본 장에서는 여러 업종의 특성과 이에 특화된 멤버십 전략 중 우선 BtoC 소비재 제조업에 대해 살펴보도록 하자.

1.1 소비재 제조업의 특성과 멤버십 전략

(1) 소비재 제조업의 특성

　소비재 제조업은 개인의 필요(needs)와 욕구(wants)를 직접적으로 충족하기 위하여 소비되는 재화, 즉 소비재(consumer goods)를 생산하는 BtoC 업종이다. 소비재 제조업이 취급하는 제품은 크게 전문품(specialty goods), 선매품(shopping goods), 편의품(convenience goods)으로 구분할 수 있다(<표 6.1> 참조).

〈표 6.1〉 소비재 제품 유형별 특성

구분	전문품	선매품	편의품
개념	상품의 선택이나 취급에 전문적인 지식이나 기술이 필요한 상품	구매 전에 가격, 품질 등 일정한 선택 기준을 비교·검토하는 상품	일상생활에 필요한 생필품과 꼭 필요하지는 않더라도 생활하거나 일하는 데 편하고 좋게 쓰이는 상품
예시	자동차, 가전, 악기, 컴퓨터, 디지털기기	가구, 의류·잡화, 화장품, 홈데코, 액세서리	식품, 생활용품, 취미·레저용품, 의약품, 기호품
가격대	높음	다양	낮음
구매주기	긺(년 단위)	보통(월, 분기, 년 단위)	짧음(일, 주, 월, 분기 단위)
관여도	높음	보통	낮음
유통채널	직영점·대리점 중심	직영점·대리점·소매유통상 중심	소매 유통상 중심
고객 커뮤니케이션	매장, 고객서비스센터	매장, 본사	매장
사후관리	필요	일부 필요	불필요

　　전문품은 상품의 선택이나 취급에 전문적인 지식 또는 기술이 필요한 상품으로, 자동차, 가전, 악기, 컴퓨터, 디지털기기 등이 해당된다. 가격대가 높고 구매주기가 길어 소비자는 제품을 구입하는 과정에 시간과 노력을 많이 들인다. 주로 직영점과 대리점을 통해 판매되며, 장기 사용에 따른 정기 점검이나 부품 교체와 같은 사후관리를 지원하기 위해 제조사 직영 또는 위탁형 고객서비스 센터를 운영하는 경우가 많다.

　　선매품은 전문품만큼은 아니지만 제품 구매시 가격이나 품질 등을 비교하여 구매를 결정한다. 가구, 의류, 화장품 등이 선매품에 해당한다. 가격대는 전문품과 유사하거나 낮고, 편의점보다는 고가이다. 구매주기도 전문품과 유사하거나 짧고, 편의점보다는 길다. 직영점 또는 대리점을 중심으로 판매하고, 백화점, 할인점 등에서 병행 판매한다. 의류, 가방 등 일부 품목은 수선·수리 등을 위한 A/S 서비스의 기능이 구매 및 사용과정의 만족에 영향을 준다. 따라서, 선매품 제조사는 전문품처럼 전문적인 고객서비스 센터를 운영하지는 않지만, 본사 내 A/S 부서를 두어 매장 또는 본사에서 수선할 물건을 수거하고, 본사에서 수선한 다음 다시 고객에게 회송하는 서비스를 제공한다.

　　편의품은 일상생활에 필요한 식품과 생활용품, 그리고 취미·레저용품과 같이 생활을 좀 더 윤택하게 만들어 주는 상품들을 일컫는다. 전문품이나 선매품에 비하여 상대적으로 가격대가 낮고 소비기간 또한 짧아 제품 구매 과정상의 소비자 관여도는 낮은 편이다. 대부분 소매점을 통해 유통하며 사후관리 서비스의 필요성 또한 낮다.

소비재는 제조사가 운영하는 직영점 또는 직영 인터넷쇼핑몰을 통해 소비자에게 상품을 직접 판매하기도 하지만, 판로 확대를 위해 <표 6.2>와 같이 대리점, 소매점, 종합 인터넷 쇼핑몰 등 다양한 중간상을 경유하여 간접 판매하는 비중이 더 크다. 따라서, 소비재 제조사들은 1, 2단계의 유통상을 관리하는데 집중하고, 최종 소비자의 관리는 소비자 접점의 소매상이 관리하는 것으로 암묵적인 역할 분담이 형성되어 왔다. 그런데, 멤버십 프로그램을 활용하면서 제조사들 또한 실구매 고객들에 대한 정보 수집과 소매상에게 일임했던 고객관리를 직접 실행할 수 있게 되었다.

〈표 6.2〉 소비재 제조업 유통 경로

판매처		유통 경로		
		1단계	2단계	3단계
오프라인	직영점	소비자		
	대리점	대리점, 가맹점	소비자	
	소매점	백화점, 할인점, 편의점	소비자	
	위탁점(직판)	전문점, 약국, 병원 등	소비자	
	위탁점(대리)	대리점	전문점, 약국, 병원 등	소비자
온라인	직영 인터넷쇼핑몰	인터넷 쇼핑몰	소비자	
	외부 인터넷쇼핑몰	대리점	인터넷쇼핑몰	소비자
	홈쇼핑	홈쇼핑	소비자	

(2) 소비재 제조업의 멤버십 전략

소비재 제조업의 멤버십 프로그램은 소매상이 운영하는 멤버십 프로그램과 별개로, 제조사가 직접 소비자를 대상으로 운영하는 것이다. 전문품, 선매품, 편의품은 가격대와 구매주기, 사후관리의 필요성 등 제품의 특성에 차이가 있을 뿐 아니라, 소비자의 제품에 대한 니즈와 욕구, 구매의사결정 상의 관여도가 다른 만큼 제조사가 취급하는 제품의 유형에 따라 멤버십 프로그램을 운영하는 목적과 운영 방향 또한 다르다.

<표 6.3>은 제품 유형별로 소비재 제조업의 멤버십 프로그램 전략과 운영 목적, 그에 따른 주요 보상 및 특전의 차이를 비교한 것이다. 직영점 또는 소수의 공식 대리점을 통해 상품을 판매하는 전문품의 멤버십 프로그램은 제품을 사용하는 동안 고객의 만족도를 향상시킬 수 있는 '고객 서비스 통합 플랫폼' 전략이 필요하다. 반면, 직영점과 대리점 중심의 영업을 하는 선매품은 유통업의 직영점 및 대리점 고객을 직접 관리하는 CRM 기능 중심의 멤버십 프로그램이 효과적이다. 한편, 편의점, 슈퍼마켓, 할인점 등 다양하고 복잡한 중간상을 통해 판매되는 편의품은 중간상이 직접 운영하는 멤버십 프로그램과 별개로, 제조사 차원의 멤버십 프로그램으로 고객을 유입하여 브랜드에 대한 정보와 경험 기회를 제공함으로써 브랜드 자산을 강화하는 '브랜드 커뮤니케이션 채널'로서의 멤버십 전략을 추구하는 것이 적합하다. 고객과 직접 접촉할 기회가 적어 매스마케팅에 의존할 수밖에 없는 편의품 제조사에게 멤버십 프로그램은 충성도 높은 고객들을 직접 확보하고 관리할 수 있는 채널이 될 수 있다.

〈표 6.3〉 소비재 제품 유형별 멤버십 프로그램 전략

구분	전문품	선매품	편의품
전략 방향	고객 서비스 통합 플랫폼	CRM 마케팅 실행 채널	브랜드 커뮤니케이션 채널
운영 목적	• 정품 구매자 우대 • 사용기간 동안의 사후관리 • 교차판매 기회 확보	• 직영점 · 직영 인터넷쇼핑몰 고객관리 • 대리점 고객관리 및 영업지원 • 직영 및 대리점 고객정보 수집 및 본사 마케팅 활용	• 브랜드 이미지 제고 • 브랜드 경험 기회 제공 • 바이럴 마케팅 채널로 활용 • 고객 지식 수집 채널로 활용 • 오피니언 리더 확보
주요 보상 · 특전	• 제품 교육 • 제품 기술 지원 및 무상 점검 • 부품 및 주변기기 할인 쿠폰 • 교차구매시 할인 · 증정 • 커뮤니티 활동 지원	• 제품 구매시 포인트 사용 • 등급별 할인 · 증정 혜택 • 제품 정기 배송 서비스 • 신제품 사전 예약 · 선공개 • 회원 전용 특가 판매	• 포인트몰 운영 • 신제품 · 샘플 증정 등 • 공장견학 • 특정 행동의 보상(추천, 댓글, 리뷰, UGC, SNS 공유) • 소비자조사 참여시 보상

1.2 전문품

(1) 전문품의 특성

전문품은 소비자가 제품에 대한 전문적인 지식이 많을수록 제품의 효용가치가 증가하는 제품이다. 가격이 비싸고 한 번 구매하면 최소 몇 년 이상 사용하는 내구성 소비재의 특성을 갖고 있어, 제품을 구매하려는 소비자는 웹사이트에서 여러 상품을 비교 및 검색하고, 사용자들의 후기를 살펴보며, 매장을 방문하여 직접 제품을 테스트해 보거나, 영업사원과 상담을 하는 등 정보 탐색에 많은 비용과 시간을 기울이는 고관여 구매행동이 뚜렷하다. 브랜드의 명성과 신용에 대한 의존도가 높아 브랜드 광고의 영향력이 큰 것 또한 특징이다.

전문품의 핵심적인 CRM 전략은 사후관리 서비스를 통해 고객과의 지속적인 커뮤니케이션 기회를 확보하는 데 있다. 전문품 제조사의 고객서비스 센터는 한 번 구매하면 고객과의 관계가 단절되기 쉬운 전문품의 취약점을 극복하고, 지속적으로 고객과 접촉할 수 있는 중요한 소통 채널의 기능을 한다. 고객 입장에서 사후관리 서비스는 구매의사결정과 제품에 대한 만족도를 형성하는 핵심적인 가치이다.

전문품의 사후관리 서비스는 고객 충성도를 향상시킬 뿐 아니라, 부품 또는 제품 관련 액세서리를 교차판매하는 부가적인 매출 창출 채널이 될 수 있다. 따라서, 제품에 이상 징후가 발생하기 이전에 선제적으로 관리할 수 있도록 제품의 수명주기를 고려하여 단계별 관리 요소를 정의하고, 시점별로 고객에게 제공할 서비스를 정의한 종합적인 사후관리 서비스 패키지 및 교차판매를 적절히 결합하는 전략을 필요로 한다.

전문품 가운데, 해외에서 수입한 전문품을 취급하는 경우에는 '정품 관리'에 대한 전략이 필요하다. 국내에서 제조·판매하는 전문품은 본사에서 직접 운영하는 직영점 또는 본사에서 인증한 공식 판매 대리점을 중심으로 판매되기 때문에 시중 판매가와 매장환경, 인적 서비스의 품질을 통제하고 브랜드 이미지를 관리할 수 있다. 반면, 수입 제품은 해외 본사 또는 국내 지사가 직접 수입하는 정품뿐 아니라, 병행수입이나 해외직구[1]를 통해 국내에 들어온 제품들이 함께 시장을 형성하고 있어 가격 통제와 대고객 서비스의 품질 관리가 불가

---

1 병행수입: 정식 수입업체가 아닌 개인이나 일반업체가 수입하여 판매하는 것이다.
   해외직구: 해외 온라인 사이트를 통해 소비자가 직접 물품을 구매하는 것이다.

능하다. 전문품의 구입 채널에 따라 소비자의 니즈 또한 다르다. 일반적으로 병행수입 또는 해외직구 구매자는 저렴한 가격에 대한 니즈가 크고, 정품 구매자는 가격보다는 신뢰할 수 있는 유통 채널을 이용한 구매와 사후관리를 더 중요시한다. 따라서, 수입 전문품을 취급하는 기업은 정품에 한정된 반품과 교환, 품질 보증 서비스 등으로 정품 사용자를 우대하는 서비스 중심의 멤버십 프로그램을 운영하는 전략이 요구된다.

〈표 6.4〉 전문품의 특성과 주요 관련 제품

제품 특성		주요 제품	
전문적 지식	필요	모빌리티	자동차, 오토바이, 자전거, 킥보드
가격대	높음		
구매주기	긺(년 단위)	컴퓨터 · 디지털기기	컴퓨터, PC주변기기, 모바일/태블릿, 카메라, 게임
내구성[2]	높음		
관여도[3]	높음		
유통채널	• 직영점 · 대리점 중심 • 해외직구, 병행수입	가전	영상, 주방, 계절, 생활/미용, 음향, 건강
고객 커뮤니케이션	매장, 고객서비스 센터	악기 · 음향기기	이어폰, 스피커, 홈시어터, 오디오
사후관리	필요		

(2) 전문품의 멤버십 전략: 고객 서비스 통합 플랫폼

전문품은 한 번 구매하면 재구매까지 상당히 긴 시간이 소요되기 때문에 평균 교체주기를 고려하여 구매시점부터 평균 교체주기 시점까지 제품에 대한 긍정적인 경험과 만족도를 극대화할 수 있는 서비스를 혜택으로 제공하는 '고객 서비스 통합 플랫폼'이 멤버십 전략으로 적합하다.

고객 서비스 통합 플랫폼 전략이 성공하기 위해서는 정품 구매시 멤버십 프로그램을 통해 제품 사용에 꼭 필요한 서비스를 제공 받을 수 있을 것이라는 기대를 심어줄 수 있어

---

2 물질이 원래의 상태에서 변질되거나 변형됨이 없이 오래 견디는 성질이다.

3 관여도(involvement): 재화나 서비스를 구매할 때 소비자가 정보 탐색에 시간과 노력을 기울이는 정도이다.

야 하며, 실제로 정품을 사용하는 동안 그 기대에 부응할 수 있는 혜택을 누림으로써, 정품을 구매한 자신의 결정에 만족할 수 있도록 혜택이 설계되는 것이 중요하다. 이를 위해서는 기업에서 제공할 수 있는 모든 서비스를 멤버십 프로그램 혜택으로 패키지화하여 멤버십에 대한 효용가치를 높이고, 서비스가 제품과 함께 제공되는 하나의 상품으로 대고객 커뮤니케이션을 추진하며, 회원 ID만 제시하면 편리하게 서비스를 이용할 수 있는 표준화된 운영 방법과 절차가 뒷받침 되어야 한다.

전문품의 멤버십 전략과 운영 방향은 다음과 같다.

① 구매자 ID 중심의 구매 제품 등록

멤버십 프로그램은 제품 고유번호(serial number)를 사용하여 정품의 품질을 보증하고, 정품의 구매-사용-폐기 또는 재판매(중고시장 거래)에 이르는 일련의 소비과정을 지원하는 용도로 활용될 수 있다. 이때, 구매한 제품별로 사용자를 등록하는 것이 아니라, 구매자 ID를 중심으로 구매 제품을 등록하는 방식으로 설계하도록 한다. 사람 중심의 구매이력 관리는 각 사용자별로 언제, 어디서, 어떤 제품을 구매하고 어떤 사후 서비스를 이용하였는지 제품 구매와 서비스 이용 상황에 대한 전체적인 흐름을 파악하기에 용이하다.

② 서비스 멤버십의 보상과 혜택 설계 방향

서비스 멤버십은 제품을 잘 사용하도록 지식을 전달하고 교육의 기회를 제공하는 '상품 사용 지원 서비스'와 제품을 잘 관리하여 오래 사용할 수 있도록 지원하는 '사후관리 서비스', 부품 또는 주변기기 구매시 사용할 수 있는 쿠폰을 제공하는 '교차판매 서비스', 그리고 제품이라는 공통의 관심사를 가지고 정보를 교류할 수 있는 '커뮤니티 활동 지원' 등이 효과적이다.

③ 추천 프로그램의 운영

전문품은 고객 주변에 유사한 관심사를 가지고 있는 잠재고객이 존재할 가능성이 높기 때문에 추천 프로그램을 멤버십 프로그램과 연계하는 전략은 전문품의 신규고객 창출 전략으로 효과적이다. 제품을 이미 사용하고 있는 고객은 고객 충성도가 형성되어 있기 때문에 호의적으로 주변 지인에게 제품을 추천할 의향이 높고, 이미

제품을 사용한 경험이 있는 지인의 추천은 잠재고객의 구매 의사 결정에 미치는 영향이 크다.

④ 보상물 프로그램

로열티 프로그램은 포인트를 적립하여 보상물로 상환하는 원리를 이용하여 '구매빈도'를 촉진하는 데 효과적인 모델이다. 전문품은 고가의 제품이기 때문에, 제품 구매시 주어지는 포인트는 소비자에게 '구매에 따른 인센티브'로 간주된다. 서비스를 이용할 때마다 포인트를 차감하는 로열티 프로그램 방식은 고객으로 하여금 회원으로서 혜택을 누린다기 보다는 자신이 비용을 지불한 만큼 서비스를 이용하는 것으로 인식하게 만든다. 그러므로, 포인트 기반의 멤버십 전략보다는 서비스를 직접적인 보상물로 제공하는 보상 프로그램의 형태로 멤버십을 설계하고, 멤버십을 통해 제공되는 서비스를 강조하는 커뮤니케이션 전략이 보다 적합하다. 또한, 고객의 니즈가 확연히 다른 다수의 고객 세그먼트가 존재할 경우에는 보상물에 대한 선택권을 고객에게 부여하여 보상물에 대한 만족도와 사용률을 높이는 것도 고려할 필요가 있다.

다만, 포인트를 제공하고, 이를 제휴사에서 사용할 수 있도록 서비스하는 파트너십 프로그램을 고려하는 경우에는 로열티 프로그램으로 운영해야 한다. 전문품에서의 파트너십 제휴는 새로운 고객을 유치하는 데 도움이 되거나, 제조사에서 제공할 수 없는 혜택을 고객에게 제공할 수 있을 때에만 고려한다. 제품과의 관련성이 낮은 생활형 제휴(예 할인점, 까페, 베이커리 등)는 신용카드나 통신사 등 멀티-파트너 프로그램을 운영하는 타 업종의 기업들이 더 경쟁우위를 점하고 있을 가능성이 높아, 고객들에게 효용 가치가 낮은 제휴가 될 수 있으므로 주의해야 한다.

⑤ 우수고객의 관리

구매력을 향상시키는 동기부여 관점에서 고객 등급제도를 운영하는 것은 전문품에 적합하지 않다. 등급제도의 목적은 등급별로 차별화된 혜택과 서비스를 제공하여, 고객들로 하여금 상위 등급의 혜택을 누리고자 하는 동기 부여를 통해 구매량 또는 구매빈도를 촉진하는 데 있다. 그러나, 전문품의 경우에는 내구성 소비재라는 제품의 특성상 등급제도의 운영을 통해 소비자로 하여금 더 많이, 더 자주 구매하도록 촉진시키는 것은 한계가 있다. 또한, 전문품을 구매하는 고객들은 브랜드에 대한 충성도가 일정 수준 형성되어 있는 고객군이기 때문에, 구매 제품에 대한 만족도가 높으면 필요시 다른 제품 또는 상위 모델을 구입할 잠재력을 갖고 있다고 보아도 무방하다.

따라서, 전문품의 등급 프로그램은 구매액 기준보다는 구매한 제품 카테고리 또는 모델을 중심으로 구분하고, 장기간 다수의 제품을 구매한 우수고객은 별도로 관리하는 '장기 우수고객 우대 프로그램'을 병행하는 것이 효과적이다. 장기 우수고객 우대 프로그램의 혜택과 서비스가 매력적일 경우, 일반 고객들로 하여금 장기거래에 대한 동기부여 효과도 기대할 수 있다.

⑥ 고객 생애주기 관리 전략 수립

제공하고자 하는 서비스 항목이 결정되고 나면, 제품을 사용하는 전체 생애주기에 걸쳐 언제, 어느 시점에, 어떠한 내용으로 고객과 접촉하고 서비스할 것인지에 대한 고객 생애주기 관리 전략을 수립하고, 이를 시스템화함으로써 전략적이고 표준화된 커뮤니케이션과 서비스가 제공될 수 있도록 체계를 마련한다. 고객 생애주기 관리 전략 설계시에는 접촉 시점별로 접촉 목적과 제공할 서비스 내용을 구체적으로 정의하는 것이 중요하다(예 접촉시점 – 주행 5,000km 도달시, 접촉 목적 – 고객 안심과 좋은 첫 인상, 서비스 내용 – 차량 기본 점검). 이는 고객에게 서비스 내용을 명확하게 전달하고, 실질적으로 서비스를 제공하는 고객 접점에서의 원활한 실무적 지원에 필요하다.

⑦ 분석 기반 영업·마케팅 활동 강화

전문품의 멤버십 프로그램은 공식 대리점의 영업활동 지원 역할을 수행할 수 있다. 멤버십 회원의 구매 이력에 준하여, 제품 교체가 필요하거나 신상품에 관심이 있을 만한 잠재고객을 분석하고, 영업의 대상이 될 수 있는 가망고객에 대한 정보를 대리점과 공유하는 방식이다.

모바일 멤버십 앱을 이용하여, 고객의 구매 및 사용 성향을 파악할 수 있는 간단하고 재미있는 설문조사 장치는 고객 정보를 수집하는데 효과적이다. 앱상에서 어떤 페이지에 얼마나 머물렀는지에 대한 로그 분석 결과와 기존 구매 제품, 인구통계적 특성을 통합하면, 제품별로 타깃팅할 대상을 도출할 수 있으며, 고객의 관심 제품과 취향, 제품 사용 용도 등에 대한 결과를 영업점에 전달함으로써 고객 니즈가 파악된 상태에서 영업활동이 진행될 수 있도록 지원할 수 있다.

전문품 멤버십 프로그램 설계시 고려사항

- 어떻게 제품 구매자들이 멤버십 프로그램에 가입하도록 유도할 것인가
- 해외직구, 병행수입 등 비공식 유통경로가 존재하는 경우, 공식 채널을 통해 구입한 정상 제품인지 어떻게 식별할 것인가
- 멤버십 프로그램을 이용하여 직영점 또는 공식 대리점의 영업활동을 어떻게 지원할 것인가

〈표 6.5〉 전문품 멤버십 프로그램의 전략

멤버십 유형	운영 목적	운영 전략	주요 보상·특전
서비스 멤버십	소매 유통망에서 제공하기 어려운 대고객 서비스 제공	상품 사용 지원	전문기사 상담, 클래스/세미나 개최, 강습비 할인 쿠폰 제공 등
		사후관리 서비스 강화	무상 점검, 무료 회수 및 반송, 무상/할인 부품 교체, 무상/할인 수리, 대차 서비스 등
클럽 카드	태도적 충성도 강화	고객 간 제품 정보와 사용경험 공유 및 교류 지원	동호회 이벤트, 신제품 선 경험, 제품구매 할인 등
추천 프로그램	공식 대리점의 영업활동 지원	잠재고객의 확보	기존 고객의 지인 추천시 특전 제공, 지인 초청 행사 등
보상물 프로그램		교차구매 기회 제공	제품 관련 주변기기, 액세서리, 부품 할인권, 타 제품 구매시 할인/캐시백 등

(3) 전문품 멤버십 운영 사례

보쉬 툴박스(BOSCH TOOLBOX)

보쉬는 건설, 전기, 조경, 금속, 배관, 목공 등에 사용하는 전동공구를 제조 및 판매하

는 기업이다. 보쉬 툴박스(BOSCH TOOLBOX)는 보쉬 정품 전동공구를 사용하는 전문가 대상의 모바일 멤버십 프로그램으로, 영수증을 촬영하여 업로드하는 방식으로 실구매자 인증 및 고객별 구매 제품을 이력관리한다. 보쉬 툴박스의 특징은 전문가용 전동공구 사용자의 경우 개인 프리랜서가 많다는 점을 고려하여, 개인 프리랜서 작업자들이 작업 현장에서 가장 필요로 하는 기능을 엄선하여 모바일 멤버십 앱을 통해 서비스한다는 데 있다.

회원들은 자신이 사용하는 공구와 멤버십 앱을 블루투스 방식으로 연동하여 전동공구를 언제, 어디서, 몇 시간 동안 사용하였는지에 대한 작업 목록을 날짜 또는 고객사별로 관리할 수 있으며, 자신이 소속된 회사의 로고는 물론 본인의 전자서명을 포함한 보고서를 빠르게 작성하고 유관부서 또는 클라이언트에게 전송할 수 있다. 또한, 사진, 비디오, 음성 녹음 등의 기능을 사용하여 자신의 작업과정을 건설현장에서 직접 콘텐츠로 제작할 수 있다. 작업 과정 중 자주 사용하는 작업물의 거리와 길이 측정, 단위 변환기 측정, 공구의 배터리 수명 상태 조회 등을 멤버십 앱으로 손쉽게 사용할 수 있도록 관련 기능을 탑재하고 있으며, 보쉬의 다른 전문가용 모바일 앱과 연동하여 보다 다양하고 전문적인 분야별 작업 지원 서비스를 제공한다.

제품 사용 중 이상이 있거나 문의사항이 있으면, 모바일 앱을 통해 즉시 상담센터에 문의를 보내거나 작업자의 위치에 기반하여 가장 가까운 보쉬 딜러와 전화 연락을 취할 수 있도록 비대면 상담 채널 기능을 제공하는 것 또한 보쉬 툴박스의 특징이다.

[그림 6.1] 전문품 멤버십 운영 사례 – 보쉬 툴박스(BOSCH TOOLBOX)

1.3 선매품

(1) 선매품의 특성

　선매품은 제품 자체의 사용주기가 짧게는 월 단위, 길게는 2~3년 내외에 이르는 반내구재로서 품질과 가격뿐 아니라, 브랜드와 디자인, 성분 등이 제품 구매에 영향을 미친다. 한 번 구매하면 사용 기간이 길기 때문에 고가일수록 제품을 착용해보거나 비교하는 등, 제품 구매 과정에 신중을 기한다. 따라서 관여도는 전문품보다는 낮지만, 편의품보다는 높은 수준이다. 신중하게 구매하는 만큼 제품 구매 후 이용 과정상의 만족도가 이후의 재구매와 교차구매, 그리고 주변 지인에의 자발적 추천에 영향을 준다는 점은 전문품과 유사하다.

　선매품은 직영 온·오프라인 매장, 대리점, 할인점, 백화점, 인터넷쇼핑몰 등 다양한 소매유통 경로를 통해 판매된다. 제품을 이용하는 과정 중에는 기업과 지속적으로 접촉해야 할 필요성이 낮기 때문에 선매품 제조사는 직접 언제, 누가, 어떤 제품을 구매했는지 고객들에 대한 접촉정보와 구매이력 정보를 수집하기 어렵다. 따라서, 선매품의 멤버십 프로그램은 고객에 대한 정보를 수집할 수 있는 중요한 채널이라는 관점에서, 본사에서 직접 관리와 통제가 가능한 직영점, 직영인터넷쇼핑몰, 대리점을 대상으로 멤버십 프로그램을 운영하고 이에 기반하여 CRM 전략을 실행하는 것이 필요하다.

〈표 6.6〉 선매품의 특성과 주요 관련 제품

제품 특성		주요 제품	
전문적 지식	보통	홈데코	가구, 침구, 커튼, 조명, 소품, 주방용품
가격대	다양		
구매주기	보통(월, 분기, 년 단위)	의류	캐주얼, 정장, 스포츠/레저 의류, 속옷
내구성	보통	잡화	신발, 가방, 패션소품
관여도	보통		
유통채널	직영점·대리점, 소매 유통망 병행	액세서리	시계, 주얼리
고객커뮤니케이션	매장, 고객센터	미용용품	화장품, 바디용품, 헤어용품
사후관리	일부 필요		

(2) 선매품의 멤버십 전략: 본사 중심의 CRM

선매품은 다양한 유통경로를 통해 판매되기 때문에 전문품에 비해 가격 통제가 어렵고, 동일 제품에 대한 유통 채널 간의 경쟁이 치열하여 적극적인 판촉활동을 전개하는 특성을 갖고 있다. 따라서, 선매품의 멤버십 프로그램은 직접적으로 고객관리가 가능한 본사 직영점 또는 대리점의 신규고객, 기존고객, 우수고객의 관리를 목적으로 하는 CRM 전략으로서의 멤버십 기능이 중요하다.

선매품은 제품의 가격대 또한 편차가 크므로, 매출 기여도와 그에 따른 보상 수준을 손쉽게 계산하고 관리할 수 있는 로열티 프로그램이 적합한 업종이다. 교차구매 독려를 통해 상위 등급으로의 전환 촉진이 가능하여 구매 기여도에 따른 등급 제도의 운영 또한 효과적이다. 따라서, 선매품 멤버십의 핵심 성과지표는 멤버십 프로그램을 통해 고객들의 구매액과 교차구매 수준이 얼마나 증가했는지를 평가하는 데 있다. 교차구매의 증가는 반복적 구매를 통한 고객유지를 전제로 한다.

선매품 멤버십에서 활용 가능한 보상·특전에는 제품 구매시 포인트 사용, 할인쿠폰, 증정·사은품, 등급별 혜택, 무료배송, 타 브랜드 제휴를 통한 포인트 교환, 포인트 선물하기, 제품 정기 배송 서비스 등이 있다. 로열티 프로그램을 바탕으로, 파트너십 프로그램, 유료 멤버십, 추천 프로그램, 서브스크립션의 접목 등이 가능하다.

선매품의 멤버십 전략과 운영 방향은 다음과 같다.

① 본사 차원의 판촉 및 마케팅 활동 통합 플랫폼 지향

유통 채널의 멤버십 프로그램 대비 선매품 제조사의 멤버십이 경쟁력을 갖기 위해서는 본사 차원에서 추진하는 모든 판촉행사 및 마케팅 활동은 멤버십 프로그램 회원을 대상으로 집중화시키는 전략이 필요하다. 선매품은 반내구성을 갖고 있어 동일한 제품을 재구매할 가능성이 낮거나 구매주기가 길지만, 함께 사용이 가능한 상품 또는 계절성 상품 등의 다양한 형태로 교차구매를 확장할 수 있다. 기업의 마케팅 활동이 하나의 채널 안에 통합되면, 고객들은 쉽게 브랜드의 다양한 행사들을 쉽게 파악할 수 있어 멤버십을 통한 모든 판촉행사의 통합은 고객의 교차구매를 촉진하는 데 효과적으로 활용될 수 있다.

② 모바일 멤버십을 이용한 고객 커뮤니케이션

소셜미디어를 통해 제품의 이용과정을 주변과 공유하고, 멤버십 프로그램을 중심으로 고객과 커뮤니케이션을 손쉽게 할 수 있는 모바일 앱을 제공하는 것도 적절하다. 선매품의 경우에는 전문품에 비해 제품의 유지관리에 대한 필요성이 낮기 때문에, 고객 스스로 기업과의 지속적인 커뮤니케이션 필요성에 대한 인식이 낮다. 따라서, 멤버십 프로그램을 이용한 고객 커뮤니케이션은 자칫 일방적인 광고로 인식되기 쉽고 잦은 커뮤니케이션은 오히려 프로그램 탈퇴를 초래할 수 있으므로, 제품을 홍보하는 판촉 내용일지라도 고객에게 정보로 인식될 수 있도록 발송 횟수와 시점, 전달 내용 등을 섬세하게 설계하는 것이 중요하다.

③ 개인화 추천 알고리즘의 적용

판촉 목적의 커뮤니케이션이 고객에게 정보로 인식되기 위해서는 고객이 원하는 제품을 원하는 시점에 적절한 혜택과 함께 제공하는 것이어야 한다. 따라서, 개인화 추천 기법을 접목하는 것이 효과적이다. 개인화 추천은 제품별로 어떤 제품을 함께 또는 후속으로 구매하는지 상품 연관성 분석을 하고, 고객 개인별로 선호하는 커뮤니케이션 유형과 시간대, 반응하는 판촉 유형 등을 사전 정의하여 개인별로 맞춤화된 프로모션을 전개하는 방법을 사용하기 때문이다.

선매품 멤버십 설계시 고려사항

- 멤버십 프로그램 운영 범위를 어디까지 할 것인가
- 소매상의 멤버십 프로그램과 어떻게 차별화할 것인가
- 유통채널의 멤버십 프로그램과 어떻게 차별화 할 것인가
- 유통채널과의 가격 충돌 이슈를 어떻게 해결할 것인가

〈표 6.7〉 선매품 멤버십 프로그램의 전략

멤버십 유형	운영 목적	운영 전략	주요 보상 · 특전
• 로열티 프로그램 • 파트너십 프로그램 • 전사 통합 프로그램 • 유료 멤버십 • 서브스크립션	직영점 및 대리점 고객관리	• 신규고객 창출 • 고객유지율 증진 • 우수고객 관리 • 상승판매/교차판매 • 기존고객 이탈방지	• 제품 구매시 포인트 사용 • 등급별 혜택(할인쿠폰, 증정, 사은품) • 제휴 통한 포인트 사용처 확대 • 신제품 선예약/선공개

(3) 선매품 멤버십 운영 사례

룰루레몬(lululemon)

룰루레몬은 요가에서 영감을 받은 프리미엄 기능성 스포츠웨어 브랜드이다. 1998년 캐나다 밴쿠버에서 요가 스튜디오로 시작하였으며, 2000년 캐나다에 첫 매장을 오픈한 이래 미국, 호주, 유럽, 아시아로 시장을 확장하고 있다. 2020년 말 기준 총 491개의 온·오프라인 직영 매장이 전 세계에서 운영되고 있다. 제품은 요가, 러닝, 트레이닝, 사이클링 등 다양한 운동 영역에서 착용할 수 있는 프리미엄 남녀 기능성 스포츠웨어로서, 경쟁제품 대비 2~3배 비싼 고급화 전략을 추구한다. 룰루레몬의 대표 상품인 레깅스는 요가용 레깅스를 일상생활에서 즐길 수 있는 옷으로 소비자의 인식을 전환시키며 일상에서 입는 운동복을 일컫는 '애슬레저(Athleisure)[4]'라는 새로운 시장을 창출한 것으로 평가받고 있다.

룰루레몬의 슬로건은 '스웻라이프(sweat life)'로 직영 매장은 건강한 라이프스타일을 공유하는 커뮤니티 허브를 추구하고, 룰루레몬을 입고 요가나 러닝, 싸이클링 등을 즐기는 고객들이 소셜미디어를 통해 룰루레몬의 슬로건인 'sweatlife'를 해시태그로 사용하여 자신들의 일상을 공유하면서 고객 간 유대를 형성하고 있다.

룰루레몬의 멤버십 전략의 특징은 관리해야 할 핵심적인 고객군을 오피니언 리더, 요가스튜디오, 개인 소비자로 구분하고, 각 고객군을 대상으로 세분화된 멤버십 프로그램을 운영한다는 데 있다.

'룰루레몬 컬렉티브(lululemon collective)'는 개인고객 중 오피니언리더와의 제휴 프로그램(affiliation program)이다. 룰루레몬에 대한 높은 충성도와 영향력을 갖고 있는 전문 인스타그래머(Instagramer), 러닝 애호가, 요가 강사 등을 대상으로 한다. 기업은 룰루레몬 컬렉티브를 통해 오피니언 리더와의 유대관계를 공고히 하고, 이들의 입소문 파급력을 효과적으로 활용하고 있다. 룰루레몬 컬렉티브 회원들은 룰루레몬의 제품과 서비스, 행사 등에 대한 사진, 리뷰, 비디오를 자신들의 웹사이트 또는 소셜미디어를 통해 홍보하고, 자신의 게시물을 통해 발생한 매출에 대한 보상(커미션)을 룰루레몬으로부터 제공 받는다.

또 다른 프로그램은 '팀 프로그램(Team Program)'이다. 유명 피트니스 및 요가 스튜디오, 스포츠 팀과 같은 집단 고객을 대상으로 한다. 룰루레몬은 요가 매트, 블록 및 스트랩

---

4 운동(Athletic)과 여가(Leisure)를 합성한 신조어이다.

과 같은 운동용품과 기술적 장비를 단체에 제공하여 룰루레몬의 고급 이미지를 활용할 수 있게 하고, 룰루레몬은 주 고객층이 방문하는 이들 스튜디오를 룰루레몬을 경험할 수 있는 플래그십 스토어의 개념으로 활용할 수 있어 상호 시너지 효과를 갖는다.

개인 소비자 대상의 멤버십 프로그램은 현재 파일럿 테스트 중에 있다.[1] 2018년 3사분기에 에드먼턴에서 시작하여 현재는 덴버와 오스틴에서 검증 중이다. 지금까지의 테스트 결과는 긍정적인 것으로 평가되고 있다. 룰루레몬은 전국 단위로 일제히 프로그램을 런칭하는 것이 아니라, 지역별로 순차적인 파일럿 테스트를 진행하고, 이를 통해 학습한 것들을 바탕으로 느리더라도 체계적으로 접근하려는 전략을 채택하고 있다. 테스트 중인 프로그램은 연회비가 100달러를 넘는 유료 프로그램이며, 회원 전용 제품, 무료 퀵배송, 요가 클래스 및 룰루레몬의 행사 초청권 등을 혜택으로 제공하는 것으로 알려져 있다.

 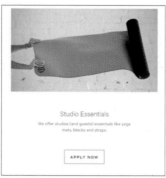 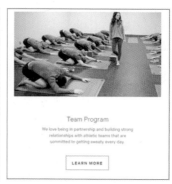

[그림 6.2] 선매품 멤버십 운영 사례 - 룰루레몬(lululemon.com)

1.4 편의품

(1) 편의품의 특성

　일상생활에서 사용되는 제품들로, 생필품이라 일컬어지는 필수상품(staple goods)과 응급상황에서 사용하기 위해 비축해두거나 소비하기 위해 구입하는 응급상품(emergency goods), 그리고 구매 현장에서 판촉행사 등의 영향으로 즉흥적인 구매를 하는 충동상품(impulse goods) 등이 포함된다. 이들은 공통적으로 제품 구매 과정상의 탐색 노력이 적고 습관적인 구매 행동 성향을 갖는다. 주유, 식료품, 생활용품, 약품 등이 대표적이다.

　전문품이나 선매품에 비해 구매 금액대가 낮고, 반복적으로 구매하기 때문에 관여도가 낮아 일반적으로 거주지 인근의 상점이나 인터넷쇼핑몰을 통해 상품을 구매한다. 하나의 제품 카테고리 내에서도 다수의 브랜드가 치열하게 경쟁하는 편의품은 가격 민감도가 높아 매장에서 어떤 판촉행사를 하느냐에 따라 소비자의 브랜드 선택이 쉽게 바뀐다. 따라서, 마케팅 비용 중 매장 내 판촉행사를 지원하는 증정품과 할인 지원금의 비중이 높은 편이고 고객 관리를 위한 CRM 투자 비중은 전문품이나 선매품에 비해 상대적으로 낮다. 멤버십 프로그램 또한 제품에 대한 브랜드 커뮤니케이션이 전략적으로 중요하거나, 정기적인 구매 유도가 가능한 일부 품목에 한해 그 운영 효과를 기대할 수 있다. 정기구매가 이루어지는 대표적인 제품은 주유, 식료품, 건강기능식품, 위생용품 등이 있다.

〈표 6.8〉 편의품의 특성과 주요 관련 제품

제품 특성		주요 제품	
전문적 지식	불필요	식품	축산, 수산, 농산물, 생수, 가공식품, 냉동/간편조리식품, 건강기능식품, 다이어트식품, 기호식품
가격대	낮음		
구매주기	짧음 (일, 주, 월, 분기 단위)		
관여도	낮음	생필품/소모품	주유, 위생용품, 세탁용품, 청소용품, 공구, 유아용품, 수납/정리용품, 문구/사무용품, 반려동물용, 비처방의약품, 취미용품
유통채널	소매 유통망 중심		
고객커뮤니케이션	매장		
사후관리	불필요	건강/취미/레저용품	스포츠용품, 꽃, 그림, 레저용품

(2) 편의품의 멤버십 전략: 브랜드 커뮤니케이션 채널

브랜드 커뮤니케이션 기능은 브랜드 이미지 제고 및 브랜드 경험 기회를 소비자에게 제공하기 위한 것이다. 소비재 제조업의 멤버십 프로그램은 제품을 실제 구매한 경험이 있는 실 구매고객이 자발적으로 참여한다는 점에서 불특정 다수 대상의 브랜드 커뮤니케이션보다 효과적일 수 있다. 소비재 멤버십 회원은 브랜드에 대한 우호적인 태도가 있다는 점에서 브랜드에 대한 정보와 소식에 관심이 있고 브랜드의 마케팅 활동에 참여할 의사가 높다.

편의품 제조사의 멤버십 프로그램 운영 목적은 고객의 지속적이고 반복적인 구매 장려와 브랜드에 대한 긍정적인 경험의 강화에 있다. 브랜드 커뮤니케이션 기능 측면에서 소비재 멤버십은 온·오프라인의 채널을 최대한 활용하여 브랜드를 경험할 기회를 제공하고, 제품에 대한 평가와 고객 특성 정보를 수집 및 분석하여 신제품 및 서비스의 개발과 개선, 마케팅에 활용할 수 있어야 한다. 또한, 관심사가 유사한 고객들간에 정보를 교류하고 유대관계를 형성하는 전략을 구사할 필요가 있다. 이를 위해서는 제품 구매 기여도와 제품 사용후기 작성, SNS 공유, 설문조사 참여 등 활동 기여도를 평가할 수 있는 포인트 제도와 구매 고객 대상의 커뮤니티 멤버십이 적합하다.

편의품 제조사의 멤버십 프로그램은 어떻게 고객의 실구매를 식별할 것인가에 대한 문제를 해결해야 한다. 선매품과 마찬가지로 구매자가 어떤 제품을 구매했는지 식별할 수 있는 정보가 없기 때문이다. 제품을 구매하는 접점인 소매상에서 제조사의 멤버십 프로그램이 적절하게 운영될 수 있도록 소매상을 관리 및 통제할 수 있는 경우에는 소매상을 통해 멤버십 프로그램의 가입을 독려하고, 구매시마다 회원정보와 구매정보를 매칭시키는 방향으로 설계가 가능하다. 그러나, 대부분의 편의품은 대형할인점부터 지역 기반의 소형 점포를 통해 제품이 판매된다는 점을 감안할 때, 제조사가 실구매 여부를 식별할 수 있는 시스템을 도입하는 것이 간단한 문제는 아니다. 소비자의 구매 여부를 식별할 수 있는 정보를 인식할 수 있도록 제조 공정 과정을 변경하여 제품에 추가적인 식별 정보를 제품 포장지 내에 삽입하거나, 비표준화 된 각종 점포에서 실거래된 정보만을 정확하게 식별해야 하기 때문이다.

구매 현장에서 포장재를 뜯어 포인트를 얻기 위한 식별정보만을 인식하고 구매하지 않는다거나, 제품 구매 후 식별정보를 인식한 다음 반품하는 방식 등의 편법으로 멤버십 프로그램을 악용하는 사례 위험 또한 해결해야 할 이슈이다. 이러한 문제를 완벽하게 해결하기 위해서는 시스템과 비용 투입이 요구되는데, 그 수준이 멤버십 프로그램의 운영을 통해 얻을 수 있는 이익을 초과한다면 멤버십 프로그램의 운영 자체가 부적절할 수도 있다. 따라서, 편의품을 대상으로 멤버십 프로그램을 운영할 때에는 투자 대비 효과에 대한 명확한 시뮬레이션과 계획을 필요로 한다.

편의품 멤버십 설계시 고려사항

- 어떻게 실구매를 식별할 것인가
- 어느 채널을 이용하여 멤버십 프로그램을 운영할 것인가
- 유통채널의 멤버십 프로그램과 어떻게 차별화 할 것인가
- 유통채널의 멤버십 프로그램이 제공하는 보상·특전과의 충돌은 없는가

〈표 6.9〉 편의품 서비스 멤버십의 전략 방향 종합

멤버십 유형	운영 목적	운영 전략	멤버십 보상/특전 예시
로열티 프로그램 보상물 프로그램	브랜드 이미지 제고 및 브랜드 경험	온라인/모바일/오프라인 채널 통한 브랜드 경험 기회 제공	• 포인트몰 제품 구매시 포인트 사용, 신제품/샘플 증정 • 공장 견학
	입소문 마케팅 고객지식 수집 및 활용	입소문 마케팅 오피니언 리더 활용	• 특정 행동(추천, 댓글, 리뷰, SNS 공유)에 대한 보상 • 설문조사/심층면접 참여시 보상

(3) 편의품 멤버십 운영 사례

코카콜라 프리스타일 리워즈(Coca-Cola Freestyle Rewards)

코카콜라 마이 코크 리워즈(My Coke Rewards, MCR)는 2006년부터 2017년 6월말까지 10여 년간 운영되었다. 제품 패키지의 아이콘을 촬영하면, 이미 리워드가 적용된 상품인지 식별할 수 있는 자체 기술(Sip&scan®)을 적용하여 실구매 상품 식별 문제를 해결하였다 ([그림 6.3] 참조). 현재는 잔여 포인트를 Boys and Girls Clubs of America 및 Junior Achievement®에 기부할 수 있는 기능만을 열어둔 상태이다.

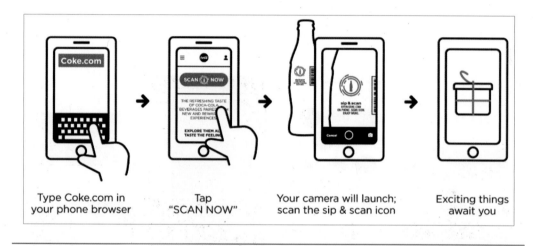

[그림 6.3] 편의품 멤버십 운영 사례 – 코카콜라 마이 코크 리워즈(My Coke Rewards, coke.com)

코카콜라의 프리스타일 리워즈(Freestyle Rewards)는 코카콜라 마이 코크 리워즈의 후속 멤버십 프로그램으로, 2018년에 런칭하였다. 기존 멤버십 프로그램이 일반 코카콜라 상품 구매자를 위한 프로그램이었다면, 프리스타일 리워즈는 코카콜라의 전략적 방향을 반영한 '프리스타일 자판기' 이용자를 위한 프로그램이다.

2009년부터 운영 중인 코카콜라 프리스타일 자판기는 2백여 가지 맛의 음료를 소비자 취향대로 혼합해 마실 수 있게 만든 스마트 자판기로, 북미 전역에 5만 개 이상 설치되어 있다. 빈 페트병을 넣으면 꽃 한 송이가 자판기 출구에서 나오거나, 자판기를 안으면 친구와 나눠 먹을 수 있도록 2개의 콜라가 선물로 나오는 등의 깜짝 이벤트로 SNS를 통해 자판기 홍보를 성공적으로 해왔으며, 마니아 층을 확보하고 있다. 소비자들에게 개인 맞춤 음료를 제공하고, 코카콜라는 소비자들의 음료(맛) 혼합 취향 데이터를 축적하여 음료 선호도 분석에 기반한 신제품 개발에 활용하고 있다. '스프라이트 체리'는 프리스타일 머신에서 인기를 끌어 제품화된 대표적인 음료이다.

2018년 프리스타일 자판기는 모바일 앱과 블루투스로 연결하는 기능을 갖춘 사물인터넷을 지원하는 새로운 모델을 선보이면서, 프리스타일 리워즈를 런칭하였다. 프리스타일 리워즈는 음료 컵에 표기된 아이콘의 촬영 또는 모바일 앱에서의 주문을 통해 실구매를 인증하고 있으며, 스탬프 방식으로 5회 구매시 아마존 5달러 상품권으로 상환해 주며, 위치인식을 통해 인근의 프리스타일 머신 찾기 기능, 그리고 인근의 제휴 레스토랑과 극장에서 사용할 수 있는 스페셜 오퍼 등을 제공하고 있다.

[그림 6.4] 편의품 멤버십 운영 사례 - 코카콜라 프리스타일(Coca Cola Freestyle, us.coca-cola.com)

⏱ Summary

소비재 제조업의 제품은 크게, 전문품, 선매품, 편의품으로 구분할 수 있다. 이번 장에서는 전문품, 선매품, 편의품 각각의 특성과 이에 기반한 멤버십 프로그램의 전략과 운영 사례를 다루었다.

전문품의 특성과 멤버십 전략

전문품은 제품에 대한 전문적인 지식을 필요로 하고, 고가의 제품이 많으며, 한 번 구매하면 최소 몇 년 이상 사용하는 내구성 소비재의 특성을 갖는다. 전문품의 멤버십은 '고객 서비스 통합 플랫폼' 전략이 적합하다. 기업에서 제공하는 모든 서비스를 멤버십 혜택으로 패키지화하여 멤버십에 대한 효용가치를 높이고, 회원 ID만 제시하면 제품의 생애주기 동안 모든 서비스를 편리하게 이용할 수 있는 섬세하게 표준화된 운영 방법과 절차가 뒷받침 되어야 한다. 전문품은 고객 주변에 유사한 관심사를 가지고 있는 잠재고객이 존재할 가능성이 높기 때문에 추천 프로그램을 멤버십 프로그램과 연계하는 전략은 전문품의 신규고객 창출 전략으로 효과적이다.

선매품의 특성과 멤버십 전략

선매품은 제품 사용주기가 월 단위부터 2~3년 내외에 이르는 반내구재로서, 품질과 가격뿐 아니라 브랜드와 디자인, 성분 등이 제품 구매에 영향을 미친다. 선매품의 멤버십 프로그램은 직접적으로 고객관리가 가능한 본사 직영점 또는 대리점의 신규고객, 기존고객, 우수고객의 관리를 목적으로 하는 'CRM 전략으로서의 멤버십' 전략이 중요하다. 제품의 가격대 편차가 크므로, 매출 기여도와 그에 따른 보상 수준을 손쉽게 계산하고 관리할 수 있는 로열티 프로그램이 적합하다. 로열티 프로그램을 바탕으로, 파트너십 프로그램, 유료 멤버십, 추천 프로그램, 서브스크립션 등의 접목이 가능하다. 교차구매를 촉진하는 등급 제도의 운영 또한 효과적이다.

편의품의 특성과 멤버십 전략

편의품은 일상생활에서 사용되는 제품들로, 생필품, 응급품, 충동상품 등이 포함된다. 이들은 제품 구매 과정상의 탐색 노력이 적은 구매행동 성향을 갖는다. 편의점, 슈퍼마켓, 할인점 등 다양하고 복잡한 중간상을 통해 판매되는 편의품은 중간상이 직접 운영하는 멤버십 프로그램과 별개로, 제조사 차원의 멤버십 프로그램으로 유입하여 브랜드에 대한 정보와 경험 기회를 제공함으로써 브랜드 자산을 강화하는 '브랜드 커뮤니케이션 채널'로서의 멤버십 전략을 추구하는 것이 적합하다. 브랜드 커뮤니케이션 기능 측면에서 소비재 멤버십은 온오프라인의 채널을 최대한 활용하여 브랜드를 경험할 기회를 제공하고, 제품에 대한 평가와 고객 특성 정보를 수집 및 분석하여 신제품 및 서비스의 개발과 개선, 마케팅에 활용할 수 있어야 한다. 또한, 관심사가 유사한 고객들 간에 정보를 교류하고 유대관계를 형성하는 전략을 구사할 필요가 있다.

BtoC – 소비재 유통업

모든 업종을 통틀어서 멤버십 프로그램이 가장 많이 적용되고, 활용되는 분야가 BtoC 소비재 유통업일 것이다. 특히, 소비재 유통업의 비즈니스 모델 자체가 점차 모바일과 같은 디지털 환경으로 전환 내지는 결합됨에 따라 멤버십 프로그램의 운영은 필수가 되었다. 본 장에서는 BtoC 소비재 유통업의 특징을 살펴보고, 소비재 유통업을 위한 효과적인 멤버십의 운영방안을 살펴보도록 한다.

2.1 소비재 유통업의 특성과 멤버십 전략

BtoC 소비재 제조업은 취급하는 제품의 특성을 고려하여 멤버십 전략의 방향을 설정하지만, 유통업에서는 취급하는 상품은 물론 유통채널의 특성을 고려하여 멤버십 전략을 수립해야 한다. 따라서, BtoC 소비재 유통업의 멤버십 전략을 살펴보기 위해서는 우선 오프라인 매장의 유통업과 온라인이나 모바일 환경의 유통업을 구분하여 이해하는 것이 필요하다.

(1) 오프라인 매장

1) 오프라인 매장의 유형과 특성

오프라인 매장사업은 지역 기반의 대면 영업을 특징으로 한다. 매장을 통해 판매하는 상품은 전문품부터 선매품, 편의품에 이르기까지 다양하며, 화장품, 의류, 가전, 가구 등 특정 품목만을 전문적으로 판매하는 전문점과 다양한 상품들을 한데 모아 판매하는 편의점, 슈퍼마켓, 할인점, 백화점, 아울렛 등의 종합점이 있다.

전문점의 경우에는 특정 브랜드의 제품만을 취급하는 브랜드 전문점과 특정 카테고리의 다양한 브랜드를 종합적으로 취급하는 카테고리 킬러(cartegory killer)가 있다. 브랜드 전문점은 본사 인력으로 직접 매장 경영을 하는 직영점과 상품을 공급하는 본사와 독립적인 관계에 있는 사업자가 가맹(또는 위탁판매) 계약을 맺고, 본사의 제품을 판매하는 가맹점(또는 대리점)의 형태가 일반적이다. 다수의 점포가 상호, 상표, 서비스표, 인테리어 등을 동일하게 유지하며 본사에서 제공한 상품을 판매하는 것이 특징이며, 특정 브랜드의 전문품과 선매품을 취급하기 때문에 매장에서의 브랜드 이미지 관리 및 교차판매 중심의 CRM 전략을 추구한다. 브랜드 전문점에는 전자제품/디지털기기(예 삼성, LG전자 베스트샵, 애플스토어), 자동차(예 현대자동차, 기아자동차), 건강기능식품(예 정관장, GNC), 화장품(예 이니스프리, 러쉬), 패션의류(예 나이키, 아디다스), 카페(예 스타벅스, 블루보틀) 등이 있다.

카테고리 킬러는 다양한 품목과 저렴한 가격을 내세워 특정 상품군의 시장 점유율을 높이는 전략을 추구한다. 본사 구매부에서 조달한 상품을 직접 운영하는 매장을 통해 판매하는 직영점 형태가 많다. 다양한 브랜드를 취급하고, 가격 경쟁력을 추구하기 때문에 브랜드 관리보다는 재방문을 촉진하는 판촉 중심의 CRM 전략을 중요시 한다. 신발(예 ABC마트, 레스모아), 장난감(예 토이저러스, 토이랜드), 자동차(예 오토존), 스포츠용품(예 빅5, 알펜), 전자제품(예 하이마트), 유아용품(예 맘스맘), 인테리어용품(예 커클랜드) 등이 대표적이다.

다양한 카테고리의 다양한 제품을 취급하는 종합점은 편의품을 취급하는 슈퍼마켓과 편의점, 편의품과 선매품을 복합적으로 판매하는 할인점, 고급 선매품 중심으로 판매하는 백화점과 아울렛 등으로 구분한다. 슈퍼마켓과 편의점은 개인이 운영하는 소형점포로 주로 가맹점의 형태이며, 고객관리를 위한 시스템과 판촉활동들은 본사의 지침을 따른다. 주로 재방문을 유도하는 할인, 1+1 증정 등의 판촉 활동에 집중한다.

할인점, 백화점, 아울렛과 같은 대형점포는 본사 구매부에서 직접 상품을 조달하여 매장에 공급하거나, 입점 수수료를 받고 매장을 입점시키는 샵인샵(Shop-in-Shop) 방식으로 운영한다. 편의점, 할인점과 같이 본사에서 매장에 상품을 직접 공급하는 경우에는 본사가 운영하는 멤버십 프로그램을 매장별로 운영하여, 매장별 고객의 구매정보를 수집하고 본사 차원에서 CRM을 실행할 수 있다. 반면, 백화점이나 아울렛과 같이 샵인샵 형태로 운영되는 대형점포는 각 매장별로 독립적인 POS를 사용하기 때문에 대형점포는 각 매장에서의 고객별 거래이력 정보를 수집하기 어렵다. 따라서, 대형점포 차원의 멤버십 프로그램을 운영하고, 각 샵인샵 매장을 방문한 고객들이 해당 멤버십 프로그램에 가입하고, 구매 시마다 포인트를 적립하고 사용할 수 있도록 유도해야 한다.

2) 오프라인 매장의 멤버십 전략

오프라인 매장의 마케팅 활동은 지역 내 매스 마케팅을 통한 매장 홍보 및 내점 유도와 멤버십 프로그램 회원 고객 대상의 판촉 활동을 통한 고객 관리로 구분할 수 있다. 지역 내 매스 마케팅은 매장을 중심으로 거래가 빈번하게 일어나는 일정 반경 이내를 상권으로 정의하고, 해당 상권 내 노출도가 높은 현수막, 지역신문 등에 광고를 한다거나, 아파트에 전단지를 배포하는 등의 전통적인 지역 기반 마케팅 활동을 말한다. 이러한 활동은 적지 않은 비용이 투입됨에도 불구하고, 이를 통해 어느 정도의 고객이 유입되는 성과가 있었는지를 파악하기 어렵고, 불특정 다수를 대상으로 한다는 점에서 마케팅의 효율성 또한 낮다.

그러나, 오프라인 매장은 POS를 통해 결제수단별 구매금액과 수량에 대한 정보만 수집이 가능하고 소비자 개인별 거래이력 등의 정보를 수집하기 어렵기 때문에, 멤버십 프로그램을 운영하지 않는 한 전단지와 같은 매스마케팅에 의존해야 한다. 이러한 배경으로 오프라인 매장은 멤버십 프로그램을 통해 고객들의 접촉정보(이메일, 휴대폰 번호, 주소 등)를 수집하고, 이를 판촉활동과 단골고객 관리에 활용하고자 하는 니즈가 매우 크며, 대부분의 매장들이 멤버십 프로그램을 운영하고 있다.

오프라인 매장에서 멤버십 프로그램을 운영할 때에는 고객이 구매시점마다 회원임을 인증할 수 있도록 고객 접점에서 독려하고, 고객이 자발적으로 회원임을 제시할 수 있는 유용한 서비스가 전제되어야 한다. 온라인 쇼핑몰은 회원 로그인을 통해 회원별 거래이력이 모두 온전하게 수집될 수 있지만, 오프라인 매장에서 회원별 구매정보를 수집하기 위해서는 회원임을 확인할 수 있는 행위를 하지 않으면 거래정보와 매칭이 안되고, 완전한 거래이력이 수집되는 것이 아니기 때문이다. 완전하지 못한 거래이력의 수집은 고객의 충성도 수준에 따른 차별적 서비스의 제공과 타깃 마케팅, 개인화 추천 결과 등에 오류와 왜곡을 발생시킬 수 있으므로, 회원들이 구매시마다 멤버십 회원 ID 카드를 제시하도록 권유해야 한다.

(2) 온라인 · 모바일 쇼핑몰

1) 온라인 · 모바일 쇼핑몰의 유형과 특성

　웹사이트 형태로 운영되는 온라인 쇼핑몰과 모바일 앱 기반의 모바일 쇼핑몰은 전국 구(또는 전 세계) 대상의 비대면 영업을 특징으로 한다. 참고로, 모바일 디바이스 상에서 웹 브라우저를 통해 접속하는 쇼핑몰은 단순히 PC 기반의 웹사이트를 스마트폰, 태블릿 등의 모바일 디바이스 환경에 최적화한 것이므로 온라인 쇼핑몰에 해당한다.

　온라인 · 모바일 쇼핑몰을 통해 판매하는 상품과 운영 형태는 오프라인 매장과 크게 다르지 않다. 전문품부터 선매품, 편의품에 이르기까지 다양하며, 특정 품목만을 전문적으로 판매하는 특정 카테고리 전문 쇼핑몰과 다양한 상품들을 한데 모아 판매하는 종합 쇼핑몰로 구분할 수 있으며, 규모 또한 개인 또는 중소형 쇼핑몰과 대형 쇼핑몰이 공존한다.

　쇼핑몰 운영 방식은 규모에 따라 차이가 있다. 예컨대, 개인 또는 소규모로 사업을 영위하는 소형 쇼핑몰은 쇼핑몰 임대 솔루션의 템플릿을 이용하여 쇼핑몰을 구축하고 운영 시스템을 임대하여 사용하거나, 소셜미디어의 쇼핑몰 기능을 이용하여 영업하는 형태가 일반적이다. 판매량을 확대하기 위해 주로 오픈마켓 입점을 병행하는 구조가 일반적인데, 기업 규모의 영세성으로 인해 종합쇼핑몰 입점에는 제약이 있기 때문이다.

　반면, 직영점이나 가맹점 중심의 비즈니스를 전개하는 중견기업들은 업종에 따라 차이가 있지만 회원 수가 최소 10만 명을 상회하는 수준이기 때문에 자사에 적합한 형태의 쇼핑몰 운영 및 지속적인 유지보수, 보안 관리를 위해 자체 구축하는 것이 일반적이다. 대부분의 직영 인터넷쇼핑몰은 오프라인 매장, 즉 직영점이나 대리점 영업과는 별개의 독립된 사업부에서 운영하고, 온라인상에서의 매출을 극대화하기 위해 다수의 오픈마켓과 종합쇼핑몰 입점을 병행하고 있다.

2) 온라인 · 모바일 쇼핑몰의 멤버십 전략

온라인 · 모바일 쇼핑몰은 비회원 구매 제도를 운영하지만, 기본적으로 회원으로 가입한 고객 대상의 상품 판매 비중이 90% 이상을 차지하기 때문에 회원가입과 회원가입 과정상의 마케팅 활용 동의가 기본적으로 이루어져 오프라인 매장과 달리 고객정보의 수집 및 활용을 위한 멤버십 프로그램의 운영보다는 제품 및 서비스의 차별화가 쉽지 않고 경쟁이 치열한 온라인 커머스 환경에서 방문고객의 재구매를 유도하고, 단골고객화 하는 고객관리의 목적이 크다.

전자상거래법상 우리나라에서는 회원으로 가입한 고객이 1년 이상 거래하지 않을 경우 휴면고객으로 분류하여 더 이상 접촉하는 것이 불가능하기 때문에, 온라인 · 모바일 쇼핑몰은 1년을 기준으로 효과적으로 고객과의 커뮤니케이션을 유지하고, 구매가 이루어지도록 관리하는 것이 중요하다. 인터넷 쇼핑몰은 회원 로그인을 기반으로 대부분의 거래정보와 쇼핑몰 내에서의 모든 페이지 이동경로와 페이지별 체류시간, 클릭한 정보 등의 풋프린트(foot print)가 추적 가능하고, 매장과 달리 쇼핑 과정이 타인에게 노출되지 않기 때문에 오프라인 매장에 비하여 고객 구매행동 분석 결과의 신뢰도가 높고, 차별화된 가격 또는 맞춤형 상품 제시 등의 개인화 서비스가 용이하다.

2.2 소비재 유통업 멤버십의 운영 방향

소비재 유통업의 멤버십 프로그램 운영은 크게 제 3자가 운영하는 멤버십 프로그램과의 제휴를 통해 고객들에게 멤버십 서비스를 제공하거나, 이미 운영되거나 만들어져 있는 기성품을 활용하는 방법, 그리고 기업이 직접 멤버십 관리 시스템을 구축하는 자체개발 방법이 있다. 이들 중 어느 하나만을 선택하여 운영하는 기업도 있지만, 보다 많은 고객을 멤버십 프로그램으로 유입시키고, 멤버십 프로그램을 이용하는 회원들의 이용 편의성을 높이기 위해 여러 유형을 병행 운영하기도 한다(<표 6.10> 참조).

구분		오프라인	온라인
제휴		• 코얼리션 프로그램(예 OK캐쉬백, Nectar, Airmiles, T-Point, FlyBuys, Payback) • 모바일페이(예 삼성페이, 구글페이, 애플페이)	
기성품		• POS(판매관리시스템) 회원관리 기능 • 스마트월렛	쇼핑몰 임대/제작 솔루션에 멤버십 프로그램 플러그인 연동
자체 개발	개별	• 매장 멤버십 관리 솔루션 개발 • 모바일 멤버십 앱 개발 • POS 연동 • 매장-모바일 회원정보/구매이력 DB 통합	• 쇼핑몰 멤버십 관리 솔루션 개발 • 모바일 멤버십 어플 개발 • 쇼핑몰 판매관리시스템 연동 • 쇼핑몰-모바일 회원정보/구매이력 DB 통합
	통합	• 멤버십용 솔루션 통합 및 연동(매장 멤버십 관리 솔루션 + 쇼핑몰 멤버십 관리 솔루션 + 매장 POS + 인터넷·쇼핑몰 판매관리시스템 + 모바일 멤버십 앱) • 회원정보 및 구매이력관리 DB 통합	
멤버십 지원 기술/서비스		• 이메일/문자/푸쉬 마케팅 시스템 • 인공지능 챗봇 • 인공지능 음성 서비스	
		• 근거리무선통신장치(Beacon) • 지도검색 업체 등록 서비스	• 쇼핑 큐레이션/개인화 추천 서비스 • 디지털체감기술(예 AR, VR)

(1) 제휴

이미 앞에서 언급한 바와 같이, 이종 업종 연합 프로그램, 즉 코얼리션 프로그램은 멤버십 프로그램을 운영하는 제 3의 독립된 기업에서 자체적으로 모집한 회원을 대상으로 운영하는 파트너십 기반의 로열티 프로그램이다. 매장은 해당 프로그램의 포인트 적립 및 사용처의 자격으로 가맹점 제휴를 맺는다. 매장에서 직접 운영하는 서비스가 아니기 때문에 회원 정보에 접근하여 직접적인 마케팅 활동을 하기 어렵다. 그럼에도 불구하고, 다수의 온·오프라인 매장들이 코얼리션 프로그램에 제휴사로 참여하는 이유는 해당 프로그램을 이용하는 대규모의 회원 집단을 대상으로 매장을 홍보하고 포인트를 적립 및 사용할 수 있게 함으로써 신규고객을 유입하는 창구로 활용할 수 있기 때문이다.

코얼리션 프로그램은 포인트를 적립하고 사용할 수 있는 가맹점의 수가 많고, A 점포에서 적립한 포인트를 B 점포에서 사용할 수 있어 포인트를 빠르게 적립하고 쉽게 사용할 수 있는 장점 때문에 소비자들의 선호도가 높다. 따라서, 신규고객을 유치하기 위한 전문화된 마케팅 활동과 고객관리 역량이 부족한 소형 점포들은 물론 코얼리션 프로그램을 신규 회원의 유입 및 포인트 사용처로 활용하고자 하는 중대형 쇼핑몰들 또한 코얼리션 프로그램의 가맹점으로 제휴에 참여한다.

한편, 신용카드를 꺼낼 필요 없이 스마트폰으로 결제하는 모바일 결제 서비스(예 삼성페이, 구글페이, 애플페이 등)와 가맹 계약을 맺고, 고객들이 결제금액의 일부를 모바일 결제 서비스 회사의 포인트로 적립하고 사용할 수 있게 하는 매장 또한 증가하고 있다. 모바일 결제 서비스는 포인트 카드의 전자지갑 기능을 갖추고 있어, 자체적인 멤버십 프로그램을 운영하는 기업의 경우에는 소비자들이 결제와 동시에 전자지갑에 등록해 둔 매장 포인트카드에도 포인트를 자동 적립할 수 있어 만족도가 높다.

(2) 기성품

기성품은 규격화된 형태의 멤버십 서비스로, 별도의 솔루션 구축 비용 없이 저렴하게 멤버십 프로그램을 자체적으로 운영할 수 있는 장점이 있다. 오프라인 매장은 매장에서 사용 중인 POS 단말기에 기본적으로 탑재된 회원관리 기능을 활용하여 회원가입 및 매장에서의 포인트 적립과 사용을 서비스할 수 있다. 인터넷 쇼핑몰은 인터넷 쇼핑몰과 연동할 수 있는 멤버십 프로그램 플러그인을 설치하여 방문 고객들에게 포인트의 적립과 사용, 이메일, 문자, 푸쉬 마케팅 등의 로열티 마케팅을 할 수 있다. 이 밖에도 규격화된 모바일 멤버십 앱 탬플릿을 구입하여 회원관리에 사용하거나, 전자지갑 서비스를 제공하는 기업과 제휴하여 전자지갑 내 자사의 멤버십 프로그램을 서비스 하는 방법 등 다양한 형태의 기성품이 존재한다.

(3) 자체개발

직접 멤버십 프로그램 관리 시스템을 개발하는 것은 제휴나 기성품에 비하여 상당한 투자를 필요로 하지만, 운영하고자 하는 멤버십 프로그램의 전략과 특성에 맞는 맞춤형 시스템을 구축할 수 있고, 고객의 정보를 안전하게 직접 관리 및 분석, 활용할 수 있는 장점이 있어 주로 일정 규모 이상의 고객 거래를 처리하는 직영점, 전문점, 종합점이 본사 차원의 자체 개발을 선호한다. 최근에는 모바일 중심의 마케팅 활동 중요성이 증가함에 따라 기존에 자체적으로 구축한 멤버십 관리 시스템에 온·오프라인을 통해 고객과 커뮤니케이션할 수 있도록 모바일 멤버십 앱을 연동하는 추세에 있다.

매장에서의 자체 멤버십 시스템 개발은 기본적으로 매장용 멤버십 관리 솔루션과 모바일 멤버십 앱의 개발, POS 연동, 매장과 모바일 멤버십을 통해 가입한 회원정보 및 회원들의 구매이력, 포인트 적립-사용-소멸 이력을 관리하는 DB를 통합하는 작업이 필요하다. 인터넷 쇼핑몰 또한 쇼핑몰 멤버십 관리 솔루션과 모바일 커머스 기능을 갖춘 멤버십 앱의 개발, 인터넷 쇼핑몰과 모바일 앱을 통해 가입한 회원정보 및 회원들의 구매이력, 포인트 적립/사용/소멸 이력을 관리하는 DB를 통합하는 작업이 필요하다. 만일 기업에서 매장과 인터넷쇼핑몰 사업을 병행하고 있으며, 양 채널에서 모두 이용할 수 있는 통합 멤버십 프로그램을 운영하고자 할 경우에는 온·오프라인의 모든 관련 솔루션과 DB 통합 작업이 요구된다.

2.3 소비재 유통업의 멤버십 지원 기술 및 서비스

멤버십 프로그램 관련 솔루션이 해당 프로그램의 원활한 운영과 관리를 목적으로 한다면, 멤버십 지원 기술 및 서비스는 고객 개인별로 맞춤화된 밀도 있는 커뮤니케이션과 판촉 활동, 상품구매 및 사후관리 과정의 편의성을 증진시킴으로써 멤버십 프로그램을 통한 고객 충성도 향상 과정을 촉진시키는 데 있다. 고객 서비스와 마케팅 활동을 지원하는 디지털 기술과 솔루션의 발전은 고객들과의 커뮤니케이션과 고객들 대상의 마케팅 활동을 보다 효율적이고 효과적으로 개선하고 있다. 모바일 멤버십 앱을 중심으로 온·오프라인을 넘나들며 브랜드를 통합적이고 경험할 수 있는 멤버십 관련 서비스와 기술들은 다음과 같다.

〈표 6.11〉 소비재 유통업 멤버십 프로그램 관련 솔루션과 지원 기술 서비스

구분	멤버십 프로그램 관련 솔루션	멤버십 지원 기술 및 서비스
활용 방향	원활한 고객 관리 및 고객 데이터 분석 중심	커뮤니케이션과 판촉 활동 중심
활용 목적	회원관리, 포인트 이력 관리, 고객 참여도 관리, 고객 충성도 평가, 고객등급관리, 보상 및 혜택 제공 내역 관리, 멤버십 성과 모니터링, 제휴사와의 포인트 정산 및 회계 처리	• 고객 개인별 맞춤화된 긴밀한 커뮤니케이션, 마케팅 채널 최적화(문자, 이메일, 전화, 소셜 메시징 등) • 상품 구매, 상담, 사후관리 과정의 편의성 증진
관련 시스템 및 기술	데이터베이스, 멤버십관리시스템, 고객분석시스템	인공지능 챗봇, 고객 서비스 솔루션, 크로스 채널 마케팅 시스템, 인공지능 음성 서비스, 근거리무선통신장치(망), 지도검색 업체 등록 서비스, 쇼핑 큐레이션/개인화 추천 서비스, 디지털 체감 기술
활용능력	고객 중심의 마케팅 철학과 데이터 분석 및 활용 능력	최신 디지털기술 트렌드의 접목 및 다중 채널의 통합적 활용 능력

(1) 온·오프라인 공통

1) 인공지능 챗봇

인공지능 챗봇은 자동 음성인식 및 자연어, 시각자료의 처리, 행동인지 기능 등을 사용한 대화형 인터페이스로 대화 내용의 맥락을 유지하고 대화에 따라 동적으로 응답을 변경한다. 고객문의 및 문제 해결을 위한 콜센터 기능과 예약이나 주문, 호출 등을 처리하는 비서 기능을 주로 사용한다. 패턴과 상황을 고려한 개인 맞춤형 고객 응대에서 감정상태의 인지까지 가능한 기술로 발전 중이다. 멤버십 프로그램을 이용하는 과정상의 고객 문의 응대와 개인화된 마케팅 오퍼 등을 제안하는 서비스로 활용할 수 있다. 대표적인 서비스와 구축 기술로 네이버톡톡, 카카오톡 챗봇, IBM 왓슨(Watson Assistant), 아마존 렉스(Amazon Lex), 구글 다이얼로그플로우(Google Dialogflow) 등이 있다.

2) 고객 커뮤니케이션 통합 솔루션

고객 상담이 접수되는 경로(inbound call channels)는 이메일, 전화, 채팅, 문자를 비롯하여 기업에서 운영하는 웹사이트의 QnA 게시판이나 커뮤니티, 소셜미디어의 소셜메시징 등으로 매우 다양하다. 고객들의 커뮤니케이션 채널 이용 방법은 개인의 성향에 따라 특정 채널만을 이용하기도 하고, 여러 채널에 중복된 내용을 남기거나, 여러 채널을 오고 가며 상담을 진행하기도 한다. 예컨대, 웹사이트 QnA 게시판에 질문을 등록한 다음, 관련된 상세 내용을 이메일로 고객센터에 발송하고, 수시간 내 이메일 답신을 받지 못하면 상담원에게 전화를 걸어 상담을 요청할 수 있다. 고객 커뮤니케이션 통합 솔루션은 이처럼 다양한 경로를 통해 접수되는 채널별 상담내용을 고객 중심으로 재통합하고, 상담이 접수된 채널과 상관 없이 상담이 접수되고 이에 응대한 시간의 순으로 내용을 정리하여 대고객 응대를 보다 신속하고 원활하게 할 수 있도록 지원한다. 대표적인 서비스로는 젠데스크(Zendesk), 세일즈포스(Salesforce), 허브스팟(HubSpot), 헬프스카우트(HelpScout)가 있다.

3) 옴니채널 마케팅 자동화 시스템

고객들에게 알림사항이나 쇼핑정보를 전달하는 경로(outbound call channels)에는 이메일, 문자, 알림톡, 그리고 서버에 저장된 알고리즘에 기반하여 고객행동에 따라 자동으로 발송되는 푸쉬 등이 있다. 옴니채널 마케팅 자동화 시스템은 이러한 마케팅 채널을 하나의 플랫폼에서 관리하고 운영하는 서비스로, 채널을 결합하고 적정한 시점에 적정한 채널을 통해 발송할 수 있도록 지원한다. 고객은 필요한 쇼핑정보나 구매혜택 등의 정보를 적정한 시점에 얻게 되므로, 기업 마케팅 활동에 대한 고객의 피로도를 낮추고 마케팅 효율성은 향상시켜 준다. 올리브네트웍스 '컴원', 넷퍼씨 등이 대표적인 관련 서비스이다.

4) 인공지능 음성 서비스

소비자가 언제 어디서나 목소리로 쇼핑을 할 수 있도록 지원한다. 스마트 스피커가 설치되어 있다면 거실이든 자동차 안이든 목소리로 대화하듯 쇼핑을 즐길 수 있다. 스마트 스피커는 컴퓨터 앞에 앉아 쇼핑하던 인터넷 시대에서 스마트폰을 이용한 모바일 쇼핑 시대를 지나 음성을 이용한 쇼핑 시대를 열고 있다. 현재는 주로 대형 종합 인터넷 쇼핑몰과 연동하여 쇼핑하지만, 향후에는 지역 기반의 소형 점포까지 스마트 스피커를 이용한 주문이 가능해질 전망이다. 주요 스마트 스피커로는 네이버 클로바, SKT 누구, KT기가지니, 구글 어시스턴트(Google Assistant), 알렉사(Alexa), 시리(Siri) 등이 있다.

(2) 오프라인 매장

오프라인 매장을 중심으로 운영되는 소비재 유통업이라면 다음과 같은 멤버십 관련 기술에 주목해야 한다.

1) 근거리무선통신장치(Beacon)

비콘은 블루투스, 고주파, 초음파 등의 기술을 활용한 근거리무선통신기술로, 매장으로부터 반경 50~70m 내외의 근거리에 특정 점포의 모바일 멤버십 앱에 가입한 고객이 포착되면, 자동으로 할인쿠폰 등의 정보를 전송하여 매장방문을 유도하는 O2O 핵심 기술이다. 고객 내점을 유도하고, 매장 방문 전 주문 및 결제로 매장에서의 대기시간을 줄일 수 있는 편의성을 제공한다. 할인점이나 백화점과 같은 대형 매장은 비콘보다는 무선 인터넷 근거리 통신망인 와이파이와 GPS 기반 기술인 지오펜싱 등으로 좀 더 넓은 반경 내 고객을 대상으로 O2O 서비스를 제공한다.

2) 지도검색 업체 등록 서비스

매장 방문자 중 네이버나 구글 등의 인터넷 포털 사이트의 지도를 검색했을 때 매장 정보를 노출하고, 방문 전 예약 및 주문을 할 수 있는 서비스이다. 포털 사이트의 ID 기반으로 예약 및 주문 이력이 수집되고, 이를 매장과 공유할 수 있기 때문에 고객 맞춤형 응대와 고객 관리가 가능하다. 네이버의 스마트 플레이스 서비스와 구글의 리저브 위드 구글(Reserve with Google) 서비스가 대표적이다.

[그림 6.5] 네이버 스마트 플레이스 서비스 예시

[그림 6.6] 리저브 위드 구글(Reserve with Google) 예약 화면 예시

(3) 온라인 쇼핑몰

온라인 중심의 소비재 유통업의 경우 특히 다음과 같은 관련 기술을 주목해야 한다.

1) 쇼핑 큐레이션 · 개인화 추천 서비스

온라인 · 모바일 쇼핑 큐레이션은 고객에게 적합한 상품을 빠르고 쉽게 찾을 수 있도록 검색과 분류를 제공하는 서비스이다. 큐레이션은 검색 알고리즘에 기반하여 가장 만족스러운 검색결과가 상단에 노출될 수 있도록 하는 검색 서비스와 소비자들이 제품 검색을 위해 어떤 키워드를 사용하고, 어느 페이지를 방문했는지 등의 정보를 바탕으로 고객 중심의 직관적인 분류와 레이블을 제공하는 분류체계 제공 서비스가 있다. 상품 메타 정보(상품명, 카테고리명, 가격, 판매처명, 상품 아이디 등)의 텍스트와 상품 이미지, 상품 동영상 등의 정보를 결합하여, 소비자 개인의 취향과 관심사, 라이프스타일을 고려한 연관상품, 선후관계 상품, 유사고객 상품 추천 등의 구매패턴과 라이프스타일 분석 기반의 큐레이션, 소비자의 반응(좋아요)과 관심사, 취향 등을 종합한 소셜 큐레이션 기술 등을 사용한다. 쇼핑 큐레이션은 소비자의 과거 구매이력과 소비자와 유사한 타인이 구매한 상품들을 고려하여 머신러닝 알고리즘으로 추천 상품을 자동 추출하고 제시하므로, 소비자가 방대한 양의 상품 중에서 원하는 것을 골라야 하는 쇼핑 피로감을 줄여줄 수 있다. 특히, 다른 사람들이 구매한 제품이나 전문가의 추천 등에 대한 의존도가 높은 소비자의 경우에 효과적이다.

2) 디지털 체감 기술

디지털 체감 기술은 실제와 유사한 환경이나 상황을 만들어 사람들이 현실 세계와 유사한 쇼핑 체험을 느낄 수 있는 기술이다. 자신(객체)과 배경 · 환경 모두 현실이 아닌 가상의 이미지를 사용하는 가상현실과 카메라, 웹캠 등에 비춰지는 실제 사물이나 공간 등의 현실의 이미지나 배경에 가상의 정보를 부가하는 혼합현실 기술인 증강현실이 디지털 체감 기술에 속한다. 소비자 집 거실 사진 위에 구매하고자 하는 소파를 먼저 배치하여 크기가 적당하고 색상이 주변환경에 잘 어울리는지 가늠해 본다거나, 자신의 전신 사진 위에 마음에 드는 옷을 증강현실로 투영하면 직접 입었을 때의 모습을 시각화하여 얼마나 잘 어울리는지를 볼 수 있다. 구매를 고려 중인 자동차를 직접 시승한 것과 같은 경험을 제공하는 서비스 등이 이에 해당한다. 상품을 직접 착용하거나 오감을 이용해 경험하기 어려운 온라인·모바일 쇼핑의 한계점을 보완함으로써 소비자의 만족도를 향상시킬 수 있다.

2.4 소비재 유통업 멤버십 운영 사례

세포라(Sephora)

세포라는 '화장품'이라는 특정 상품군만을 취급하는 카테고리 킬러이다. 세포라의 뷰티 인사이더 프로그램(Beauty Insider Program)은 미국 내 1천만 명의 회원을 확보하고 있으며, 매출의 80%가 회원들을 통해 발생하는 것으로 알려져 있다. 세포라의 주 고객층은 밀레니얼 세대로서, 세포라는 이들이 멤버십 프로그램을 이용하여 현명하게 소비하는 것을 좋아한다는 점을 잘 활용하고 있다. 2018년 코드 브로커(Code Broker)의 '2018 Millennial Loyalty Survey'에 따르면, 밀레니얼 세대의 63%가 멤버십 프로그램을 중요하게 여기고 있으며, 이는 X세대의 61%보다 높은 수치이다.[2]

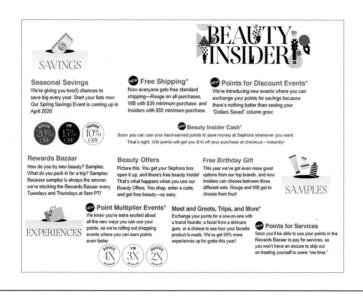

[그림 6.7] 소비재 유통업 멤버십 운영 사례 - 세포라(sephora.com)

　　세포라는 매장에서 경험할 수 있는 모든 서비스와 판촉행사를 멤버십으로 집중시켜 소비자들의 회원가입을 독려하고 있으며, 주 고객층인 2030 밀레니얼 세대가 원하고 필요로 하는 서비스들, 예컨대 메이크업이나 뷰티클래스, 회원 독점의 신제품 선공개, 뷰티 커뮤니티 참여 기회의 제공 등을 지속적으로 개발하여 세포라 멤버십에 대한 만족도를 최상위로 끌어올리고 있다.

　　세포라가 회원 중심의 다양한 서비스에 과감히 투자할 수 있는 것은, 소셜미디어에 일상생활을 적극적으로 공유하는 2030 밀레니얼 세대가 주 고객층인 점을 활용하기 위한 목적도 있다. 세포라만의 특별한 서비스들을 경험한 회원들은 매순간 실시간으로 그 현장을 사진과 동영상, 문자로 친구들과 공유하고 있으며, 세포라에 대한 긍정적인 구전은 그들의 친구까지 매장으로 유도하는 선순환 구조를 형성하고 있다.

　　뷰티 인사이더 프로그램의 또 다른 성공요인은 최상위 등급인 '루즈(Rouge)'에 대한 소비자들의 관심과 인기에서 찾을 수 있다. 루즈 등급에게는 무료 뷰티 스튜디오 이용권, 회원 전용 상품 판매, 생일 선물, 개인 쇼핑 행사, 무료 샘플 등이 제공된다. 해당 등급의 자격을 얻으려면 연회비로 $1,000을 지불해야 함에도 불구하고, 젊은 세대 사이에서 '지불할 만한 충분한 가치가 있는 프로그램'으로 인식되고 있으며, 루즈 등급에 대한 열망을 만들어내고 있다. 이는 해당 등급을 경험한 밀레니얼 세대들이 소셜미디어를 통해 그들이 누린 혜택을 적극적으로 공유한 결과이다.

ⓖ Summary

이번 장에서는 소비재 유통업의 멤버십 특징, 운영 유형, 멤버십 프로그램을 지원하는 관련 기술 및 서비스, 운영 사례를 살펴보았다.

오프라인 매장의 멤버십 전략

멤버십 프로그램을 통해 고객들의 접촉정보를 수집하고, 이를 판촉활동과 단골고객 관리에 활용하고자 하는 니즈가 매우 크며, 대부분의 매장들이 멤버십 프로그램을 운영하고 있다. 오프라인 매장의 멤버십 프로그램에서 중요한 것은 구매시점마다 회원카드를 제시하도록 고객 접점에서 독려하는 것이다. 로그인 기반의 온라인과 달리, 오프라인 매장에서는 결제시마다 회원임을 인증하여 구매내역과 회원 ID를 매칭하지 않는 한 완전하게 개인별 거래 이력을 수집할 수 없기 때문이다. 따라서, 오프라인 매장에서의 성공적인 멤버십 운영은 회원의 '멤버십 활용 습관화'에 달려있다.

온라인 · 모바일 쇼핑몰의 멤버십 전략

전환 장벽이 낮은 온라인 · 모바일 커머스 환경 특성상, 멤버십을 통해 고객의 이탈을 방지하고 고객가치를 향상시키기 위한 목적이 크다. 전자상거래법상 회원 고객이 1년 이상 거래하지 않을 경우 휴면고객으로 분류하여 더 이상 접촉하는 것이 불가능하기 때문에, 1년을 기준으로 효과적으로 고객과의 커뮤니케이션을 유지하고, 최대한 구매빈도를 높이는 전략이 필요하다. 인터넷 쇼핑몰은 오프라인 매장에 비하여 고객 구매행동 분석 결과의 신뢰도가 높고 차별화된 가격 제시, 맞춤형 상품 제시 등의 개인화 서비스가 용이하다.

소비재 유통업 멤버십에 접목할 수 있는 대표적인 디지털 마케팅 기술

- **인공지능 챗봇**: 멤버십 프로그램을 이용하는 과정상의 고객 문의 응대와 개인화된 마케팅 오퍼 등을 제안하는 서비스로 활용할 수 있다.
- **고객 커뮤니케이션 통합 솔루션**: 다양한 경로를 통해 접수되는 채널별 상담 내용을 고객 중심으로 재통합하고, 상담이 접수되고 이에 응대한 시간을 기준으로 내용을 정리하여 대고객 응대를 보다 신속하고 원활하게 할 수 있도록 지원한다.
- **옴니채널 마케팅 자동화 시스템**: 마케팅 채널을 하나의 플랫폼에서 관리하고 운영하는 서비스로, 채널을 결합하고 적정한 시점에 적정한 채널을 통해 발송할 수 있도록 지원한다.
- **인공지능 음성 서비스**: 소비자가 언제 어디서나 스피커를 통해 쇼핑을 할 수 있도록 지원한다. 스마트 스피커는 스마트폰을 이용한 모바일 쇼핑 시대를 넘어 음성을 이용한 쇼핑 시대를 열고 있다.
- **디지털 체감 기술**: 상품을 간접 착용하거나 오감을 이용해 실물을 간접 경험하는 기술을 적용하여 실물 체험이 어려운 온라인 · 모바일 쇼핑의 한계점을 보완한다.

CHAPTER
03
BtoC - 서비스업

현대 멤버십 프로그램의 전신을 항공사의 마일리지 프로그램으로 볼 수 있듯이, 서비스 업종에서의 멤버십 프로그램 역사는 매우 깊다. 본 장에서는 이러한 서비스 업종을 위한 멤버십 전략의 방향성을 조망해보고자 한다. 사실 제조업이 아닌 다음에야 모두 서비스 업종이라고 볼 수 있지만, 멤버십 전략이 가장 활성화되어 있고, 그 파급효과가 가장 잘 나타날 수 있는 여행 및 문화 관련 서비스 업종과 우리 주변에서 흔히 볼 수 있는 식음료 및 외식 업종을 중심으로 살펴보고자 한다.

3.1 여행 · 문화

(1) 여행 · 문화 업종의 특성

여행 · 문화 서비스는 소비의 대상이 좌석, 객실, 장소와 같은 공간으로, 공항, 호텔, 테마파크와 같은 물리적인 장소에서 고객에게 관련 서비스를 제공하는 업종이다. 여객, 숙박, 문화, 예술 · 관광 · 레저 등이 이에 해당한다. 여객서비스는 항공기, 철도, 선박, 버스와 같은 교통수단을 이용하여 손님을 목적지까지 수송하는 서비스를 제공하며, 숙박업은 호텔, 게스트하우스, 민박, 캠핑장 등 잠을 자고 쉴 공간을 제공한다. 그리고 문화 · 예술 · 레저 관련 서비스는 미술관이나 전시관, 영화관을 비롯하여 테마파크, 골프장, 카지노와 같이 여가생활을 즐길 수 있는 장소를 제공한다. 여행 · 문화 관련 업종은 치열한 시장경쟁으로 인해 고객 충성도를 높이는 것이 기업의 수익성에 직접적인 영향을 주는 대표적인 업종이다.

여행·문화 서비스는 다음과 같은 특성을 갖고 있다.

첫째, 수용가능한 좌석 또는 공간이 한정되어 있기 때문에 성수기에는 요금을 인상하여 매출을 극대화하고, 비수기에는 요금을 인하하여 가동률을 극대화하는 전략을 사용한다. 따라서, 고객의 이용시점이 수요가 많은 시기(성수기, 주말, 공휴일, 명절연휴, 여름휴가 시즌 등)인지, 아니면 수요가 적은 시기(비수기, 주중, 새벽·야간 타임 등)인지에 따라 가격 차이가 있고, 구매를 서두르지 않으면 원하는 시점에 상품을 이용하기 어려울 수도 있다. 공급에 어려움이 있을 경우에는 구매 시점(예 예매 vs. 당일 현장구매) 간에도 가격 차이가 있을 수 있어 일반적으로 예매에 대한 선호도가 높다. 따라서, 한정된 상품 공급의 특성을 고려하여 극성수기에 회원들에게 상품을 먼저 구매할 수 있는 우선권을 부여하는 서비스는 회원들의 만족도가 높은 혜택 중 하나이다.

둘째, 서비스를 이용할 수 있는 시간이 경과하면 상품으로서의 가치가 없어지는 가치소멸재(perishable goods)이다. 신선도가 떨어지면 상품으로서의 가치가 떨어지는 과일이나 생선처럼, 해당 시점에 구매자가 없으면 판매의 기회를 잃기 때문이다. 예컨대, 부산행 10시 KTX 기차의 좌석 판매율이 출발시간까지 80%라면, 나머지 20%는 판매하지 못한 손실이 된다. 따라서, 시기별 평균적인 가동률을 시뮬레이션했을 때 발생되는 잔여석(공실)의 일부를 회원 대상의 혜택으로 활용할 경우, 소멸될 수 있는 재화를 이용하여 저렴한 비용으로 회원들에게 만족스러운 혜택을 제공할 수 있다.

셋째, 동일한 장소, 동일한 교통수단이더라도 판매가가 다른 차등적인 상품을 제공한다. 동일한 비행기, 기차, 선박, 버스, 호텔, 공연장, 영화관을 동일한 시간에 이용하더라도 비즈니스와 이코노미 클래스, 우등석과 일반석 등으로 구분되며, 숙박시설은 방의 크기나 사용자의 수에 따라 이용금액이 다르다. 예컨대, 미술관이나 전시관은 관람 가능한 전시물의 수에 따라, 테마파크는 이용 가능한 놀이기구의 수에 따라, 골프장은 골프코스 유형(9홀, 18홀)에 따라, 스키장은 이용시간(종일, 주중, 주야 등)에 따라 이용금액에 차등을 둔다. 따라서, 좌석의 승급, 서비스 이용범위를 확대하고, 이용시간을 연장시켜 주는 서비스 또한 회원들에게 가치있는 혜택이 될 수 있다.

넷째, 탑승, 숙박, 관람 등의 서비스를 이용하기 위해서는 특정 공간의 물리적인 장소에 일정 기간 머무르게 되며, 머무르는 동안 여러 가지 서비스를 함께 이용하게 된다. 예컨대, 교통수단을 이용하기 위해 대기하는 공항, 기차역, 선박과 버스터미널에서는 식당과 편의점, 은행 등을 이용하고, 테마파크에서 놀이기구를 타는 동안은 식당에서 밥을 먹고, 편의점에서 음료를 구매하며, 기념품점에 들러 캐릭터 상품을 구매하는 일련의 과정이 서비스 경험에 포함된다. 멤버십 프로그램을 통해 이러한 서비스들을 경제적으로 이용할 수 있도록 혜택을 제공하는 것은 전체적인 서비스 경험에 대한 만족도를 높이는 데 효과적이다.

다섯째, 업의 특성상 구매주기가 평균적으로 6개월 이상 길지만, 출근이나 출장 등을 위해 이용 빈도가 높은 고객군이 존재할 수 있다. 여행 관련 업종(여객운송, 숙박)에서는 이러한 우량고객들만을 우대하는 전략을 별도로 운영하는 것이 효과적이다.

여섯째, 여행 또는 여가 목적의 서비스 이용은 동반자와 함께 하는 경우가 많다. 따라서, 동반자 할인 또는 무료 초청 등의 혜택을 고려할 필요가 있다.

마지막으로, 체크인과 탑승을 위한 과정에서 대기가 많이 발생하고, 대기시간의 축소 자체가 매력적인 혜택이 될 수 있다. 회원 전용의 패스트트랙은 이러한 불편을 해소함으로써 회원들의 만족도를 높이며, 비회원들에게는 회원가입에 대한 동기부여를 한다.

〈표 6.12〉 여행 · 문화 서비스의 상품 특성

구분		여객 서비스	숙박	문화 · 예술 · 레저
예시		항공기, 철도, 선박, 버스 등	호텔, 모텔, 민박, 게스트하우스, 캠핑장 등	미술 · 전시 · 박물 · 체험관, 영화관, 공연장, 테마파크, 골프장, 스키장 등
소비대상		좌석	객실	장소
상품 특성	상품공급	제한적		
	상품가치	소멸		
	상품차등	등급	객실 크기, 이용자 수	이용시간대별, 이용범위, 좌석위치별 차등
구매 특성	가격	구매시점별(조기, 이용 당일), 이용시점별(성수기 · 비성수기), 구매채널별(직접 · 간접유통) 상이		
	구매방법	예매 선호		
소비 특성	소비단위	개인, 동반	개인, 동반	동반 위주
	소비목적	여행, 출장	여행, 출장	여가생활
	소비절차	체크인 필요		
	소비기간	1회성		
	소비범위	교통수단과 공항, 기차역, 선박과 버스 터미널 등의 대기장소 내 편의시설	객실, 편의점, 식당, 수영장, 사우나 등의 편의시설	식당과 편의점, 기념품점 등

(2) 여행 · 문화 업종의 멤버십 전략

여행 · 문화 관련 서비스 업종은 멤버십 프로그램을 운영하기에 적합한 인프라와 환경을 갖추고 있다. 우선, 발권 또는 체크인, 컨시어지 서비스 등을 제공하기 위한 고객 관리 시스템과 이를 전문적으로 관리하는 인적요소가 배치되어 있어 멤버십 운영에 따른 시스템 개발과 인력 충원의 부담이 적으며, 직원들의 고객 응대 역량이 우수하여 고객 접점에서 개인화 마케팅 및 커뮤니케이션 차별화가 용이한 환경을 갖추고 있다. 또한, 공실이나 공석을 보상물로 제공하고, 현장에서의 고객 만족과 사용 편의성을 향상시킬 수 있는 무형의 서비스들을 멤버십 혜택으로 특화할 수 있는 기회가 다양하게 존재하여 보상물과 혜택 제공을 위한 마케팅 비용을 절감할 수 있다.

1) 우수고객 별도 관리 필요

대외적으로는 모든 고객을 대상으로 운영하는 멤버십 프로그램이더라도, 기업 내부적으로는 우수고객이라고 판단할 수 있는 특정횟수(예 분기별 1회 이상) 이상 이용하는 고객을 우대하는 서비스로 설계해야 한다. 이용 목적에 따라 구매 빈도가 양극화 되는 성향이 뚜렷하고, 충동구매보다는 목적구매의 성향이 높아 구매를 촉진하기 어려운 비즈니스 영역에서 멤버십 프로그램의 주된 운영 목적은 우수고객의 관리, 즉 이탈방지에 있기 때문이다.

여객운송사업과 숙박업은 여행객과 출장객 간에 현격한 이용빈도 차이가 있으며, 문화 · 예술 · 레저 관련 서비스는 1회성 이용객과 마니아적인 이용객 간에 이용빈도 차이가 있다. 우수고객의 기준은 고객들의 거래빈도 데이터를 이용한 군집분석을 통해 2개의 집단 간 유의미한 차이 지점이 되는 구매 횟수를 파악하거나, 파레토법칙(Pareto principle)[5]을 이용하여 전체 매출액의 상당 부분이 어느 고객들로부터 발생하는지를 추출하고, 해당 고객들의 평균 구매빈도를 분석하는 것도 방법이다.

2) 고객등급 체계

고객등급 체계는 4개 수준이 적절하다. 사실상 최하위 등급은 회원 수의 많은 부분을

---

5 80:20 법칙이라고도 한다. 전체 결과의 80%가 전체 원인의 20%에서 일어나는 현상을 가리킨다. 보통 CRM에서는 상위 20%의 고객이 전체 매출의 80%를 차지하는 구조를 설명한다.

차지하지만, 고객 관리 대상이라고 보기 어렵기 때문에 실질적인 관리 대상은 상위 3개 등급이 된다. 등급 간에도 구매빈도의 차이가 크기 때문에 최우수 고객에 대한 관리가 가능하려면, 2개 등급보다는 3개의 등급이 낫다. 4개 이상의 등급은 등급별 혜택 차별화가 어렵고, 관리와 고객 커뮤니케이션이 더욱 복잡해지기 때문에 관리 대상은 최하위 등급을 제외한 3개 수준이 바람직하다. 대다수가 1회성 이용객인 최하위 등급은 계절성을 고려하거나, 가동률이 낮은 비수기에 파격적인 가격 할인 등의 특별 이벤트 등을 통해 1년 내 '한 번 더' 추가 이용하도록 유도하거나, 친구 추천 등을 통해 동반자를 신규회원으로 유입할 수 있는 기회로 고려하는 것 또한 여행·문화 서비스 업종에 효과적인 전략이다.

3) 파트너십 프로그램의 참여

외부 제휴 없이 단독 운영하는 단일 멤버십보다는 제휴를 통해 멤버십 프로그램의 효용가치를 높이는 것이 바람직하다. 상품 공급에 한계가 있는 업종의 특성상 우수고객들이라 하더라도, 포인트를 일정 수준 적립하여 원하는 시점에 객실이나 좌석, 관람권으로 보상받기가 어렵다. 적립한 포인트를 무료 객실, 좌석, 공연 관람 등에 이용하고자 하는 수요 대비 공급 부족은 멤버십 프로그램을 이용하는 고객의 불만을 야기할 수 있는 요소이다. 따라서, 다른 기업에서 적립한 포인트를 당사에서 사용할 수 있고, 당사에서 적립한 포인트를 다른 곳에서 사용할 수 있도록 개방형 구조로 설계하여 고객들의 포인트 사용 편의성을 확대하고, 제휴사 고객들이 신규고객으로 유입될 수 있는 창구로 활용하는 전략에 대한 고려가 필요하다.

제휴는 운송여객, 렌터카, 숙박, 현지 문화예술공연장이나 테마파크 등 소비가 함께 이루어지는 유관 업종, 또는 대규모 고객 집단과 포인트 사용처를 보유하고 있는 대형 소매점이나 신용카드사와의 제휴가 적합하다. 항공사의 경우에는 자체적인 로열티 프로그램을 운영하면서 다양한 업종과의 파트너십 제휴를 맺고, 동시에 다수의 글로벌 항공사가 파트너십을 맺고 있는 동종 업종 연합 프로그램과도 제휴를 하고 있다. 항공사의 제휴 프로그램 효과를 분석한 연구들에 따르면, 유관 업종과의 제휴가 항공사에 대한 충성도 증진은 물론, 항공사와 제휴사 간 교차구매에도 기여하는 것으로 보고되고 있다. 이처럼 제휴를 통해 보상물의 교환이 원활하게 이루어지는 파트너십 프로그램을 운영하려면, 포인트의 호환성을 위해 로열티 프로그램이 기본 구조가 되어야 한다.

(3) 여행·문화 업종의 멤버십 운영 사례

아메리칸 에어라인(American Airlines)

아메리칸 에어라인 어드밴티지 프로그램은 2016년 중반에 탑승 거리가 아닌 항공권 구매액을 기준으로 마일리지 또는 포인트를 적립하는 수익 기반 모델로 전환하고, 플래티 늄 프로(Platinum Pro) 등급을 추가하여 등급별 마일 적립율을 차등화한 4계층의 등급체계 로 개편하였다. 에이어드밴티지 회원은 미국 및 기타 제휴 항공사 및 1천개 이상의 제휴사 에서 마일을 적립할 수 있으며, 승급, 무료 위탁 수하물 등에 마일을 사용할 수 있다.

〈표 6.13〉 아메리칸 에어라인 '에이어드밴티지' 운영 현황

구분	Advantage	Gold	Platinum	Executive Platinum
기준	없음	년간 30구간 또는 25,000 마일, 또는 25,000포인트 적립	년간 60구간 또는 50,000 마일, 또는 50,000포인트 적립	년간 60구간 또는 50,000 마일, 또는 50,000포인트 적립
혜택	보너스 항공권	• 비즈니스 클래스 • 전용 체크인 • 퍼스트, 비즈니스, Aadva-ntage Excutive Platinum, Aadvantage Platinum 등급 다음 탑승 가능 • 아메리칸 항공 및 제휴 항공사 이용시 25% 마일리지 보너스 • Admirals Club 회비 할인 • Oneworld 동맹 항공사 이용 시 체크인 우선권 • 선호 좌석 배정 • 공석 대기 및 대기자 명단 우선권	• 비즈니스 클래스 • 전용 체크인 • 퍼스트, 비즈니스, Aa-dvantage Excutive Platinum 다음 탑승 • 아메리칸 항공 및 제휴 항공사 이용시 100% 마일리지 보너스 • Admirals Club 회비 할인 • Oneworld 동맹 항공사 이용 시 체크인 우선권 • 선호 좌석 배정 • 공석 대기 및 대기자 명단 우선권	• 전담 서비스 데스크 운영 • 24시간 이전 예약시 비즈니스석 보증 • 전용 체크인 • 퍼스트, 비즈니스 다음 탑승 • 아메리칸 항공 및 제휴 항공사 이용시 100% 마일리지 보너스 • 아메리칸항공 보너스 좌석 이용 확대 • Admirals Club 회비 할인 • Oneworld 동맹 항공사 이용 시 체크인 우선권 • 선호 좌석 배정 • 공석 대기 및 대기자 명단 우선권

암트랙(Amtrak)

암트랙 게스트 리워즈(Amtrak Guest Rewards)는 미국 여객 철도 공사(National Railroad Passenger Corporation)에서 운영하는 미국 전 지역 철도 여객 운송 서비스 '암트랙(Amtrak)'의 로열티 프로그램이다. 암트랙은 미대륙 동서남북을 가로지르는 다수의 노선을 운행하고 있으며, 일반석(coach), 비즈니스석(business), 침대칸(sleeper)의 3개 등급으로 이루어져 있다. 암트랙 탑승권은 거리와 상관없이 열차 탑승 횟수를 지정하는 방식으로, 중간에 관심 지역을 둘러보고 다시 기차에 탑승하여 다음 목적지로 이동 가능한 3종(8회/15일, 12회/30일, 18회/45일)을 발행 중이다.

<표 6.14>는 암트랙 게스트 리워즈의 멤버십 정책을 요약한 것이다. 4개의 등급제를 운영하며, 티켓 구매금액이나 횟수가 아닌 1년간 누적한 총 포인트를 기준으로 1년 단위로 등급을 산정한다. 뱅크오브아메리카(BoA), 마스터카드(Mastercard)와의 제휴를 통해 신용카드형 멤버십 카드를 발급하여 사용자를 확대하고 있으며, 지인 추천시 추천인과 피추천인 모두에게 혜택을 제공한다. 등급별 보상정책은 상위등급일수록 보너스포인트와 쿠폰/좌석 승급, 특전 등 제공되는 보상물의 규모가 현격히 커지는 형태로 설계되어 있어, 우수고객 관리에 집중하고 있음을 알 수 있다. 암트랙 멤버십의 또다른 특징은 암트랙 포인트를 구매하거나, 타인에게 선물할 수 있을 뿐 아니라 제휴사의 포인트를 암트랙 포인트로 전환하여 사용하는 등 포인트의 편의성에 있다. 포인트 전환이 가능한 제휴사가 30만개에 이르며, 주요 제휴사의 포인트 상환 비율을 공지함으로써 회원들이 보다 쉽게 상환 정책을 이용하고 제휴사 포인트를 암트랙 포인트로 교환하여 사용할 수 있도록 하고 있다.

〈표 6.14〉 암트랙 게스트 리워즈 운영 현황

포인트/혜택 포인트 명(Tier Qualifying Points, TQPs)		Member ~ 4,999 TQPs	Select 5,000 TQPs	Select Plus 10,000 TQPs	Select Executive 20,000 TQPs
포인트	공통	• 등급 산정: 적립 포인트 기준, 1년 단위 등급 조정 • 암트랙 이용시, 1달러당 2포인트 적립 • 지인 추천 500포인트			
	등급별 보너스포인트	-	25%	50%	100%
쿠폰/ 좌석 승급	1단계 업그레이드	-	2회	4회	4회 (3,000P/1회 차감)
	동반자 무료 탑승 쿠폰	-	-	2회	2회
특전	ClubAcela, Metropolitan Lounge	-	2회 사용권	○	○
	Access to United Club	-	-	○	○
	Priority call handling	-	○	○	○
	Exclusive offers	-	○	○	○
	Auto-registration for promotions	-	-	-	○
포인트 구매/ 통합	Amtrak 포인트 구매	30,000까지	30,000까지	30,000까지	무제한
	Amtrak 포인트 통합 사용	100,000까지	100,000까지	100,000까지	무제한
	Amtrak 포인트 선물	무제한	무제한	무제한	무제한
	타 제휴사 포인트의 Amtrak 포인트 전환	-	50,000까지	50,000까지	무제한

	제휴사	포인트 상환 비율
제휴사 포인트 호환	Amtrak Hotels & Cars	예약시 최대 10,000포인트 적립, Amtrak 포인트 호환 (300,000개 이상의 제휴사 보유)
	Choice Privileges	32,000TQPs:5,000
	Hertz Gold Plus Rewards	600:500
	Hilton Honors	10,000:1,500
	Wyndham Rewards	6,000:1,200
	Samsonite Luggage	1,000:15%

세종문화회관

세종문화회관은 기존의 유료 멤버십과 무료 멤버십의 운영과는 별개로 2016년부터 회원 대상의 세종시즌제를 통해 서비스를 차별화하고 있다. 세종시즌제는 한 해 동안 진행될 세종문화회관 기획공연과 9개의 서울시예술단 공연을 '내맘대로 패키지, 서울시예술단 패키지, 스페셜 패키지' 등의 테마가 있는 패키지 상품으로 묶어, 매년 초에 1년치 공연을 한 번에 공개하고 예약 판매하는 회원 우대 서비스이다. 세종시즌 패키지 구매 회원은 평균 30~40%, 최대 70% 할인된 저렴한 가격에 공연티켓을 조기 예매할 수 있고, 유료 멤버십 회원 대상 증정품인 시즌북, 기념품, 쿠폰북 등도 제공 받는다.

세종시즌제를 이용하기 위해서는 무료 또는 유료 멤버십에 가입해야 하며, 각 공연 일정과 실시간 좌석 판매 현황을 보고 1년간 관람할 공연을 선택한 다음 공연날짜와 좌석을 사전 예약하여 패키지 구매를 완료하는 방식이다. 일년간 다수의 공연을 관람하는 충성도 높은 고객들의 경우, 언제 어떤 공연이 있는지를 주기적으로 탐색하고, 원하는 공연의 티켓 예매를 위해 예매일정을 기억해 두어야 하는 등 티켓 구매 과정에 불편함 또는 번거로움을 경험한다. 세종시즌제는 원하는 날짜와 시간의 티켓이 조기 마감이 될 수 있다는 충성도 높은 고객들이 경험하는 심리적 부담 등의 고객 불편을 해결한 상품으로, 충성도 높은 고객들의 만족도를 제고할 뿐 아니라 1년간의 티켓 판매 매출의 상당 부분을 연 초에 미리 확보함으로써 공연의 기획과 제작, 마케팅, 펀드레이징 등의 사전 준비를 안정적으로 지원할 수 있게 되었다. 또한, 티켓 판매율이 저조한 순수예술 분야 공연을 끼워팔기할 수 있고, 혼자 공연을 보기보다는 2인 이상의 커플, 가족 단위의 관람이 주를 이루는 만큼 세종시즌제 구매자는 최소 2개 이상의 패키지를 구매하기 때문에 묶음상품을 여러 개 판매하는 상승판매의 효과까지 얻고 있다.

[그림 6.8] 세종시즌 패키지 및 구매 내역 확인 페이지 예시

3.2 식음료 · 외식

(1) 식음료 · 외식업의 특성

식음료 · 외식 서비스는 카페, 베이커리, 아이스크림 전문점, 패스트푸드점과 같이 식품과 음료를 매장 카운터에서 주문을 받아 판매하는 식음료 서비스와 단품 요리 중심의 캐주얼 다이닝 또는 코스 요리 중심의 파인 다이닝과 같이 식당 테이블에서 주문 받은 음식을 요리하여 손님에게 제공하는 외식 서비스를 말한다.

개인이 창업한 소규모 단독 직영 점포와 어느 매장을 방문하든 동일한 매장 환경에서 동일한 음식 메뉴를 제공하는 복수의 가맹점을 운영하는 프랜차이즈의 형태로 영업이 이루어진다. 주로 손님이 위치한 지역 인근의 매장에서 소비가 이루어지는 지역 밀착형 비즈니스이며, 손님이 몰리는 주 이용 시간대가 뚜렷하고, 현장 픽업, 배달, 점포 내 식사 등의 형태로 서비스한다. 단순히 음식(제품)만을 판매하는 것이 아니라, 매장의 분위기, 환경, 종업원의 응대 등 물적, 인적요소가 복합적으로 결합하여 소비자의 만족도와 고객 충성도에 영향을 준다.

점심, 저녁, 심야, 주말 · 공휴일과 같이 소비가 집중되는 시간대와 요일이 뚜렷하고, 수용가능한 좌석이 한정되어 있기 때문에, 인기가 많은 매장은 고객들이 긴 대기줄의 불편함을 감수하거나, 대기를 포기하고 다른 매장으로 이동하는 경우가 발생한다. 이는 소비자 불만과 매장의 매출 기회 손실과 직결되는 요소로, 멤버십 앱을 활용하여 매장 방문 전 미리 주문 및 결제까지 완료하여 매장에서는 방문 시간에 맞춰 준비된 음식을 바로 이용하고, 원하는 방문 날짜와 시간을 예약하는 서비스를 제공하는 매장이 증가하고 있다.

마지막으로, 점포와 상권의 특성에 따라 이용객 또한 뚜렷한 차이가 있다. 카페나 패스트푸드점, 단품 요리 중심의 캐주얼 다이닝은 일상생활에서 소비가 이루어지지만, 파인 다이닝은 특별한 행사나 모임을 위해 저녁 또는 주말에 단체 손님으로 방문하는 경우가 많다. 또, 상권이 거주지역인지, 대학가인지, 사무실 밀집 지역인지, 관광지인지에 따라서 소비의 형태나 시간대, 선호 식당의 유형이 달라진다. 그러므로, 식음료 외식업의 CRM은 고객과 상권의 특성을 고려하여 방문빈도를 높이고, 내점 고객의 상승구매와 교차구매를 유도하는 프로모션을 개발해야 하며, 매장으로부터 일정 이동 반경 내에 위치한 고객들과 스마트폰을 통해 커뮤니케이션 할 수 있어야 한다.

(2) 식음료 · 외식업의 멤버십 전략

스탬프 프로그램

서비스 음식의 가격에 편차가 크지 않은 경우에는 구매빈도로 매출 기여도를 평가하는 스탬프 프로그램을 활용하는 것이 가능하다. 모바일 앱 기반의 스탬프 프로그램은 게임적 요소를 가미하여 고객의 재구매를 자극할 수 있고, 스탬프를 타인에게 양도할 수 있어 소비자들의 호응도가 높다. 스탬프 프로그램을 운영할 때에는 첫 구매시 2개의 도장을 지급할 때가 1개의 스탬프를 제공할 때보다 더 구매를 촉진하며, 스탬프 중간중간에 작은 보상물을 지급하는 단계를 두면 스탬프를 모두 모을 가능성이 높아진다.

비대면 주문 채널

식음료 · 외식업의 CRM은 비대면 주문 서비스 기능과 고객관리 기능이 통합된 형태의 모바일 기반의 멤버십 프로그램으로 통합하는 방향에 있다. 향후에는 매장 임대료와 인건비의 부담이 큰 업종의 특성상, 햄버거나 샌드위치 같은 표준화된 음식 준비나 매장 내에서의 저부가가치 단순 업무는 키오스크나 무인로봇으로까지 대체될 전망이며, 매장 내 업무 자동화는 모바일 앱 기능과 맞물려 개인에게 맞춤화된 주문을 원하는 시간에 정확하게 소비자에게 인도하는 방향으로 진화될 것이다. 따라서, 식음료 · 외식 서비스 영역에서의 모바일 멤버십 앱은 매장과 고객 간의 커뮤니케이션을 위한 중요한 매개체로 고려되어야 한다.

입소문 마케팅의 접목

소비자들은 특정 점포만을 반복적으로 이용하기 보다는 경쟁관계에 있는 다수의 점포를 번갈아 이용하는 소비 행동이 뚜렷한 편이다. 개인 창업의 진입장벽이 낮아 상권 내 경쟁이 치열한 만큼 소비자는 점포를 선택할 수 있는 폭이 넓고, 반복적인 소비시 포만감(satiety)을 느끼게 되는 '음식'의 속성은 소비자들의 다양성 추구(variety seeking) 욕구를 자극한다. 이로 인해 다양한 맛과 경험을 좇아 다른 메뉴, 새로운 매장에 대한 탐닉을 추구하게 되어 특정 점포만을 이용하는 고객 충성도는 기대하기 어렵다. 따라서, 내점객들이 소셜미디어를 이용해 매장 이용경험과 사진, 동영상 등을 적극적으로 홍보할 수 있도록 동기를 부여하는 보상 프로그램을 운영하여 일정 수준 신규고객이 지속적으로 창출될 수 있도록 해야 한다.

(3) 식음료 · 외식업의 멤버십 운영 사례

저지 마이크 서브(Jersey Mike's Subs)

저지 마이크 서브(Jersey Mike's Subs)는 미국 뉴저지 주 월 타운 쉽에 본사를 둔 잠수함 모양(Submarine) 샌드위치 체인점이다. 미국 전역과 호주, 캐나다에 약 1천 6백개 지점이 개설되어 있고, 남부 캘리포니아에서 특히 인기가 있다.

[그림 6.9] 식음료 · 외식업의 멤버십 운영 사례 - 저시 마이크 서브(Jersey Mike's Subs)

저지 마이크서브의 로열티 프로그램인 쇼어 포인트(Shore Points®)는 구매금액 또는 구매빈도가 아닌 제품 유형별로 포인트 적립액을 차별화하고 있는 것이 특징이다. 보상물 상환을 위한 포인트 양도 정해져 있다. 예컨대, 포인트 적립액은 어린이 식사 3점, 작은 사이즈 또는 아침 샌드위치 4점, 보통 사이즈 6점, 빅 사이즈는 12점이다. 반대로 포인트 상환액은 작은 사이즈 1개에 48점, 보통 사이즈 72점, 빅 사이즈 144점이고, 거래당 최대 144포인트까지 사용할 수 있다. 이는 평균 1달러당 1점 적립(예 보통 사이즈 6달러=6점), 12개 구입하면 동일 사이즈 1개를 무료 증정(보통 사이즈 72점=6점*12개)하는 개념이 반영된 것이다. 그 밖에 문자 또는 이메일을 통해 2배 쇼어 포인트 행사, 특별 프로모션을 진행하고, 생일자 고객에게는 생일 축하 샌드위치를 무료 증정하는 방식으로 회원을 우대하고 있다.

ⓖ Summary

이번 장에서는 서비스업 가운데 멤버십 프로그램의 운영이 활성화 되어 있는 대표적인 업종인 여행·문화, 식음료·외식업의 멤버십 프로그램 특성과 운영 사례를 알아보았다.

여행·문화 관련 서비스업의 멤버십 전략

- **우수고객 별도 관리**: 대외적으로는 모든 고객을 대상으로 운영하는 멤버십 프로그램이더라도, 기업 내부적으로는 우수고객이라고 판단할 수 있는 일정 수준의 횟수 이상 이용하는 고객을 우대한다.
- **고객등급 체계**: 4등급 체계가 적절하며, 대다수가 1회성 이용객인 최하위 등급은 가동률이 낮은 비수기에 파격적인 가격 할인 등을 통해 1년 내 한 번 더 추가 이용하도록 유도한다.
- **파트너십 프로그램의 참여**: 제휴를 통해 멤버십 프로그램의 효용가치를 높인다. 개방형 구조로 설계하여 고객들의 포인트 사용 편의성을 확대하고, 제휴사를 신규고객 유입 채널로 활용한다.
- **우대 서비스의 개발**: 한정된 상품 공급의 특성을 고려하여 극성수기에 회원들에게 상품을 먼저 구매할 수 있는 우선권을 부여하는 서비스를 통해 고객들의 만족도를 향상시킬 수 있다.
- **가치소멸 상품의 활용**: 시기별 평균적인 가동률을 시뮬레이션 했을 때 발생되는 잔여석(공실)의 일부를 회원 대상의 혜택으로 활용할 경우, 저렴한 비용으로 회원들에게 만족스러운 혜택을 제공할 수 있다.

식음료·외식 서비스업의 멤버십 전략

- **스탬프 프로그램**: 메뉴의 가격에 편차가 크지 않은 경우에는 구매빈도로 매출 기여도를 평가하는 스탬프 프로그램을 활용하는 것이 가능하다. 게임적 요소를 가미하여 고객의 재구매를 자극할 수 있고, 스탬프를 타인에게 양도할 수 있어 소비자들의 호응도가 높다.
- **비대면 주문 채널**: 비대면 주문 서비스 기능과 고객관리 기능이 통합된 형태의 모바일 멤버십이 필요하다. 모바일 멤버십은 매장과 고객 간의 커뮤니케이션을 위한 중요한 매개체로 고려되어야 한다.
- **바이럴 마케팅의 접목**: 내점객들이 소셜 미디어를 이용해 매장 이용경험과 사진, 동영상 등을 적극적으로 홍보할 수 있도록 동기를 부여하는 보상 프로그램을 운영하여 신규고객이 지속적으로 창출될 수 있도록 해야 한다.
- **메뉴와 인적/물적 서비스로 회원 우대**: 단순히 음식(제품)만을 소비하는 것이 아니므로, 매장의 분위기, 환경, 종업원의 응대 등 물적, 인적요소를 활용한 회원 우대 서비스를 개발한다.

CHAPTER

04
BtoB - 산업재 제조업

멤버십 프로그램이 가장 적게 활용되어 왔던 산업을 고른다면 제조업 중에서도 산업재 제조업일 것이다. 최근 들어 산업재 제조업의 경우에도 멤버십 프로그램의 도입이 점차 늘어나고 있는 추세지만, 그래도 상대적으로 다른 업종에 비해 전략적 활용도가 낮은 것이 사실이다. 그러나, 영업전략의 일부로 간주되어 왔던 단골거래처의 우대 정책이 점차 명시적인 멤버십 프로그램으로 전환되어감에 따라 산업재 제조업들도 구체적인 자사만의 멤버십 전략을 고민해야 하는 시기가 도래했다. 본 장에서는 산업재 제조업의 특징과 이를 위한 멤버십 전략의 방향성을 살펴보도록 한다.

4.1 산업재 제조업의 특성

산업재는 다른 제품이나 서비스의 창출에 필요한 재화 및 서비스이다. 제품 생산에 필요한 재료와 부품, 완제품을 생산하기 위해 필요한 공구와 설비, 소모품 등이 산업재에 포함된다. 산업재는 기업을 대상으로 제품을 판매하고, 한 번 거래계약을 체결하면 장기간 거래하게 되며, 한 번 거래할 때마다 구매량이 많기 때문에 거래처 하나하나의 이탈이 기업에 매우 큰 영향을 미치는 특성을 갖고 있다는 점에서 개인을 대상으로 일상 생활에서 소비되는 제품을 판매하는 소비재 제조업과 구분된다.

마케팅 믹스 관점에서 산업재의 제품은 기술적 복잡성이 높고, 고객 니즈에 맞춘 주문

생산이 중요하다. 가격은 표준화된 가격이 존재하지만, 경쟁입찰과 가격협상에 의해 최종 거래가가 결정된다. 유통은 내부 영업 조직 또는 위탁 대리점 중심으로 다수의 도소매상을 경유하여 소비자에게 제품을 판매하는 소비재과 비교할 때 직접판매에 가깝다. 일단 계약이 성사되고 나면, 거래하는 기간이 길기 때문에 구매자와의 관계유지가 매우 중요하다.

〈표 6.15〉 마케팅 전략 관점의 산업재와 소비재의 비교

구분	산업재	소비재
제품	고객니즈에 맞춘 주문생산 위주 납기, 기술 서비스 중요	표준품 위주
가격	경쟁입찰과 협상에 의한 교섭 가격	권장 소비자가, 할인가
촉진	영업사원, 대리점의 인적 요소에 의존	광고, 판촉, 고객접점 인적 요소에 의존
유통	지역별 영업점/대리점 통한 직접 판매 중심	다수의 도소매상 통한 간접판매 중심

CRM 관점에서의 산업재 제조업의 특징은 다음과 같다.

첫째, 산업재의 영업활동은 조직 내 영업 부서를 두고 고객사와의 계약, 납품 및 사후관리까지 모두 직접 전담하는 경우와, 독립적인 판매조직인 위탁 판매 대리점과 계약을 맺고, 본사에서는 대리점의 영업활동을 지원 및 관리하고 최종 고객사 대상의 영업과 관리는 대리점이 전담하는 형태가 있다. 전자는 제조사의 영업조직이 고객사에 대한 접촉 정보 및 구매이력을 수집하여 영업에 활용하고, 후자는 대리점에서 고객사에 대한 모든 영업 정보를 소유하고 본사와 공유하지 않는다.

따라서, 대리점이 폐점한다거나 거래계약 종료 후 경쟁사의 대리점으로 전환할 경우 고객사까지 경쟁사로 전환되는 위험을 갖고 있다. 이러한 문제는 제조사 내 영업조직을 보유하고 있는 경우에도 영업사원의 경쟁사로의 이직시 암암리에 발생하는 문제이기도 하다. 개인을 대상으로 하는 소비재와 달리 고객사 하나하나의 이탈이 기업 실적에 큰 타격을 주기 때문에, 산업재 제조업은 영업조직이나 대리점의 영업활동과 무관하게 독립적으로 최종 고객사를 관리할 수 있는 CRM 방안에 대한 니즈가 크다.

둘째, 산업재를 공급 받는 최종 고객사는 거래처와 공급조건을 어떻게 결정하느냐에 따라 수익과 안정적인 제품 생산이 직결될뿐 아니라, 한 번 공급업체를 결정하면 장기적으

로 공급업체에 의존해야 한다. 따라서, 공급업체와 거래계약 조건을 결정함에 있어 구매한 자재를 실질적으로 사용하는 생산부서와 기술개발부서, 대금을 집행하는 구매부서 등 다수의 조직원들이 참여하는 집단 의사결정 방식을 취하고 있으며, 서로 다른 직무목표와 관점의 차이로 인해 합의를 도출하기까지 복잡하고 장시간이 소요된다. 따라서, 산업재의 공급자는 공급한 제품을 실질적으로 사용하는 구매 담당 부서뿐 아니라 거래관계 유지에 영향을 주는 유관부서까지 영업 및 CRM 활동의 대상으로 관리한다.

셋째, 산업재의 거래유형은 신규 구매, 수정 재구매, 반복 구매로 구분할 수 있다. 신규 구매자는 공급자와의 거래를 검토하고 있거나 처음 거래를 시작한 기업유형이다. 공급자가 신뢰할 수 있는 기업인지, 납품하는 상품이 적절한지를 탐색하는 시기이므로, 신규 구매자는 보다 나은 공급업체가 존재하는지를 검토한다. 따라서, 공급자는 신규 구매자에게 기술 상담과 영업, 공급 제품에 대한 사후관리에 가장 많은 시간과 비용을 투입한다. 수정 재구매자는 거래를 시작한 지 오래되지 않은 기업으로, 기업에 맞는 원재료 또는 부품 등을 납품 받기 위해 공급자와 조율을 지속하는 조정기에 있다. 수정 재구매자는 거래 기간이 짧고, 완전한 신뢰관계가 형성된 것이 아니기 때문에 다른 공급자로의 전환 가능성이 높다. 이들은 대안에 대한 탐색과 첫 계약 종료 후 경쟁사로의 이탈 가능성을 내포하고 있어, 신규 구매자보다는 덜 하지만, 기술 지원 및 영업 활동이 일정 수준 요구된다. 한편, 반복 구매자는 1회 이상 재계약을 한 거래기간이 일정 수준을 넘어선 기업이다. 안정적으로 제품을 공급 받고 있어 공급자에 대한 신뢰와 의존도가 높아 기술 지원과 마케팅 투입 비용이 상대적으로 적다. 이처럼 거래 유형별 수익성은 거래기간이 길수록 높으며, 고객사와의 장기적인 관계유지가 기업의 수익성과 직결된다. 따라서, 산업재 제조업의 핵심적인 CRM 활동 목적은 고객사를 안정적인 반복구매 단계로 전환시키는 데 있다.

〈표 6.16〉 산업재 거래 유형별 특성

구분	신규 구매자	수정 재구매자	반복 구매자
거래기간	거래 검토 중, 매우 짧다	짧다	길다
거래관계	탐색기	조정기	의존기
대안 공급자의 고려	높다	보통	낮다
기술 상담 지원	높다	보통	낮다
영업/마케팅 비용	높다	보통	낮다
수익성	낮다	보통	높다

마지막으로, 산업재 제조업의 고객관계 유형은 다음과 같이 거래적 관계, 자문적 관계, 파트너십 관계로 구분할 수 있으며, 멤버십 전략은 상생할 수 있는 파트너십 관계로의 발전을 지향한다.

① 거래적 관계

상품 또는 서비스 판매 중심의 관계이다.

② 자문적 관계

단순히 상품 또는 서비스 판매를 넘어 고객의 문제를 해결하거나, 고객이 미처 생각하지 못하고 있는 새로운 가치를 제공하는 관계이다.

③ 파트너십 관계

고객사의 내부조직과 유사한 대우를 받으면서 영업활동을 한다는 점에서 자문적 관계와 구분된다. 고객사의 성공을 위해 자사의 역량을 발휘하여 고객사의 요구에 부응하는 밀착관계이다.

4.2 산업재 제조업의 멤버십 전략

개인 소비재를 취급하는 제조업과 산업재를 취급하는 제조업이 완전히 다른 거래 대상과 거래유형, 마케팅 전략을 필요로 하는 것처럼, 멤버십 프로그램 또한 운영 목표와 그에 따른 전략에 차이가 있다(<표 6.17> 참조). 소비재 제조업은 개인 소비자를 대상으로, 브랜드에 대한 긍정적인 경험을 통해 거래를 지속하는 거래적 관계의 형성을 목표로 한다. 반면, 산업재 제조업은 제품을 사용할 생산부서, 기술개발부서, 구매부서 등 구매의사결정 과정에 영향을 주는 모든 부서의 의사결정권자를 멤버십의 관리 대상으로 고려하며, 공급자와 수급자간에 상호 의존적인 파트너 관계 형성을 목표로 한다. 멤버십 전략 관점의 파트너 관계란, 공급자는 수급자의 안정적이고 경쟁력 있는 제품 생산을 지원하고, 수급자는 공급자와의 긴밀한 교류를 통해 공급자가 보다 나은 원재료 또는 부품을 개발할 수 있도록 상호

협력하는 구조를 말한다.

간접유통을 통해 제품을 판매하는 소비재 제조업이나 산업재 제조업이라면, 최종 구매고객의 접촉정보와 구매이력을 수집하여 본사 차원에서의 고객관리에 활용하고자 하는 니즈가 있다. 다만, 소비재 제조업은 고객들에게 브랜드 관련 정보와 경험 기회를 제공하기 위한 것이라면, 산업재 제조업은 대리점이나 영업사원의 조직 이탈시 고객들의 동반이탈을 방지하고자 하는 목적이 크다는 점에서 성격은 다르다 하겠다.

소비재 제조업 중 가격대가 낮고 저관여 상품인 편의품을 취급하는 기업들은 멤버십을 브랜드 경험 채널로, 직영유통 채널을 보유하고 있는 선매품은 백화점, 할인점, 아울렛 등의 소매유통점과 경쟁해야 하는 직영 유통 채널의 고객관리를 위해 멤버십 프로그램을 운영한다. 반면 본사 차원의 서비스가 핵심적인 차별화 전략으로 활용될 수 있는 전문품과 산업재 제조업은 멤버십 프로그램을 서비스 통합 플랫폼으로 활용하여 본사의 전문적인 기술과 관리 서비스를 특화 혜택으로 제공하는 것이 바람직하다.

대부분의 소매유통점은 자체적인 멤버십 프로그램을 운영한다. 따라서, 소비재를 제조하는 기업에서 자체적인 멤버십 프로그램을 운영할 때에는 소매유통점과 어떻게 차별화할 것인지, 소비자에게 과도한 이중혜택을 제공하는 것은 아닌지, 준거가격을 훼손하지는 않는지 등을 주의 깊게 검토해야 한다. 반면, 산업재 제조 기업은 멤버십 프로그램의 운영에 대한 필요성을 영업조직과 대리점이 공감하고, 고객사의 가입과 적극적인 활용을 독려할 수 있도록 심리적, 물적 동기부여가 수반되어야 한다.

산업재 제조업에서 고려할 수 있는 보상물에는 포인트, 증정, 할인이 있다. 산업재 멤

✏️ 〈표 6.17〉 소비재 제조업과 산업재 제조업의 멤버십 전략 비교

구분	소비재 제조업	산업재 제조업
관리 대상	개인 소비자	생산부서, 기술개발부서, 구매부서
운영 목표	거래적 관계의 유지/강화	거래적 관계에서 파트너 관계로의 발전
기업 니즈	• 고객 정보(접촉정보, 거래이력 등)의 수집/분석/마케팅 활용 • 본사 차원의 브랜드 커뮤니케이션	• 고객 정보(접촉정보, 거래이력)의 수집/관리 • 고객사 이탈 방지
운영 전략	• 브랜드 경험 채널로서의 멤버십 • 서비스 통합 플랫폼으로서의 멤버십 • 소매 유통점의 고객 정보 통합 수집	• 영업관리시스템으로서의 멤버십 • 서비스 통합 플랫폼으로서의 멤버십
고려 사항	소매점 멤버십 프로그램과의 차별화	영업조직 및 대리점의 공감과 협조 독려장치

버십의 포인트 제도는 구매 실적 또는 등급에 따라 일정 비율로 포인트를 적립해 주고, 제품 구매시 차감할 수 있는 방식이다. 즉시 보상이 아니기 때문에 재구매를 유도하는 장점이 있지만, 본사 직영 영업 조직 또는 대리점에서 포인트의 적립과 사용 내역을 관리할 수 있는 시스템의 개발이 필요하다.

포인트 정책은 반품 등의 포인트 회수 발생 가능성을 고려하여 세금계산서 발행주기와 동일하게 정상적인 결제완료 거래분에 대해 월 단위 정산을 하고, 익월 특정 기간에 포인트를 일괄 적립하는 방식을 고려할 필요가 있다. 회원 우대 할인은 고객사들이 가장 선호하는 방식이지만, 공급사 입장에서는 납품가가 낮아지므로 매출액 저하요인이 되고, 준거가격을 낮추는 부정적 효과가 있어 상시 할인보다는 간헐적으로 할인 행사를 진행하는 방식이 바람직하다. 증정품은 개인이 아니라 조직원들이 함께 사용할 수 있는 것을 고려하여야 하며, 직접 조달시에는 재고의 관리와 배송 등에 대한 절차와 방법을 함께 마련해야 한다.

〈표 6.18〉 산업재 제조업 멤버십의 주요 보상 유형

구분		특성
포인트	운영방식	구매실적 또는 등급별로 일정 비율 적립, 제품 구매시 차감 사용
	장점	보상 시점의 지연으로 재구매 유도
	단점	포인트 정산 시스템 및 전담 관리 인력 필요
할인	운영방식	구매실적 기준 구간별 차등 할인
	장점	• 혜택 체감도 높음 • 우수고객 우대 효과
	단점	• 매출액 저하 • 준거가격 낮춤
증정	운영방식	특정 품목에 대한 증정
	장점	협찬 통한 자원 조달시 비용 절감
	단점	• 증정품 재고 관리, 배송 등 관리 인력 필요 • 직접 조달시 비용 부담 큼

멤버십을 통해 제공가능한 서비스는 '영업지원', '기술지원', '경영지원', 조직원에 대한 '복지지원'의 네 가지 유형을 고려할 수 있다. 이 중 제품정보와 기술지원은 공급하는 제품

과 관련된 직접적인 서비스이고, 경영지원과 복지지원은 고객사에서 필요로 하는 요소에 대한 간접적인 서비스로, 고객사가 소규모 사업장 중심인 경우에는 제품의 생산환경뿐 아니라 경영환경도 열악할 수 있기 때문에 네 가지 영역을 모두 고려하는 것이 멤버십의 효용가치를 높이는 데 효과적이다.

◇ 〈표 6.19〉 산업재 제조업 멤버십의 주요 서비스

구분	예시
영업지원	• 제품 품질 상담(부품 정밀도 보정 작업, 작업 공정 중 발생한 공구 관련 문제점 해결 등) • 신제품 카탈로그 우편 발송 • 제품 전시회 초청
기술지원	• 정기 순회 기술 지원(가공시간 단축 및 생산성 달성을 위한 공구, 설비 등의 간섭 체크, 최적의 툴링, 공구제품 비교 테스트 및 기술 지원 등) • 멤버십 전용 기술 지원 핫라인 서비스
경영지원	• 고객사 생산직 대상 상해보험 무상 가입 • 세무 · 노무 · 법무 상담 지원 • 임직원 자동차 리스 · 렌탈 계약 우대 할인가 제공
복지지원	• 경조사 물품 지원 • 고객사 임직원 가족 대상 공장견학 프로그램 • 제휴 호텔 · 콘도 숙박 할인 예약

4.3 산업재 제조업 멤버십 운영 사례

신젠타(Syngenta)

신젠타(Syngenta)는 2000년 노바티스와 아스트라제네카의 농업 부문이 합병하여 설립된 글로벌 기업으로, 스위스 바젤에 본사를 두고 있다. 신젠타는 농작물의 재배과정 전체를 아우르는 농업용 솔루션을 개발·공급하고 있으며, 최종 고객을 관리하기 위한 로열티 프로그램을 국가별로 자체 운영하고 있다.

그 중 신젠타 인디아에서 운영하는 '신젠타 프라가티 프로그램(Syngenta Pragati Program)'

과 '신젠타 삼만 프로그램(Syngenta Samman Program)'은 중간상을 관리하는 멤버십 프로그램의 성공 모델로 회자되고 있다. '삼만'은 공인 대리점을 대상으로 하며, '프라가티'는 소매점을 대상으로 하는 프로그램이다. 이 둘은 대리점과 소매점 각각의 니즈를 고려하여 구매기여도에 대한 직접적인 보상과 영업활동을 지원하는 다양한 전문지식과 기술지원 서비스를 제공하고 있다.

예컨대, 소매업체는 공인 대리점으로부터 구입한 전 제품에 대해 구매금액의 일정 비율을 포인트로 지급받고, 적립한 포인트로 신젠타의 다양한 제품으로 교환할 수 있으며, 신젠타 솔루션에 대한 전문적인 교육 훈련 프로그램을 받을 수 있고, 영업을 지원하는 기술 컨설팅을 이용할 수 있다. 신젠타의 과업 중 하나는 대리점은 소매점을 대상으로, 소매점은 최종 고객을 대상으로 신젠타 솔루션에 대한 설명과 기술적 조언을 전문적으로 잘 수행할 수 있도록 관련 지식과 기술을 효과적으로 전파하는 것이었으며, 멤버십 프로그램을 통해 이 문제를 해결하고 있다.

[그림 6.10] 산업재 제조업 멤버십 운영 사례 - 신젠타(syngenta.co.in)

⊕ Summary

이번 장에서는 멤버십 프로그램 운영 관점에서의 산업재 제조업 특성과 멤버십 운영 방향, 운영 사례를 살펴보았다.

산업재 제조업의 특성

산업재는 다른 제품이나 서비스의 창출에 필요한 재화 및 서비스이다. 제품 생산에 필요한 재료와 부품, 완제품을 생산하기 위해 필요한 공구와 설비, 소모품 등이 산업재에 포함된다. 산업재는 기업을 대상으로 제품을 판매하고, 한 번 거래계약을 체결하면 장기간 거래하게 되며, 한 번 거래할 때마다 구매량이 많기 때문에 거래처 하나하나의 이탈이 기업에 매우 큰 영향을 미치는 특성을 갖고 있다. 따라서, 구매자와의 관계유지가 매우 중요하다.

산업재 제조업의 멤버십 필요성

산업재 제조업은 대리점이 폐점한다거나 거래 계약 종료 후 경쟁사의 대리점으로 전환할 경우 고객사까지 경쟁사로 이탈하는 위험을 갖고 있다. 영업사원의 경쟁사 이직의 경우도 마찬가지이다. 고객사 하나하나의 이탈이 기업 실적에 큰 타격을 주기 때문에, 영업조직이나 대리점의 영업활동과 무관하게 독립적으로 본사 차원에서 최종 고객사를 관리할 수 있는 방안으로서 멤버십을 고려한다.

산업재 제조업의 멤버십 전략

산업재 제조업은 멤버십 프로그램을 서비스 통합 플랫폼으로 활용하여 본사의 전문적인 기술과 관리 서비스를 특화 혜택으로 제공하는 것이 바람직하다. 산업재 제조업은 멤버십 프로그램의 운영에 대한 필요성을 영업조직과 대리점이 공감하고, 고객사의 가입과 적극적인 활용을 독려할 수 있도록 심리적, 물적 동기부여가 수반되어야 한다.

반품 등의 포인트 회수 발생 가능성을 고려하여 세금계산서 발행주기와 동일하게 정상적인 결제완료 거래분에 대해 월 단위 정산을 하고, 익월 첫 주에 포인트를 일괄 적립하는 방식을 고려할 필요가 있다. 회원 우대 할인은 고객사들이 가장 선호하는 방식이지만, 공급사 입장에서는 납품가가 낮아지므로 매출액 저하요인이 되고, 준거가격을 낮추는 부정적 효과가 있어 상시 할인보다는 간헐적으로 할인 행사를 병행하는 방식이 바람직하다.

'영업지원', '기술지원', '경영지원', 조직원에 대한 '복지지원'의 네 가지 유형을 고려할 수 있다. 이 중 제품정보와 기술지원은 공급하는 제품과 관련된 직접적인 서비스이고, 경영지원과 복지지원은 고객사에서 필요로 하는 요소에 대한 간접적인 서비스로, 고객사가 소규모 사업장 중심인 경우에는 제품의 생산 환경뿐 아니라 경영환경도 열악할 수 있기 때문에 네 가지 영역을 모두 고려하는 것이 효과적이다.

CHAPTER
05
GtoC – 사회 서비스

　멤버십 프로그램을 전략적으로 활용할 수 있는 GtoC 영역은 크게 비영리조직과 공공기관으로 구분할 수 있다. 시민들의 '기부' 의존도가 높은 비영리조직은 일회성 기부를 장기간의 계약 기반 기부로 유도하는 등 기부자를 고객 관점으로 관리하기 위한 CRM 시스템의 도입과 멤버십의 전략적 활용이 활발하게 이루어지고 있으며, 그 형태 또한 민간기업과 크게 다르지 않다. 그에 비하여 공공기관은 시민들에게 보다 적극적으로 사회 서비스를 홍보하고 참여를 독려하는데 멤버십 프로그램을 효과적으로 적용할 수 있음에도 불구하고 그 활용 정도는 비영리조직에 비하여 낮은 편이다. 이에 본 장에서는 GtoC 영역 가운데 사회 서비스를 제공하는 공공기관을 중심으로 멤버십 프로그램을 전략적으로 활용할 수 있는 영역과 관련 사례를 살펴보도록 한다.

5.1　사회 서비스의 특성

　사회 서비스(social service)는 개인 또는 사회 전체의 복지 및 삶의 질 제고를 위해 사회적으로 제공하는 서비스이다. 보건의료, 교육, 고용, 주거, 문화, 환경 등의 영역에서 시민의 안전과 건강, 삶의 질 개선을 목적으로 정부기관과 지방자치단체에서 제공되는 다양한 형태의 대국민 서비스를 포함한다(<표 6.20> 참조). 참고로, 공공 서비스(public service)는 사회 서비스를 포함하여 공중의 일상 생활에 필요불가결한 것들로, 전기, 통신, 대중교통과 같은 재화를 포함하는 포괄적 개념이라는 점에서 사회 서비스와 구분된다.

✎ 〈표 6.20〉 사회 서비스 유형 및 예시

유형	예시
복지 서비스	보육, 아동 · 장애인 · 노인 보호 등
보건의료 서비스	간병, 간호, 보건 등
교육 서비스	방과 후 활동, 특수 교육 등
고용 서비스	고용 촉진, 직업 훈련 등
주거 서비스	공공임대주택, 주택 개 · 보수 지원 등
문화 서비스	도서관 · 박물관 · 미술관 등 문화시설 운영 등
환경 서비스	생물 다양성 · 수질 보전 · 탄소 흡수 · 경관 보전 등

우리나라는 사회 서비스의 특성을 다음과 같이 정의하고, 관련 기관의 서비스를 지원 · 육성하고 있다.[3]

① 지역 사회 기반(Community Based)
지역 사회에 기반하여 지역 주민이 필요로 하는 서비스가 제공되어야 한다.

② 이용자 중심(Consumer Driven)
'소비자 주권'의 개념을 도입하여, 사회 서비스 이용에 대한 선택권과 소비자 기본법이 보장하는 소비자 7대 권리(안전할 권리, 정보를 제공 받을 권리, 선택할 권리, 의사를 반영시킬 권리, 보상을 받을 권리, 교육을 받을 권리, 단체의 조직 및 활동할 권리)를 사용자에게 부여한다.

③ 사회적 투자(Social Investment)
사회 서비스를 제공하는 자선 단체, 자원봉사 단체, 지역 기반 사업, 사회적 기업 등을 지원하여 양질의 다양한 사회 서비스가 시민에게 제공될 수 있도록 한다.

사회 서비스는 시민 개개인의 적극적인 참여가 있을 때 원활한 운영과 그에 따른 성과를 기대할 수 있지만, 서비스 이용 여부의 선택권이 사용자에게 있으므로 모든 사회 서비스에 대해 동참을 강제할 수는 없다. 따라서, 관련 기관들은 운영 중인 서비스의 내용을 시민들에게 효과적으로 알리고, 시민 참여를 독려하는 방법을 마련하는 데 많은 노력과 비용을 투입하고 있다. 이러한 관점에서 멤버십 프로그램은 시민들의 적극적인 참여를 독려하는데 응용 가능한 제도이다. 보상을 통해 특정 행동을 촉진하는 멤버십 프로그램의 원리는 시민들의 적극적인 참여를 독려할 수 있는 기제로 응용될 수 있기 때문이다.

5.2 사회적 보상 프로그램 전략

본서에서는 사회 서비스 영역의 멤버십 프로그램이 '보상을 통한 참여 독려'에 초점을 둔다는 점을 고려하여, 사회 서비스 영역의 멤버십 프로그램을 '사회적 보상 프로그램(Social rewards program)'이라 칭하고자 한다.

사회적 보상 프로그램의 전략적 운영 방향은 다음과 같다:

첫째, 시민들의 적극적인 참여와 실천을 목표로 한다.

둘째, 사회 서비스의 유형에 따라 프로그램의 유형은 달라질 수 있는데, 대부분의 영역은 기여도에 대한 일관되고 장기적인 누적 평가가 가능하도록 점수를 부여하고 일정 수준 적립된 점수를 보상물과 상환하는 로열티 프로그램 방식이 적합하다. 포인트-보상물 상환 방식은 행동 평가가 용이하고, 보상물 지급 기준이 명확하며, 적립한 포인트를 지역 점포 등에서 사용할 수 있도록 민간기업들과 제휴를 하더라도 보상물로 지급된 상품에 대한 비용 정산이 용이하기 때문이다. 사회 서비스 영역에서의 포인트 지급 기준은 유도하고자 하는 행동별로 '파급 효과 측면에서의 중요도'와 '실천 용이성 측면에서의 난이도'를 고려하여 차등 제공하는 것이 좋다.

셋째, 사회 서비스를 제공하는 공공기관이 고려할 수 있는 보상물의 유형은 다음과 같다.

- 할인: 납부 금액의 일부를 할인
- 포인트 차감: 지정 포인트 사용처가 있는 경우, 제휴처에서 결제시 포인트를 현금처럼 사용
- 수수료, 요금 지불: 포인트를 공공 서비스의 수수료나 요금 지불에 사용
- 현물 지급: 해당 기관에서 보상물로 제공할 상품을 대량 매입하여 직접 사용자에게 증정하거나, 제휴처에서 상품으로 교환하는 방식. 증정 과정을 타인들에게 노출할 수 있어 프로그램을 홍보하는 효과를 기대할 수 있으나, 재고관리, 분실, 오용 등 관리상의 어려움이 있다.

넷째, 사회적 보상 프로그램을 성공적으로 운영하기 위해서는 많은 사람들에게 서비스를 홍보하고, 참여에 대한 강력한 동기 부여를 제공할 수 있는 매력적인 보상물을 개발하는 것이 중요하다. 전국구 단위의 사회 서비스를 제공하는 경우에는 다수의 제휴처를 확보

하고 있는 신용카드사나 전국 유통망을 갖고 있는 유통업체와의 제휴를 통해 해당 제휴사의 고객들에게는 사회적 서비스의 참여를 독려하는 마케팅 활동을 실행하도록 한다. 사회적 보상 프로그램을 통해 포인트를 적립한 시민들에게는 접근성이 좋은 다수의 제휴처에서 쉽고 간편하게 다양한 보상물로 상환할 수 있도록 편의성을 제공할 수 있다. 지역구 단위의 사회 서비스는 지역 기반의 매장, 식당, 전통시장 등과 파트너십을 고려할 수 있다.

다섯째, 프로그램을 활성화하기 위해서는 시민들이 편리하게 서비스를 이용하도록 모바일 앱 형태의 서비스 개발이 필요하고, 웹, 공고, 콜센터, 교육 프로그램의 병행 운영 및 꾸준한 회원가입과 이용 활성화를 유도하는 참여 독려 이벤트의 전개가 수반되어야 한다.

5.3 사회적 보상 프로그램의 유형과 사례

사회적 보상 프로그램을 이용하여 시민들의 적극적인 참여와 실천을 독려할 수 있는 공공 분야는 크게 건강증진형, 위험예방형, 시민참여형, 교육문화형, 정보 안내 및 수집형의 5대 영역으로 구분할 수 있다.

〈표 6.21〉 사회적 보상 프로그램 적용 가능 분야

구분	내용	관련 기관
건강관리형	예방접종, 국가건강검진, 금연·치매·당뇨 관리 프로그램	국민건강보험공단, 보건복지부, 질병관리본부, 보건소, 치매안심센터, 헌혈의 집 등
위험예방형	교통사고예방/관리, 생명/재산 보호, 범죄 예방/관리	지구대, 파출소, 소방서, 경찰청 등
시민참여형	봉사활동, 교통위반·범죄 신고, 시민안전 신고, 신문고	보건복지부, 한국사회복지협의회, 경찰청, 다산콜센터, 국민신문고 등
교육문화생활형	공공기관 교육 프로그램 및 문화체육시설 이용 장려	박물관, 미술관, 과학관, 청소년문화센터, 노인복지회관 등
정보안내 및 수집형	정책 및 서비스에 대한 정보제공과 시민의견 수집	대부분의 기관에서 활용가능

(1) 건강관리형

　질병의 위험으로부터 시민을 보호하고, 건강한 삶을 책임지는 사회보장제도와 각종 서비스를 제공하는 분야이다. 대표적으로 국민건강보험공단, 보건복지부, 질병관리본부, 보건소, 치매안심센터, 헌혈의 집 등이 이에 해당한다. 암 또는 고액의 희귀난치성 질환에 대한 치료비를 지원하는 '치료' 목적의 공공 서비스보다는 영유아 및 노인 대상의 예방접종, 성인 대상의 국가건강검진, 평소 건강관리를 통해 더 큰 질환으로의 악화를 예방하거나 지연시킬 수 있는 금연·치매·당뇨 관련 프로그램 등 '예방' 목적의 사회 서비스를 운영하거나, 헌혈 장려 등 시민의 건강을 보호하고 의료비를 절감할 수 있는 영역은 사회적 보상 프로그램 운영의 효과를 기대할 수 있다.

노인건강마일리지(국민건강보험공단, 지자체)

[그림 6.11] 노인건강마일리지(국민건강보험공단)[4]

　국민건강보험공단에서 2014년부터 추진해 온 프로그램이다. 2016년부터는 전국 12개 지역(강원 춘천, 경기 파주, 충북 진천, 경북 안동, 부산 부산진구, 전북 군산)으로 확대 운영되고 있으며, 참여기관은 지역 내 건보공단 지사, 보건소, 대한노인회, 복지관, 생활체육회 등 지역 노인운동·교육프로그램 운영기관이다. 65세 이상 노인을 대상으로 하며, 보건소나 복지관에서 제공하는 운동 및 교육 프로그램에 참여할 때마다 그에 대한 마일리지 점수를 부여하며, 점수에 따라 보상품을 지급하고 있다. 마일리지 인정 분야는 노인 건강복지 증진 및 국민 의료비 절감 취지에 부합하는 운동 및 치매 예방·식생활 습관·만성질환 교육 분야 등이다.

(2) 위험예방형

교통사고·범죄 예방이나 생명·재산 보호와 같이 국민의 안전과 직결된 서비스를 제공하는 분야이다. 대표적으로 지구대, 파출소, 소방서, 경찰청이 있다. 생명보호와 재산보호에 위협이 되는 특정 행동시 벌금을 부과하는 기존의 방식과 더불어 시민들의 의식 개선 또는 행동적 실천을 통해 사고와 범죄를 예방하거나 축소할 수 있는 특정 행동을 자발적으로 실천하게끔 긍정적인 행동에 대해 보상하는 방식을 고려할 필요가 있다.

착한 운전 마일리지(경찰청)

[그림 6.12] 착한 운전 마일리지(경찰청)[5]

2013년에 시작된 착한 운전 마일리지는 경찰청에서 운영관리하는 보상 프로그램으로, 교통법규 무위반·무사고 운전자를 장려하는데 그 운영 목적이 있다. 운전자가 1년 동안 무위반·무사고 운전을 약속하고, 그것이 이행될 경우 마일리지를 10점씩 부여하는 형태이다. 운전자에게 제공되는 보상은 벌점 감면이다. 벌점을 40점 이상 받아 운전면허 정지 처분 대상이 됐을 때 누적 마일리지만큼 벌점과 정지 일수(1점에 1일)를 줄일 수 있다.

(3) 시민참여형

봉사활동 참여, 교통위반·범죄 신고, 시민안전위협물 신고, 신문고 등 시민들의 참여를 유도함으로써, 도움을 필요로 하는 기관과 이웃들에게 힘을 보태거나 시민들의 적극적인 신고 또는 의견개진을 통해 사회질서를 바로 잡고, 공공기관들이 보다 나은 서비스를 개선 및 개발하는 데 도움을 받을 수 있는 영역에 해당한다. 시민사회의 성숙도가 높아질수록 더불어 행복한 사회에 대한 시민들의 의식과 참여의지가 높아지기 때문에 이를 유도할 수 있는 보상 체계를 마련하는 것은 동기부여에 큰 역할을 기대할 수 있다.

그린카드(환경부)

환경부에서 전 국민의 친환경생활 실천을 장려하기 위해 2011년부터 운영 중인 서비스로, 회원 수가 7백만 명이 넘는다. BC카드와 제휴하여 국내 주요 은행을 통해 카드 발급이 가능하고, 포인트의 적립 및 사용처가 다양하여 참여자들의 만족도가 높다. 예컨대, 6개월간 가정이나 건물의 전기, 수도, 가스 절감 양에 따라 최대 10만 포인트까지 적립 가능하고, 대중교통을 이용하면 교통비의 10~20% 적립, 친환경 인증 제품 구매시 1~17%, 그린카드 제휴 가맹점에서는 1~5% 적립이 가능하다.

그린카드의 포인트는 그린카드 제휴 가맹점과 대중교통/통신요금, 아파트 관리비 납부 시 현금처럼 사용가능하고, 현금으로 전환하여 계좌로 캐시백을 받을 수 있으며, BC카드 TOP포인트로 전환하여 사용가능하며, 포인트 기부제도를 운영하고 있다. 그린카드는 2012년 6월 유엔글로벌콤팩트(UNGC)에 '세계적인 녹색 금융상품'으로 소개된 바 있으며, 그린카드를 통해 연간 46만톤의 온실가스를 감축하여 461억 원의 경제적 효과가 창출되는 것으로 추정된다.

[그림 6.13] 그린카드(환경부)

그린포인트(국립공원관리공단)

등산객의 수가 급격히 증가함에 따라 국립공원 자연환경 보호에 시민들이 적극적으로 동참할 필요성이 대두되면서, 국립공원관리공단은 2010년 8월, 범국민 참여형 국립공원 전용 보상 프로그램을 시작하였다. 국립공원 방문객이 공원 내 쓰레기 및 자기 쓰레기를 되가져 가는 경우 포인트를 지급하는 형태로, 하산 시 공원 입출구에 마련된 탐방 지원센터에서 방문객이 가져온 쓰레기의 무게를 측정하고, 정해진 기준에 따라 포인트를 적립해 주는 방식이다. 2017년 기준 약 20만 명의 그린포인트 회원들이 총 197톤의 자기 쓰레기를 되가져 갔으며, 3억 2천만 포인트가 적립되는 등 그린포인트 제도에 참여하는 탐방객이 꾸준히 증가하고 있다.[6]

쓰레기 1g은 2포인트이며, 1인 1일 최대 1kg당 2천포인트 적립이 가능하다. 1포인트는 2원으로 환산한다. 운영 초기에는 적립 포인트를 국립공원 전용 쿠폰으로 전환하여 공원시설(주차장, 야영장, 대피소, 샤워실 등) 이용에 사용하도록 하였으나, 프로그램의 활성화를 위해 생수, 등산용품 등을 취급하는 기업들과 제휴하여 포인트의 사용 범위를 확대하고, 회원에게만 제공되는 특별한 배지 수여, 그린포인트 달력 제공 등의 이벤트를 개최하며 등산객의 관심과 참여를 적극적으로 유도하고 있다.

[그림 6.14] 그린포인트(국립공원관리공단)

(4) 교육문화형

교육문화형은 공공기관들이 제공하는 다양한 교육 프로그램 및 문화공연행사를 시민들이 충분히 향유함으로써 개개인의 삶의 질을 높이는 데 기여할 수 있도록 보상 프로그램을 활용하는 것이다. 주민센터, 청소년수련관, 노인복지회관, 각종 체육시설 및 공연장 등 다양한 기관에서 시민들이 이용할 수 있는 다양한 형태의 교육 프로그램과 문화공연이 제공되고 있으며, 양질의 교육 프로그램을 e러닝 시스템, EBS 방송, 공공도서관 등을 통해 무상 또는 저렴한 비용으로 이용할 수 있는 환경이 제공되고 있다. 보상 프로그램은 참여에 대한 동기부여뿐 아니라, 유익하고 저렴한 양질의 교육, 문화 공연들을 꾸준히 시민들에게 제공할 수 있는 정보 제공의 창구 역할 또한 중요하게 고려되어야 한다.

도서관 멤버십 포인트(의정부시)

의정부시는 '책 읽는 도시 의정부' 프로젝트의 일환으로 2015년 국내 최초의 공공도서관 멤버십 포인트 제도를 도입하였다. 관내 공공도서관에서 대출한 책을 반납할 때마다 포인트를 적립하고, 적립한 포인트는 지역 서점에서 현금처럼 사용할 수 있는 형태로, 시민들의 공공 도서관 및 지역 서점 이용 활성화에 기여하였다.

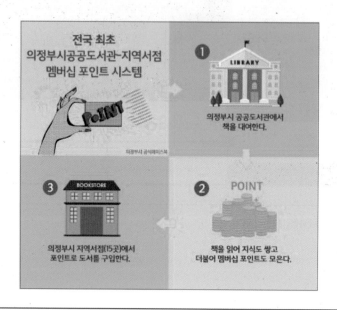

[그림 6.15] 공공도서관 멤버십 포인트 시스템(의정부 공공도서관)

(5) 정보 안내 및 수집형

정부 및 지자체에서 실시하는 정책 및 서비스를 받아보기 원하는 시민들에게 관련 정보를 안내하는 정보 안내형과 사회조사에 참여하기를 희망하는 시민들을 모집하여 정책과 서비스에 대한 이용 현황 및 만족도를 조사하는 정보 수집형이다. 시민 대상의 행정 및 사회 서비스를 제공하는 공공기관은 시민들에게 필요한 정책과 서비스를 개발하기 위하여 각종 설문조사를 시행하고 있어, 필요시마다 시민들 대상의 사회조사 실행에 대한 니즈를 갖고 있다. 반대로, 시민들은 정부와 지자체에서 제공하는 사회 서비스와 정책 변경 사항들에 대한 정보를 편리하게 받고 싶은 니즈를 갖고 있다. 사회적 보상 프로그램은 설문조사에 참여할 의향이 있는 시민들을 대상으로 응답한 설문조사에 대한 인센티브를 제공함으로써, 설문조사 참여를 독려할 수 있으며, 반대로 정보 제공 서비스는 시민들의 편의성을 증진시 키므로 시민 참여를 기대할 수 있다.

Carrot Rewards(캐나다 B Corporation)

소셜벤처스타트업 B Corporation에서 만든 세계 최초의 국가 차원의 설문조사 보상 플랫폼이다. 캐나다의 브리티쉬 콜럼비아를 포함한 3개 주 거주자를 대상으로 운영되는 모바일 앱 기반의 사회조사 멤버십이다. 주정부에서 시행하는 설문조사에 참여하는 시민들에게 포인트를 적립해주고, 해당 포인트를 민간기업의 포인트 제휴처와 YMCA 캐나다, Heart & Stroke, Diabetes 등의 공익 단체에서 사용할 수 있도록 하였다.

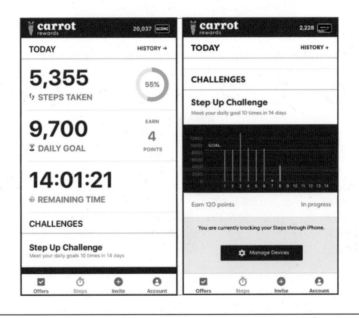

[그림 6.16] 캐롯 리워즈(캐나다 B Corporation)

복지멤버십(보건복지부)

2021년부터 운영될 예정인 '복지멤버십'은 정보 제공형 사회적 보상 프로그램이다. 어떤 사업이 있는지 모르거나 등록 마감기한을 놓쳐 수급 신청을 못한 국민들의 숫자를 줄이고, 상담 창구의 사업 안내 업무 부담 완화를 목적으로 한다. 국민 누구나 가입할 수 있고, 실업, 복지급여 수급 대상 유무, 장애인/기초연금 대상 유무, 한부모 가정 유무 등 개개인의 수급 자격을 고려하여 신청 가능한 사업을 통합적으로 안내하고, 원하는 사업을 바로 신청할 수 있도록 하는 포괄적 신청 서비스로 운영될 예정이다.

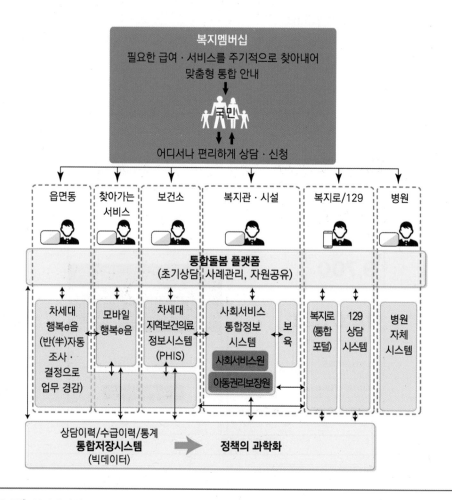

[그림 6.17] 복지멤버십(보건복지부)

Summary

이번 장에서는 시민을 대상으로 하는 정부기관의 사회 서비스 특성과 이를 고려한 사회적 보상 프로그램의 전략과 운영 사례를 알아보았다.

건강관리형

질병의 위험으로부터 보호하고, 건강한 삶을 책임지는 사회보장제도와 각종 서비스를 제공하는 분야이다. 영유아 및 노인 대상의 예방접종, 성인 대상의 국가건강검진, 평소 건강관리를 통해 더 큰 질환으로의 악화를 예방하거나 지연시킬 수 있는 금연·치매·당뇨 관련 프로그램 등 '예방' 목적의 서비스를 운영하거나, 시민의 건강을 보호하고 의료비를 절감할 수 있는 영역은 보상 프로그램 운영의 효과를 기대할 수 있다.

위험예방형

교통사고·범죄 예방이나 생명·재산 보호와 같이 국민의 안전과 직결된 서비스를 제공하는 분야이다. 대표적으로 지구대, 파출소, 소방서, 경찰청이 있다. 멤버십 프로그램을 활용하여 사고와 범죄를 예방하거나 축소할 수 있는 특정 행동을 자발적으로 실천하게끔 긍정적인 행동에 대해 보상할 수 있다.

시민참여형

봉사활동 참여, 교통위반·범죄 신고, 시민안전·위협물 신고, 신문고 등 시민들의 참여를 유도함으로써, 도움을 필요로 하는 기관과 이웃들에게 힘을 보태거나, 시민들의 적극적인 신고 또는 의견개진을 통해 사회질서를 바로 잡고, 공공기관들이 보다 나은 서비스를 개선 및 개발하는데 도움을 받을 수 있는 영역이다.

교육·문화형

공공기관들이 제공하는 다양한 교육 프로그램 및 문화공연행사를 시민들이 충분히 향유할 수 있도록 보상 프로그램을 활용하는 것이다. 주민센터, 청소년수련관, 노인복지회관, 각종 체육시설 및 공연장 등에서는 멤버십 프로그램이 유익하고 저렴한 양질의 교육, 문화 공연들에 대한 정보를 시민들에게 꾸준히 전달하고, 참여를 독려하는 효과적인 창구가 될 수 있다.

정보 안내 및 수집형

공공기관은 정책과 서비스를 개발하기 위하여 시민들 대상의 사회조사 실행이 필요하고, 시민들은 정부와 지자체에서 제공하는 사회 서비스와 정책 변경 사항들에 대한 정보를 편리하게 받고 싶은 니즈를 갖고 있다. 사회적 보상 프로그램은 설문조사에 대한 인센티브를 제공함으로써 설문조사 참여를 독려하고, 정보 제공 서비스는 시민들의 편의성을 증진시키므로 시민 참여를 기대할 수 있다.

[**Reference**] PART VI 미주

1) How Lululemon's New Loyalty Program Can Drive Incredible Growth, John Ballard(2019. 8. 12)

2) 2018 Loyalty Program Consumer Survey "How millennials want to engage with retail loyalty programs"(Code Broker, 2018)

3) 보건복지부(mohw.go.kr) 참조

4) '[카드뉴스] 실생활에 유용한 착한 마일리지 모음' (https://url.kr/qvso7f)

5) '[카드뉴스] 실생활에 유용한 착한 마일리지 모음' (https://url.kr/qvso7f)

6) 환경일보(2018. 10. 22) 보도자료 참조

ㅎ

저자 소개

박대윤

CRM · 데이터 분석 전문 산학협력 벤처기업인 고객경영기술원에서 멤버십 전략 부문 책임 컨설턴트로 재직 중이다. 현재는 캘리포니아 주립대학교 새크라멘토 캠퍼스(California State University Sacramento) 경영대학에 파견되어 멤버십 프로그램과 디지털마케팅에 대한 공동연구를 하고 있다. 고려대학교 경영대학에서 로열티 프로그램을 주제로 마케팅 전공 박사학위를 취득한 대표적인 국내 멤버십 프로그램 전문가이다. 인터넷포털사이트 및 소비재 제조업에서 온오프라인 광고 · 홍보, 마케팅, CRM 실무 경력을 쌓았으며, 최근 10년간은 30여 개 기업의 멤버십 프로그램 설계와 CRM · 디지털 마케팅 전략 개발 관련 프로젝트를 진행해 왔다. 국민대학교 경영대학원에서 조교수로 재직하며 MBA 과목으로 CRM, 디지털마케팅, 마케팅애널리틱스, 로열티 프로그램 등을 강의하였고, 고려대학교 경영대학 산하 스타트업 인큐베이터인 스타트업연구원에서 Assistant Director로 학생 창업을 지원하기도 하였다. 대외적으로는 한국 CRM협회 이사, 한국산업인력공단 '국가직무능력표준(NCS)-마케팅통계분석 부문' 자문위원, 서울시 '중소기업육성기금 투자계정 기금운용심의회' 위원, 한국정보화진흥원 '국가연구개발사업' 심사위원 등으로 활동하였다. 전문 분야는 멤버십 프로그램을 비롯한 디지털마케팅, 고객경험/고객참여관리의 전략 개발 및 설계, 고객생애가치 평가, 마케팅 성과 측정 등이다.

(dypark@customer.re.kr)

김형수

한성대학교 공과대학 산업경영공학부 교수로 재직하고 있으며, 대학에서 CRM · 디지털마케팅 부전공 프로그램의 책임교수를 맡고 있다. 고객경영기술원의 최고연구개발책임자(CRO) 겸 원장을 겸직하고 있다. KAIST에서 CRM 전공으로 경영공학 박사학위를 받은 그는 국내 SI업체와 외국계 컨설팅 기업에서 CRM에 대한 실무적 경력을 쌓고, 지난 20여 년간 금융, 유통, 제조, 서비스, 비영리 및 공공기관 등 70여 개 다양한 업종에서 기업의 CRM 전략 및 고객 빅데이터 분석 관련 프로젝트를 진행해 왔다. SSCI와 SCI급 해외 저널 10여 편과 KCI 등재 저널 20여 편의 연구논문을 게재했으며, CRM과 데이터 분석 분야 14권의 저서를 집필하였다. 사단법인 한국 CRM협회장과 한국 CRM학회의 부회장을 역임하였으며, 한국경영정보학회의 평생회원으로 활동하고 있다. 2011년 Nova Science 선정 글로벌 CRM 전문가 8인에 선정되었고, 세계 3대 인명사전인 Marquis' Whos' Who에 4년 연속 등재되었으며, 2018년에는 CRM 부문으로 Albert Nelson 평생공로상을 수상한 바 있다. 전문 분야는 멤버십 전략을 포함한 CRM 전략, 고객이탈예측과 개인화 추천 등의 머신러닝 기반 고객 행태 예측, 빅 데이터 분석 등이다.

(hskim@hansung.ac.kr)

CRM과 마케팅의 콜라보, **멤버십 전략**

초판발행   2021년 1월 4일

지은이   박대윤·김형수
펴낸이   안종만·안상준

편 집   배근하
기획/마케팅   오치웅
표지디자인   박현정
제 작   고철민·조영환

펴낸곳   ㈜ **박영사**
                  서울특별시 금천구 가산디지털2로 53, 210호(가산동, 한라시그마밸리)
                  등록 1959. 3. 11. 제300-1959-1호(倫)

전 화   02)733-6771
f a x   02)736-4818
e-mail   pys@pybook.co.kr
homepage   www.pybook.co.kr
ISBN   979-11-303-1110-4 93320

* 본 연구는 한성대학교 학술연구비 지원에 의해 수행되었습니다.
* 파본은 구입하신 곳에서 교환해 드립니다. 본서의 무단복제행위를 금합니다.
* 저자와 협의하여 인지첩부를 생략합니다.

정 가   32,000원